ADMINISTRAÇÃO DE MATERIAIS E DO PATRIMÔNIO

Dados Internacionais de Catalogação na Publicação (CIP)
(Câmara Brasileira do Livro, SP, Brasil)

Gurgel, Floriano do Amaral
   Administração de materiais e do patrimônio /
Floriano do Amaral Gurgel, Paulino G. Francischini.
- 2. ed. - São Paulo: Cengage Learning, 2017.

   2. reimpr. da 2. ed. de 2013.
   Bibliografia.
   ISBN 978-85-221-1279-1

   1. Administração de materiais 2. Administração de
recursos patrimoniais I. Fracischini, Paulino G.
II. Título

13-04647   CDD-658.7
                                                 -658.2

Índices para catálogo sistemático:

1. Administração de materiais 658.7
2. Administração de recursos patrimoniais 658.2
3. Materiais: Administração 658.7
4. Recursos patrimoniais: Administração 658.2

Floriano do Amaral Gurgel
Paulino G. Francischini

ADMINISTRAÇÃO DE MATERIAIS E DO PATRIMÔNIO

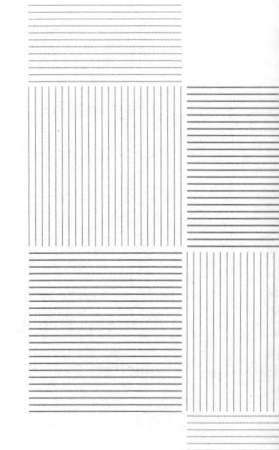

∴ CENGAGE

Austrália • Brasil • México • Cingapura • Reino Unido • Estados Unidos

Administração de Materiais e do Patrimônio – 2ª edição
Paulino G. Francischini e Floriano do Amaral Gurgel

Gerente editorial: Patricia La Rosa

Supervisora editorial: Noelma Brocanelli

Supervisora de produção gráfica: Fabiana Alencar Albuquerque

Editora de desenvolvimento: Viviane Akemi Uemura

Copidesque: Mônica de Aguiar Rocha

Revisão: Rosangela Ramos da Silva, Norma Gusukuma e Maria Dolores D. Sierra Mata

Diagramação: ERJ Composição Editorial

Capa: Manu Santos | Design Estratégico

Pesquisa iconográfica: Renata Camargo

Editora de direitos de aquisição e iconografia: Vivian Rosa

Analista de conteúdo e pesquisa: Javier Muniain

Ilustração: Weber Amendola

© 2014 Cengage Learning Edições Ltda.

Todos os direitos reservados. Nenhuma parte deste livro poderá ser reproduzida, sejam quais forem os meios empregados, sem a permissão por escrito da Editora. Aos infratores aplicam-se as sanções previstas nos artigos 102, 104, 106, 107 da Lei no 9.610, de 19 de fevereiro de 1998.

Esta editora empenhou-se em contatar os responsáveis pelos direitos autorais de todas as imagens e de outros materiais utilizados neste livro. Se porventura for constatada a omissão involuntária na identificação de algum deles, dispomo-nos a efetuar, futuramente, os possíveis acertos.

Para informações sobre nossos produtos, entre em contato pelo telefone **0800 11 19 39**

Para permissão de uso de material desta obra, envie seu pedido para **direitosautorais@cengage.com**

© 2014 Cengage Learning. Todos os direitos reservados.

ISBN 13: 978-85-221-1279-1
ISBN 10: 85-221-1279-7

Cengage Learning
Condomínio E-Business Park
Rua Werner Siemens, 111 – Prédio 11 – Torre A – Conjunto 12
Lapa de Baixo – CEP 05069-900 – São Paulo – SP
Tel.: (11) 3665-9900 Fax: 3665-9901
SAC: 0800 11 19 39
Para suas soluções de curso e aprendizado, visite
www.cengage.com.br

Impresso no Brasil
Printed in Brazil
2. reimpr. – 2017

APRESENTAÇÃO

A segunda edição deste livro é motivo de agradecimento dos autores para as dezenas de leitores que enviaram críticas e sugestões de melhoria no conteúdo da primeira edição. Na medida do possível, procuramos atender a todos com modificações nos capítulos e inclusão de dois outros: Operação na área de materiais e Segurança na área de materiais. Verificamos que estes dois temas eram discutidos apenas superficialmente em outros títulos e decidimos aprofundar para oferecer um conhecimento que foi adquirido com a atuação dos autores na operação de processos de movimentação e armazenagem de materiais.

O Profº Floriano do Amaral Gurgel tem vasta experiência em movimentação e armazenagem de materiais (MAM), tanto como professor do Departamento de Engenharia de Produção da Escola Politécnica, da Universidade de São Paulo (USP), como executivo de diversas empresas de produtos de consumo e brinquedos. Ele utilizou esta experiência para dar as diretrizes do trabalho de revisão do texto e produzir grande parte do seu conteúdo. O Profº Paulino G. Francischini também é professor da mesma instituição de ensino e diretor da área de Gestão Industrial da Fundação Carlos Alberto Vanzolini, especialista em *Lean Manufacturing e Lean Warehousing*.

A nova edição mostra que a Administração de Materiais e do Patrimônio não pode ser tratada de maneira isolada e está profundamente integrada às seguintes áreas do conhecimento administrativo:

- Orçamento da empresa.
- Desenvolvimento e projeto do produto.
- Planejamento das vendas.
- Planejamento e controle da produção.
- Logística de abastecimento, interna e distribuição.
- Melhoria contínua de processos de MAM
- Segurança de operações de MAM
- Administração do ativo fixo.

Este livro foi, então, desenvolvido considerando seu relacionamento com as interfaces dessas outras áreas Administração de Empresas e Engenharia de Produção: não basta ter um processo adequado de administração de recursos materiais e do patrimônio, mas é preciso que este processo seja melhorado continuamente na busca de perdas que aumentam o custo sem agregar valor ao cliente final.

Do mesmo modo que no texto original, agradeceríamos que os leitores enviassem as suas observações para o e-mail floriano.gurgel@poliag.com.br ou pgfranci@usp.br, para que possamos aproveitá-las na próxima edição.

Floriano do Amaral Gurgel
Paulino G. Francischini

SUMÁRIO

1 ADMINISTRAÇÃO DOS RECURSOS 1
   1.1 Objetivos da administração dos recursos materiais e patrimoniais 1
   1.2 Administração de materiais 2
       1.2.1 Evolução da Administração de Materiais 3
       1.2.2 Tarefas da administração de materiais 6
       1.2.3 Posicionamento estratégico 7
       1.2.4 Economia da utilização dos materiais 8
       1.2.5 Redução dos estoques 9
       1.2.6 Centralização e descentralização 10
   1.3 Administração do patrimônio 13

2 ABASTECIMENTO DE MATERIAIS 17
   2.1 Terceirização: comprar ou fabricar 17
   2.2 Compras 22
       2.2.1 A área de compras 22
       2.2.2 Processo de compra 25
       2.2.3 Cuidados em compras 29
       2.2.4 Cuidados com recebimento 34
       2.2.5 Cuidados no suprimento para a produção 37
   2.3 Compra de componentes 42
   2.4 Compra de ativos 48
   2.5 Seleção de fornecedores 68
       2.5.1 Pesquisar fornecedores potenciais 69
       2.5.2 Estabelecer critérios de avaliação de fornecedores 70
       2.5.3 Avaliar e selecionar os fornecedores 74
       2.5.4 Cadastrar os fornecedores selecionados 74
       2.5.5 Acompanhar o desempenho do fornecimento 75
       2.5.6 Fazer parcerias com fornecedores 75

2.6 Cotações 77
2.7 Critérios de escolha de ganhadores de pedido 83

3 ADMINISTRAÇÃO DE ESTOQUES 91
3.1 Administração de estoques 91
3.2 Modelos de planejamento 99
    3.2.1 Estudo de mercado 99
    3.2.2 Análise setorial 101
    3.2.3 O negócio 103
    3.2.4 Curva ABC 107
    3.2.5 Métodos de previsão de demanda 113
3.3 Entrada de materiais 122
    3.3.1 Recebimento de materiais 123
    3.3.2 Inspeção de recebimento 124
3.4 Classificação de materiais 128
    3.4.1 Sistema Dewey 129
    3.4.2 Exemplos de sistemas decanuméricos 132
    3.4.3 Federal Supply Classification – FSC 136
    3.4.4 Adaptação a uma corporação 138
    3.4.5 Codificação de material 140
3.5 Código de barras 141
    3.5.1 Sistema de codificação EAN 141
    3.5.2 Visão da codificação 145
    3.5.3 Aspectos técnicos 146
    3.5.4 Estruturação do código ITF 151
    3.5.5 Código 39 152

4 CONTROLE DE ESTOQUES 159
4.1 Conceito de controle de estoques 159
    4.1.1 Documentos do controle de estoque 160
    4.1.2 Curva dente-de-serra 161
    4.1.3 Tempo de reposição do estoque 163
    4.1.4 Estoque de segurança 164
    4.1.5 Estoque virtual 171
    4.1.6 Ponto de pedido 171
    4.1.7 Estoque médio 173
    4.1.8 Giro ou rotatividade de estoque 174

4.2 Custos de estoque 175
    4.2.1 Custo de aquisição 175
    4.2.2 Custo de armazenagem 175
    4.2.3 Custo de pedido 180
    4.2.4 Custo de falta 183
4.3 Métodos de avaliação de estoque 184
    4.3.1 Custo médio 185
    4.3.2 PEPS ou FIFO 186
    4.3.3 UEPS ou LIFO 187
    4.3.4 Preço de reposição 188
    4.3.5 Comparação entre os métodos de avaliação 189
4.4 Métodos de cálculo de lote econômico 189
    4.4.1 Lote econômico de compra 191
    4.4.2 Lote econômico de compra com falta de estoque 194
    4.4.3 Lote econômico de fabricação 195
    4.4.4 Lote econômico de fabricação com falta de estoque 198
4.5 Auditoria nos estoques 198
    4.5.1 Método de avaliação 199
    4.5.2 Determinação do custo 199
    4.5.3 Registros contábeis 205
    4.5.4 Controle interno 206
    4.5.5 Apresentação nas demonstrações financeiras 208
    4.5.6 Objetivos da auditoria dos estoques 210
    4.5.7 Procedimentos de auditoria dos estoques 210

5 **MOVIMENTAÇÃO E ARMAZENAGEM DE MATERIAIS** 221
5.1 Movimentação de materiais 221
5.2 Armazenagem de materiais 225
5.3 Modulação de cargas 229
5.4 Equipamentos de movimentação de materiais 237
    5.4.1 Seleção de equipamentos 237
    5.4.2 Classificação dos equipamentos de movimentação 238
    5.4.3 Tipos de equipamentos de movimentação mais utilizados 238
    5.4.4 Alocação dos equipamentos 243
    5.4.5 Considerações para a seleção de equipamentos 244

5.5 Equipamentos de armazenamento de materiais 245
    5.5.1 Ocupação/serviço 245
    5.5.2 Armazenamento em bloco 246
    5.5.3 Cargas unitizadas 246
    5.5.4 Tipos de equipamentos de unitização mais utilizados 247
    5.5.5 Equipamentos auxiliares 252
    5.5.6 Armazenamento *drive-in* e *drive-thru* 253
    5.5.7 *Cross-docking* 254
    5.5.8 *Milk run* 256

5.6 Inventários 258

5.7 Identificação de desvios e ação corretiva 262

5.8 Transporte 266
    5.8.1 Qualidade do transporte 266
    5.8.2 Produtividade do transporte 268

6 OPERAÇÃO NA ÁREA DE MATERIAIS 275

6.1 Endereçamento de armazém 275

6.2 Alocação de materiais 277

6.3 Setorização 278

6.4 Benefícios do endereçamento 279

6.5 Arranjo físico do armazém 279
    6.5.1 Sistema de Informação 280
    6.5.2 Fichas de movimentação e etiquetas de identificação 281

6.6 Sistema de informação na área de materiais 288
    6.6.1 Transferência da produção 288
    6.6.2 Separação e transferência para a expedição 289
    6.6.3 Identificação de equipamentos 290

6.7 Localização na área de materiais 292
    6.7.1 Fatores localizacionais 293
    6.7.2 Escolha preliminar de alternativas da localização 294
    6.7.3 Escolha da localização definitiva 298

6.8 Arranjo físico na área de materiais 300
    6.8.1 Método para o projeto de um leiaute 306
    6.8.2 Avaliação dos fluxos de materiais 308
    6.8.3 Arranjo físico de um armazém 312

6.9 Separação de pedidos 314
    6.9.1 Sistema de faturamento 315
    6.9.2 Rotina operacional 317
    6.9.3 Rotina de separação de mercadorias 319
    6.9.4 Carregamento do transporte 320

6.10 A embalagem na área de materiais 321
    6.10.1 Custo das embalagens 323
    6.10.2 Embalagem de comercialização 323
    6.10.3 Adequação da embalagem à manufatura 324
    6.10.4 Operações para embalamento automático 325
    6.10.5 Outros aspectos sobre embalagem 326
    6.10.6 O produto e a logística 327
    6.10.7 Classes de risco 328
    6.10.8 Aceleração da gravidade 329
    6.10.9 Embalagem como fator de *shelf life* 331
    6.10.10 A interface com o produto 332
    6.10.11 Embalagem de comercialização 333
    6.10.12 Marcação dos plásticos recicláveis 336

7 SEGURANÇA NA ÁREA DE MATERIAIS 339

7.1 Segurança na empilhadeira 339
    7.1.1 Estabilidade da empilhadeira 340
    7.1.2 Capacidade de carga 340
    7.1.3 Tombamento da empilhadeira 344
    7.1.4 Carregar e descarregar 344
    7.1.5 Tempo de utilização 345
    7.1.6 Operação com segurança 345
    7.1.7 Acidentes de trabalho 346
    7.1.8 Combustíveis 347
    7.1.9 Deslocamento da empilhadeira 347
    7.1.10 Assistência à empilhadeira 348
    7.1.11 Bateria 349
    7.1.12 Outros riscos 349

7.2 Combate a incêndios 350
    7.2.1 Introdução 350

  7.2.2 A formação do incêndio...........351
  7.2.3 Como o incêndio se desenvolve...........353
  7.2.4 Prevenção...........354
  7.2.5 Inspeção de prevenção de incêndio...........355
  7.2.6 Comportamento no incêndio...........359
 7.3 Segurança anti-incêndio na área de materiais...........360
  7.3.1 Introdução...........360
  7.3.2 Norma...........360
 7.4 Plano de emergência...........364
  7.4.1 Introdução...........364
  7.4.2 Modelo de norma...........365
 7.5 Administração de perdas...........369
  7.5.1 Características propícias ao furto...........369
  7.5.2 Substituição pelo concorrente...........370
  7.5.3 Administração das perdas...........370

8 *SUPPLY CHAIN*...........375
 8.1 Conceito de *SUPPLY CHAIN*...........375
 8.2 Processos críticos do *SUPPLY CHAIN MANAGEMENT* (SCM)...........380
 8.3 Abastecimento e distribuição em uma cadeia de suprimento...........385
 8.4 Suprimento no varejo...........386

9 ADMINISTRAÇÃO DO PATRIMÔNIO...........395
 9.1 Natureza do ativo imobilizado...........395
 9.2 Princípios de contabilização do imobilizado...........396
 9.3 Controle do ativo imobilizado...........399
 9.4 Inventário físico...........401
 9.5 Auditoria do ativo imobilizado...........402
 9.6 Problemas especiais relacionados com o imobilizado...........405
 9.7 Alocação do capital da empresa...........406
 9.8 Reavaliação de ativos...........415

ADMINISTRAÇÃO DOS RECURSOS

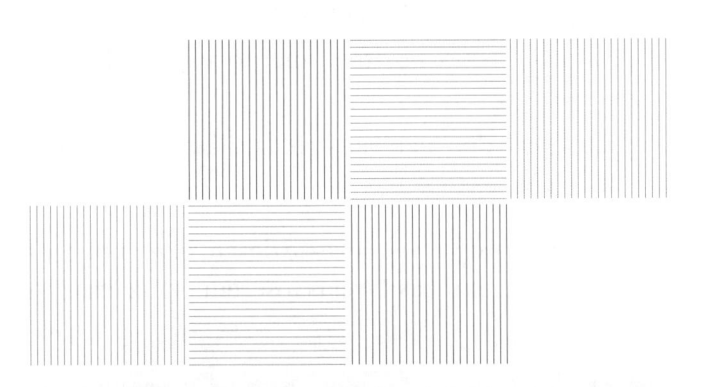

1.1 OBJETIVOS DA ADMINISTRAÇÃO DOS RECURSOS MATERIAIS E PATRIMONIAIS

Tivemos a oportunidade de acompanhar o cotidiano de várias empresas por meio de projetos desenvolvidos na área logística e pudemos avaliar a situação da Administração Logística dessas empresas.

As organizações que apresentaram um quadro preocupante nessa área, sem que se tivesse tomado alguma providência a respeito, enfrentaram dificuldades financeiras sérias, havendo até casos de concordata e falência. É provável que se possa estabelecer uma correlação consistente entre uma má Administração de Materiais em uma empresa e futuras dificuldades financeiras.

Recomendamos aos diretores financeiros que, sempre que possível, atuem com rigor na área de materiais e os tratem assim como tratam as aplicações financeiras que administram.

Uma Administração de Materiais deficiente utiliza mal os recursos financeiros escassos, muitas vezes sem resultados na área produtiva ou, como é mais grave, no nível de atendimento ao cliente. Além de significar a utilização indevida de recursos financeiros, é um forte sintoma de uma administração geral ineficaz.

Ao se elaborar um programa para a implantação de uma Administração de Materiais, estabelecem-se objetivos financeiros e administrativos bem definidos, como exemplificamos:

- Eliminar totalmente itens sem movimentação, pela erradicação definitiva das causas da existência desses itens em estoque, sem utilidade para a produção ou para a venda.
- Reduzir em 50% os investimentos em estoques, sem prejuízo da produção e do atendimento aos clientes.
- Reduzir drasticamente as perdas de materiais na *Logística Industrial* pela utilização de técnicas de movimentação e acondicionamento.
- Obter um nível de serviço próximo de 100% no atendimento aos pedidos dos clientes.
- Eliminar 50% do custo das embalagens dos materiais pela utilização de novos sistemas de movimentação e abastecimento.

Para realizar integralmente os objetivos propostos, deve-se desenvolver um projeto com um cronograma bem detalhado, definindo as tarefas a serem realizadas.

1.2 ADMINISTRAÇÃO DE MATERIAIS[1]

A Administração de Materiais tecnicamente bem aparelhada é, sem dúvida, uma das condições fundamentais para o equilíbrio econômico e financeiro de uma empresa.

Tratar adequadamente do abastecimento, do planejamento e do reaproveitamento de materiais contribui para a melhoria do resultado de qualquer organização.

A elevação da receita deverá ser sempre perseguida pela melhoria do produto e por sua boa distribuição. Recomenda-se que a elevação da receita não seja feita à custa da redução do preço nem do alongamento dos prazos de pagamento dos clientes. O resultado será, então, reforçado por uma boa administração das despesas e dos custos; consequentemente, também, por uma excelente Administração de Materiais.

No século XVII criou-se no exército francês o cargo de *maréchal général des logis*, responsável pelo suprimento e transporte do material bélico, que mais tarde resultou no termo *logística*.

Na era da Revolução Industrial do século XVIII, as empresas eram organizadas em torno de três atividades básicas:

A – Suprimento de capital, pessoal e material.

---

1. Parte adaptada do texto de Herbert Lowe Stuckart, "A Importância da Administração de Materiais", publicado nos anais do Congresso de Administração de Material de Telecomunicações da América Latina, patrocinado pela Telebrás em novembro de 1987.

B – Produção ou conversão.

C – Venda e distribuição.

A evolução da organização industrial levou à compra de materiais que inicialmente eram fabricados pelas empresas. A produção passou a se especializar em virtude da complexidade das tecnologias e da necessidade de se obter economia de escala nos processos produtivos. A incidência de materiais comprados elevou-se e a área de compras organizou-se em uma gerência independente da produção.

O relacionamento entre a área produtiva e a financeira inclui interesses conflitantes, e a Administração de Materiais torna-se a atividade conciliadora desses interesses em conflito, porém sempre se posicionando a favor da economia e da parcimônia. A Figura 1.1 ilustra esse ponto.

1.2.1 Evolução da Administração de Materiais

A evolução da Administração de Materiais processou-se em várias fases, como exemplificamos:

- Atividade exercida diretamente pelo proprietário da empresa, em que comprar era a essência do negócio.
- Atividades de compras como apoio às atividades produtivas e, portanto, integradas à área de produção.
- Coordenação dos serviços envolvendo materiais, começando com o planejamento das matérias-primas e a entrega de produtos acabados, em uma organização independente da área produtiva.
- Agregação à área logística das atividades de suporte à área de *marketing*.
- Modelo atual da área de logística da qual faz parte a Administração de Materiais.

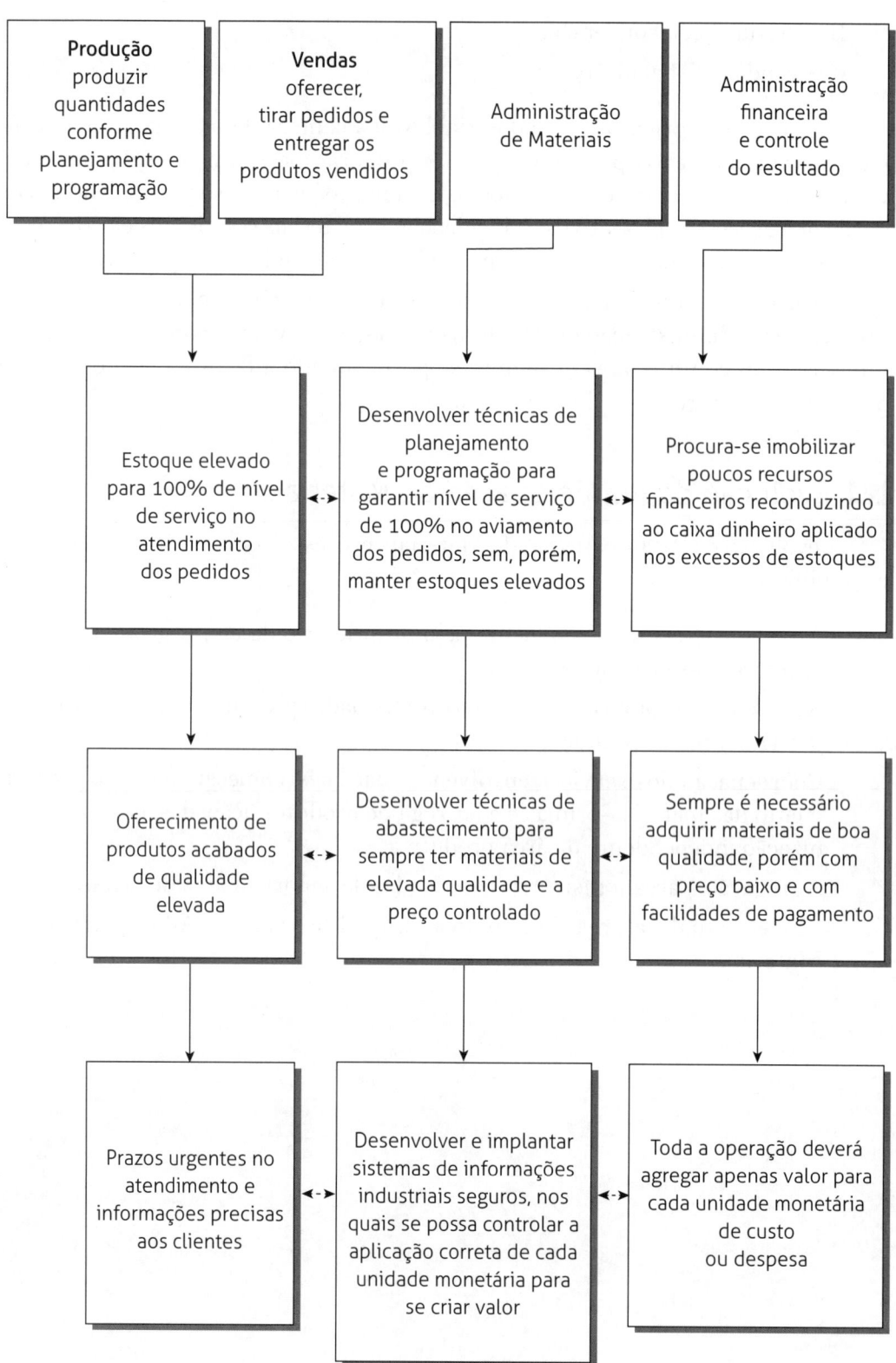

FIGURA 1.1 Interesses conflitantes entre as áreas de uma empresa.

Tais pontos são resumidos no quadro a seguir:

QUADRO 1.1 Evolução da Administração de Materiais.

Percepção empresarial	Situação inicial	Processo de evolução	Estágio avançado	Situação atual
O administrador de materiais	Pessoa de recados	Funcionário a serviço da produção	Executivo conhecedor do mercado de abastecimento	Executivo que administra 60% dos custos e das despesas
Perfil do profissional	Pessoa bem considerada	Burocrata eficiente	Conhecedor de administração comercial e de mercados	Executivo com preparo técnico, econômico e legal
Progresso do profissional	Sem possibilidades	Comprador	Planejamento do negócio	Diretor executivo
Atividades da Administração de Materiais	Realiza despesas	Evita faltas e desmobiliza estoques excedentes	Planejamento estratégico	Concentração em uma visão de melhoria dos resultados

A evolução das atividades produtivas seguiu o modelo que relacionamos no Quadro 1.2.

QUADRO 1.2 Evolução da atividade produtiva.

Período	1750-1800	1800-1850	1850-1900	1900-1950	1950-2000
Inovações	Máquina a vapor e tear mecânico	Locomotivas, telégrafo, fotografia	Lâmpadas, telefone, motor a explosão, adubo químico	Náilon, radar, eletrônica, rádio e TV	Microeletrônica, raio laser, fibra óptica, biotecnologia

A atual situação da Administração de Materiais foi, então, importante para acompanhar essa evolução e suportá-la, sem o que essas realizações não seriam possíveis.

A Produção, com a sua mecanização, racionalização e automação, eleva o nível de produção e o excedente terá de ser tratado pela atividade de *marketing*, a qual também terá de receber apoio da Administração de Materiais.

Poderíamos definir Administração de Materiais como se segue:

> Atividade que planeja, executa e controla, nas condições mais eficientes e econômicas, o fluxo de material, partindo das especificações dos artigos a comprar até a entrega do produto terminado ao cliente.

A ideia básica é considerar a passagem dos materiais pela empresa como um fluxo que deverá ter um mesmo administrador, a montante e a jusante, pois a água que passa por esses dois pontos será sempre a mesma.

A necessidade de utilizar sistemas de computação mais modernos facilitou sobremaneira a integração e o comando único na administração desse fluxo.

1.2.2 Tarefas da Administração de Materiais

A Administração de Materiais inclui hoje um sem-número de tarefas, mostradas na Figura 1.2.

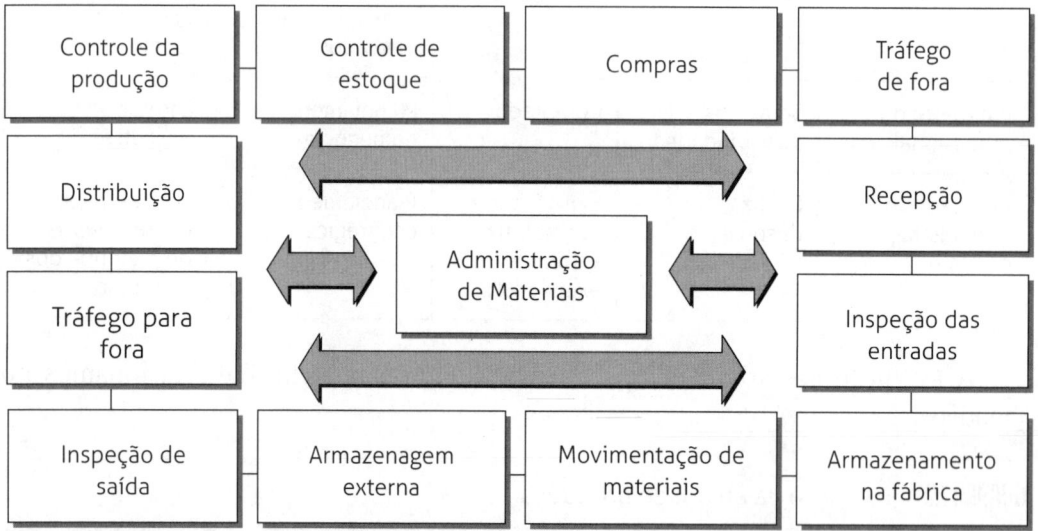

FIGURA 1.2 Atividades da Administração de Materiais.

Um organograma simplificado de uma empresa industrial poderia ser assim esquematizado, conforme a Figura 1.3.

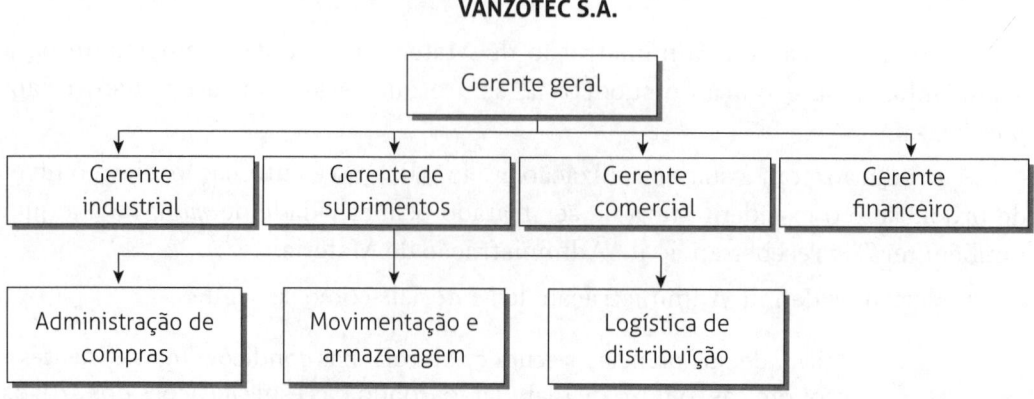

FIGURA 1.3 Organograma de uma empresa.

1.2.3 Posicionamento estratégico

Poderemos considerar dois tipos de *marketing*, um visando ao mercado dos produtos acabados da empresa e outro visando ao mercado de suprimento: *sales marketing* e *source marketing*.

Poderemos considerar um esquema que retrate os vários posicionamentos estratégicos da empresa como indicado na Figura 1.4.

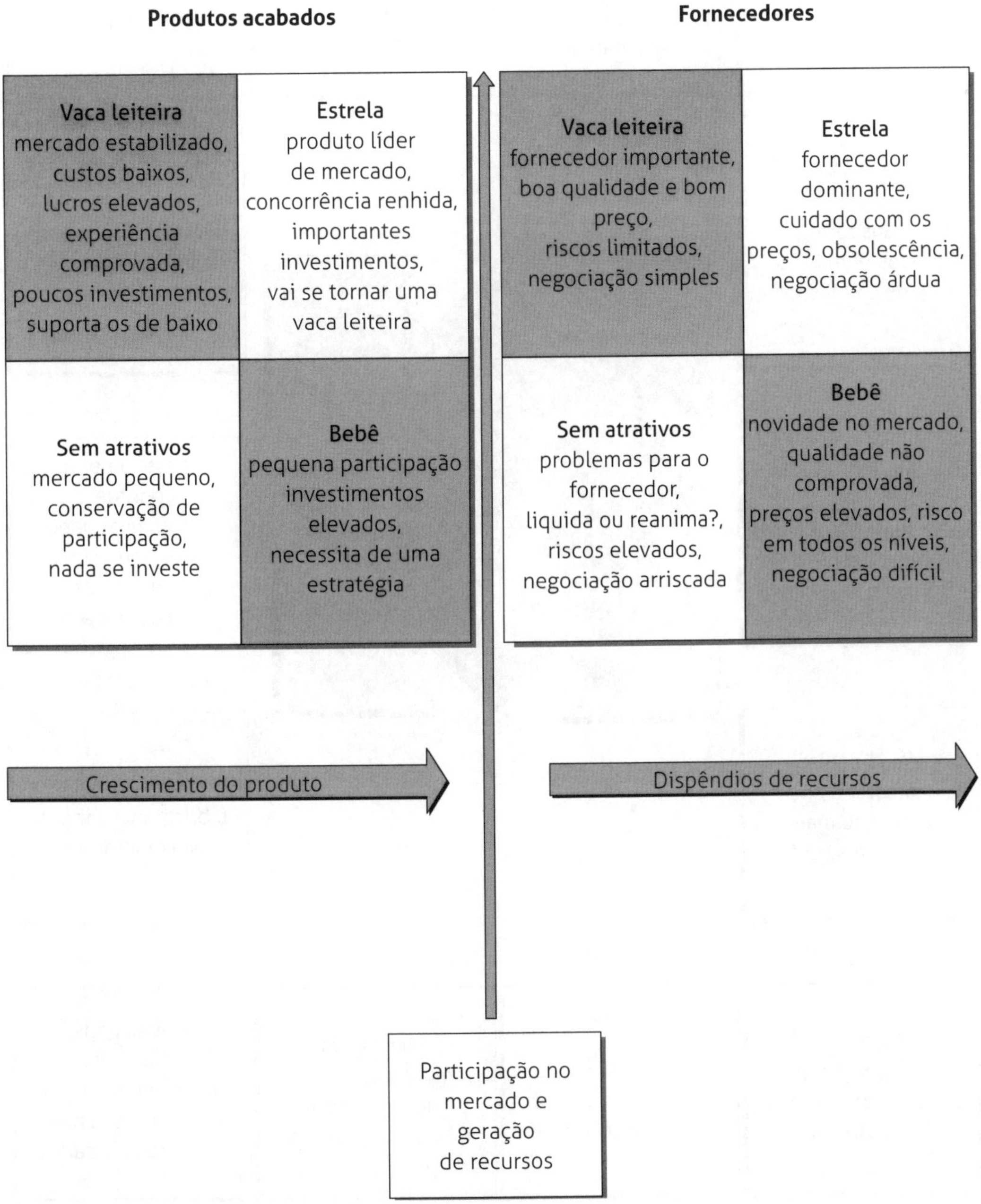

Produtos acabados

Vaca leiteira
mercado estabilizado, custos baixos, lucros elevados, experiência comprovada, poucos investimentos, suporta os de baixo

Estrela
produto líder de mercado, concorrência renhida, importantes investimentos, vai se tornar uma vaca leiteira

Sem atrativos
mercado pequeno, conservação de participação, nada se investe

Bebê
pequena participação investimentos elevados, necessita de uma estratégia

Crescimento do produto →

Fornecedores

Vaca leiteira
fornecedor importante, boa qualidade e bom preço, riscos limitados, negociação simples

Estrela
fornecedor dominante, cuidado com os preços, obsolescência, negociação árdua

Sem atrativos
problemas para o fornecedor, liquida ou reanima?, riscos elevados, negociação arriscada

Bebê
novidade no mercado, qualidade não comprovada, preços elevados, risco em todos os níveis, negociação difícil

Dispêndios de recursos →

Participação no mercado e geração de recursos

FIGURA 1.4 Posicionamento estratégico.

1.2.4 Economia da utilização dos materiais

A Administração de Materiais atua na economia da utilização de materiais acionando as técnicas relacionadas na Figura 1.5.

FIGURA 1.5 Economia de materiais.

1.2.5 Redução dos estoques

A Administração de Materiais atua também no estabelecimento de uma política de redução de estoques, para que a situação do caixa da empresa seja aliviada pelo retorno desses recursos à Tesouraria. A Figura 1.6 ilustra as áreas de atuação e as diversas técnicas que podem ser utilizadas para se atingir um bom resultado:

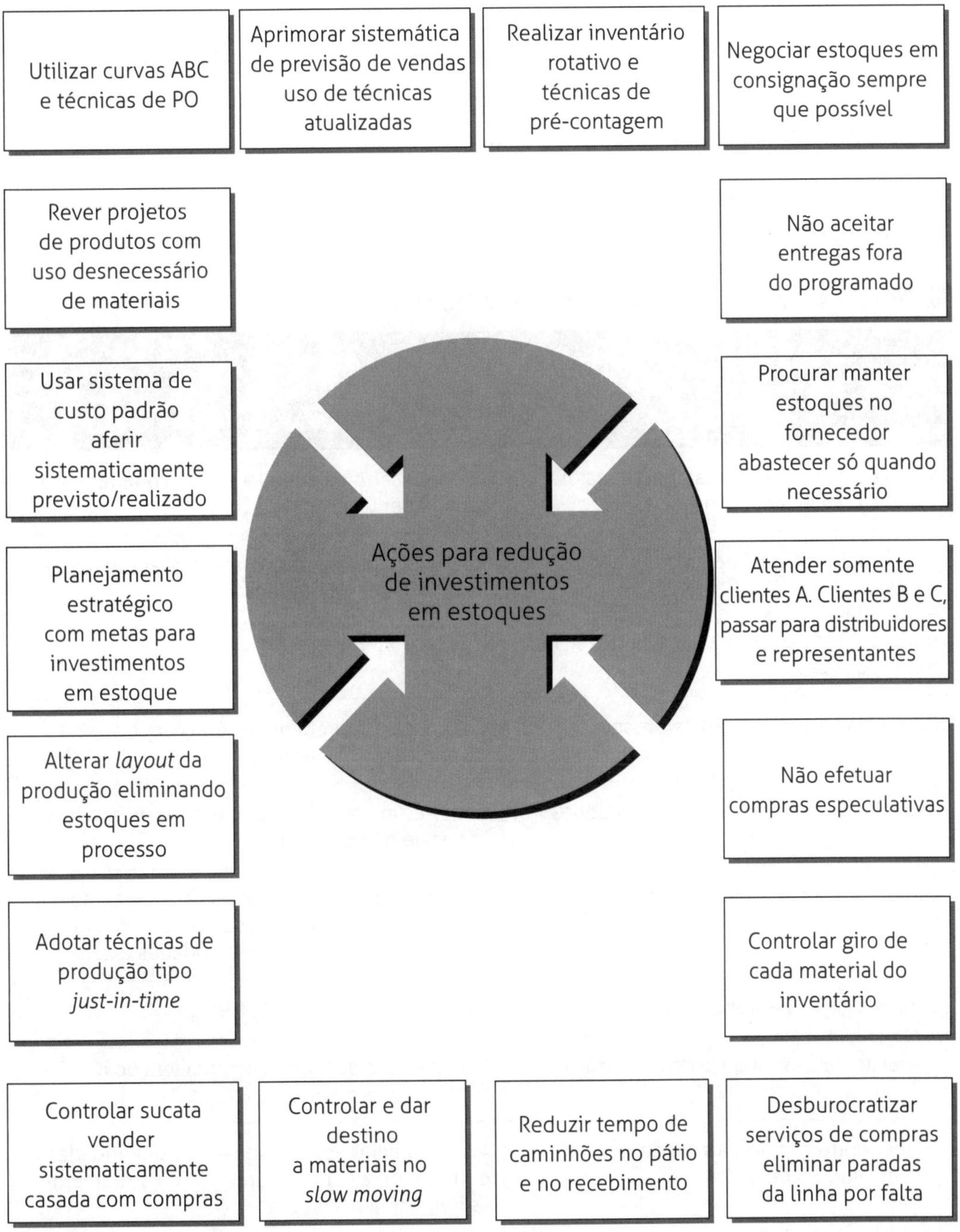

- Utilizar curvas ABC e técnicas de PO
- Aprimorar sistemática de previsão de vendas uso de técnicas atualizadas
- Realizar inventário rotativo e técnicas de pré-contagem
- Negociar estoques em consignação sempre que possível
- Rever projetos de produtos com uso desnecessário de materiais
- Não aceitar entregas fora do programado
- Usar sistema de custo padrão aferir sistematicamente previsto/realizado
- Procurar manter estoques no fornecedor abastecer só quando necessário
- Planejamento estratégico com metas para investimentos em estoque
- Atender somente clientes A. Clientes B e C, passar para distribuidores e representantes
- Alterar *layout* da produção eliminando estoques em processo
- Não efetuar compras especulativas
- Adotar técnicas de produção tipo *just-in-time*
- Controlar giro de cada material do inventário
- Controlar sucata vender sistematicamente casada com compras
- Controlar e dar destino a materiais no *slow moving*
- Reduzir tempo de caminhões no pátio e no recebimento
- Desburocratizar serviços de compras eliminar paradas da linha por falta

Ações para redução de investimentos em estoques

FIGURA 1.6 Investimento em estoques.

1.2.6 Centralização e descentralização

A área da Administração de Materiais poderá ser centralizada ou descentralizada em uma estrutura corporativa. A centralização apresenta algumas vantagens evidentes, como relacionamos:

- Administra com mais facilidade a escassez de fornecimento de determinados materiais.
- Acompanha melhor o mercado de matérias-primas e componentes.
- Reduz os preços dos itens adquiridos e, portanto, reduz o custo dos produtos.
- Utiliza pessoal muito mais especializado e qualificado.

Da mesma maneira, poderíamos relacionar outros pontos positivos da descentralização. O Quadro 1.3 estabelece um balanço entre essas alternativas.

QUADRO 1.3 Alternativas da Administração de Materiais.

Avaliação da administração de compras	
Centralização	Descentralização
Redução do custo dos materiais – maior volume e facilidade de negociação.	Melhor acerto da adequação das compras e dos equipamentos.
Garantia de abastecimento de materiais escassos – contratação desses materiais para a utilização em várias unidades de negócios da corporação.	Realização das compras urgentes, atendendo às necessidades da produção.
Economia na contratação de pessoal.	Comunicação direta do usuário com o comprador.
Redução dos investimentos em estoques.	Compras imprevisíveis e utilização de serviços locais de boa qualidade.
Estudo do mercado de suprimentos.	Compras em empresas locais para a manutenção do emprego na região e estabelecimento de uma boa política com as autoridades locais.
Simplificação e padronização.	Evita a alta incidência de fretes.
Planejamento estratégico de aquisições.	Recuperação de maior porcentagem do ICMS com compras no mesmo Estado.
Melhor utilização do sistema de processamento de dados.	Acompanhamento cuidadoso das quantidades entregues e ajuste do suprimento estritamente às necessidades do dia.

continua

continuação

Avaliação da administração de compras	
Centralização	Descentralização
Desenvolvimento do sistema de documentação dos produtos segundo um padrão único.	Atendimento ágil às mudanças súbitas dos programas de produção, que resultam em um comportamento das vendas não previsto.
Resultado: menores custos e investimentos nos estoques.	Resultado: elevação da motivação do pessoal e redução dos custos com burocracia.

É interessante analisar com um pouco mais de detalhe a característica dos custos relativos à manutenção de estoques nas opções Centralização e Descentralização. Isso porque a soma dos vários estoques descentralizados que atendem, cada um deles, uma fábrica diferente é sempre maior do que se o estoque estivesse reunido em um único local e atendesse a todas as fábricas. Para entender tal fato, precisamos recordar alguns conceitos de Estatística.

Conforme veremos no Capítulo 5, o volume total de um estoque é definido por uma quantidade média que reflete a demanda média e o tempo de reposição médio dos fornecedores. No entanto, essas duas variáveis não são constantes ao longo do tempo: a demanda apresenta uma variância em torno da média e o mesmo ocorre com o Tempo de Reposição dos fornecedores. Um esquema simplificado do que ocorre nas opções de estoque centralizado e descentralizado é mostrado na Figura 1.6.a.

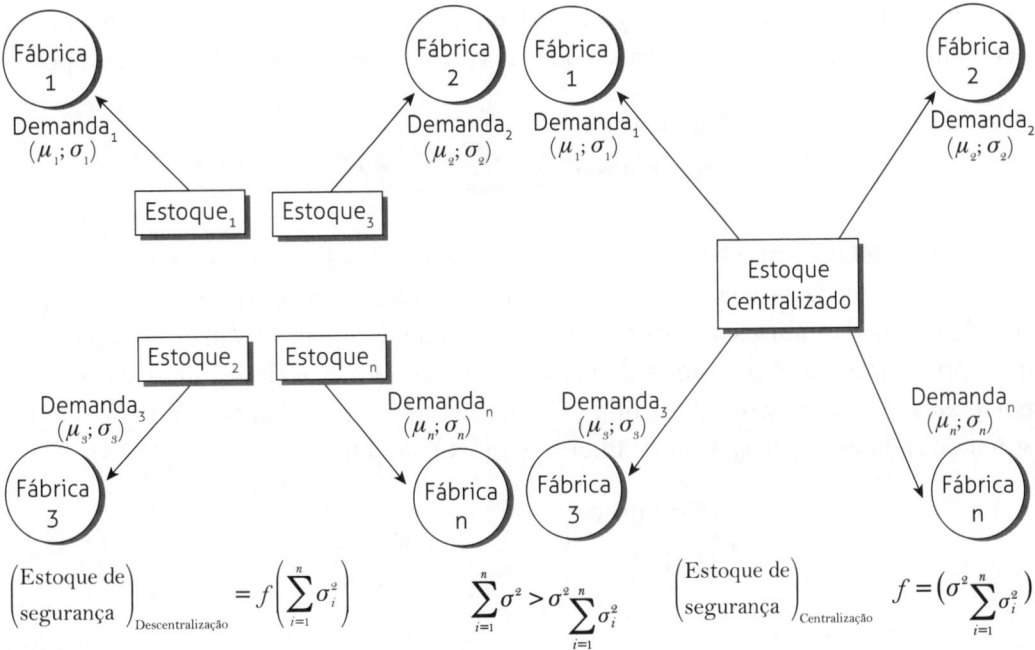

FIGURA 1.6.A Estoque centralizado e descentralizado.

A Estatística mostra que a média de uma variável, por exemplo, a demanda de um estoque centralizado, é igual à soma das demandas médias de cada uma das fábricas servidas por este estoque. Matematicamente é mostrado por:

$$\mu_c = \sum_{i=1}^{n} \mu_i$$

onde:

μ_c = média do estoque centralizado

μ_i = média de cada estoque descentralizado

O problema do aumento do estoque na opção Descentralização está no tamanho do *Estoque de Segurança* que cada um deve manter para absorver a variância da demanda de cada fábrica servida por cada um deles. Em resumo, quanto maior a variância da demanda recebida pelo estoque para envio de materiais à fábrica, maior deve ser o *Estoque de Segurança*. Matematicamente é mostrado por:

$$\begin{pmatrix} \text{Estoque de} \\ \text{Segurança} \end{pmatrix}_i = f\left(\sigma_i^2\right)$$

Ao mantermos estoques descentralizados, o estoque total representado pela soma de todos os estoques descentralizados vai ser a soma do estoque médio mais o *Estoque de Segurança* de cada um deles. Contudo, ao fazermos isso, estaremos somando as variâncias das demandas de cada uma das fábricas que atuam como variáveis independentes. Como o *Estoque de Segurança* depende da soma das variâncias da demanda de cada uma das fábricas a que serve, matematicamente é mostrado por:

$$\begin{pmatrix} \text{Estoque de} \\ \text{Segurança} \end{pmatrix}_{\text{Descentralização}} = f\left(\sum_{i=1}^{n} \sigma_i^2\right)$$

Já na opção Centralização, o estoque absorve cada uma das variâncias de demanda das fábricas servidas por ele. Simplificando, há uma probabilidade de que, se a demanda da Fábrica 1 aumentar e a demanda da Fábrica 2 sofrer uma redução que, em Estatística, é denominada variáveis dependentes, existirá uma *covariância* entre elas. A variância da demanda total no estoque centralizado é a variância da soma de cada uma delas; genericamente é mostrada por:

$$\begin{pmatrix} \text{Estoque de} \\ \text{Segurança} \end{pmatrix}_{\text{Centralização}} = f(\sigma^2 \sum_{i=1}^{n} \sigma_i^2)$$

Se notarmos, estamos diante de um problema: o estoque total descentralizado é função de uma soma de variâncias, enquanto o estoque total centralizado é função da variância da soma. Uma revisão de Estatística básica mostra que:

$$\sum_{i=1}^{n} \sigma_i^2 > \sigma^2 \sum_{i=1}^{n} \sigma_i^2$$

Se a soma de variâncias é maior do que a variância da soma, e o *Estoque de Segurança* é função da variância da demanda, temos que o *Estoque de Segurança* descentralizado é maior do que o *Estoque de Segurança* centralizado.

$$\begin{pmatrix} \text{Estoque de} \\ \text{Segurança} \end{pmatrix}_{\text{Descentralização}} > \begin{pmatrix} \text{Estoque de} \\ \text{Segurança} \end{pmatrix}_{\text{Centralização}}$$

1.3 ADMINISTRAÇÃO DO PATRIMÔNIO

Entende-se como ativo imobilizado todo ativo de natureza relativamente permanente, em geral mantido na empresa para a utilização na produção de mercadorias ou prestação de serviços.

Três afirmações importantes devem coexistir para que possamos classificar um ativo como fixo ou imobilizado:

- Ter natureza relativamente permanente.
- Ser utilizado na operação do negócio.
- Não ser destinado à venda.

Nenhum bem tem vida ilimitada na empresa, pois com o tempo todos sofrem desgaste pelo uso e obsolescência. Esses desgastes são, inclusive, contabilizados legalmente.

A existência e o uso contínuo dos bens, refletidos pelo registro detalhado, deverão ser conferidos periodicamente por meio de um programa detalhado de inventários físicos.

As unidades do ativo imobilizado, desde que possível, deverão ser numeradas quando instaladas, a fim de facilitar sua identificação. Se, porventura, isso não tiver sido feito desde o início das operações, poderá ser realizado à medida que os inventários físicos forem programados.

Como ocorre nos recursos materiais, o ativo imobilizado também está sujeito a auditorias. A auditoria do ativo imobilizado tem o objetivo de determinar:

- **Princípios** – Se as bases de avaliação das contas do ativo imobilizado são apropriadas, se estão de acordo com os princípios de contabilidade geralmente aceitos e aplicados em bases uniformes em relação aos principais itens que permanecem em serviço.
- **Mutações** – Se as adições, durante o período em exame, são débitos apropriados ao ativo imobilizado e representam bens físicos reais instalados ou construídos, e, por outro lado, se itens significativos que deveriam ter sido imobilizados foram debitados na conta de despesas.
- **Valores** – Se os custos e as respectivas provisões para a depreciação aplicáveis a todas as retiradas, abandonos e ativos imobilizados não mais em serviço foram apropriadamente baixados das contas.
- **Base** – Se a depreciação debitada das contas de lucro e perdas durante o período em exame é adequada, mas não excessiva, e se foi calculada em uma base aceitável e uniforme com aquela do período anterior.
- **Previsões** – Se os saldos das previsões para depreciação são razoáveis, considerando-se a vida útil remanescente dos bens e o possível valor residual.
- **Ônus** – Se todos os ônus significativos sobre os ativos imobilizados estão devidamente considerados nas demonstrações financeiras.

Antes de iniciarmos qualquer trabalho de auditoria, deveremos nos certificar dos seguintes pontos:

- Dos métodos e política da empresa para a autorização, controle e contabilização das despesas capitalizáveis e de manutenção.
- Dos procedimentos contábeis e medidas de controle interno com referência ao imobilizado.

Deve-se obter ou preparar um sumário demonstrativo das várias classes de bens e respectivas contas de provisão, mostrando aquisições, adições e retiradas por ano, preferencialmente a partir do início das atividades até o início do período a ser examinado.

Na auditoria deveremos atentar para os seguintes pontos:

- **Adições** – Selecionar, entre as adições do ano, bens acima de um limite pré-estabelecido, examinando os documentos de compra.
- **Baixas** – Obter uma lista das baixas totais, testando as mais significativas ocorridas durante o período em exame.
- **Transferências e imobilizações** – Verificar a transferência de bens da conta Obras em Andamento para as contas definitivas do ativo imobilizado.

- **Depreciações** – Comprovar se a depreciação contabilizada no ano é razoável e proporcional ao ativo sujeito a depreciação.
- **Contas de reparo e manutenção** – Com a finalidade de determinar se as adições estão sendo indevidamente debitadas a despesas, as contas de reparos e manutenção devem ser revisadas em relação ao trabalho do imobilizado.

EXERCÍCIOS

1. Cite e explique cinco atividades que proporcionem economia de materiais.
2. O que é *Global Sourcing*? Quais são os fatores críticos para que ele possa ser implantado em uma empresa?
3. Por que as metas de investimento em estoques devem fazer parte do planejamento estratégico de uma empresa?
4. Por que estoques em consignação reduzem os investimentos de estoque em uma empresa? Receber estoques em consignação é uma opção melhor do que receber materiais no momento em que a empresa necessita?
5. Grandes redes de supermercados optam pela centralização dos estoques por meio de Centros de Distribuição. Discuta as vantagens e as desvantagens dessa decisão.
6. Para a fabricação de determinado componente é necessária a utilização de equipamentos. Como se pode aumentar a capacidade de produção desse componente sem aumentar o ativo imobilizado da empresa?
7. Os custos de reforma de determinado equipamento, essencial para as atividades de uma empresa, podem ser incorporados ao ativo imobilizado? Justifique.
8. Explique como se procede a auditoria nos ativos de uma empresa. A relevância dos itens alterados desde a última auditoria deve ser considerada pelos auditores?
9. Qual a importância de manter o índice de liquidez de uma empresa elevado? Uma empresa pode apresentar CGP negativo? Quais os riscos envolvidos?
10. Dê exemplos de empresas estritamente comerciais. Quais as diferenças mais significativas do perfil do ativo entre empresas comerciais e industriais?

ABASTECIMENTO DE MATERIAIS

A Gestão de Materiais tem uma de suas bases no Controle de Abastecimento. Sem recursos adequados, o sistema produtivo da empresa não pode se desenvolver conforme o planejado.

Neste capítulo vamos discutir alguns pontos relacionados ao abastecimento de materiais, considerando fatores físicos e financeiros para a tomada de decisões.

2.1 TERCEIRIZAÇÃO: COMPRAR OU FABRICAR

Decidir comprar ou fabricar tem sido uma das maiores preocupações da empresa moderna. A análise deve englobar enfoques financeiros e estratégicos, porque nem sempre o menor preço é o fator fundamental a se optar por uma ou por outra.

Não há dúvida de que a principal corrente atual é a favor da aquisição de itens de terceiros (*terceirização*), em vez de fabricados internamente, mas para essa decisão a análise deve levar em consideração alguns fatores.

VALOR ESTRATÉGICO DA TECNOLOGIA DE FABRICAÇÃO DO ITEM A SER COMPRADO

A tecnologia de fabricação de um item é um ativo desenvolvido pela empresa, que proporciona diferenciação de seus produtos, ou seja, pertence ao seu *core competence*. Estrategicamente, essa tecnologia traria prejuízos à empresa caso fosse repassada para terceiros, porque os concorrentes teriam acesso a essa tecnologia, e a sua vantagem competitiva de colocação de produtos no mercado ficaria reduzida.

QUALIDADE DO PRODUTO

Qualidade assegurada no fornecimento é essencial para que o produto final tenha o desempenho desejado pela empresa compradora. Assim, o fornecedor deve comprovar que possui, pelo menos, a mesma competência para produzir o componente.

A **terceirização** baseia-se, principalmente, no fato de que fornecedores especializados têm **competências adicionais** de produção de itens específicos, o que implica conseguir maior qualidade. Além disso, deve-se considerar a possibilidade de o fornecedor poder incorporar aperfeiçoamentos e inovações às especificações dos componentes fabricados.

CONFIABILIDADE NO CUMPRIMENTO DE PRAZOS

Uma das principais preocupações com fornecedores é o cumprimento sistemático dos prazos de entrega, principalmente em períodos de maior demanda. Atrasos de fornecimento podem comprometer a entrega do produto final, além de obrigar a empresa compradora a manter estoques adicionais para absorver as incertezas geradas por seus fornecedores. Ganhos no custo e na qualidade podem ser irrelevantes se prazos não forem cumpridos.

POSSIBILIDADE DE LIBERAÇÃO DE RECURSOS PRODUTIVOS

Repassar componentes para terceiros fabricarem libera recursos produtivos importantes para que a empresa possa utilizá-los em seu *core competence*. Assim, mão de obra, espaço no chão da fábrica, equipamentos e materiais que antes eram necessários para produzir componentes podem agora ser utilizados para aumentar sua capacidade produtiva, principalmente se utilizavam equipamentos-gargalo.

INDISPONIBILIDADE DE RECURSOS

Quando a capacidade de produção de determinado componente está esgotada ou há necessidade de investimentos para desenvolvimento de novos produtos que estão além dos recursos financeiros da empresa, o repasse da fabricação para terceiros é uma das saídas possíveis. Além disso, é preferível investir em recursos produtivos pertencentes ao *core competence* da organização.

NOVOS PRODUTOS COM VOLUME DE PRODUÇÃO INICIAL BAIXO

Investimentos na produção de componentes para novos produtos que têm baixo volume inicial, em geral, são economicamente inviáveis. Em estágios iniciais, é preferível recorrer à terceirização até que o volume justifique mais investimentos.

CUSTO

Note-se que a questão custo é a **última** a ser analisada. Esta abordagem, propositadamente, choca-se com a maneira mais comum de raciocinar quando se fala de terceirização, uma vez que deve ser analisado o enfoque de **resultado** para a empresa e não de custo.

Nem sempre o custo de aquisição é menor do que o de fabricação, porém:

- Recursos podem ser dirigidos para a produção de itens de maior lucratividade.
- Custos fixos transformam-se em variáveis, adequando-se melhor a variações de demanda.
- A qualidade do componente é maior, reduzindo custos difíceis de serem contabilizados, tais como: tempo de mão de obra e de equipamentos utilizados em refugos e retrabalhos.
- Elimina a necessidade de inspeções durante o processo de fabricação e é possível concentrar-se apenas no recebimento de componentes.
- Com o uso de fornecedores com garantia da qualidade, diminui a necessidade de inspeções de recebimento.
- Ganhos no custo de aquisição podem facilmente ser anulados por problemas adicionais como:

    – Custo de estoque para prevenir problemas de entrega.
    – Incapacidade de recebimento para um grande número de fornecedores.
    – Perda de vendas por atrasos de entrega do produto final em virtude de atrasos de fornecedores.

EXEMPLO DE VIABILIDADE DE COMPRA OU FABRICAÇÃO

A Vanzotec deseja verificar a possibilidade de terceirização de um componente de seu produto final. Para tanto, levantou os seguintes dados:

QUADRO 2.1

Item	Descrição	Unidade	Valor
1	Produção do produto final	peças/h	10,00
2	Lucro unitário do produto final	R$/peça	14,00
3	Produção interna do componente	peças/h	50,00

continua

continuação

Item	Descrição	Unidade	Valor
4	Custo/hora mão de obra	R$/h	50,00
5	Custo/hora equipamentos	R$/h	15,00
6	Custo materiais	R$/peça	2,00
7	Gastos gerais de produção	R$/h	10,00
8	Custo de aquisição do componente	R$/peça	5,00

Cada peça de produto final utiliza uma peça do componente. O processo produtivo do componente usa apenas equipamentos de usinagem que servem de gargalo para a fabricação do produto final. Realizou-se avaliação no sistema de qualidade do fornecedor e verificou-se que tem condições para cumprir as especificações desejadas.

A empresa pode alocar recursos que atualmente são utilizados para produzir o componente na fabricação do seu produto final. Ou seja, uma hora liberada de equipamento, que deixou de produzir 50 componentes, pode ser utilizada para a montagem de dez produtos finais, em que se lucram R$ 14,00/peça. Desse modo, o gerente industrial deve decidir se vale a pena ou não terceirizar o componente.

O primeiro passo da análise é calcularmos o custo de fabricação do componente para compará-lo ao preço de compra se optarmos pela terceirização. Os cálculos do custo de fabricação por peça são apresentados no Quadro 2.2:

QUADRO 2.2

Recurso	Cálculos	Custo por Peça
Mão de obra	50,00 R$/hora ÷ 50 peças/h	1,00 R$/peça
Equipamentos	15,00 R$/hora ÷ 50 peças/h	0,30 R$/peça
Materiais	2,00 R$/peça	2,00 R$/peça
Gastos Gerais	10,00 R$/hora ÷ 50 peças/h	0,20 R$/peça
	Total	3,50 R$/peça

Nota-se que o custo de aquisição é maior do que o de fabricação. Em uma primeira análise, a opção pela compra seria desvantajosa, pois geraria custo adicional:

Custo adicional	5,00 R$/peça − 3,50 R$/peça	1,50 R$/peça

A análise do caso não é tão simples quanto parece em razão das diferenças de velocidade entre a fabricação do componente e do produto final. Em primeiro lugar, cada hora de produção do componente pode abastecer cinco horas a linha de fabricação do produto final, como se pode calcular a seguir:

10 componentes ⟶ 1 hora de produção do produto final
50 componentes ⟶ x

$$x = \frac{50 \text{ componentes} \times 1 \text{ hora de produção final}}{10 \text{ componentes}} = 5 \text{ horas de produção do produto final}$$

Desse modo, a programação da produção considerando as opções de compra ou fabricação é mostrada no Quadro 2.2.a. Observe que, sem o tempo gasto com a fabricação do componente, a empresa ganha uma hora para a fabricação do produto final.

QUADRO 2.2.A

Hora de produção	1ª hora	2ª hora	3ª hora	4ª hora	5ª hora	6ª hora
Opção Fabricar	Fabrica componente	Fabrica produto	Fabrica produto	Fabrica produto	Fabrica produto	Fabrica produto
Opção Comprar	Fabrica produto	Fabrica produto	Fabrica produto	Fabrica produto	Fabrica produto	Fabrica produto

Se, por um lado, a empresa aumenta os custos de produção em R$ 1,50 (R$ 5,00 − R$ 3,50 = R$ 1,50), reduzindo o lucro obtido por peça de produto final produzida para R$ 12,50 (R$ 14,00 − R$ 1,50 = R$ 12,50), ela tem como compensação o aumento do tempo disponível para produção do produto final. O cálculo mais detalhado da redução do lucro por peça vendida é exibido no Quadro 2.2.b:

QUADRO 2.2.B

		Lucro por peça Opção Fabricar	+	Redução de custo pela fabricação	−	Aumento do custo pela compra	=	Lucro por peça	
Lucro por peça Opção Fabricar	=	14,00	+	0,00	−	0,00	=	14,00	R$/peça
Lucro por peça Opção Comprar	=	14,00	+	3,50	−	5,00	=	12,50	R$/peça

Como a velocidade de produção do produto final é de 10 peças/hora, verificamos que para a opção *fabricar*, cada hora de produção gera um lucro de R$ 140,00 (10 peças/hora × R$ 14,00/peça = R$ 140,00/hora), enquanto na opção *comprar*, cada hora de produção gera um lucro de R$ 125,00 (10 peças/hora × R$ 12,50/peça = R$ 125,00/hora). Esse cálculo pode levar à falsa impressão de que a opção *comprar* é desvantajosa, mas se colocarmos sob uma perspectiva de tempo de produção, o resultado muda:

Opção Fabricar	CO	PA	PA	PA	PA	PA	Soma
Lucro	0,00	140,00	140,00	140,00	140,00	140,00	700,00

Opção Comprar	PA	PA	PA	PA	PA	PA	Soma
Lucro	125,00	125,00	125,00	125,00	125,00	125,00	750,00

Verifica-se que na opção *comprar*, que proporciona à empresa um maior tempo de produção do produto final, mesmo se houver um aumento do custo unitário de produção, o resultado final será favorável. Portanto, o gerente deve optar pela terceirização do componente.

2.2 COMPRAS

2.2.1 A área de compras

TIPOS DE COMPRA

Sempre conduzem a resultados interessantes as tentativas de classificação dos variados tipos de compras de uma empresa industrial. As providências setoriais, da área de compras, poderão ser tomadas com muita clareza e com classificação por tipo bem desenvolvida.

A classificação poderá ser feita com maior facilidade adotando-se matriz de duas entradas (Quadro 2.3). Estas poderiam abranger dois aspectos do problema de compra: a primeira focalizaria o aspecto do mercado de oferta e a segunda se voltaria para o interior da empresa.

Classificação da empresa quanto ao mercado fornecedor:

- Produtos de venda corrente.
- Produtos com preços fixados correntemente.
- Fornecimento sob encomenda, com preços fixados pelo fornecedor.
- Fornecimento em regime de escassez.

Classificação das compras quanto à frequência da necessidade de suprimento pela empresa:

- Compras constantes e habituais.
- Compras programadas.
- Compras de investimentos.
- Compras de emergência.
- Compras sofisticadas.

QUADRO 2.3 Matriz de duas entradas.

	Compras constantes e habituais	Compras programadas	Compras de investimentos	Compras de emergência	Compras sofisticadas
Produtos de venda corrente					
Produto com preços fixados correntemente					
Fornecimento sob encomenda, com preços fixados pelo fornecedor			DETERMINADO TIPO DE COMPRA		
Fornecimento em regime de escassez					

ORGANIZAÇÃO DO SERVIÇO

As compras podem ser centralizadas ou não. O tipo de empreendimento é que definirá a necessidade de centralização. Uma prática muito usada é estabelecer um comitê de compras, no qual profissionais de todas as áreas da empresa participam das decisões.

As vantagens da centralização dos serviços de compras são sempre questionadas pelos departamentos que necessitam de materiais. De modo geral, a centralização apresenta aspectos positivos pela redução dos preços médios de aquisição, apesar de, em certos tipos, ser mais aconselhável a aquisição descentralizada.

Procuramos ponderar os diferentes pontos de vista e classificar a argumentação dos defensores dos dois sistemas.

Vantagens da centralização:

a) **Visão global/sistêmica** quanto à organização do serviço.
b) **Poder de negociação** para melhoria dos níveis de preços obtidos dos fornecedores.
c) **Influência no mercado** em virtude do nível de relacionamento com os fornecedores.
d) **Análise do mercado** com eficácia em virtude da especialização do pessoal que trabalha no serviço de compras.
e) **Controle financeiro** dos compromissos assumidos pelas compras associadas a um controle de estoques.
f) **Economia de escala** na aquisição centralizada, baixando os custos.
g) **Melhor qualidade** pela maior facilidade de implantação do sistema de qualidade assegurada.
h) **Sortimento de produtos** com mais consistência para suportar as promoções nacionais.
i) **Especialização** das atividades para o pessoal da produção não despender tempo em contatos com os vendedores.

O uso de um comitê formado por representantes de todas as áreas operacionais apresenta as seguintes vantagens:

a) **Experiência** – larga faixa de experiência é aplicada nas decisões.
b) **Técnica** – as decisões são tomadas com base em métodos.
c) **Coordenação** – pressões sobre compras são mais baixas, melhorando as relações dos compradores com o pessoal interno e os vendedores.
d) **Política** – a coparticipação das áreas de acordo com o espírito de engenharia simultânea cria um ambiente favorável para melhor desempenho, tanto político como profissional.

Quanto à descentralização, podemos relacionar alguns pontos importantes:

a) **Adequação** da compra em razão do conhecimento dos problemas específicos da área em que o comprador exerce sua atividade.
b) **Menor estoque** e com uma variedade mais adequada, por causa de peculiaridades regionais de qualidade, quantidade, variedade.

c) **Coordenação** em virtude do relacionamento direto com o fornecedor, levando a unidade operacional a atuar de acordo com as necessidades regionais.

d) **Flexibilidade**, proporcionada pelo menor tempo de tramitação das ordens, provocando menores faltas.

2.2.2 Processo de compra

O processo de compra pode ser resumido pelo seguinte esquema:

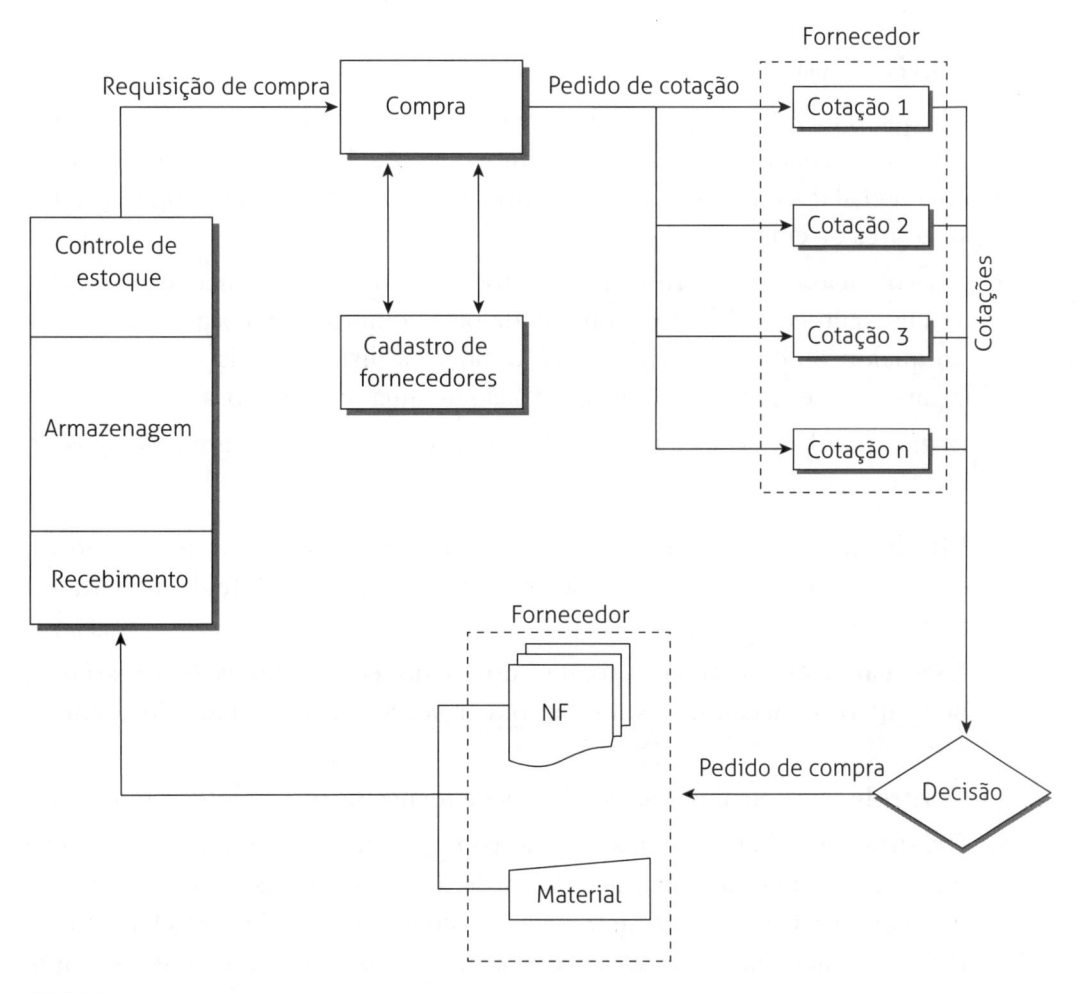

FIGURA 2.1 Processo de compra.

CADASTRO DE FORNECEDORES

Fornecedores são tratados pelo serviço de compras em duas fases distintas: a primeira trata do contato inicial; a segunda, da manutenção do relacionamento necessário com um fornecedor habitual.

A) FORNECEDORES POTENCIAIS

Em geral é dada muito pouca atenção aos fornecedores potenciais. Entretanto, um tratamento atencioso, com pleno esclarecimento das razões das impossibilidades momentâneas de negócios, poderá render bons frutos no futuro. A plena informação evita mal-entendidos e ressentimentos.

Essas informações servem de orientação aos candidatos a fornecedores, possibilitando que se preparem para atender às futuras necessidades de fornecimento exigidas pela empresa. O desejo do fornecedor em potencial de fazer negócios com a empresa deverá ser mantido em todos os candidatos que se apresentarem.

B) FORNECEDORES HABITUAIS

Desde que o fornecedor passe a suprir normalmente a organização, o serviço de compras deverá manter documentação informativa sobre o comportamento desse fornecedor. Tal documento deverá permitir uma consulta rápida e objetiva pelos administradores da empresa.

A ficha-modelo de cadastro concentra todas as informações necessárias referentes a cada fornecedor. Ela será consultada pelo comprador na ocasião de fechamento de qualquer novo negócio. Ficará também à disposição da administração superior para exame, por ocasião da aprovação de uma nova compra.

O exame de tal ficha permitirá à administração tomar os seguintes tipos de providências:

a) **Eliminação** – agir com segurança na ocasião de eliminar fornecedores, esclarecendo à empresa prejudicada as razões devidamente documentadas de tal ação.

b) **Explicações** – esclarecer a fornecedores idôneos as razões da preferência por outro fornecedor e solicitar que reforcem a qualidade do fornecimento.

c) **Controle** – acompanhar as condições de fornecimento ao longo do tempo.

d) **Orientação** – fornecer subsídios ao comprador, para reforçar sua posição na negociação de um novo pedido. Poderão ser impostas condições ao fornecedor para corrigir deficiências observadas em fornecimentos anteriores. Permitirá também controlar a evolução de preços do fornecedor e restringir aumentos propostos.

REQUISIÇÃO DE COMPRA E RESUMO DA CONCORRÊNCIA

As requisições deverão ser aprovadas pelos responsáveis antes de serem remetidas ao serviço de compras. Tal procedimento evitará trabalhos desnecessários e prejuízos nas relações da empresa com seus fornecedores.

Os dados constantes na requisição de compras, completados pelas informações da ficha do produto, devem ser bem esclarecedores e possibilitar a aprovação fundamentada e *a priori* por parte da direção da empresa.

O preenchimento das requisições de compras deverá oferecer uma série de informações, como se segue:

a) **Descrição** – discriminação perfeita do material solicitado, com citação de normas técnicas e procedimentos de recebimento.

b) **Aplicação** – explicação detalhada referente à aplicação a ser dada ao material.

c) **Estatísticas** – posição atual do estoque, consumo mensal e data em que o material será necessário na empresa.

d) **Dados** – data e preço da última compra, indicando o fornecedor e as quantidades compradas.

e) **Método** – instruções para preenchimento do documento bem explicitadas. Em geral, essas instruções são colocadas no verso e em tipos bem destacados.

f) **Oficialização** – área para registro da determinação de quem comprar, assinatura de quem toma as decisões e lugar para o número e a data da ordem de compra a ser emitida.

FICHA DO PRODUTO

As compras de cada artigo deverão ser registradas em uma ficha de cadastro de produtos. Tal ficha é de grande utilidade para a consulta regular por parte da direção da empresa.

Obviamente, a abertura de uma ficha para todos os artigos comprados poderá tornar-se um trabalho exaustivo e muito pouco objetivo. Procura-se estabelecer um critério coletivo simplificador, como o exemplo que damos a seguir:

A) REGISTRO INDIVIDUAL

Abrem-se as fichas individuais para todas as matérias-primas e compras regulamentares de grande importância para a empresa.

B) REGISTRO AGRUPADO

As compras setoriais de grandes quantidades de pequenos itens poderão ter um registro único, conforme os seguintes exemplos:

- Compras de material de escritório.
- Compras de material de limpeza.
- Compras de materiais para manutenção.
- Compras de materiais para refeitório.

As informações sobre todos esses itens de compra são lançadas em um mesmo impresso, formando uma listagem padrão. Muitas vezes, tais materiais são comprados em conjunto e em intervalo de tempo prefixado. O registro agrupado permitirá uma grande simplificação do trabalho de análise e decisão, como se segue:

- **Análise** – as listagens padrão permitem examinar de uma só vez todos os itens.
- **Risco de falta** – eliminam o perigo do esquecimento da compra de um item.
- **Fiscalização** – permitem o acompanhamento da utilização de materiais de uso diário, de difícil controle.
- **Concentração** – permitem a compra de todos os itens em um único fornecedor, evitando-se muitos processos de recepção de mercadorias, conferência e liquidação financeira.

COTAÇÃO DE PREÇOS

As consultas feitas aos fornecedores deverão ser registradas por escrito e anexadas ao resumo da concorrência, feito na própria requisição de compras.

Preferivelmente, as consultas deverão ser assinadas pelos fornecedores. Nos casos de consulta telefônica, o comprador deverá preencher o impresso de registro de concorrência que faz menção à origem dos preços e completá-la com as condições obtidas.

No caso de consultas rápidas, usa-se um impresso da própria empresa compradora, que preenche os dados que caracterizam a empresa fornecedora e as especificações dos materiais. Um portador circulará pelos vários fornecedores, obtendo as condições de fornecimento e solicitando as assinaturas dos responsáveis. Tal procedimento poderá também ser feito por *fax* ou formulário eletrônico. De posse de todos os boletos, o comprador confere os dados, esclarece as dúvidas eventuais e pode ainda pressionar e negociar melhores condições com o fornecedor que apresentou proposta mais razoável.

Em assuntos de maior responsabilidade, será necessária uma consulta formal que sempre deverá ser seguida de uma resposta escrita em impresso oficial do fornecedor.

Apesar de não parecer, existe uma grande diferença entre a consulta rápida e a consulta formal. A formal possibilita à empresa muito mais garantias de cumprimento das condições oferecidas. O comprador poderá dispensar os outros fornecedores que participaram da concorrência, pois terá sempre força para exigir o cumprimento das condições apresentadas por escrito e confirmadas por um pedido firme.

PEDIDO OU ORDEM DE COMPRA

A ordem de compra é, sem dúvida, um importante documento que, por suas diversas vias, permitirá uma amarração geral dos serviços de compra. Para tanto, as vias da ordem de compra deverão ser minuciosamente estudadas, para que possam cumprir a contento sua finalidade.

Relacionamos a seguir alguns pontos principais que deverão ser considerados neste trabalho:

1ª via – Fornecedor – Via em papel branco e dirigida ao fornecedor.

2ª via – Seção de compras – Cópia da seção de compras, arquivada por ordem de emissão. Tal via terá a função de protocolo e registrará as entradas no almoxarifado e considerações sobre os controles quantitativo e qualitativo.

3ª via – Almoxarifado – Cópia do almoxarifado, que receberá os fornecimentos. Nesta via, podem-se omitir os preços e as condições comerciais e incluir um espaço maior para registros das quantidades recebidas e informações sobre os controles qualitativo e quantitativo dos materiais.

Quando necessário, deve-se providenciar um fluxo de informações adicional para setores relacionados, por exemplo:

4ª via – Contas a pagar – Vale observar a importância da conexão entre o setor de compras e contas a pagar e a contabilidade. Esta via permitirá a imediata inclusão no fluxo de caixa dos compromissos financeiros assumidos para o futuro e, posteriormente, pelos fornecimentos feitos.

5ª via – Controle qualitativo – Por intermédio desta via o almoxarifado solicita que o encarregado do controle qualitativo procure inspecionar a mercadoria e se pronuncie por escrito sobre a qualidade do material. Um documento assinado pelo inspetor é fornecido ao almoxarife, que encaminha cópia à seção de compras e contas a pagar.

A via da nota de recebimento, anexada aos documentos bancários, formará um processo de pagamento, que deverá ser apresentado para a aprovação da diretoria logo após o recebimento do material no almoxarifado. Os processos previamente aprovados pela diretoria serão classificados por data de vencimento. A emissão de cheque será, portanto, no futuro, um simples ato de rotina.

É importante enfatizar que qualquer dúvida sobre o fornecimento será esclarecida imediatamente, após a chegada do material e não, como é comum acontecer, por ocasião do pagamento.

2.2.3 Cuidados em compras

INVERSÃO DA POSIÇÃO COMERCIAL

O processo de produção inicia-se com:

- Planejamento das vendas.
- Estabelecimento de uma política de estoque de produtos acabados.

- Listagem dos itens e quantidades de produtos a serem fabricados.
- Quantidades distribuídas ao longo de um cronograma de produção.

Um sistema de planejamento de produção fixa as quantidades a comprar somente na etapa final da elaboração do plano de produção. As quantidades líquidas a comprar serão apuradas pela desagregação das fichas de produto e, em especial, pela listagem de materiais necessários para compor cada unidade de produto a ser produzido. Será necessário comparar as necessidades de materiais com a existência de matérias-primas nos estoques para apurar as necessidades líquidas distribuídas ao longo do tempo, conforme o cronograma de produção necessário para atender ao planejamento de vendas.

Entretanto, a execução da compra será a primeira etapa executiva do programa de produção. O término da programação e o início das atividades de compra caracterizam-se como uma área com muitas facilidades de conflitos, sempre agravados pelos atrasos normais e habituais do planejamento.

As pressões exercidas pelos setores de produção e faturamento reforçam ainda mais a possibilidade de atritos na área de compras. Nesse momento, todos se esquecem dos atrasos no planejamento das vendas e na programação da produção.

Outro aspecto interessante do relacionamento na área de compras é a inversão curiosa de atitude que se processa entre o comprador e o vendedor após a emissão de pedido.

- **A disputa** – a posição inicial do vendedor é sempre de solicitante e o comprador, nesta fase, poderá usar seus recursos de pressão para forçar o vendedor a chegar às condições ideais para a empresa.
- **A ansiedade** – uma vez emitido o pedido, o comprador perde sua posição de comando e passa a uma posição de expectativa. Procurará, de agora em diante, adotar uma atitude vigilante, cuidando para que os fornecimentos sejam feitos e os prazos, cumpridos.

NÚMERO IDEAL DE FORNECEDORES

A seleção do número de fornecedores deverá obedecer a critérios adequados, que levarão em conta cada mercado fornecedor e as características do artigo a ser comprado.

Geralmente, a opção é negociar com vários fornecedores. Muitas vezes, a fixação do número exato é uma tarefa difícil e exige julgamento muito cuidadoso.

A seguir apresentamos algumas considerações que auxiliam nessa decisão.

Comentários sobre a adoção de um só fornecedor:

a) **Conhecimento** – aumento do conhecimento entre as empresas.

b) **Qualidade** – homogeneidade da qualidade dos materiais fornecidos.

c) **Condições** – concentração de compras para obter melhores condições de fornecimento.

d) **Dependência** – estabelecimento de uma dependência exagerada em relação ao fornecedor.

Comentários sobre a situação de muitos fornecedores:

a) **Disputa** – estabelecimento da condição de concorrência perfeita.

b) **Opções** – grande liberdade de opção na escolha de fornecedores.

c) **Tecnologia** – mobilidade na mudança de qualidade e possibilidade de aproveitamento da inovação tecnológica oferecida pelos vários fornecedores.

d) **Liberdade** – grande independência da empresa em relação às fontes de suprimento.

Exame da situação de atendimento por um número reduzido de fornecedores:

a) **Economias de escala** – a divisão do pedido entre poucos fornecedores ainda poderá resultar em quantidades que permitirão economia de escala.

b) **Uniformidade** – o fornecimento feito por poucos fornecedores e em grandes quantidades permitirá uma uniformidade de qualidade. As variações de origem de matérias-primas ocorrerão depois de longas jornadas de trabalho, podendo-se adotar técnicas corretoras perfeitamente administráveis pela empresa.

c) **A divisão** – o porcentual designado para cada fornecedor é sempre proporcional às condições comerciais oferecidas, à manutenção da qualidade do fornecimento e a seu comportamento ao longo do tempo em que fornece à empresa.

d) **Dependência** – a empresa adquire certo grau de independência e aumenta sua segurança de suprimento de matérias-primas.

CUIDADOS AO REJEITAR UMA PROPOSTA

Os fornecedores deverão ser informados, com muita clareza e honestidade, das razões pelas quais a empresa recusa seu fornecimento.

Essa política favorecerá consideravelmente os entendimentos futuros e auxiliará o fornecedor a rever sua política de venda e produção. O fornecedor estará criando condições para a apresentação de futuras propostas que atendam melhor aos interesses da organização compradora.

Em alguns casos especiais poderá ser aplicado o sistema de mercado aberto. Tal sistema permite o exame mútuo, por todos os fornecedores, das várias propostas de fornecimento, sem nenhum tratamento preferencial. Isso poderá resultar em grandes vantagens para a empresa, desde que realizado com habilidade.

Muitas vezes, parcelas substanciais de um fornecimento são dadas a uma empresa com boa tradição de serviços prestados. Bom atendimento por parte do representante poderá ser razão determinante para essa decisão.

CLASSES DE PRAZOS DE ENTREGA

Deveremos distinguir inicialmente duas situações diferentes de suprimento:

a) **Proteção** – suprimentos para estoques de materiais de consumo, admitindo-se certa elasticidade no fator prazo. Tal procedimento é admissível em virtude da existência de um estoque de proteção, em razão do baixo valor desses estoques.

b) **Na hora** – quando o suprimento está atendendo a um programa de produção, devemos lembrar que os estoques são sempre funcionais em nível muito baixo e são inelásticos, devendo ser acompanhados com muito cuidado.

Os produtos que apresentam fornecimento difícil quanto ao prazo de entrega devem merecer cuidados especiais do comprador. Em geral, é conveniente colocar pedidos com muita antecedência e mesmo **pró-forma** sem programa de produção. Um pedido velho permite pressão maior para a entrega, garantindo em tempo hábil o suprimento da fábrica.

TENTAÇÃO DA ESPECULAÇÃO

Em geral, o comprador defronta-se com o problema da determinação da quantidade econômica a ser comprada. O mais aconselhável é comprar o estritamente necessário para atender às necessidades da empresa. A tentação de comprar maiores quantidades, para obter melhores preços, é muito grande.

Em longo prazo, a experiência tem demonstrado que, na maioria dos casos, a agregação dos custos aos estoques excessivos supera em muito as vantagens obtidas inicialmente pela ação especulativa.

A existência de estoques excessivos nos almoxarifados cria um obstáculo à mentalização da produção. Diante do conhecimento geral da existência de grandes estoques, o respeito pelo valor da matéria-prima é reduzido, estimulando o desperdício. Se não houver maior atenção por parte da administração, a utilização de materiais se elevará. Normalmente, aparecerão casos de perda de material durante a armazenagem e extravio por roubo ou falta de controle.

Outro aspecto importante é o *armazenamento de defeitos*, que somente serão detectados no momento da utilização dos materiais. Se a utilização ocorrer muito tempo depois do recebimento, ficará quase impossível devolver os materiais com defeito ao fornecedor. O pagamento da conta sairá, então, do bolso da empresa. Com estoques reduzidos e utilizados imediatamente pela produção, não se armazenam defeitos e devolvem-se dentro do prazo as matérias-primas com problemas. Quem pagará a conta será o fornecedor, reduzindo os custos da produção.

PROBLEMA DA EMBALAGEM

Ao se firmar um contrato de fornecimento, pouca atenção é dada ao equacionamento do problema da embalagem. Entretanto, de acordo com o tipo de embalagem, as condições de fornecimento poderão variar consideravelmente.

Poderemos citar como exemplo o fornecimento de produtos líquidos em tambores, com preço reduzido. No entanto, poderá ser mais conveniente para a organização o recebimento em latas, em virtude da redução de perda na utilização, controle do consumo, facilidade de transporte e redução de contaminação, além de evitar a exposição do produto ao ar, à umidade e à temperatura.

Ao se esvaziar uma embalagem, sempre sobra um pouco de matéria-prima no seu interior, o que constitui perda para a empresa; portanto, quanto maior essa embalagem, menor será a perda. O balanceamento das vantagens do manuseio, da utilização e das perdas deve, então, merecer um estudo acurado pela produção e pela área de compras.

O custo do fornecimento de sacarias em paletes poderá ser plenamente compensado pela facilidade de movimentação do material dentro da fábrica e pela redução considerável das perdas por sacos rasgados.

Unimovização é a prática de instituir na empresa um sistema modal, em que todas as mercadorias e produtos são movimentados segundo uma unidade de movimentação. Essa definição é mais genérica do que paletização, que supõe sempre o uso do palete.

A unimovização de todos os fornecimentos reduzirá os custos de carga e descarga no transporte e agilizará a movimentação interna na fábrica. Os lotes de compra deverão ser iniciados por uma Unimov, que deve se estender a seus múltiplos.

Normalmente, convém examinar a possibilidade de preparar a empresa para o recebimento dos materiais a granel. O custo de tanques e silos e seus acessórios poderá ser rapidamente amortizado pelos descontos obtidos do fornecedor, em virtude da eliminação das embalagens de fornecimento e de um menor custo do transporte.

Lembramos também que as embalagens são dimensionadas para certo valor de *pot life*. Nos casos de compras bem planejadas, e para consumo imediato dos produtos comprados, poderemos obter certas reduções de preço, autorizando-se uma embalagem com um *pot life* reduzido e, assim, mais econômica.

2.2.4 Cuidados com recebimento

PRAZOS DE ENTREGA

O comprador experiente conhece as consequências desastrosas do não cumprimento dos prazos de entrega por parte dos fornecedores.

Considerando a inversão da posição comercial, que se manifesta após a entrega do pedido ao fornecedor, torna-se necessário criar um instrumento de pressão para aumentar as garantias da empresa quanto aos cumprimentos dos prazos de entrega pelos fornecedores.

Procura-se, então, organizar um serviço de *follow-up*, para acompanhar o andamento dos fornecimentos e aumentar a pressão com muita antecipação, tornando a reclamação velha em razão da real necessidade do material pela empresa. O reforço de uma reclamação *velha* é muito mais eficaz.

O comprador deverá estar preparado para criar rapidamente soluções emergenciais nos casos de fornecimento atrasado. As soluções, em geral, são onerosas, mas compensadoras, pois evitarão prejuízos muito maiores em virtude da paralisação da produção, atrasos no atendimento de um cliente etc.

CONTROLE QUANTITATIVO

Nas grandes empresas, o controle quantitativo é uma função do **serviço de recebimento de mercadorias**, que funciona independente do almoxarifado. Evidentemente, nas organizações pequenas tal serviço confunde-se com as funções do almoxarife.

Com a chegada do material no setor de recebimento, controlam-se os seguintes pontos:

a) **Conferência** – verificar as características do fornecimento e sua documentação pela cópia do pedido, conferindo as quantidades físicas para confirmar se correspondem às quantidades constantes no pedido de compra.

b) **Contagem** – por meio da nota de recebimento e da cópia do pedido, convoca-se o responsável pelo controle quantitativo.

c) **Canhoto** – naturalmente, no recibo a ser fornecido ao transportador, anota-se "sujeito ao controle de qualidade" nos casos em que a conferência de qualidade é demorada.

d) **Registro** – recomenda-se registrar a entrada dos documentos em um **livro de recebimento**. Esse livro deverá ter uma via destacável, que funciona também como guia de encaminhamento e protocolo dos documentos fiscais. O órgão receptor, no caso a contabilidade, assina a segunda via, dando pleno recebimento dos documentos ali relacionados.

e) **Documentação** – em nenhuma hipótese os documentos fiscais poderão permanecer no setor de recebimento, pois os impostos debitados à empresa deverão ser recuperados nos livros fiscais. A nota de recebimento, um espelho da nota fiscal, será sempre o documento para a administração interna da empresa em substituição ao documento fiscal.

CONTROLE QUALITATIVO

A responsabilidade do controle qualitativo deverá ser sempre definida. O responsável pelo recebimento normalmente não deverá ser responsável por esta função.

Utilizando-se uma via da nota de recebimento, convoca-se a pessoa designada para essa responsabilidade, que examinará e aprovará por escrito a boa qualidade do fornecimento. Tal procedimento deverá ser feito em curto espaço de tempo, para evitar dificuldade com os fornecedores em virtude de devoluções tardias.

A engenharia de produto deverá emitir listagens de materiais, mencionando as normas técnicas de especificação, ensaio e recebimento dos itens que compõem o produto. Ao emitir um pedido, essas normas são mencionadas nele como condição contratual de compra. O controle da qualidade dos fornecimentos deverá ser feito com base nessa condição contratual, facilitando a justificativa de qualquer devolução ao fornecedor, que não poderá contestar a falta de qualidade detectada pelo recebimento, uma vez que o almoxarifado estará também assessorado pelos responsáveis pelo controle da qualidade.

Poderão ser determinados vários **responsáveis** para o controle qualitativo, dividindo-se os tipos de compras da empresa por setores de especialidades:

- Material de escritório.
- Material de embalagem.
- Compras de manutenção.
- Fornecimento de matérias-primas.
- Compras a serem imobilizadas.

REGISTROS HISTÓRICOS

Neste capítulo, queremos reforçar a necessidade da adoção de métodos administrativos para o registro das entradas dos documentos e meios de protocolar a remessa de tais documentos aos serviços contábeis. Nas pequenas e médias empresas, aconselhamos o uso de um **livro de almoxarifado** com uma via fixa no bloco e outra destacável, que serve de guia de encaminhamento e protocolo dos documentos fiscais.

Em casos de baixa movimentação, tal procedimento poderá também ser feito para relacionar os documentos de saída dos materiais do almoxarifado.

NOTA DE RECEBIMENTO

Já abordamos o assunto nota de recebimento, mas, sem esclarecer por completo sua natureza, o que faremos nesta seção. A nota de recebimento é preenchida com os dados dos documentos fiscais, que, em virtude dessa providência, poderão ser encaminhados diretamente à contabilidade, reduzindo de modo considerável a possibilidade de extravio e perda de prazos para a recuperação de tributos.

O número de vias da nota de recebimento deverá ser adequado para satisfazer as necessidades da organização da empresa. Podemos relacionar, como exemplo, algumas das áreas que normalmente precisam receber uma via dessa nota de recebimento.

a) **Controle qualitativo** – para que seja providenciada a inspeção de qualidade dos fornecimentos recebidos.

b) **Seção de compras** – para tomar conhecimento da entrada de material e registrar na via de pedido do serviço *follow-up*.

c) **Programação da produção** – a comunicação do recebimento de materiais à programação de produção permitirá o remanejamento das cargas das máquinas para melhor aproveitamento dos estoques de matéria-prima.

d) **Contas a pagar** – a via da nota de recebimento iniciará o processo de formação de um dossiê referente ao pagamento do fornecimento. Tal dossiê será submetido à prévia aprovação por parte da diretoria, antes de qualquer processamento financeiro.

e) **Controle de impostos** – sabemos da importância da recuperação de impostos em tempo hábil. Tal providência permitirá um controle para informar se todas as notas fiscais foram devidamente registradas nos livros fiscais.

CONTROLE DE EMBALAGENS

Voltamos a tratar da embalagem, em virtude da importância de sua organização no serviço de compras e de almoxarifado.

O almoxarifado deverá ter o cuidado de examinar as embalagens que recebe e saber identificar os vários tipos de fornecimento, por exemplo:

a) **Embalagens compradas** – embalagens pertencentes à empresa, pois foram debitadas pelo fornecedor. Será necessário estabelecer um plano de reutilização dessas embalagens.

b) **Embalagens a devolver** – pertencem ao fornecedor e não foram incluídas no preço de compra. Deverão permanecer em local apropriado, e os documentos fiscais de sua devolução devem estar preparados para que as embalagens sejam devolvidas nos transportes do próximo fornecimento.

c) **Embalagens sucatas** – embalagens sem reaproveitamento, que deverão ser recuperadas na forma de sucata para aproveitamento da matéria-prima com que foram confeccionadas.

O almoxarifado deverá organizar um depósito de embalagens usadas, para sua perfeita conservação. Tal providência evitará débitos à empresa pela não devolução de embalagens de fornecedores e permitirá uma receita adicional substanciosa resultante da venda de vasilhames usados.

As embalagens usadas poderão exigir um serviço de conservação, para manter ou mesmo aumentar seu valor de revenda.

2.2.5 Cuidados no suprimento para a produção

NOMENCLATURA PADRÃO DOS ITENS EM ESTOQUE

A utilização de uma nomenclatura interna padronizada é muito importante, mas, no entanto, na prática é comum sua ausência para todos os itens adquiridos pela organização. Os documentos, normalmente, circulam na organização com nomes diferentes ou incompletos, resultando em lançamentos errados nas fichas de estoques e tumultuando os serviços de compras da empresa.

Tal procedimento poderá até mesmo resultar em compras em quantidades erradas e de tipos inadequados de materiais. Este cuidado deverá ter início na área de desenvolvimento de produtos, que, ao elaborar a listagem de materiais, já adota uma nomenclatura padrão. Os fornecedores deverão ser instruídos a emitir as notas fiscais com a nomenclatura constante nos pedidos, mesmo que tal prática não coincida com a nomenclatura interna do fornecedor.

A fixação de uma nomenclatura padrão e dos respectivos códigos é, portanto, muito útil. Deverá ser necessariamente utilizada no preenchimento dos vários documentos, como exemplificado a seguir:

- Listagem de materiais do produto.
- Pedido de compra.
- Nota de recebimento.
- Fichas de estoque.
- Requisição de material.

A nomenclatura deverá estar em concordância com os nomes oficialmente adotados pelos fornecedores, de início selecionados pela engenharia como **pré-source**.

A empresa deverá adotar sua própria nomenclatura todas as vezes em que for necessário e dentro de sua conveniência particular, informando-a a seus fornecedores.

A padronização poderá estender-se ao código dos materiais, segundo o qual funciona o processamento de dados da organização. O fornecedor, mesmo que tenha uma codificação diferente, deverá emitir seus documentos fiscais com os códigos da empresa. Isso permitirá uma entrada muito mais fácil no sistema de processamento de dados, pois eliminará a necessidade de uma atividade de decodificação de códigos externos.

FUNCIONAMENTO DAS REQUISIÇÕES AO ALMOXARIFADO

As requisições de material ao almoxarifado deverão ser preenchidas, preferencialmente, em quatro vias, com os destinos exemplificados a seguir:

a) Via talonário de centro requisitante.

b) Via retida pelo almoxarife.

c) Via valorada e separada por centro de custo, que deverá ser encaminhada à contabilidade de custo.

d) Via encaminhada para o controle e programação de produção.

Uma observação importante, que cabe neste momento, refere-se ao credenciamento das pessoas autorizadas a aprovar a retirada de materiais dos almoxarifados. O número de pessoas credenciadas deverá ser o mais limitado possível, e a maior parte do fornecimento de materiais deverá ser liberada pelo Planejamento e Controle da Produção (PCP) ao emitir as ordens de produção.

O serviço de almoxarifado lançará diariamente as requisições atendidas nas fichas de controle de estoque ou nos terminais do sistema de informações. A relação das requisições atendidas em cada dia, em livro especial com uma via destacável, constitui uma prática muito recomendável, pois permitirá protocolar o encaminhamento das requisições atendidas ao setor de custo.

MODELOS DE FICHAS DE CONTROLE DE ESTOQUE

As fichas de estoque ou telas do serviço de processamento de dados podem assumir as mais variadas formas, dependendo de suas funções e do esquema administrativo e funcional da empresa. Cada organização deverá ter sua ficha particular de estoque e, muitas vezes, serão necessários vários modelos para atender a todas as necessidades da empresa.

Procuramos relacionar alguns tipos principais, caracterizando-os por suas funções:

a) **Controle físico** – ficha simples com colunas para entradas, saídas e valor físico em estoque.

b) **Controle seletivo** – ficha igual à anterior, porém completada com colunas similares para controle de almoxarifado a granel. Essa ficha é usada por empresas que mantêm um almoxarifado fechado com embalagens originais e outro que controla a embalagem já aberta.

c) **Controle de comprometimento** – ficha simples com colunas para o comprometimento de estoque para pedidos em andamento, em elaboração ou reservado por determinado cliente.

d) **Controle de valores** – ficha semelhante à anterior, porém com colunas para a inclusão de preço médio para custeio das saídas.

e) **Controle de beneficiamento** – ficha de estoque para controle de encomendas e processamento externo. Este modelo inclui colunas e acompanhamento de material enviado para fora da empresa para processamento. Também poderá controlar materiais que passam por diferentes seções da empresa para diferentes tipos de beneficiamento.

f) **Controle da valoração da ordem de produção** – fichas de estoque movimentadas juntamente com o diário de utilização de materiais. Este tipo de jogo de impressos permite a inclusão de carga de custo nas respectivas ordens de serviço.

REALIZAÇÃO DE INVENTÁRIOS

Os inventários normalmente são mal executados porque, com muita frequência, a administração subestima sua importância, dificuldade, custo e, em consequência, sua execução é mal preparada.

Como resultado da falta de planejamento, teremos inventários sem credibilidade. Com isso, reduz-se o poder de fiscalização da administração, além de prejudicar a confiabilidade dos controles contábeis da empresa.

Vale notar que, em muitas ocasiões, os setores consumidores da empresa, e mesmo os próprios funcionários do almoxarifado, têm muito pouco interesse na eficiência desse tipo de fiscalização que controlará suas próprias atividades.

O inventário deverá, portanto, ser planejado com cuidado, tendo-se plena consciência de sua complexidade. Os meios necessários à sua execução deverão ser supridos, para que nada falte durante a execução.

A) TIPOS DE INVENTÁRIOS

Os inventários podem ser realizados para atender a diversas necessidades da administração, e sua realização sempre deve pressupor que alguma coisa não anda bem na organização da empresa.

A seguir os vários tipos de inventários:

- **Determinação de consumo** – levantamento dos materiais existentes em estoque para comparação com o estoque inicial, com a finalidade de determinar o consumo da empresa no período.
- **Confirmação** – serviço de auditoria para controle de consumo histórico apresentado pela valoração das requisições.
- **Rotativo** – serviço permanente de confirmação e controle de existências físicas. Tal sistema é interessante em almoxarifados de grande valor, com rotação muito grande. Também é empregado quando se quer controlar com muito mais cuidado a execução de uma programação da produção.

Quando, em pequenas empresas, utilizamos os inventários para determinar a utilização de matérias-primas, devemos lembrar que esse valor em certo período será determinado pelo estoque inicial, menos o estoque final e acrescido do suprimento no período. Ou seja, a utilização de materiais será determinada pelas aquisições no período, acrescidas algebricamente da variação dos valores nos estoques:

$$CM = (E_I - E_F) + SP$$

em que:

CM = consumo de materiais
E_I = estoque inicial
E_F = estoque final
SP = suprimento no período

B) MÉTODO

Antes de realizar um inventário, a administração deverá esquematizar o método a ser utilizado. Este deverá ter ampla divulgação, e os inventariantes deverão ser muito bem treinados a respeito.

Como exemplo, relacionamos alguns pontos que deverão ser verificados:

a) **Almoxarifados** – condições dos almoxarifados, se serão ou não fechados.
b) **Cronograma** – data de início e término de inventário.
c) **Setorização** – divisão dos almoxarifados, dos armazéns e da fábrica em áreas e categorias de produtos.
d) **Técnica** – determinação dos sistemas técnicos de contagem, para que ela seja confiável.
e) **Documento** – modelo de ficha de inventário.
f) **Chefia** – designação do chefe de inventário e dos chefes de área.

g) **Controle** – nomeação dos *controladores da contagem*.

h) **Assessoria** – disponibilização de técnicos conhecedores dos materiais aos inventariantes, para assessorá-los na identificação dos itens em estoque.

i) **Relator** – indicação do responsável pelo fechamento do inventário, sua conferência e preparação de cópias para envio aos setores interessados no assunto.

FISCALIZAÇÃO DOS ITENS COM GIRO DE ESTOQUE BAIXO

Em cada período contábil, deveremos confrontar os valores médios em estoque com os valores de saída no período para o controle da rotação do estoque.

$$\text{Giro de Estoque} = \frac{S}{\left(\dfrac{E_I + E_F}{2}\right)}$$

S = saída no período
E_I = estoque inicial
E_F = estoque final

Tal confronto poderá ser feito de início em certos setores do almoxarifado. Posteriormente, deverá ser realizado item por item e abranger todos os almoxarifados. Relacionam-se também os itens que não se movimentam há mais de seis meses, há mais de três meses e há mais de um mês. Regularmente prepara-se uma relação dos itens com rotação muito baixa e com período de utilização muito elevado, relação encaminhada à administração.

A administração, de posse desse documento, tomará as providências corretivas e examinará as causas que levaram à situação de estoque excessivo, prejudicial ao desenvolvimento dos negócios da empresa pela imobilização de importantes recursos de caixa.

Normalmente, os almoxarifados são depositários de prejuízos que ainda não foram levados à conta de resultado, e, se a administração tentar investigar a origem desses desmandos, muitas vezes, não encontrará mais os responsáveis na organização.

Esse antigo colaborador escondeu seus erros sob a forma de itens sem movimento. Sem alternativa, o administrador terá de levar o prejuízo para a conta de resultado, mediante liquidação dos estoques sem rotação.

As causas principais de acúmulo de materiais sem utilização são:

a) **Especulação** – compras especulativas, gerando o acúmulo de defeitos nos estoques. Uma vez detectado tardiamente o defeito, o material permanece nos estoques sem condição de uso.

b) **Descontinuidade** – a área comercial descontinua um item da lista de preços, sem que o balanço de materiais tenha sido feito. Param-se as vendas e a produção, estando ainda os almoxarifados abarrotados de materiais e componentes.

c) **Reposição** – manutenção de componentes nos estoques, com a alegação de que serão necessários para o serviço de assistência técnica. Em nome dessa alegação, armazena-se um número enorme de itens que nunca serão utilizados.

2.3 Compra de componentes

LINHA DE PRODUTOS

A decisão de quais produtos devem fazer parte da **linha de produtos** é uma determinação estratégica da empresa. A linha de produtos pode ser agrupada em famílias de produtos com características similares. Para decidir que itens de cada família vão compor o estoque de produtos disponíveis para venda, deve-se obedecer a **critérios de viabilidade bem definidos**. Esses critérios variam de empresa para empresa e, dependendo da conjuntura, podem ser mudados.

Exemplos de critérios de viabilidade técnicos e econômicos para manter estoques: caráter da demanda, frequência da demanda, média da demanda, tempo de aquisição, disponibilidade no mercado, risco de obsolescência, risco de perecibilidade (vida de prateleira), margem de contribuição etc.

Para cada um desses tópicos são estabelecidos limites, entre os quais se inclui a decisão de fazer ou não estoques.

Estando estabelecida a linha de produtos, é necessário **especificar** rigorosamente cada um dos produtos.

ESPECIFICAÇÃO DOS PRODUTOS

A especificação dos produtos deve ser feita para que se tenha uma definição do que se está comprando, por exemplo: para se especificar uma bomba hidráulica, é necessário definir qual fluido vai bombear, a que altura será elevado o fluido, qual a vazão, qual o tipo de bomba (rotativa, de pistão, de palheta) etc. Não é possível comprar sem uma especificação completa.

Isso pode ser comprovado pela experiência da compra de um remédio para uma outra pessoa. A instrução recebida é comprar uma caixa do remédio fictício Politol. Ao entrar na farmácia, o diálogo com o atendente se inicia:

– Por favor, gostaria de comprar uma caixa do remédio Politol.

– Pois não, diz o atendente. Genérico ou de marca?

Não sabendo a resposta, recorre ao celular para perguntar à pessoa que lhe pediu. E ele responde:

– Genérico. É tão bom quanto o de marca e mais barato.

Desliga o celular e pede o remédio do tipo Genérico para o atendente, que faz outra pergunta:

– Qual a dosagem? 100, 200 ou 500 mg?

Como já desligou o celular, liga novamente para perguntar:

– É de 200 mg?

Desliga o celular e confirma a dosagem para o atendente que faz outra pergunta:

– Comprimido ou xarope?

Liga novamente ao amigo e pergunta o tipo desejado. E ele responde:

– É comprimido.

Desliga o celular e pede o remédio em comprimidos. O atendente faz outra pergunta:

– É para uso adulto ou pediátrico?

Como não sabe para quem o remédio está sendo adquirido, liga mais uma vez para perguntar. E o amigo responde:

– É para o meu filho. Pode trazer o pediátrico.

"Ainda bem que perguntei", pensaria o comprador. "Se tivesse escolhido sem perguntar, teria comprado o remédio errado." Já comemorando o fim da tarefa que parecia fácil de fazer, pede o remédio para uso pediátrico ao atendente, que novamente pergunta:

– Embalagem de 10 ou 20 comprimidos...

PROPOSTA DE NOVO ITEM

A procura de oportunidades de negócios deve ser constante e os participantes da empresa devem propor a inclusão de novos itens para cada família. A proposta deve ser submetida aos critérios estabelecidos e, assim, fundamentar técnica e economicamente a decisão.

Sendo viável, passa-se à próxima fase do processo: o estudo da operação e a procura do fornecedor.

ESTUDO DA OPERAÇÃO

Os especialistas em *marketing* devem estudar detalhadamente como colocar o produto em operação, ou seja, qual o público-alvo, como deve ser exposto o produto, como deve ser promovido, que tipo de propaganda deve ser feito e, principalmente, qual deve ser o preço.

Baseando-se nos estudos, são estabelecidas as previsões de demanda. A definição de quando e quanto comprar e o nível de estoque serão consequências dessas decisões e da quantidade realmente vendida.

O resultado do estudo serão o plano de comercialização e a recomendação de quando e quanto comprar, seguindo-se agora a operação de compra.

BUSCA DE FORNECEDORES

Obviamente, para comprar, é necessário ter fornecedores. A primeira tarefa é verificar se existe o fornecedor. Pode-se verificar no cadastro de fornecedores, que contém os dados de todos os fornecedores selecionados pela empresa e considerados qualificados.

A proposta de um novo item pode estar ligada à existência desse item em seu fornecedor e de amostras a serem testadas, simplificando o processo. Após a aprovação da amostra, deve-se verificar a capacidade física e financeira do fornecedor. Ao serem aceitas como boas, procede-se o cadastramento do fornecedor de acordo com as normas estabelecidas. Assim, temos um fornecedor habilitado.

Em outros casos, trata-se de outros produtos em operação supridos pelo mesmo fornecedor. O problema é quando não se tem o produto desenvolvido nem o fornecedor.

DESENVOLVIMENTO DE FORNECEDORES

O ponto de partida no desenvolvimento de fornecedores é encontrar os candidatos, o que não é fácil, considerando a falta de informações que caracteriza nosso mercado fornecedor. Em outros países, encontramos catálogos com listas e informações completas de todos os fabricantes.

Aqui é comum encontrar fornecedores dedicados a um tipo de indústria e que não são conhecidos por outras, por exemplo: um fabricante de bonecas necessitava de uma correia transportadora e obteve preços nos fornecedores tradicionais das indústrias de plásticos, metalúrgicas e automobilísticas.

Antes de fechar negócio, por acaso, visitou uma fábrica de sapatos e lá viu funcionando uma correia que era adequada à fábrica de bonecas. Pela etiqueta da correia, obteve o telefone do fabricante e, qual não foi sua surpresa, os preços deste eram menores do que os anteriores e o equipamento era mais adequado.

O fornecedor da indústria de sapatos declarou que nunca tinha fornecido para outro mercado! É preciso, portanto, pesquisar muito, buscando todas as possibilidades, desde os catálogos de telefones até as associações de fabricantes. Encontrando os candidatos, inicia-se o processo de desenvolvimento.

Cada empresa deve ter seu procedimento normalizado e deve praticá-lo com rigor. Como exemplo, podemos listar aqui uma sequência de procedimentos:

a) **Administração** – levantamento de dados cadastrais, certidões negativas, volume de faturamento, análise de balanços, informações jurídico-financeiras, bancárias, tributárias.

b) **Manufatura** – levantamento da capacidade tecnológica, área de fabricação, listas de equipamentos, máquinas, laboratórios, instrumentos de medição.

c) **Sistema da qualidade** – sistemas de controle do processo de acordo com as normas ISO 9000, ISO TS 16949 ou outra norma adequada e com certificado de garantia da qualidade, se necessário.

d) **Acompanhamento** – sistema de avaliação permanente do desempenho de fornecedores, em que todos os eventos são registrados: atrasos de entregas, problemas com qualidade, falhas de assistência técnica, faltas no estoque, cobranças indevidas etc.

Ultrapassada a fase de verificação prévia, inicia-se o desenvolvimento propriamente dito, o qual pode obedecer o seguinte roteiro:

a) **Especificações** – discussão das especificações do produto. É evidente que o que deve ser discutido não é a qualidade do produto e sim detalhes da interpretação das especificações, que, mal interpretadas, podem encarecer o produto, sem aumentar a qualidade desejada. O fornecedor pode fazer sugestões de mudança para reduzir o custo da ferramenta e do processo, sem perda da qualidade, ou mudar um tipo de componente que pode funcionar melhor e custar menos.

Não podemos esquecer que o fabricante é um especialista e pode assessorar tecnicamente o cliente na definição do produto, para aumentar a funcionalidade, o desempenho e a vida a um custo menor.

b) **Ferramentas** – definição do ferramental e do equipamento. Este ponto é de fundamental importância, pois a tomada desse tipo de decisão implica a formação do custo do produto e a capacidade de produção do conjunto. Deve-se considerar que a decisão de adoção de um processo e seu ferramental é dependente das quantidades que se espera fabricar. A quantidade, de fato, já foi estabelecida na fase anterior, quando se planejou a operação. Note que se não houver segurança sobre as quantidades e se for assumido um valor com a ideia de depois mudá-lo, o risco será muito grande, uma vez que, quanto maiores forem as quantidades, mais baixos poderão ser os custos.

O estabelecimento da quantidade/processo/ferramentas define o nível de investimento, que poderá ser muito elevado no caso de produção em massa. Na fase de implantação do projeto, a demanda por recursos poderá ser muito elevada. Torna-se necessário examinar a definição da origem dos recursos necessários. O proprietário do produto, que, portanto, tem o direito de comercialização com exclusividade, é o responsável natural; deve pagar tudo ou montar um esquema para repartir os encargos.

Muitos arranjos podem ser feitos:

a) **Amortização** – o produtor paga, acrescentando uma taxa ao preço do produto para amortizar o investimento e, depois de amortizado, reduz o preço, mantendo exclusividade de comercialização para o dono da ideia e da especificação do produto.

b) **Propriedade** – o produtor paga, não cobra nada do cliente, mas fica com todos os direitos de comercialização, sem exclusividade para ninguém.

c) **Direitos** – o cliente, dono da ideia e das especificações, paga tudo e detém os direitos de comercialização com exclusividade, recebendo direitos (*royalties*) do que for vendido a terceiros. Podem-se, ainda, fazer outras combinações de operações, mas o importante é discutir exaustivamente todos os detalhes de quem faz o quê, para não haver impasses sem soluções após se ter gastado trabalho e dinheiro.

d) **Amostras** – terminada a construção do ferramental, são produzidas as primeiras amostras, que deverão ser encaminhadas para testes de laboratório e de campo. Sendo aprovadas, passa-se à fase de teste de mercado.

e) **Teste** – é um risco muito grande colocar um produto novo em uma rede de lojas sem conhecer a reação do mercado a esse produto. Por isso, o produtor deve produzir um lote piloto. O cliente deve delinear um teste de mercado, elegendo uma cidade ou região para colocar o novo produto em teste, conhecendo, assim, todas as implicações provocadas pelo novo produto.

Provavelmente, será necessário fabricar mais um ou dois lotes piloto para poder tirar todas as conclusões. Esses lotes, além de testar o mercado, são úteis para o aperfeiçoamento do produto e do processo de fabricação. Com a certeza de tudo estar conforme o especificado, aprova-se o produto e cadastra-se o fornecedor.

f) **Lançamento** – neste ponto elaboram-se as reformulações necessárias no plano de operação e prepara-se o lançamento nacional do produto.

As ações de desenvolvimento de fornecedores podem iniciar-se com uma amostra, no caso de ser um produto próprio do produtor a ser oferecido ao cliente para comercialização.

QUANTO E QUANDO COMPRAR

O procedimento de compras está vinculado a uma política de suprimentos, na qual devem-se estabelecer parâmetros operacionais que provocarão estoques médios, ou seja, não se pode afirmar que os estoques serão tais porque vários fatores influirão, e o estoque será uma resultante.

Os fatores são:

- Demanda.
- Política de reposição.
- Lote de compra.
- Tempo de espera para a entrega dos pedidos.
- Restrições impostas pela alta administração.
- Hábitos e costumes do consumidor.
- Sazonalidade.
- Moda.
- Obsolescência técnica.
- Estações do ano.
- Épocas do ano.
- Preço.
- Importância relativa, entre outros itens.

Sendo uma loja, uma boa política seria comprar certa quantidade e esperar o resultado da venda para verificar qual é o giro. Partindo-se de um estoque inicial estabelecido pela experiência interna, a demanda verificada é relacionada com esse estoque e, portanto, determina o giro.

Se a política da empresa é trabalhar com determinado giro, tal procedimento levará à quantidade a ser comprada, e os estoques de segurança devem ser formados para suportar o tempo de espera e as variabilidades.

Um sistema de controle das variáveis precisa ser estabelecido e, assim, dados para uma operação eficiente serão obtidos. Vamos aqui definir as variáveis que usaremos na gestão do suprimento:

a) **Venda** – demanda obtida das estatísticas de vendas.

b) **Espera** – tempo de espera obtido do controle dos períodos entre a emissão de um pedido de compra e a sua entrega, incluindo também o tempo de tramitação do pedido internamente.

c) **Giro** – o giro pretendido, que é o número de dias médios que admitimos ter em estoque. Para estabelecer este giro, é preciso saber a importância relativa entre os itens ou saber quais itens oneram ou não o inventário de estoque.

d) **Lote** – cálculo do lote econômico de compra, em que se levam em conta os custos de manter em estoque e de comprar.

e) **ABC** – classificação ABC, na qual verificamos se os itens classificados como A oneram sobremaneira os estoques, os itens classificados como B oneram menos os estoques e os itens classificados como C oneram pouco os estoques.

POLÍTICAS DE ESTOQUE

O ideal é estabelecer uma política que resulte em um mínimo de estoque e que não provoque faltas e consequentes perdas de negócios. Como são duas coisas conflitantes, procura-se estabelecer um ponto de equilíbrio, sempre correndo riscos de cair em um ou outro extremo.

O estabelecimento de parcerias com os fornecedores tem ajudado muito, pela introdução da prática de realizar entregas mais frequentes de lotes menores, em um procedimento denominado na língua inglesa de *just-in-time*. A essência dessa prática é considerar o fornecedor um aliado e não um inimigo.

Comprar o lote econômico é uma política pouco empregada, embora tecnicamente correta, pois o modelo de cálculo do lote econômico é considerado muito simplificado, com aproximações grosseiras. O estoque resultante no final do período seria o lote de compra dividido por dois mais os estoques de segurança.

Comprar estabelecendo uma política baseada na classificação ABC, com sua validade, por exemplo, verificada com um programa de simulação, pode fazer com que nos aproximemos do ótimo após fazermos as devidas reformulações. Como exemplo, formulemos a seguinte política:

a) **Alto giro** – itens classificados como **A**; comprar para uma semana de consumo.

b) **Médio giro** – itens classificados como **B**; comprar para um mês de consumo.

c) **Baixo giro** – itens classificados como **C**; comprar para três meses de consumo. Aqui também o estoque resultante será o lote de compra dividido por dois mais o estoque de segurança.

2.4 Compra de ativos

INTRODUÇÃO

A compra de ativos apresenta uma característica diferente, porque eles são registrados no ativo permanente do balanço patrimonial e não fazem parte das contas circulantes, portanto, não estão em constante renovação. Um ativo deverá ser imobilizado nas contas permanentes e, a partir desse momento, essas contas deverão ser depreciadas e esses valores serão lançados nos demonstrativos de resultado, como custo ou despesas fixas de cada departamento que detém o bem.

Uma vez instalado o bem, ele deverá ser utilizado na operação e dificilmente poderá ser descartado no curto prazo. As compras de ativos são, portanto, de grande responsabilidade. Um erro qualquer levará a empresa a ter de suportar, por tempo elevado, as consequências da aquisição equivocada.

Podemos comprar equipamentos em sua última fase de desenvolvimento tecnológico e, logo a seguir, os fabricantes estarão lançando um novo e revolucionário modelo, que poderá ser adquirido pelo concorrente, deixando nossa empresa em uma situação competitiva difícil.

Será necessário que os administradores estejam sempre presentes no mercado internacional e em feiras, inteirando-se das últimas novidades no setor e, principalmente, das notícias dos bastidores das empresas produtoras de equipamentos mais categorizadas, para conhecer bem os degraus de tecnologia.

CONTABILIZAÇÃO DOS ATIVOS FIXOS

Os bens chamados de ativos e imobilizados não são destinados à venda e vão atender a vários ciclos operacionais até a sua exaustão de funcionalidade. Estão nesta categoria os terrenos, edifícios, máquinas e instalações. Há também uma classe especial de ativos, que são os direitos de propriedade sobre patentes ou marcas.

A depreciação desses ativos deverá ser registrada ao longo do tempo e o seu valor residual, apurado na venda e registrado na conta de resultado. Os terrenos não são sujeitos a depreciação, e as minas, florestas e reservas são sujeitas a exaustão.

O valor a ser imobilizado no ativo permanente inclui o valor pago ao vendedor, bem como todos os valores desembolsados para colocar o ativo em condições de operar. Esses valores são: despesas com projeto, contratos, transporte, impostos, taxas, honorários, salários. Quando o ativo é de projeto e construção da empresa, deve-se abrir uma ordem de construção e todos os valores utilizados devem ser registrados. No final, apura-se o valor e contabiliza-se no ativo permanente.

A depreciação de um período é a parcela do valor do ativo que foi lançado como custo da operação. A depreciação deverá ser de alguma maneira proporcional à perda da eficiência funcional do ativo que foi imobilizado. A depreciação do ativo depende do tempo de vida do bem, do método de depreciação e da base de cálculo.

A vida útil do ativo depende de causas físicas, como desgaste, e de causas funcionais ligadas ao fato de o ativo tornar-se inadequado ou obsoleto. O ativo poderá ser dispensado ainda em boas condições, porque o desenvolvimento tecnológico necessita de ativos mais modernos e capazes de operar de maneira mais econômica.

Poderemos depreciar o ativo em cotas fixas, obtidas pela avaliação do tempo de vida funcional ou econômica, pela soma dos algarismos dos anos ou pelo saldo decrescente. Os dois últimos métodos levam a uma depreciação decrescente ao longo do tempo. A base de cálculo é o valor histórico corrigido em tempos de inflação, o que não acontece mais hoje.

A depreciação é contabilizada como se segue:

- **Débito** – debita-se dos custos da produção e de cada custo departamental em conta específica de depreciação.
- **Crédito** – credita-se no ativo, em depreciação acumulada credora. Esse valor será deduzido do saldo devedor da conta do ativo. Este método mostra o valor original do ativo e a parcela já depreciada.

O CONCEITO CONTRATUAL

O contrato para a compra de ativos deverá sempre incorporar um sentido patrimonial. Quando tal condição não existe, o documento passa a ser denominado de convenção. Um conjunto de normas, chamado usualmente de Contrato Normativo, não o é no sentido estritamente técnico.

O Direito considera como reais os contratos de mútuo, depósito, penhor e o comodato.

Os contratos devem abranger alguns pontos essenciais, como se segue:

- Vinculação obrigatória por via de consentimento.
- Liberdade de contratar.
- Superação do formalismo.

Autonomia da vontade – deverá existir liberdade de contratar, ou seja, de contrair ou não um vínculo contratual. O vínculo imposto não é um contrato.

Supremacia da ordem pública – são nulos os contratos contrários às leis e aos bons costumes.

Obrigatoriedade das convenções – o que as partes, por mútuo acordo, estipularam e aceitaram deverá ser cumprido sob pena da execução patrimonial. Obrigatoriedade do compromisso e a execução sobre os bens do devedor.

Impossibilidade da prestação – a liberação das obrigações do devedor se dá por impossibilidade objetiva e absoluta.

Desenvolveremos a seguir os temas inicialmente tratados:

a) **A autonomia da vontade** – as partes têm a liberdade de contratar, escolher o modelo de contrato, determinar o objeto do contrato e dispor do conteúdo desse contrato. O Estado intervencionista, às vezes, obriga a contratar e regula o conteúdo do documento, caracterizando um tipo de contrato denominado de coativo. As normas impositivas podem ser exemplificadas por situações como as seguintes:

- Impossibilidade de limitação da responsabilidade de empresas de transporte.
- Rescisão do pleno direito na venda de terrenos à prestação.

- Estipulação de juros além dos limites legais.
- Fixação de preços acima da tabela ou de determinações legais.

b) **Consensualismo** – ausência de qualquer solenidade na celebração de contratos, bastando o simples consentimento. A forma escrita é necessária não para a formação do contrato, mas para a sua prova (Código Comercial, art. 126).

c) **Obrigatoriedade** – o contrato decorre da manifestação livre das partes, que ficam submissas ao contrato e obrigadas a cumprir a prestação ajustada, sendo impossíveis o arrependimento, a alteração e a revogação.

d) **Relatividade das convenções** – os efeitos dos contratos se circunscrevem apenas às partes que nele se obrigaram. Contratos não alcançam terceiros, prejudicando-os ou beneficiando-os. Exceções a esse ponto são: contrato de locação, contrato de fideicomisso entre vivos e contrato coletivo de trabalho.

O contrato tem efeito apenas sobre as coisas que o caracterizam, aplicando-se ao sujeito e ao objeto do contrato. O defeito oculto que dificulta a utilização, ou diminui o valor do bem, ou se houver reconhecimento de direitos de outrem, comprometerá a eficácia do contrato.

A oponibilidade poderá manifestar-se das seguintes formas:

- Os estranhos ao contrato, mas participantes dos interesses, cuja posição jurídica é subordinada à da parte, como os subcontratantes e os mandatários.
- Interessados com posições independentes e incompatíveis com os efeitos do contrato.
- Os indiferentes ao contrato legitimados a reagir quando sofrem particular prejuízo dos efeitos do mesmo contrato, como credores.

e) **Princípio da boa-fé** – rege a interpretação das suas cláusulas, sua vigência, a conclusão, devendo prevalecer o seu verdadeiro espírito e natureza à rigorosa e restrita significação das palavras. O contrato poderá se anular quando:

- Uma das partes ocultar a verdade ou disser o que não é verdade.
- Uma das partes fizer declaração errônea, calando, falsificando ou alterando fatos e circunstâncias, ou produzindo fatos ou circunstâncias não existentes.

Para toda relação jurídica, qualquer que seja sua estrutura, vige o princípio de cumprir a prestação com fidelidade à palavra dada ou à obrigação fundamentada por qualquer modo que seja, sem defraudar a confiança da outra parte, ou seja, cumprir a prestação conforme a boa-fé.

O vendedor deverá velar pela coisa vendida, mas ainda não entregue ao comprador, de tal modo que até o momento da entrega se impeçam os danos evitáveis.

Há de utilizar na embalagem e na remessa a diligência própria das circunstâncias e informar ao comprador os riscos que envolvem a utilização dos utensílios vendidos, e, tratando-se de venda de alimentos e comestíveis suscetíveis a danos, deverá observar os preceitos higiênicos de proteção.

O CONTRATO COMO ATO JURÍDICO

A) INTRODUÇÃO

Os contratos são considerados negócios jurídicos bilaterais. Define-se um negócio jurídico como o ato de autonomia privada pelo qual o indivíduo, nas relações com outras pessoas, autorregulamenta os próprios interesses.

Os contratos são formados de requisitos gerais e específicos, extrínsecos e intrínsecos. Podemos também completar o contrato com os pressupostos e os elementos.

Denominamos pressupostos as condições e as circunstâncias no momento do negócio, enquanto requisitos são, tecnicamente, os elementos intrínsecos do ato.

O Código Comercial, no artigo 129, III, considera nulos todos os contratos comerciais que não designarem a causa certa de que deriva a obrigação. A causa é a razão social e econômica do contrato e, portanto, não é um requisito extrínseco ou intrínseco.

Podemos conceituar a causa de três formas diferentes:

- Como função econômico-social do contrato.
- Como o resultado jurídico objetivo que os contratantes pretendem ao concluir o contrato.
- Como a razão determinante que impulsiona as partes à celebração do contrato.

Não se deve confundir a causa com o objeto do contrato, o qual também não deve ser confundido com o conteúdo.

Objeto do contrato – é o conjunto dos atos que as partes se comprometem a praticar, singularmente considerados, não no seu entrosamento finalístico ou, em outras palavras, as prestações das partes, nem no intercâmbio entre elas, pois este constitui a causa.

O artigo 82 do Código Comercial considera como elemento de validade dos atos jurídicos o agente capaz, objeto lícito, forma prescrita e não defesa em lei.

O agente capaz e legitimado deverá não estar impedido de praticar o ato e, portanto, deve estar habilitado por lei a assinar determinado contrato.

Legítima – é a parte, em razão da sua titularidade ativa e passiva, criada pela relação que já se estabeleceu.

Legitimada – é a parte que a lei considera habilitada para estabelecer certa relação.

A representação das sociedades deverá ser processada por pessoas legitimadas pelos estatutos ou por contrato social. Os artigos 115, 134 e 156 disciplinam os conflitos de interesse na representação da sociedade.

As partes são pessoas que se encontram em lados contrapostos nos contratos ditos sinalagmáticos.

O artigo 134 do Código Comercial identifica os casos de contrato que exigem escritura pública.

A forma escrita do contrato facilita a prova de sua existência, o que também poderá realizar-se com mais dificuldade exigindo comprovação testemunhal.

B) CLASSIFICAÇÃO DOS CONTRATOS

A classificação mais conhecida é relacionada a seguir:

QUADRO 2.4

Item	Tipos de contratos	Item	Tipos de contratos
A	bilaterais ou sinalagmáticos, ou, então, unilaterais	G	de execução imediata e de execução diferida
B	onerosos, comutativos e aleatórios, e gratuitos	H	típicos e atípicos
C	consensuais e reais	I	pessoais e impessoais
D	solenes e não solenes	J	civis e mercantis
E	principais e acessórios	L	individuais e coletivos
F	instantâneos e de duração	M	causais e abstratos

Os contratos que se destinam a favorecer a circulação da riqueza na forma de trocas podem ser classificados em:

- Contratos de troca para dar a título oneroso, como contratos de bolsa, renda perpétua e vitalícia e contratos de compra e venda em geral.
- Contratos de troca nos quais a matéria é a obrigação de fazer um serviço por parte do vendedor, como locação, arrendamento de bem, fretamento, transporte e trabalho.
- Contratos de troca nos quais existem duas prestações da mesma estrutura ou serviço, embora não com o mesmo conteúdo, que estão frente a frente.
- Contrato de compra em que se dá alguma coisa ou se assume uma obrigação, sem compensação; é a doação.

Os contratos podem transferir a plenitude dos poderes econômicos sobre um bem que deles é objeto; atribuem poder econômico de gozo sobre o bem, enquanto o poder econômico de disposição permanece com o outro contratante.

Poderemos considerar ainda algumas outras modalidades de contratos, como se segue:

- **Contratos de colaboração** – uma parte desenvolve sua própria atividade conjugada com a atividade alheia, como: cessão de patentes, representação, edição, agência, mandato, parceria e consórcio.
- **Contratos de previdência** – visam prevenir o risco, como o seguro, a capitalização e a renda vitalícia.
- **Contratos de conservação** – custódia, em geral como depósito, caixa-forte etc.
- **Contratos de litígios** – destinados a prevenir ou dirimir litígios a respeito de transações e de compromissos.
- **Contratos de créditos** – são contratos bancários, como: abertura de crédito, desconto, mútuo, comodato, conta corrente e mandato de crédito.
- **Contratos de gozo** – são contratos constitutivos de direitos de gozo, como: enfiteuse, usufruto, uso, habitação e servidão.
- **Contratos de garantia** – são contratos de penhor, hipoteca, fiança e anticrese.

Considerando a participação das empresas nos contratos, podemos mencionar a seguinte classificação.

Contratos interempresariais:

- *Factoring*.
- Concessão mercantil.
- *Franchising*.
- Contrato estimatório.
- Contrato de representação comercial autônoma.

Contratos empresariais em que uma das partes poderá não ser uma empresa:

- *Leasing*.
- Mandato e comissão mercantil.
- Alienação fiduciária em garantia.
- Locação mercantil.
- Compra e venda mercantis.
- Compra e venda com reserva de domínio.
- Contratos bancários.

- Contratos de bolsa.
- Depósito mercantil.
- Penhor mercantil.
- Cartão de crédito.
- Seguro.
- *Shopping center.*

As relações contratuais fáticas são provenientes de um contrato, mas não advêm de uma necessidade de contratar, e sim de alguns fatos aos quais o ordenamento jurídico atribui efeitos (por exemplo, viagem aérea).

C) A PROVA DOS CONTRATOS MERCANTIS

Devem-se provar a conclusão do contrato e a sua existência, e os princípios bá- sicos do Código Comercial preconizam:

- que se reduzam as partes por escrito, no caso em que a prova é necessária;
- que não produzam ações em juízo os contratos que não obedecerem às formas e solenidades previstas na lei.

O artigo 122 do Código Comercial estipula que os contratos comerciais podem provar-se:

- Por escritura pública.
- Por escritos particulares.
- Pelas notas dos corretores e por certidões extraídas dos seus protocolos.
- Por correspondência epistolar.
- Pelos livros dos comerciantes.
- Por testemunhas.

Os contratos comerciais só podem ser admitidos em juízo se forem lavrados no idioma nacional; se todos os contraentes forem estrangeiros, então deverão ser traduzidos para serem aceitos.

Admitem-se em juízo a prova testemunhal e documental e, mais especificamente, os usos e costumes; livros comerciais; reproduções mecânicas, como fotografias, filmes, discos e outras.

D) EXTINÇÃO DOS CONTRATOS

O contrato é extinto, normalmente, pelo cumprimento das obrigações. No caso em que a solução se efetua de uma única vez e por uma única prestação, temos a **execução instantânea**.

A **execução** adiada se dá a termo e a **sucessiva** sobrevive com a persistência da obrigação; os pagamentos não acarretam a extinção dessa obrigação.

A **anulação** se dá por outras causas, anteriores à conclusão do contrato. A **dissolução** se dá quando as causas são posteriores à execução do contrato.

Resilição se dá quando uma parte pode dissolver unilateralmente o contrato, e quando essa possibilidade é bilateral temos o **distrato**.

A **rescisão** ocorre quando uma das partes não cumpre com as obrigações assumidas.

O não cumprimento voluntário leva à rescisão e resulta na necessidade de reparação das perdas e dos danos. Porém, tal indenização poderá ser furtada se for comprovada força maior.

O contrato anulado produz efeitos durante o seu tempo de vigência.

A **decadência** representa a perda do direito pelo seu não exercício, e a **prescrição** é a perda da ação pela inércia do titular do direito.

O princípio geral da prescrição mercantil encontra-se no artigo 442 do Código Comercial, em que "todas as ações fundadas sobre obrigações comerciais contraídas por escritura pública ou particulares prescrevem não sendo intentadas dentro de 20 anos".

Entretanto, outros pontos podem prescrever em prazos menores, que vão de cinco a dez dias. Como ilustração, citamos:

- **Cinco anos** – cobrança de juros.
- **Quatro anos** – contas de venda de mercadorias.
- **Três anos** – ações contra aceitante de letras.
- **Dois anos** – ação para demandar o cumprimento de obrigação comercial por prova testemunhal.
- **Um ano** – ações por entrega de carga.
- **Seis meses** – ação do portador de cheque contra o endossante.
- **Três meses** – ações contra armazéns gerais.
- **Dez dias** – reclamação por falta de quantidade ou qualidade da coisa vendida.

A prescrição interrompe-se por novação da obrigação, citação judicial ou protesto judicial.

O CONTRATO MERCANTIL

A compra no conceito contratual ocorre quando a iniciativa parte do comprador, e a venda ocorre quando a iniciativa parte do vendedor.

A circulação de mercadorias, coisas móveis objetos de circulação comercial, somente se realiza com bens móveis objetos de contratos mercantis. A palavra gênero significa o produto da terra tomando o nome de mercadoria.

O contrato de compra e venda é aquele no qual se trocam mercadorias por dinheiro, em que um dos contraentes se obriga a transferir o domínio de certa coisa, e o outro, a pagar-lhe certo preço em dinheiro.

O artigo 191 do Código Comercial considera como mercantis a compra e venda de efeitos móveis ou semoventes, para os revender por grosso ou retalho, na mesma espécie ou manufaturados ou por alugar o seu uso.

O contrato de compra e venda mercantil é perfeito e acabado logo que o comprador e o vendedor entram em acordo sobre a coisa, o preço e as condições; a partir desse momento nenhuma das partes pode arrepender-se sem o consentimento da outra, ainda que a coisa não seja entregue nem o preço seja pago. Fica entendido que nas vendas condicionais não se reputa o contrato perfeito senão depois de verificada a condição.

Os requisitos do contrato são:

- Consentimento.
- Coisa.
- Preço.

Os contratos podem ser:

- Bilaterais.
- Sinalagmáticos.
- Consensuais.
- Onerosos.
- Comutativos.

O vendedor garante a coisa vendida conforme os seguintes desdobramentos:

- Fazer boa, firme e valiosa a coisa vendida.
- Responder pela evicção.
- Responder pelos vícios ocultos.

Art. 214 – O vendedor é obrigado a fazer boa ao comprador a coisa vendida, ainda que no contrato se estipule que não fica sujeito a responsabilidade alguma; salvo se o comprador, conhecendo o perigo, ao tempo da compra, declarar expressamente no instrumento do contrato que toma sob si o risco; devendo entender-se que esta cláusula não compromete o risco da coisa vendida que, por algum título, possa pertencer a terceiros.

Art. 215 – Se o comprador for inquietado sobre a posse e o domínio da coisa comprada, o vendedor é obrigado à evicção em juízo, defendendo à sua custa a validade da venda. Se for vencido, não só restituirá o preço com juros e custas do processo, mas poderá ser condenado à composição das perdas e danos consequentes, e até a penas criminais que no caso couberem. A restituição do preço tem lugar, posto que a coisa vendida se ache depreciada na quantidade ou na qualidade ao tempo de evicção por culpa do comprador ou força maior. Se, porém, o comprador auferir proveito da depreciação por ela causada, o vendedor tem direito de ter a parte do preço que for estimada por arbitradores.

Art. 210 – O vendedor, ainda que depois da entrega, fica responsável pelos vícios e defeitos da coisa vendida, que o comprador não podia descobrir antes de a receber, sendo tais que a tornem imprópria ao uso a que era destinada, ou que de tal sorte diminuam o seu valor, que o comprador, se os conhecera, ou não comprara ou teria dado por ela muito menor preço.

Art. 218 – O dinheiro adiantado antes da entrega da coisa vendida entende-se ter sido por conta do preço principal e para maior firmeza da compra, nunca como condição suspensiva da conclusão do contrato; sem que seja permitido o arrependimento nem da parte do comprador, sujeitando-se a perder a quantia adiantada, nem da parte do vendedor, restituindo-a, mesmo que o que se arrepender se ofereça a pagar outro tanto do que houver pago ou recebido; salvo se assim for ajustado entre ambos como pena convencional do que se arrepender.

GLOSSÁRIO

- **Evicção** – perda parcial ou total que sofre o adquirente de uma coisa em consequência da reivindicação judicial promovida pelo verdadeiro dono ou possuidor.
- **Anticrese** – contrato pelo qual o devedor entrega ao credor um imóvel, dando-lhe o direito de receber os frutos e rendimentos como compensação da dívida. Consignação de rendimento.
- **Sinalagmático** – contrato em que as partes estabelecem obrigações recíprocas.
- **Enfiteuse** – contrato de direito real alienável e transmissível aos herdeiros, que confere a alguém o pleno gozo do imóvel mediante a obrigação de não deteriorá-lo e de pagar um foro anual, em numerário ou em frutos.
- **Resilição** – rescisão de contrato efetuado de acordo com todos os contratantes ou em razão de cláusula de antemão estipulada.

OUTROS ASPECTOS DOS CONTRATOS

O desenvolvimento de um projeto associado à sua execução resulta em um empreendimento.

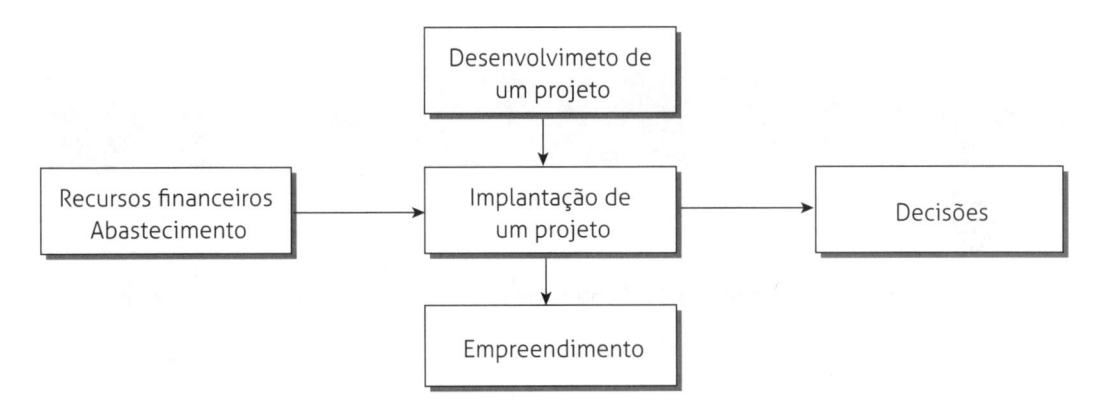

FIGURA 2.2 Desenvolvimento de projeto.

Quando se finaliza um projeto, ou mesmo simultaneamente à sua elaboração, deve haver preocupação com o abastecimento, pois a Equipe de Projeto poderá receber autoridade delegada para atuar na administração de linha e executar o projeto, tomando decisões de contratação de fornecimento e atuando temporariamente como executivo.

Essa atividade de contratação absorverá recursos financeiros da empresa, portanto, todo cuidado é pouco na elaboração, assinatura, controle e administração geral desses contratos.

A entidade contratante deverá ser bem protegida contra problemas que possam afetá-la financeira e economicamente e, de outro lado, o projeto deverá ser bem executado e dentro dos prazos desejados pelos investidores.

Os contratos, em geral, definem vários pontos:

- O papel da entidade contratante.
- Obrigações e responsabilidades da contratante.
- Obrigações e responsabilidades da empresa contratada.
- As expectativas da contratante.
- As formas de remuneração da contratada.

O tipo de negociação poderá envolver aspectos como os seguintes:

- Contratação de serviços de consultoria e de supervisão, sendo que os serviços de engenharia e construção são realizados por terceiros.
- A contratante realiza todo o projeto, fornecendo dados à contratada, que realiza o detalhamento de engenharia, aquisição e construção.
- A contratante realiza todo o projeto, engenharia, aquisição e a contratada realiza somente a construção.
- A contratada realiza o desenvolvimento do projeto, a pesquisa primária, o projeto, a aquisição, a construção e a operação inicial – Contrato *Turnkey*.

QUADRO 2.5

Tipo de contrato	Projeto	Materiais principais	Materiais secundários	Equipamento	Infraestrutura	Participações do cliente
1	Contratada	Contratada	Contratada	Contratada	Contratada	Nenhuma
2	Contratante	Contratada	Contratada	Contratada e Contratante	Contratada	Reduzida
3	Contratante	Contratante	Contratante	Contratada e Contratante	Contratante	Ampla
4	Contratante	Contratante	Contratada e Contratante	Contratante	Contratante	Total

Participação do cliente: refere-se às responsabilidades de gerenciamento pela contratada.

Poderemos ter as modalidades de contrato a Preço Fixo, Custo Reembolsável, Máximo Garantido-Divisão do Economizado e *Turnkey*. Vamos comentar a seguir as características de cada um desses tipos de contrato:

A) CONTRATO A PREÇO FIXO

No *Lump-sum contract* o fornecedor compromete-se a entregar um produto ou serviço a um preço e prazo definidos na assinatura do contrato. Para que se possam assumir tais responsabilidades, é necessário que o projeto tenha sido elaborado de maneira muito detalhada, sem dar margens a mudanças ou alterações do projeto inicial.

O projeto mal desenvolvido e encaminhado para cotação configura uma falha da engenharia que tumultuará toda a vida da empresa e, portanto, não deverá acontecer.

As obrigações consignadas no contrato deverão definir claramente a parcela de responsabilidade do contratante e do contratado, como exemplificamos a seguir:

- Definição do fornecimento de todas as facilidades para a entrega do produto ou serviço e, se for o caso, a definição do fornecimento de utilidades para que a instalação seja realizada, assim como a assistência social aos funcionários do fornecedor, que trabalharão dentro do estabelecimento da empresa contratante.
- Definição dos equipamentos, componentes que serão adquiridos diretamente pelo contratante para a entrega ao contratado, para agregação ou produto a ser fornecido.

- Definição das condições de garantia dos componentes fornecidos e instalados pelo contratado e condições de garantia das partes do produto desenvolvido e fabricado pelo contratado.

A condição de Preço Fixo poderá ser estabelecida pelo valor global do fornecimento ou na condição de Preço Fixo Unitário de cada item ou insumo fornecido.

Na condição de Preço Fixo Unitário, trabalha-se com uma tabela de operações unitárias ou de componentes-padrão e realizam-se regularmente medições no produto em elaboração ou do serviço sendo prestado. Multiplicam-se as quantidades apontadas pelo Preço Fixo Unitário, proporcionando o valor da fatura referente àquela medição.

Poderemos também adotar um sistema de Contrato a Preço Fixo com uma cláusula de incentivo, que poderá ser configurada como segue:

- A diferença entre o custo total do empreendimento previsto no projeto e o custo total realmente levantado determina o lucro do empreendimento, e o contratado receberá uma parte desse lucro conforme porcentual acordado no contrato.
- O contrato poderá ser firmado considerando a utilização de quantidades fixas de insumos, como mão de obra, materiais e energia. A produtividade obtida na administração da execução do produto ou serviço é representada pela utilização de menor quantidade de insumos em relação ao previsto. Esse ganho físico é, então, dividido contratualmente entre o contratante e o contratado.

A condição contratual de Preço Fixo eleva o risco do contratado, que poderá ser administrado pela inclusão de sobrepreço. Ocorrendo eventos negativos, a margem será consumida; se não ocorrem eventos negativos, essa margem elevará o lucro do contratado.

O contratante poderá ter uma organização com maior ou menor capacidade de execução de um projeto, de um produto ou de um serviço. Caso essa organização seja extremamente capaz e preparada tecnicamente, o risco dos eventos negativos é muito pequeno e o contratado ganhará sempre.

Um pequeno projeto entregue a uma grande organização, tecnicamente sobredimensionada para essa tarefa, com certeza apresentará poucos riscos e o sobrepreço não precisará ser incluído na cotação.

As pequenas organizações passam a enfrentar uma grande concorrência de preços e para sobreviver passam a dispensar o sobrepreço do risco; se algum dia os eventos negativos ocorrerem, elas poderão ter dificuldade de cumprir os seus compromissos de fornecimento.

O contratante poderá adotar o critério do menor preço como fator decisório para a contratação. Entretanto, o menor preço poderá estar associado ao risco da não execução do projeto em virtude da não colocação do sobrepreço. Além do risco da não execução, teríamos o risco do prejuízo da qualidade, em decorrência do descontrole da execução ou da redução obsessiva dos custos para evitar prejuízo.

O contratante, pressionado pelo baixo preço, procurará elevar o nível de reivindicações durante a execução do contrato com o objetivo de fechar o negócio a qualquer preço. Depois tentará manter uma pressão permanente de reivindicações para realizar o lucro ou eliminar o prejuízo na negociação fora do contrato.

A Lei n. 8.666, de 21 de junho de 1993, que instituiu normas para licitações e contratos da administração pública, em seu artigo 48 – II, estabelece o seguinte: "Serão desclassificados: II – Propostas com valor global superior ao limite estabelecido ou com preços manifestamente inexequíveis, assim considerados aqueles que não venham a ter demonstrada sua viabilidade através de documentação que comprove que os custos dos insumos são coerentes com os de mercado e que os coeficientes de produtividade são compatíveis com a execução do contrato, condições estas necessariamente especificadas no ato convocatório da licitação".

Os Contratos a Preço Fixo apresentam algumas dificuldades, como exemplificamos:

- O contratante necessita desenvolver o projeto e especificar detalhadamente cada material, além de detalhar os critérios de recebimento dos materiais, dos produtos e dos serviços, que devem estar coordenados com os critérios para a liberação das parcelas de pagamento, desde que o que foi entregue atenda aos requisitos de qualidade.
- O contratado deverá dispor de uma engenharia muito capacitada para realizar análise crítica do projeto e avaliar corretamente a necessidade de insumos, especificações, requisitos de qualidade e preços do abastecimento e da execução do projeto.
- O contratante, tendo especificado o projeto de maneira detalhada, não terá flexibilidade para introduzir modificações, pois esbarrará nas cláusulas do contrato e dará oportunidade ao contratado de pleitear reajuste de preço.
- O Contrato a Preço Fixo deverá ser executado por inteiro, sem interrupções. Não deverá haver problemas de abastecimento de materiais, recursos humanos e recursos financeiros. Qualquer interrupção do contrato levará a acréscimo de custos e de despesas que o contratante não desejará assumir, levando diretamente à renegociação dos preços contratados.
- O contrato mais oneroso que se possa administrar é o que não foi finalizado, pois os recursos já foram investidos parcialmente e os benefícios advindos do seu funcionamento ainda não beneficiam a empresa.

B) CONTRATOS A CUSTO REEMBOLSÁVEL

O contratante deverá pagar ao contratado:

- Custos dos materiais aplicados ao projeto.
- Custo da utilização de mão de obra na execução do produto ou serviço.
- Custos gerais de fabricação e instalação.
- Custos indiretos de fabricação, instalação e operação inicial.
- Margem de lucro do contratado.

Existem três modalidades desse tipo de contrato:

- Acréscimo de taxa fixa.
- Acréscimo de taxa porcentual.
- Acréscimo de taxa de incentivo.

No caso da taxa fixa, a responsabilidade pelos custos por parte do contratado é muito pequena. Essa condição é diametralmente oposta aos Contratos *Turnkey*, em que a responsabilidade do contratado é total.

No caso de taxa porcentual, devem-se justificar os custos e sobre o valor obtido calcula-se um porcentual fixo acordado.

No caso de taxa de incentivo, a taxa a ser aplicada poderá variar de um valor elevado, quando os custos forem abaixo do limite estabelecido para os custos conforme acordado previamente no contrato, a um valor baixo, quando os custos ultrapassarem o limite estabelecido.

A faixa de efetividade de incentivo é definida por esse limite do valor máximo e do valor mínimo do porcentual de incentivo.

A taxa de incentivo poderá ser composta e sofrer influência do custo real, do desempenho do projeto e do cumprimento do prazo de execução.

Esse tipo de contrato poderá apresentar vantagens e desvantagens, conforme exemplificaremos a seguir:

Vantagens:

- Propicia maior flexibilidade para o contratante.
- Controla o lucro do contratado.
- Reduz os custos das especificações e negociações anteriores ao fechamento do contrato.
- Possibilita o início muito rápido dos serviços e, consequentemente, poderá resultar em um prazo menor para a finalização do projeto.
- Possibilita a escolha do contratado mais qualificado técnica e financeiramente, e não o fornecedor que apresentou o preço mais baixo.
- Possibilita a utilização do mesmo contratado em acréscimos do projeto inicial, que, pela experiência adquirida, possibilitará a elevação da qualidade e da eficiência na execução do complemento do contrato.

Desvantagens:

- O contratante nunca terá uma garantia de um custo real igual ou abaixo do estabelecido no pré-cálculo do projeto.
- Falta um incentivo efetivo para o contratante minimizar os custos e o tempo de execução do projeto.
- O contratante poderá se descuidar e especificar de maneira exagerada, resultando em custos elevados de aquisição, fabricação e instalação.
- A equipe do contratante encontrará facilidades para realizar modificações no projeto inicial, o que resultará na elevação dos custos e, principalmente, acarretará interrupções dos trabalhos, portanto, elevação do prazo de implantação.

C) CONTRATOS MÁXIMO GARANTIDO-DIVISÃO DO ECONOMIZADO

Nesse tipo de contrato, o contratado é reembolsado pelos custos de engenharia, materiais, execução e instalação, e recebe uma taxa fixa para formar o seu resultado.

O que for economizado abaixo de um teto dos custos é dividido entre o contratante e o contratado. Quando o máximo custo garantido for ultrapassado, esse valor será debitado na conta do contratado.

O contratado terá muito interesse em realizar o projeto, a um custo abaixo do permitido, e fará esforços no sentido de nunca ser penalizado por ultrapassar o limite.

As vantagens e desvantagens desse tipo de contrato poderiam ser assim resumidas:

Vantagens:

- Estimula uma garantia consistente para não se ultrapassar o custo máximo.
- Estimula a redução do prazo de execução e conclusão do projeto para que ocorra o mais rápido possível.
- O contratante ficará imediatamente a par de qualquer custo extra e eventuais atrasos com origem na modificação das especificações iniciais.
- O contratante e o contratado pactuam de mesma intenção em relação a possíveis economias na execução do projeto.
- A colaboração entre as partes contratantes ficará mais fácil e mesmo estimulada.

Desvantagens:

- A execução do projeto deverá ser regularmente auditada pela equipe do contratante.
- Os serviços de engenharia deverão ser detalhados e completos, antes de sua execução ser colocada em licitação.
- Existe a possibilidade de que a colaboração inicial se transforme em conflito, especialmente se o máximo de custo admissível for ultrapassado.

- O contratado poderá adotar medidas para a contenção de custos, sem atentar para as consequências operacionais decorrentes dessas decisões.

Não existe uma regra única para escolher qual a melhor opção entre os vários tipos de contratos disponíveis para acordar o fornecimento de determinado item. Cada caso deve ser ponderado em suas vantagens e desvantagens tanto para o comprador quanto para o fornecedor. A Figura 2.2.a mostra o comportamento do preço de venda para o comprador e a ocorrência de lucro ou prejuízo para o fornecedor.

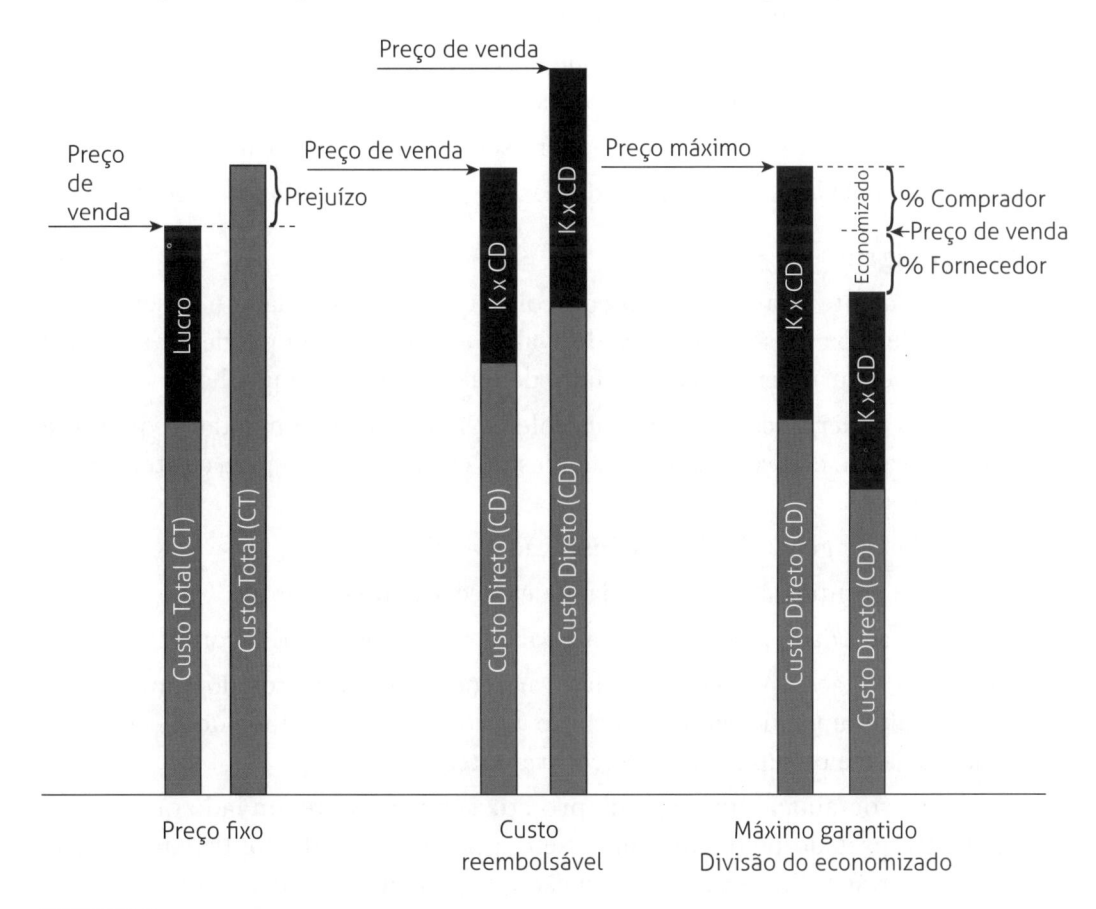

FIGURA 2.2.A Comparação entre os tipos de contrato quanto ao preço de venda para o comprador e lucro ou prejuízo para o fornecedor.

D) CONTRATO TURNKEY

Trata-se de uma modalidade do Contrato a Preço Fixo, na qual se agregam as atividades de pesquisa, desenvolvimento do produto ou do serviço, pré-operação da unidade ou do produto, operação até a perfeita eliminação dos pequenos desajustes de funcionamento e perfeito treinamento da equipe que deverá operar o projeto.

Esse tipo de contrato apresenta vantagens e desvantagens, como enumeraremos a seguir.

Vantagens:
- O contratante deposita a responsabilidade do contrato em um único contratado, o que facilita a sua administração.
- Partes do projeto poderão ser detalhadas simultaneamente com a execução dos serviços, e o tempo total poderá ser reduzido.
- Quando o contratante tem de desenvolver um programa, o pessoal da empresa contratada, treinado de modo adequado, poderá administrar corretamente as interfaces com outros projetos, mesmo fornecidos por outras contratadas.
- Não existe diluição das responsabilidades pela execução de um projeto, pois um só contratado controla todo o processo de execução.
- O gerenciamento da qualidade poderá ser conduzido de forma integrada.
- Há possibilidade de transferência de tecnologia do contratado para o contratante.

Desvantagens:
- O contratante fica inibido no controle de custos, qualidade e desempenho do produto ou do serviço. Terá de avaliar esse ponto no final de cada etapa e poderá ser surpreendido com a falta de qualidade e desempenho.
- O custo poderá ficar fora de controle e pressionar o contratante quanto à boa execução do projeto, podendo mesmo criar condições para a interrupção dos serviços.
- Dificuldades generalizadas de inspeção e auditoria.
- Redução acentuada da flexibilidade de execução do projeto.
- O preço acordado incorpora uma taxa de risco prevista pelo contratado.
- Há falta de acompanhamento das variações dos requisitos do contratante, que se alteram ao longo da execução do contrato em virtude do desenvolvimento de maior capacitação do contratante.
- Por mais detalhado que seja um projeto, sempre existe um lado que deverá ser interpretado pelo executante sem a participação do contratante, o que poderá levar a diferenças de execução que podem preocupar o contratante.
- O contratado poderá não deter a tecnologia necessária para a execução do contrato e terá de absorver essa tecnologia do contratante, não havendo, portanto, o desenvolvimento tecnológico desejado.

E) ARRANJO CONTRATUAL CRINE

O contratante fecha o contrato com uma entidade máster, que se encarregará de contratar as demais entidades que deverão participar da execução do projeto.

Todos os subcontratados se comprometem a cumprir as metas globais de execução do projeto, subscrevendo também um único mecanismo de divisão de risco e recompensa.

O esquema desse modelo de arranjo é mostrado na figura a seguir:

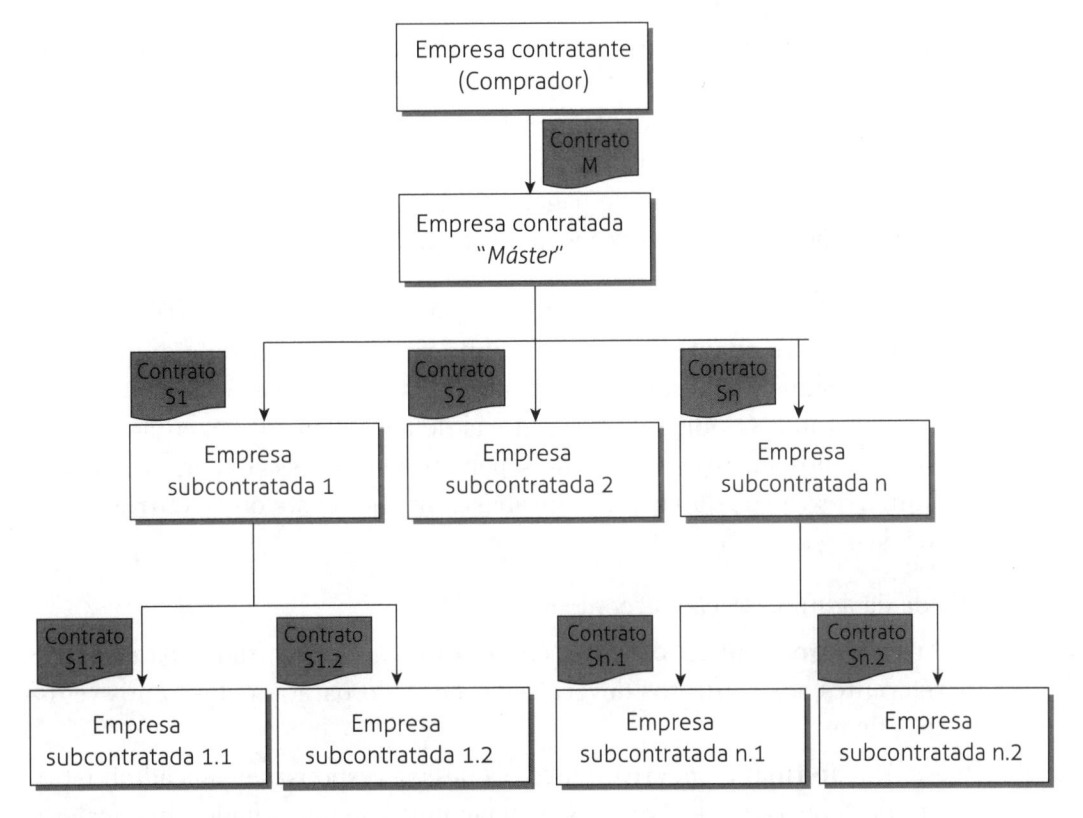

FIGURA 2.3   Contratação e subcontratação para execução de projeto.

ENCERRAMENTO DE CONTRATOS

O encerramento de contratos desenvolve-se de maneira similar ao encerramento administrativo, no qual se verifica se os trabalhos foram executados de maneira satisfatória ou não. No procedimento administrativo, devem-se atualizar todas as informações a respeito da execução do projeto, e os registros devem refletir os resultados finais obtidos. Toda essa documentação deverá ser arquivada para se utilizar como fonte de informações em futuras atividades.

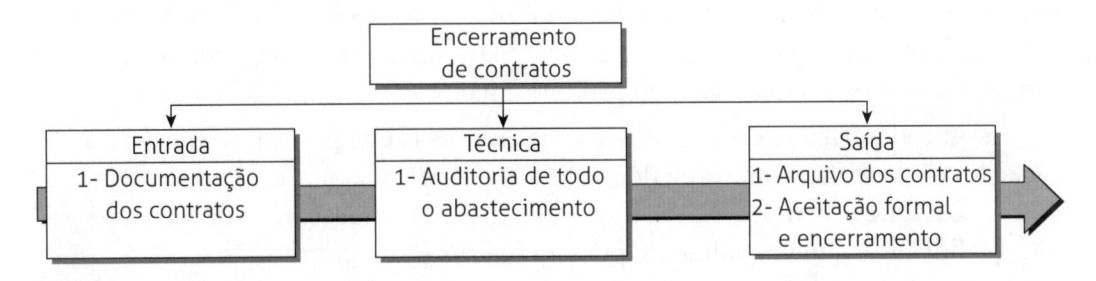

FIGURA 2.4   Encerramento de contratos.

a) Entradas no encerramento de contratos

- **Documentação do contrato** – essa documentação inclui o contrato em si, juntamente com todos os cronogramas de suporte, solicitações e aprovação de todas as alterações do contrato, toda a documentação técnica desenvolvida pelo contratado, relatório de *performance* do contratado, documentação de encerramento do contrato (como as faturas dos fornecedores e documentação de pagamentos efetuados e o resultado de todas as inspeções relativas à execução dos contratos).

b) Técnicas e ferramentas utilizadas para o encerramento de contratos

- **Auditoria de abastecimento** – é uma revisão estruturada do processo de abastecimento, desde o planejamento até a administração da execução dos contratos. O objetivo da auditoria de abastecimento é, então, a identificação dos sucessos e das falhas, para transferir essa experiência para a administração de outros itens de abastecimento deste ou de outros projetos da organização.

c) Saída da administração de contratos

- **Arquivo dos contratos** – um conjunto completo de todos os registros referentes aos contratos deverá ser preparado para a inclusão nos registros finais.

- **Aceitação final e encerramento** – a pessoa responsável pela administração dos contratos deverá providenciar junto ao contratado uma declaração formal de que a execução do contrato está finalizada. O ritual dessas tarefas para a aceitação formal e o encerramento das atividades em geral está bem detalhado na redação do contrato e esse ritual deverá ser integralmente atendido.

2.5 SELEÇÃO DE FORNECEDORES

Nenhum sistema produtivo pode fabricar produtos ou prestar serviços com qualidade se os materiais utilizados, ou os serviços adquiridos, não estiverem dentro das especificações adequadas. No mínimo, serão necessários retrabalhos por parte da empresa compradora, o que certamente aumentará seus custos ou comprometerá prazos e a qualidade do produto final.

Assim, adquirir materiais e serviços de empresas que possam comprovar a eficácia de seu sistema de garantia de qualidade é essencial para a empresa moderna, ou seja, ela deve ser impedida, de alguma forma, de comprar itens de fornecedores não qualificados, que virtualmente possam onerar o seu produto final.

A NBR ISO 9001:2008, em seu requisito 7.4.1, estabelece que "o fornecedor deve avaliar e selecionar fornecedores com base na sua capacidade de fornecer produto de acordo com os requisitos da organização. Critérios para seleção, avaliação e reavaliação devem ser estabelecidos".

Como vemos, a norma impede que o critério de escolha seja apenas o preço de aquisição, sem nenhuma consideração com o sistema de garantia da qualidade do fornecedor.

Não resta dúvida de que a seleção dos fornecedores é uma tarefa difícil e onerosa para a empresa, mas foi demonstrado que cuidados essenciais, quanto ao fornecimento de componentes e serviços, são muito mais vantajosos do que procurar corrigir os defeitos encontrados durante o processo produtivo ou gerenciar problemas sistemáticos de prazos de entrega.

O processo de seleção de fornecedores deve seguir, pelo menos, alguns passos essenciais:

- Pesquisar fornecedores potenciais.
- Estabelecer critérios de avaliação de fornecedores.
- Avaliar e selecionar os fornecedores.
- Cadastrar os fornecedores selecionados.
- Acompanhar o desempenho do fornecimento.
- Fazer parcerias com fornecedores.

2.5.1 Pesquisar fornecedores potenciais

Várias formas de pesquisa de fornecedores podem ser utilizadas pela empresa:

- Sindicatos e associações.
- Publicações especializadas.
- Internet.
- Consultoria com especialistas.
- Arquivos do departamento de compras.
- Feiras e exposições.
- Lista telefônica.
- Outros.

Dependendo do sistema de informação de que a empresa dispõe, a lista pode crescer muito mais, como é o caso de empresas transnacionais que possuem cadastros de fornecedores de vários países, de modo que essa etapa fica extremamente facilitada.

Caso nenhuma das fontes de fornecimento atenda aos requisitos especificados pela empresa compradora, procura-se, então, **desenvolver** novos fornecedores.

Esse procedimento pressupõe uma relação de colaboração direta entre o comprador e o fornecedor, que atuam conjuntamente para elaborar um plano de fornecimento que contenha, quando aplicável:

- Elaboração do projeto do produto.
- Elaboração do projeto do processo.
- Elaboração do plano de qualidade.
- Especificação e eventual fornecimento de equipamentos de produção e inspeção.
- Possibilidade de financiamento por parte do comprador.

2.5.2 Estabelecer critérios de avaliação de fornecedores

Em virtude da grande quantidade de fornecedores potenciais, alguns critérios de seleção podem já ser aplicados, como, por exemplo:

- Ser empresa nacional.
- Proximidade física do fornecedor.
- Ter uma marca conhecida no mercado.

No entanto, o objetivo principal da avaliação de fornecedores é comprovar a capacidade de atendimento dos requisitos especificados do produto a ser comprado, ou seja, possuir um sistema de garantia de qualidade adequado. Essa avaliação pode ser feita de diferentes formas:

a) **Avaliação *qualitativa* pelo histórico** – este tipo de avaliação somente é aceitável nas **fases de implantação** dos procedimentos de avaliação de fornecedores. É essencial que, nas fases seguintes, procedimentos de avaliação mais complexos sejam aplicados. A avaliação é feita analisando os registros de fornecimento de determinado fornecedor, podendo-se comprovar que durante um período de tempo houve:

   - Nenhuma ou pequena porcentagem de lotes ou prestação de serviços entregues com problemas de qualidade.
   - Nenhuma ou pequena porcentagem de lotes ou prestação de serviços entregues com atraso.

b) **Avaliação *quantitativa* pelo histórico** – este tipo de avaliação envolve um método de pontuação aplicado ao histórico de fornecimento. É essencial que haja registros disponíveis para aplicar este tipo de método.

Um exemplo de avaliação quantitativa pelo histórico:

QUADRO 2.6 Fatores para avaliação quantitativa.

IQ – INDICADOR DE QUALIDADE	
Entrega	Pontuação
Lote sem problema de qualidade	100
Lote com problema de qualidade tolerável	50
Lote devolvido	0

IP – INDICADOR DE PRAZO	
Entrega	Pontuação
Lote entregue sem atraso	100
Lote entregue com atraso de até 3 dias	70
Lote entregue com atraso de 3 a 10 dias	50
Lote entregue com atraso de mais de 10 dias	0

IQ = média da pontuação das últimas 10 entregas
IP = média da pontuação das últimas 20 entregas

QUADRO 2.7 Indicadores para avaliação quantitativa.

Critério de aceitação do fornecedor	
Indicador de Qualidade – IQ	> 80
Indicador de Prazo – IP	> 85

$$IQ > 90 \text{ e } IP > 95$$

c) **Avaliação por autoavaliação** – neste caso, a empresa compradora envia um formulário padronizado de avaliação do sistema de garantia da qualidade à empresa fornecedora, para que esta possa preenchê-lo e devolvê-lo. Para que o procedimento tenha um mínimo de consistência quanto às informações fornecidas, é conveniente que o fornecedor mostre evidências. Por exemplo:

QUADRO 2.8 Evidências para avaliações.

Item de avaliação	Evidência
Situação econômico-financeira	Balanço patrimonial e DRE
Existência de controle do processo	Evolução dos limites de controle
Treinamento adequado	Lista de treinamentos fornecidos
Existência de sistema da qualidade	Manual da qualidade

d) **Avaliação por auditoria** – este tipo de avaliação é muito oneroso para a empresa compradora, uma vez que pressupõe a existência de uma equipe de auditores (ou uma empresa de auditoria contratada) e de um procedimento padronizado de auditoria. Há três tipos básicos de auditorias conforme mostra a Figura 2.4.a.

Auditoria de sistema – Análise geral do sistema de produção e gestão

Atividades de apoio à produção

MO, EQ, MP → Processo produtivo → Produto acabado

Auditoria de processo – Exame e monitoramento técnico da execução dos procedimentos de trabalho

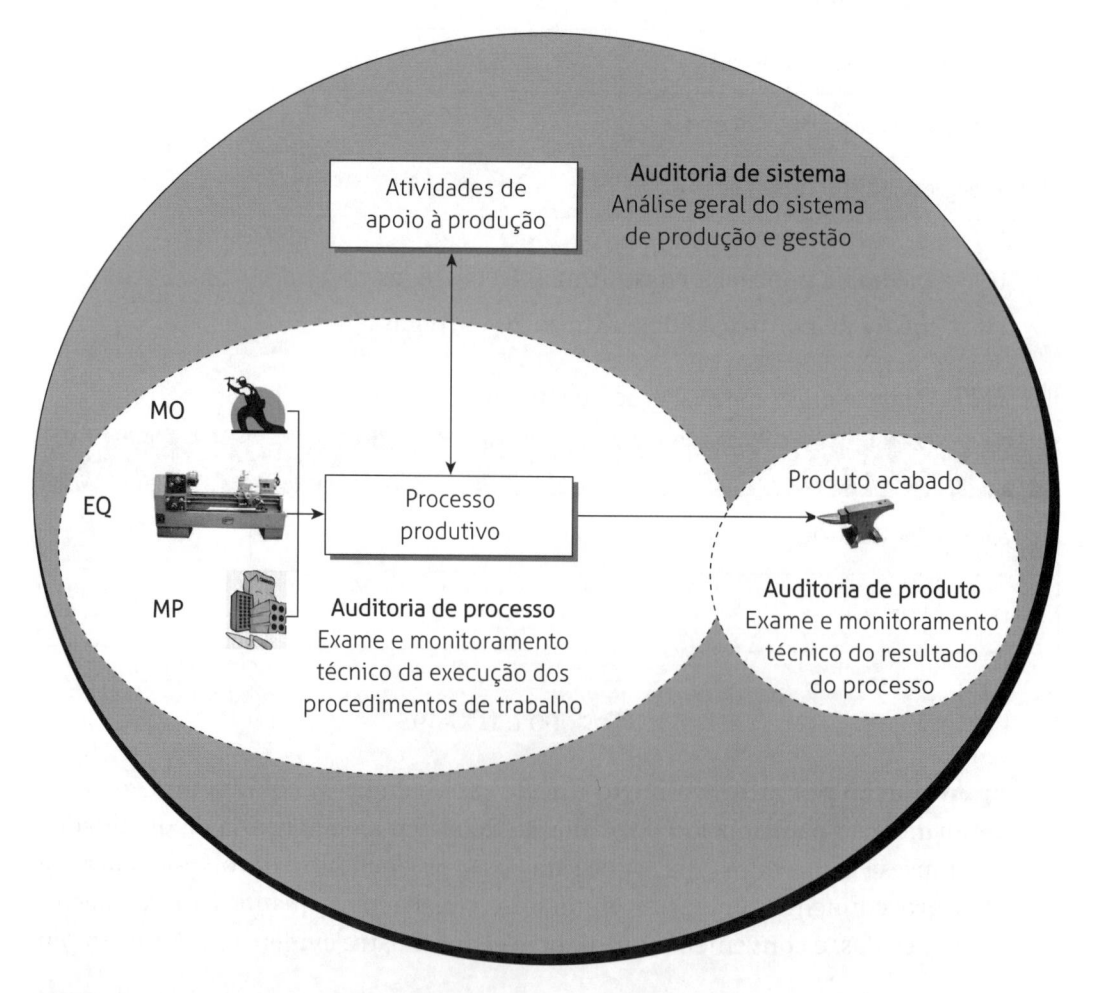

Auditoria de produto – Exame e monitoramento técnico do resultado do processo

FIGURA 2.4.A Tipos de avaliação por auditoria.

- **Auditoria de produto** – focada no projeto e especificações do produto fornecido. Por meio de ensaios, em laboratório, de produtos fabricados, aleatoriamente coletados no fornecedor, verifica-se a conformidade do produto com os requisitos especificados na norma de referência.
- **Auditoria de processo** – pela coleta aleatória de produtos finais na expedição do fornecedor verificam-se todos os registros e procedimentos de fabricação referentes àqueles itens coletados em particular, percorrendo todas as fases da fabricação até a matéria-prima, conforme mostra a Figura 2.4.b

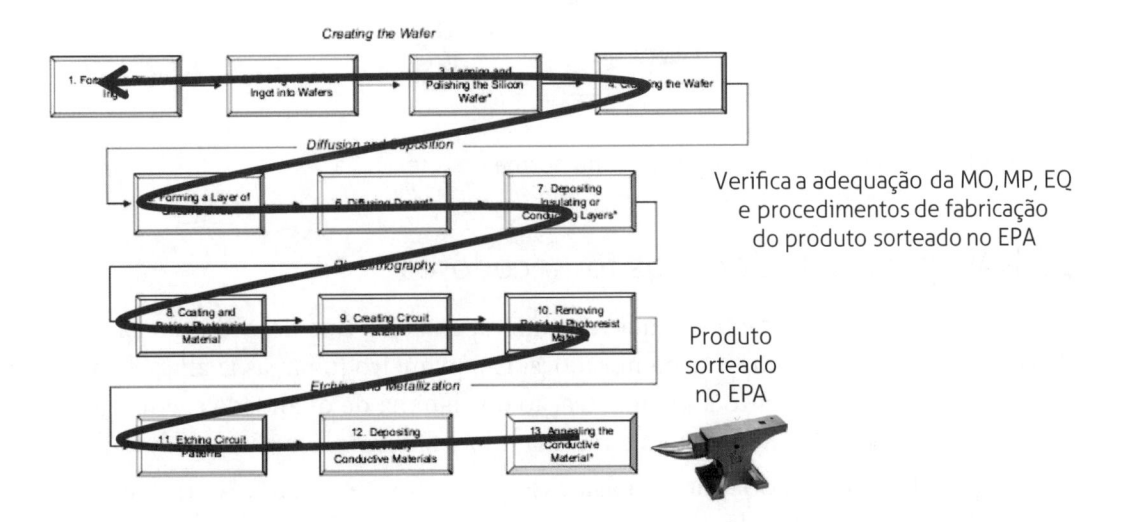

Verifica a adequação da MO, MP, EQ e procedimentos de fabricação do produto sorteado no EPA

Produto sorteado no EPA

FIGURA 2.4.B Auditoria de processo.

- **Auditoria de sistema** – verificam-se a existência e o cumprimento sistemático dos requisitos referentes à qualidade de determinada norma de referência: responsabilidades, autoridades, política da qualidade, procedimentos documentados, registros, compras, equipamentos de inspeção e ensaios, treinamento, ações corretivas, auditorias internas etc.

A aceitação do fornecedor pode ser feita por constatação da **aderência** à norma de referência (número pequeno de não conformidades) ou por pontuação (composição das notas dadas pelo auditor em cada requisito auditado).

e) **Avaliação por certificação** – neste caso, o fornecedor é aceito se possuir uma certificação do seu sistema de garantia de qualidade emitida por uma empresa credenciada, segundo uma norma de referência designada pelo comprador (ISO 9000, ISO TS 16.949 etc.).

FIGURA 2.4.C Certificado de aderência a uma norma de referência.

2.5.3 Avaliar e selecionar os fornecedores

Na prática, não é conveniente que se utilize apenas um tipo de avaliação para todos os fornecedores da empresa compradora. Em primeiro lugar, as avaliações mais detalhadas encarecem muito a administração do sistema de qualidade e, em segundo, nem todos os componentes têm a mesma importância relativa no produto final.

A NBR ISO 9001:2008 alerta para esse ponto no item 7.4.1: "O tipo e a extensão do controle aplicado ao fornecedor e ao produto adquirido devem depender do efeito do produto adquirido na realização subsequente do produto ou no produto final".

Um exemplo de aplicação de avaliação de fornecedores:

QUADRO 2.9 Tipos de avaliação de fornecedores.

Tipo de item	Tipo de avaliação
Itens críticos	Auditoria de produto e auditoria de processo
Itens importantes	Certificação ou auditoria de processo
Itens não críticos	Histórico ou autoavaliação

2.5.4 Cadastrar os fornecedores selecionados

Aplicados os critérios de aceitação de fornecedores para cada tipo de produto, deve ser elaborada uma **lista de fornecedores selecionados** para cada tipo de produto comprado pela empresa, e somente fornecedores constantes dessa lista devem ser contatados para cotações e eventuais fornecimentos. É conveniente que sistemas informatizados tenham acesso somente a essa lista, impedindo a inclusão não autorizada de fornecedores para eventuais compras de emergência.

É importante notar que para a elaboração de uma **lista de fornecedores selecionados** o item **preço** não deve ser um dos critérios de aceitação, uma vez que fará parte de negociações posteriores quando for emitido o pedido de compra.

2.5.5 Acompanhar o desempenho do fornecimento

Tão importante quanto ter critérios para a seleção de fornecedores é ter critérios para a **desqualificação de fornecedores**. O trabalho do departamento de compras não se encerra na elaboração da lista de fornecedores selecionados, mas estende-se ao acompanhamento sistemático do desempenho do fornecedor.

Esse acompanhamento pressupõe um **sistema de informações eficiente** entre os setores responsáveis pelo recebimento, PCP, projeto e compras, para que haja transparência e velocidade no tratamento de problemas de fornecimento.

Não é raro empresas passarem por períodos de turbulência quanto à sua situação econômico-financeira que podem vir a se refletir no seu desempenho quanto à qualidade ou ao prazo de entrega do produto fornecido. Em primeiro lugar, cabe alertar a empresa e exigir ações corretivas para que o produto final da empresa compradora não seja prejudicado. Isso pode ser feito por meio de:

- **Indicadores** – acompanhamento dos indicadores de qualidade e prazo do fornecedor (se disponíveis), detectando-se declínios acentuados.
- **Advertências** – cartas de advertência quanto aos problemas apontados.
- **Avaliação** – reuniões de avaliação de desempenho do fornecimento.
- **Assistência** – envio de especialistas da empresa compradora ao fornecedor para verificação e correção dos problemas de fornecimento.
- **Correção** – exigência de evidências de ações corretivas do fornecedor em certo período.

Caso não seja possível sanar as deficiências apontadas e os prejuízos à empresa compradora sejam grandes, deve-se providenciar a **desqualificação** do fornecedor até que ele volte a demonstrar capacidade de atendimento aos requisitos de fornecimento especificados.

2.5.6 Fazer parcerias com fornecedores

Possuir vários fornecedores para determinado componente crítico ao desempenho do produto final da empresa compradora traz várias vantagens:

- Possibilidade de concorrência de preços entre vários fornecedores.
- Segurança em caso de interrupção de fornecimento de um fornecedor.
- Possibilidade de escolha do fornecedor que apresente melhor qualidade do produto comprado.
- Compra de vários fornecedores em épocas de aumento de demanda, caso nenhum deles possa fornecer a quantidade especificada.

No entanto, o relacionamento entre o fornecedor e o comprador restringe-se apenas ao nível comercial, como demonstrado:

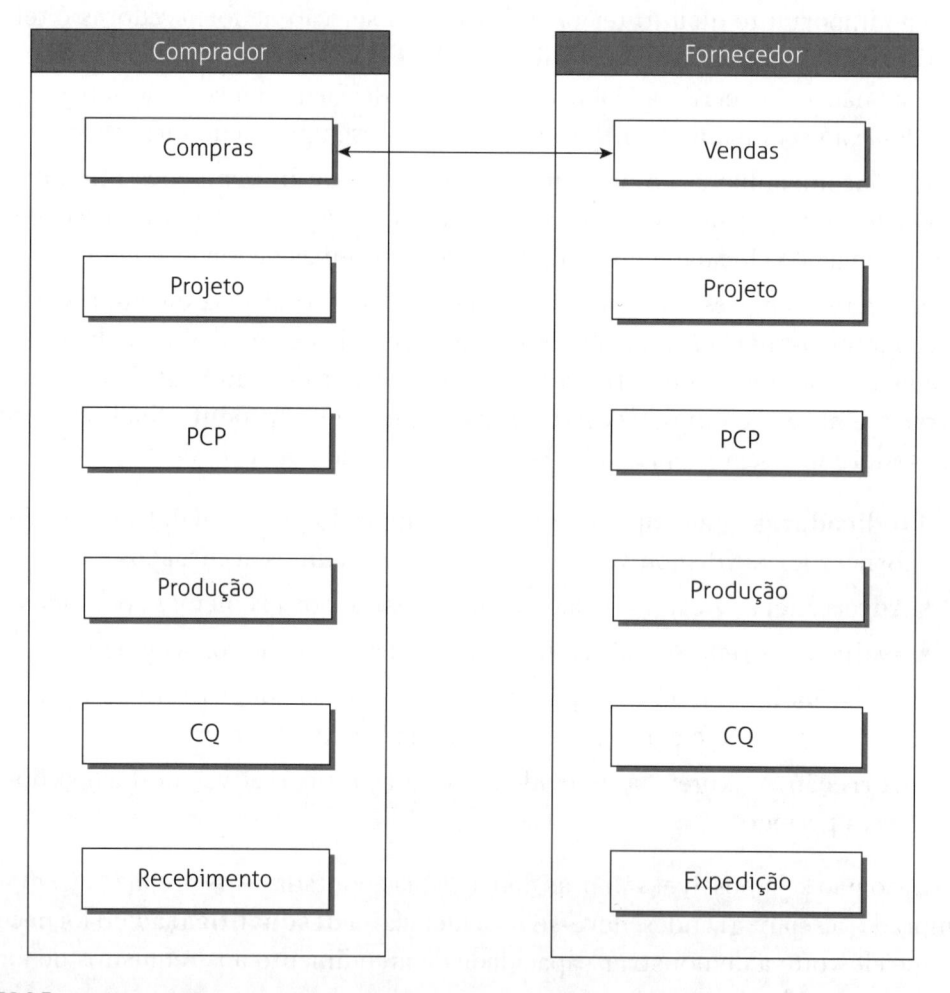

Comprador	Fornecedor
Compras ⟷	Vendas
Projeto	Projeto
PCP	PCP
Produção	Produção
CQ	CQ
Recebimento	Expedição

FIGURA 2.5 Relacionamento restrito entre comprador e fornecedor.

Com a introdução do conceito de parceria, o relacionamento entre fornecedor e comprador torna-se muito mais íntimo, com a possibilidade de troca de informações diretas entre setores ou departamentos das duas empresas. Problemas de qualidade e prazo são transmitidos e resolvidos com velocidade muito maior, conforme demonstrado na figura a seguir:

Comprador / Fornecedor

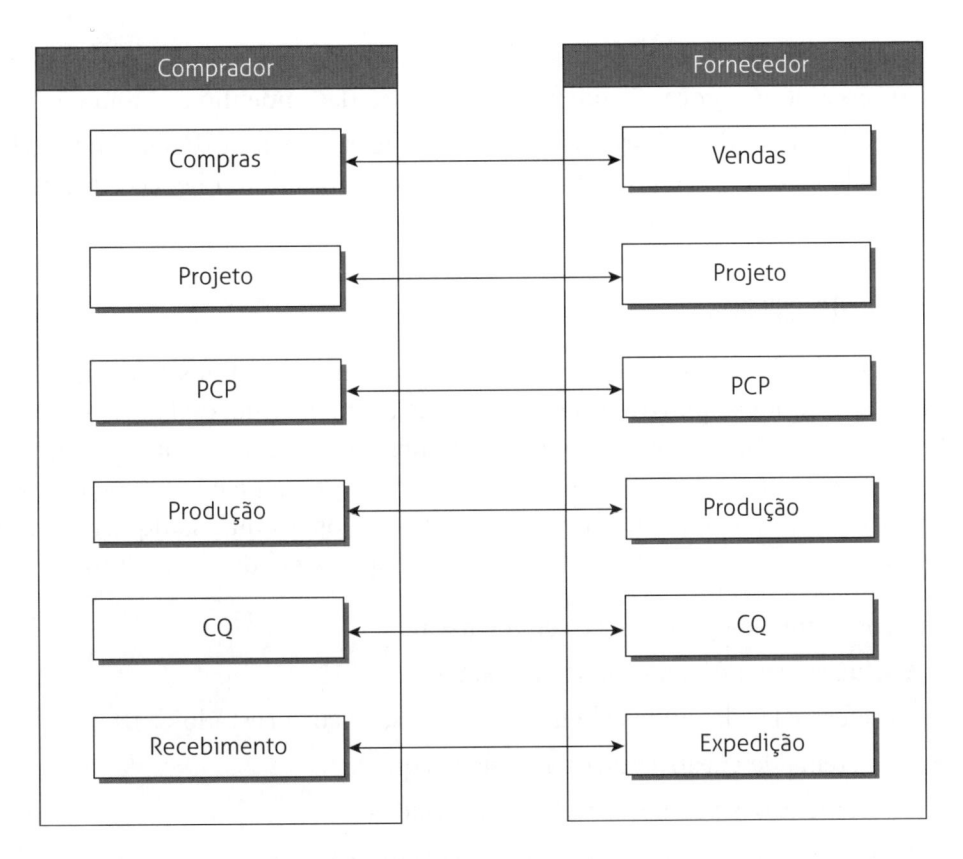

- Compras ↔ Vendas
- Projeto ↔ Projeto
- PCP ↔ PCP
- Produção ↔ Produção
- CQ ↔ CQ
- Recebimento ↔ Expedição

FIGURA 2.6 Relacionamento de parceria entre fornecedor e comprador.

Além disso, torna-se viável:

- Maior transparência nas negociações entre as partes.
- Segurança quanto à estabilidade de preços do fornecimento.
- Prever com maior segurança as quantidades produzidas pelo fornecedor.
- Resolver problemas de qualidade e prazo com a colaboração do comprador e do fornecedor.
- Melhor negociação de prioridades de fornecimento.
- Fornecimento de financiamento e equipamentos por parte do comprador para a produção de itens.
- Colaboração conjunta para novos projetos de produtos.
- Melhorias no processo produtivo e no projeto do produto.

2.6 COTAÇÕES

No item anterior, percebemos a importância de selecionar os fornecedores potenciais para a aquisição de produtos e serviços. No entanto, dentro das possibilidades de fornecimento, de acordo com as especificações feitas pelo comprador, o **preço** assume agora grande importância no desempenho econômico.

Trata-se, então, de esclarecer que uma compra nunca deve ser feita exclusivamente pelo critério de menor preço de aquisição, mas deve obedecer a **critérios qualificadores e critérios classificadores** de fornecimento.

CRITÉRIOS QUALIFICADORES

Critérios qualificadores, como o próprio nome diz, são requisitos exigidos dos fornecedores e que os **qualificam** como potenciais fornecedores. Os critérios qualificadores são estabelecidos pela empresa compradora e devem abranger aspectos críticos que estejam de acordo com seus objetivos estratégicos e que garantam a qualidade e a confiabilidade dos prazos de entrega dos produtos adquiridos. Esses requisitos, geralmente, pedem a adequação da empresa candidata quanto:

- À conformidade da situação legal e fiscal.
- À situação econômico-financeira estável.
- Às referências de outros clientes de bons serviços prestados.
- Ao sistema de garantia da qualidade adequado.
- Às certificações por instituições apropriadas.
- À existência de serviços associados especificados.
- Ao histórico adequado de fornecimento ao mercado.

Nota-se que os critérios qualificadores são requisitos **mínimos** a serem atingidos pela empresa fornecedora, de modo que não são computados eventuais excessos aos requisitos especificados. Em outras palavras, se, por exemplo, a qualidade do produto a ser fornecido excede as especificações do comprador, o *excesso de qualidade*, se assim podemos chamar, não trará nenhum diferencial ou pagamento adicional para a empresa fornecedora (não agrega valor).

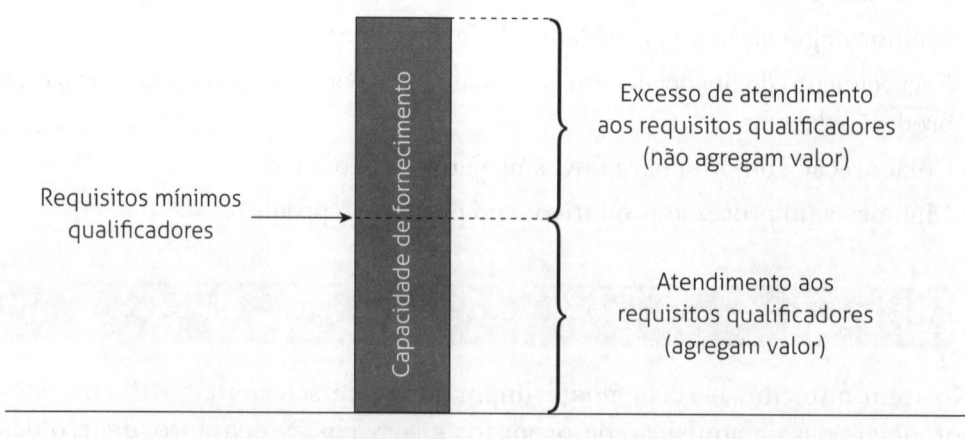

FIGURA 2.7 Requisitos qualificadores.

CRITÉRIOS CLASSIFICADORES

Ao contrário dos qualificadores, os **critérios classificadores** não possuem requisitos mínimos a serem atendidos pelos fornecedores em potencial. Eventualmente, os compradores podem estabelecer um **requisito objetivo** a ser atingido pelos fornecedores em certo período de tempo.

Os critérios classificadores também são chamados **critérios ganhadores de pedido**, pois a empresa que apresentar melhor desempenho nesses requisitos *ganhará o pedido de compra*. Embora não seja único, o **preço** é, pelo menos, o principal critério ganhador de pedido para as empresas compradoras.

Note também que uma melhoria no desempenho de um requisito classificador **agrega valor** para a empresa fornecedora, uma vez que aumenta suas possibilidades de ganhar pedidos futuros. Por exemplo, quanto menor for o preço de venda, a empresa terá maiores chances de negócios futuros.

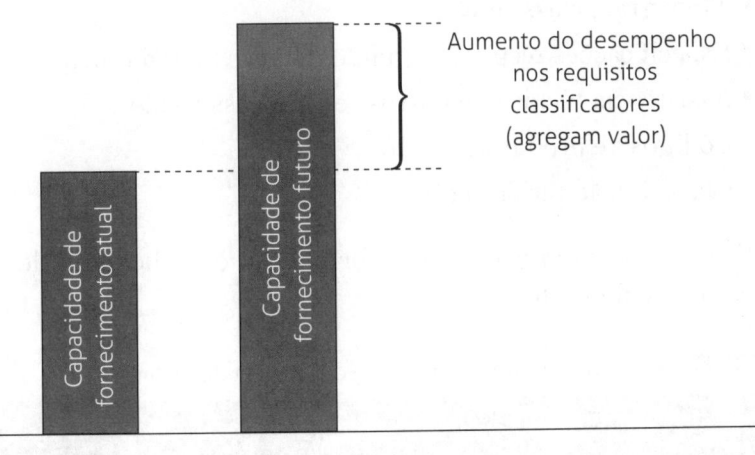

FIGURA 2.8 Requisitos classificadores.

SOLICITAÇÃO DE COTAÇÕES

A lista de fornecedores selecionados deve oferecer dados suficientes para possibilitar o contato comercial com fornecedores potenciais. A solicitação de cotação é formalizada por meio de:

- Contato telefônico com o preenchimento de formulário padronizado de solicitação de cotação pelo comprador.
- Envio de formulário padronizado, por fax, EDI, internet ou outro meio adequado, com as especificações do material a ser adquirido.
- Solicitação de envio de proposta de fornecimento.

As solicitações de cotação devem conter as informações necessárias para que a classificação dos fornecedores, segundo os critérios preestabelecidos, seja feita da maneira mais simples possível.

Assim, as informações mais relevantes são:

- Preço unitário.
- Prazo de pagamento.
- Prazo de entrega.
- Código do fornecedor do item comprado.
- Fretes, seguros e outros itens relevantes aplicáveis.
- Observações.

É essencial que o formulário padronizado **Solicitação de Cotações** contenha dados que descrevam claramente o produto pedido, sem ambiguidades, incluindo, quando aplicável:

- Número de desenhos.
- Tipo, grau, classe etc.
- Especificações técnicas segundo normas de referência.
- Assistência técnica ou outros serviços associados.
- Códigos de produtos.
- Classificação tarifária etc.

Veja a seguir um exemplo de formulário de solicitação de cotações para três fornecedores diferentes:

QUADRO 2.10 Exemplo de formulário de solicitação de cotação.

SOLICITAÇÃO DE COTAÇÃO							
Data	Fornecedor	Código	Preço	Prazo Pagto.	Prazo Entrega	Frete/ Seguro	Obs.

PRODUTOS NÃO PADRONIZADOS

Quando o produto a ser adquirido é um item não padronizado, caso de componentes para produtos de fabricação **sob encomenda**, e, portanto, não possui um nível de preços de mercado, a melhor opção é desenvolver um pré-cálculo interno a partir das fichas de engenharia, simulando uma fabricação interna e fixando um preço de venda, como se a peça fosse um produto da empresa.

Com essa simulação pronta, podem-se, então, solicitar diferentes propostas detalhadas quanto ao produto a ser fornecido, para verificar o preço mais justo a ser pago.

Obtendo um número significativo de propostas de diferentes fornecedores, a empresa compradora pode facilmente selecionar a mais capacitada, com melhor preço e melhores condições. Nesse caso, cuidados especiais na especificação do produto a ser adquirido devem ser tomados para assegurar a igualdade das condições de classificação, como a inclusão de:

- Serviços de instalação.
- Seguros.
- Transporte.
- Responsabilidades legais.
- Custos de fretes.
- Outros serviços.

LICITAÇÕES

Compras de empresas ligadas a órgãos governamentais possuem um procedimento específico de tomada de preços denominado **licitação**. A chamada para o envio de propostas deve ser pública, por meio de editais na imprensa oficial ou outro meio adequado. Nesse caso, os fornecedores interessados devem encaminhar propostas em envelopes lacrados, que serão devidamente recebidos e guardados para, posteriormente, serem analisados e tornarem-se de conhecimento público.

No caso de existir mais de uma proposta com o mesmo valor mais baixo, o ganhador do pedido de compra poderá ser decidido por meio de:

- Divisão da quantidade a ser comprada entre os fornecedores empatados pelos critérios classificadores.
- Seleção por critérios secundários de desempate, caso especificados na licitação;
- Sorteio.

Envolvendo valores de aquisição muito elevados e sendo extremamente burocratizado, esse processo é demorado e sujeito a ações legais de anulação, caso algum dos concorrentes sinta-se prejudicado. Um processo oneroso à empresa compradora e à fornecedora, que tende a ser revisto.

Diversos mecanismos podem ser utilizados nesse tipo de contratação. Os mais comuns são:

- Interpretação ambígua de requisitos de especificação, optando-se pela mais restritiva.
- Atendimento aos requisitos restritos e uso de contratos aditivos para fornecimento de produtos e/ou serviços associados complementares.

NEGOCIAÇÃO

Qualquer que seja o tipo de cotação descrito anteriormente, a negociação posterior é parte integrante do processo de aquisição. Alterações pertinentes podem ser incorporadas para que se chegue a um equilíbrio adequado entre as partes, em termos de preço, qualidade, quantidade, serviços associados etc., atendendo simultaneamente às necessidades de compradores e vendedores.

Um exemplo prático de tabela de cotações para cópias é dado no Quadro 2.11.

QUADRO 2.11 Tabela de cotações para cópias.

DESCRIÇÃO	COPIADORAS*				
	XLS LTDA.	VK LTDA.	COPY USA	PRIMAL	BETA
	(011) 5506-8542	(011) 3570-2826	(011) 3064-2025	(011) 3539-0921	(011) 6852-0049
	Sr. Júnior	Srta. Lina	Sra. Ana	Sr. Arnaldo	Sr. José
	PREÇOS				
Cópia simples	0,08	0,10	0,07	–	0,25
Cópia A3	0,25	0,50	0,20	–	0,35
Cópia 3060 redução e ampliação (sulfite) – CL	0,08	–	0,10	–	0,13
Encadernação até 100 folhas	1,50	–	1,00	–	2,40
Encadernação até 200 folhas	2,50	–	2,00	–	3,30

continua

continuação

DESCRIÇÃO	COPIADORAS*				
	XLS LTDA. (011) 5506-8542 Sr. Júnior	VK LTDA. (011) 3570-2826 Srta. Lina	COPY USA (011) 3064-2025 Sra. Ana	PRIMAL (011) 3539-0921 Sr. Arnaldo	BETA (011) 6852-0049 Sr. José
	PREÇOS				
Encadernação até 300 folhas	3,50	3,50	4,00	–	4,00
A0	6,00	6,50	–	8,20	–
A1	5,00	3,50	–	4,40	–
A2	3,90	2,50	–	4,40	–
A3	2,90	2,00	–	4,40	–
A4	1,80	1,50	–	–	–
CONDIÇÕES DE PAGAMENTO	Faturamento	Faturamento	Faturamento	Faturamento	Faturamento
	30 dias fora mês	25 dias fora mês	20 dias fora mês	20 dias fora mês	20 dias fora mês
	Plotagem colorida	Plotagem colorida			
	acrés. de 20%	acrés. de 10%			
APROVAÇÃO					
/ /	ass.	ass.	ass.	ass.	ass.

* Números fantasia de telefone.

2.7 CRITÉRIOS DE ESCOLHA DE GANHADORES DE PEDIDO

No item anterior, discutimos os critérios classificadores ou ganhadores de pedido. Vimos que, embora não seja o único, o preço é o principal critério classificador, principalmente quando o número de fornecedores qualificados é muito grande.

CRITÉRIOS DE CLASSIFICAÇÃO SIMPLES

Critérios de classificação simples são aqueles em que **apenas uma variável** é utilizada para classificar os fornecedores concorrentes, transformando todas as demais variáveis em qualificatórias. É a forma mais utilizada de classificação pela facilidade de lidar com os dados contidos nas propostas. Além do preço, outros critérios classificadores podem ser usados, dependendo da necessidade específica da empresa compradora, por exemplo:

- **Prazo de pagamento** – quando a empresa compradora deseja aliviar o fluxo de caixa.
- **Prazo de entrega** – no caso de compras urgentes.
- **Variabilidade nas especificações** – para itens com tolerâncias dimensionais tendendo a zero.
- **Durabilidade** – para itens que, se falharem no desempenho especificado, inutilizam o produto final.

CRITÉRIOS DE CLASSIFICAÇÃO MÚLTIPLOS

Critérios de classificação múltiplos são aqueles em que diversas variáveis são computadas para classificar os fornecedores concorrentes. Esse tipo de classificação pressupõe a existência de algum tipo de ponderação, atribuindo pesos a cada variável considerada.

Um exemplo de classificação múltipla é dado a seguir. Nele, cada fornecedor recebe uma nota de 1 a 4, dependendo do critério adotado.

QUADRO 2.12

CRITÉRIO	PESO	FORNECEDOR A	FORNECEDOR B	FORNECEDOR C	FORNECEDOR D
Preço	8	3	1	4	2
Manutenção	7	2	4	1	3
Assistência técnica	5	4	3	2	1
Facilidade de uso	10	1	4	2	3
Ponderação	–	68	91	69	72
Classificação	–	4º	1º	3º	2º

No critério **Preço**, o Fornecedor B tem o preço mais alto, portanto, recebe uma nota baixa, enquanto o Fornecedor C tem o preço mais baixo, portanto, recebe uma nota alta. Esse critério tem um peso 8, determinado pelo comprador. Assim, a ponderação nesse critério é dada por: nota × peso para cada um dos fornecedores. Repetindo o mesmo procedimento para todos os critérios, podemos somar as ponderações e chegamos à classificação dos fornecedores.

Note que o Fornecedor B tem o preço mais alto, mas nos demais critérios de classificação tem bom desempenho, de modo que, no cômputo geral, é classificado em 1º lugar e ganha o pedido de compra.

Exemplo

O procedimento para a avaliação dos fatores quantitativos segue o seguinte esquema:

- Elaborar uma listagem exaustiva de todos os fatores que possam influir na seleção da melhor alternativa.
- Ponderar a importância relativa de cada um desses fatores em relação a cada um dos outros.
- Avaliar os planos alternativos seguindo um fator por vez.
- Reunir os fatores avaliados e ponderados e levantar o valor total de cada alternativa.

A definição dos fatores deverá ser muito cuidadosa para uma clara definição e compreensão. Apresentamos relação, a seguir, como exemplo de fatores em um projeto industrial:

1. Facilidades para futuras expansões.
2. Adaptabilidade e versatilidade.
3. Flexibilidade de alterações.
4. Eficiência na circulação de pessoas e materiais.
5. Eficiência na movimentação de cargas.
6. Armazenamento adequado.
7. Ocupação adequada das áreas.
8. Integração eficiente dos serviços.
9. Condições de higiene e segurança.
10. Ambiente e condições de trabalho e satisfação dos operários.
11. Facilidade de supervisão e controle.
12. Imagem externa da organização.
13. Qualidade do produto e do serviço.
14. Facilidade de manutenção.

Deve-se selecionar um fator como mais importante, dar a ele o valor máximo e relacionar a esse fator todos os outros. Esse valor máximo poderá ser o número 10, por exemplo.

Deve-se também estipular uma classificação entre excelente e insatisfatório, como se segue:

QUADRO 2.13 Exemplo de atribuição de valores numéricos em avaliação qualitativa.

CLASSIFICAÇÃO DAS LETRAS E DOS VALORES NUMÉRICOS		
Letra	Descrição	Valor numérico
A	Excelente	4
E	Muito bom	3
I	Bom	2
O	Razoável	1
U	Fraco	0
X	Insatisfatório	?

Podemos avaliar um fator de cada vez e classificar as alternativas elegendo a melhor em termos desse fator. As letras são utilizadas para não aparecer o número, o que facilita a avaliação. O valor numérico das letras é multiplicado pelo peso dos fatores fixado anteriormente.

Para facilitar esse procedimento, pode-se utilizar um formulário:

AVALIAÇÃO DOS FATORES							
Fatores	Peso	Alternativas					Comentários
		A	B	C	D	E	
1.							
2.							
3.							
4.							
TOTAIS							

FIGURA 2.9 Exemplo de formulário de avaliação por critérios múltiplos.

Procedimento:

1. Listar os fatores na primeira coluna.
2. Indicar a importância de cada fator na segunda coluna.
3. Avaliar cada alternativa em relação a cada fator.
4. Multiplicar o peso pela avaliação para obter a avaliação ponderada.
5. Somar as avaliações ponderadas de cada alternativa e compará-las.

O resultado da avaliação pode levar a algumas ponderações, como enumeramos:

a) **Decisão** – uma vantagem de 20% sobre a alternativa mais próxima indica uma decisão quase certa.
b) **Método** – resultados muito próximos sugerem um aprimoramento do método de avaliação e a realização de um novo trabalho.
c) **Fator crítico** – observar o fator mais mal avaliado das três melhores alternativas e trabalhar para aperfeiçoar as alternativas sob esse aspecto em particular.
d) **Composição** – montar um novo projeto a partir das melhores alternativas e criar uma alternativa decorrente, que deverá entrar na nova avaliação a ser realizada.

Poderíamos resumir o procedimento de avaliação de alternativas por seus fatores como se segue:

a) **Alternativas**
 - Identifique cada alternativa.
 - Relacione as alternativas que serão avaliadas.
 - Ilustre bem a alternativa para facilitar a análise.
 - Descreva cada alternativa identificada com uma letra.

b) **Fatores**
 - Determine os fatores.
 - Elabore uma lista bem ordenada dos fatores.
 - Redija para facilitar o entendimento.
 - Evite a duplicação de fatores.

c) **Folha de avaliação**
 - Monte o formulário padrão para avaliação.
 - Descreva os fatores na coluna apropriada.
 - Identifique as alternativas nas colunas que se seguem.
 - Coloque uma coluna para considerações.

d) **Importância**

- Defina a escala de importância dos fatores.
- Determine o peso de cada fator em relação aos outros.
- Registre o autor dessa ponderação.

e) **Avaliação**

- Avalie cada fator para cada alternativa.
- Estabeleça um código para a avaliação.
- Avalie cada alternativa.
- Avalie todas as alternativas em relação a um único fator.
- Coloque o símbolo relativo de cada avaliação.
- Registre o autor das avaliações.

f) **Ponderação**

- Calcule o valor ponderado.
- Converta os símbolos em valores numéricos e multiplique-os pelos pesos.
- Some os valores ponderados para cada alternativa.
- Registre o autor dos cálculos.
- Tome as decisões baseadas nos resultados da avaliação.

EXERCÍCIOS

1. Considerando uma empresa fabricante de microcomputadores, quais itens deveriam ser fabricados e quais deveriam ser terceirizados? Justifique.
2. O que é o *core competence* de uma empresa? Na construção de um edifício, como podem ser divididas as fases da obra, segundo o *core competence* dos fornecedores dos serviços?
3. Por que novos produtos com volume inicial baixo devem ter sua produção terceirizada? Pode haver alguma fase da produção desse produto que deva ser feita internamente?
4. O que é um Comitê de Compras? Quais setores de uma empresa industrial devem ter representantes nesse comitê? Quais as vantagens e as desvantagens do Comitê de Compras?
5. Quais informações devem constar do Cadastro de Fornecedores? Quais são as principais fontes de informação para a elaboração desse cadastro?
6. Faça um fluxo de informações que permita ao comprador de uma empresa fazer pela internet a Cotação de Preços de fornecedores cadastrados.

7. Como devem ser acompanhadas as condições de fornecimento de materiais de determinado fornecedor ao longo do tempo? Quais devem ser os critérios de eliminação, caso esse fornecedor não cumpra as especificações acordadas?
8. Faça o esboço de um formulário que permita ao comprador tomar a decisão de emitir um pedido de compra para o fornecedor que apresentou as melhores condições de fornecimento.
9. Explique o termo "inversão da posição comercial" em um processo de compra. Como isso acontece quando a empresa precisa fazer uma "compra urgente"?
10. Quais são as principais diferenças nos processos de compra de componentes e de compra de ativos? Para empresas grandes, é recomendável que haja compradores diferentes para cada um desses processos? Por quê?
11. Explique as etapas do desenvolvimento de fornecedores para um novo componente que entrará em produção.
12. Em uma cotação de preços, o fornecedor possuir certificação segundo a norma ISO 9000 é um critério qualificador ou ganhador de pedido? Justifique.
13. Para desenvolver fornecedores que necessitem de muito investimento para fornecer um novo componente, exclusivo para uma empresa compradora, é necessário que o contrato de fornecimento seja de médio ou de longo prazo? Justifique.
14. Um supermercado obtém lucro baseando-se em aumento do preço unitário de seus produtos ou no giro dos estoques? E uma mercearia de bairro? Justifique.
15. Qual é a importância do controle de atualizações de projeto para a compra de ativos? Como se podem gerenciar as interfaces de fornecimento quando há vários fornecedores envolvidos?
16. Para itens que envolvem a segurança do usuário, é recomendável que a avaliação dos fornecedores seja do tipo "qualitativa pelo histórico"? Por quê?
17. Cite e explique as principais diferenças entre auditoria de produto, de processo e de sistema. Em quais ocasiões deve ser aplicada cada uma delas?
18. A tendência atual é a manutenção de parcerias com fornecedores para garantir a qualidade e promover a redução dos estoques na empresa compradora. É recomendável a difusão dessa prática ao longo de toda a cadeia de suprimentos? Quais são as dificuldades encontradas pelos fornecedores?
19. Explique a diferença entre critérios qualificadores e classificadores para compras. Dê exemplos.
20. Esboce um formulário e dê os critérios de classificação múltiplos de fornecedores para um componente comprado.

ADMINISTRAÇÃO DE ESTOQUES

3.1 ADMINISTRAÇÃO DE ESTOQUES

Define-se estoque como "quaisquer quantidades de bens físicos que sejam conservados, de forma improdutiva, por algum intervalo de tempo". Estoques podem ser, basicamente, de quatro tipos:

- **Estoques de matérias-primas** – materiais e componentes comprados de fornecedores, armazenados na empresa compradora e que não sofreram nenhum tipo de processamento.
- **Estoques de materiais em processo** – materiais e componentes que sofreram **pelo menos um** processamento no processo produtivo da empresa compradora e aguardam utilização posterior.
- **Estoque de produtos auxiliares** – peças de reposição, materiais de limpeza, materiais de escritório etc.
- **Estoque de produtos acabados** – produtos prontos para comercialização.

ESTOQUES SÃO IMPRODUTIVOS

A principal meta de uma empresa é, sem dúvida, maximizar o lucro sobre o capital investido em fábrica e equipamentos, em financiamentos de vendas, em reserva de caixa e em estoques. Espera-se que o dinheiro investido em estoques seja o lubrificante necessário para a produção e o bom atendimento das vendas.

O objetivo é otimizar o investimento em estoques, aumentando o uso eficiente dos meios internos da empresa e minimizando as necessidades de capital investido.

Há dois pontos de vista principais, segundo os quais a gestão de estoques adquire grande importância e merece cuidados especiais: o operacional e o financeiro. Com frequência, a empresa não consegue responder rapidamente a aumentos bruscos da demanda, havendo necessidade de estoques de produtos acabados para atender a esses aumentos; em outras ocasiões, a entrega de matérias-primas não acompanha as necessidades da produção, pelo que também se justificam seus estoques.

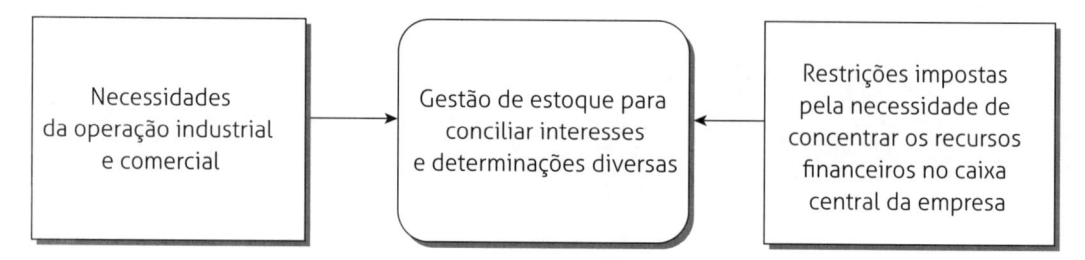

FIGURA 3.1 Capacidade de produção *versus* estoques.

A administração de estoques deverá conciliar da melhor maneira possível os objetivos dos quatro departamentos (Compras, Produção, Vendas e Financeiro), sem prejudicar a operacionalidade da empresa.

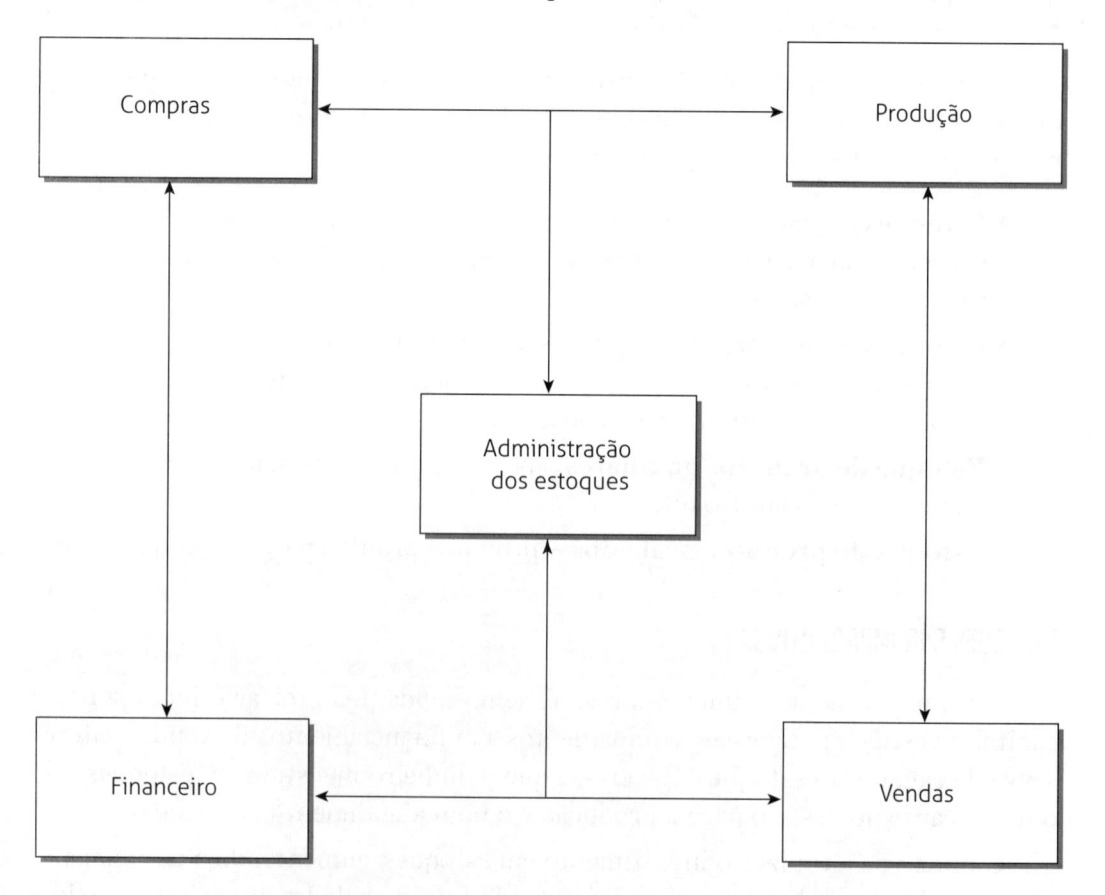

FIGURA 3.2 Custo de estoque.

Qualquer que seja a razão para manter estoques, ela pode ser eliminada mediante um trabalho inteligente e técnico. Assim, o **ideal de desempenho** de uma empresa é manter **estoque zero**. O problema é que o custo para manter **estoque zero** pode ser maior do que o custo de manutenção de estoque e, embora persiga o ideal de desempenho, uma empresa deve procurar manter os seus estoques no **nível mais baixo possível**.

Programas de melhoria de produtividade baseados na filosofia *just-in-time* ensinam que a empresa não deve pensar em estoques como um **mal necessário**. Manter estoques é um **efeito** que encobre ineficiência do produtor ou do fornecedor, de modo que, como todo **efeito**, tem suas **causas**, e elas devem ser **identificadas**, **analisadas** e **eliminadas**.

Estoques consomem recursos que poderiam aumentar o resultado de uma empresa. Por exemplo:

- **Recursos financeiros** – o valor pago pelos itens em estoque poderia estar rendendo juros em aplicações financeiras ou reduzindo juros pagos pela empresa por conta de empréstimos.
- **Espaço no chão da fábrica** – espaço é um recurso escasso e caro. Gastar dinheiro com aluguéis ou na compra de galpões maiores do que o necessário é uma perda para a empresa.
- **Movimentação desnecessária** – estoques obstruem corredores e inviabilizam a instalação de um arranjo físico mais adequado para os equipamentos produtivos.
- **Mão de obra** – se existe estoque, são necessários funcionários para receber, armazenar, controlar e expedir.
- **Perdas e danos** – estoques estão sujeitos a se deteriorar se não forem utilizados dentro de um prazo estipulado pelo fabricante. Além disso, podem acontecer acidentes danificando os materiais estocados, de modo que fiquem inutilizados ou requeiram consertos.
- **Custos** – o seguro necessário para os estoques é um custo desnecessário.

MANTER ESTOQUES PODE SER VIÁVEL

Ter ou não estoques é uma decisão que a empresa deve tomar tendo em vista a sua **produtividade total**. Falamos anteriormente que os estoques são improdutivos, mas agora importa analisar se a existência do estoque auxilia ou dificulta a operação da empresa em um enfoque de sistema produtivo. Essa análise deve ser feita sob dois pontos de vista: operacional e financeiro.

Manter estoques consome recursos financeiros, mas, por outro lado, esses recursos seriam muito mais baixos nos seguintes casos:

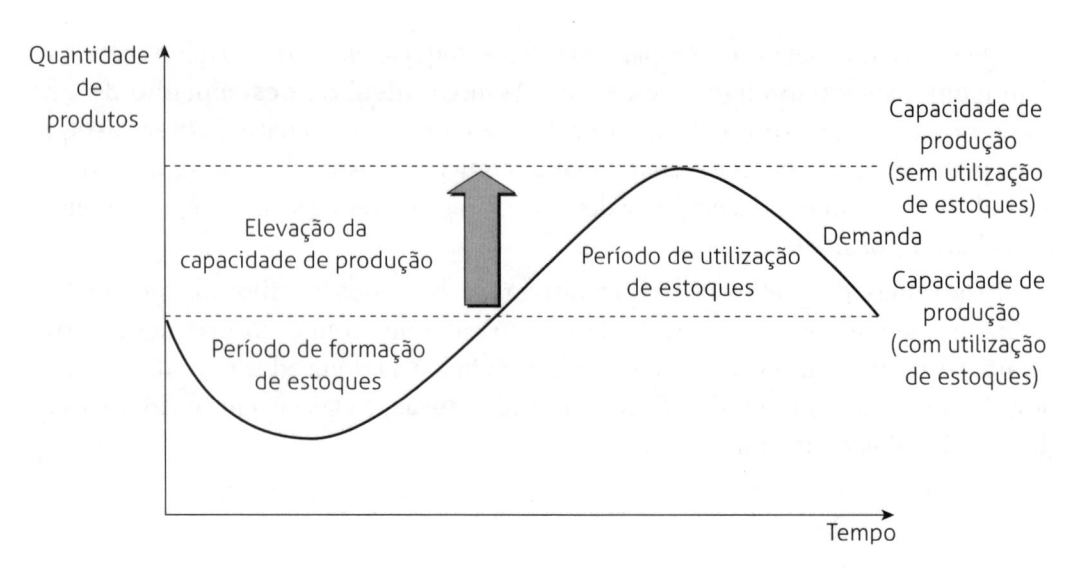

GRÁFICO 3.1 Capacidade de produção *versus* estoques.

- **Capacidade de produção** – custo de aumento da capacidade de produção é maior do que o custo de manutenção de estoques para períodos de maior demanda.
- **Recebimento** – há falta de capacidade de recebimento de um número maior de entregas de material comprado.
- **Pedido** – o custo de pedido e movimentação interna para entrega diária de lotes de compra menores é maior do que o custo de manutenção de estoque por períodos mais longos. Veremos mais adiante que existe uma quantidade ótima a ser comprada, que proporciona o menor custo para a empresa, como vemos no Gráfico 3.2.

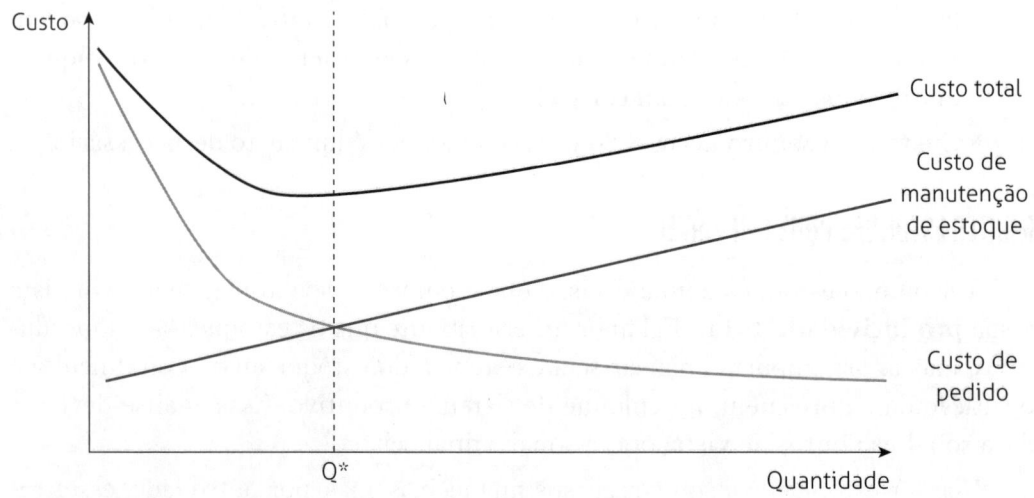

Q*: Quantidade comprada com menor custo total.

GRÁFICO 3.2 Custo de estoque.

- Há dependência de fatores com variabilidade muito grande, tais como: desembaraço alfandegário, condições de tráfego, disponibilidade de frete etc.
- Os custos de perda de vendas e de manutenção da fábrica parada por frequentes faltas de material ou componentes comprados são maiores do que o custo de manutenção do estoque.
- Há previsão de aumentos consideráveis no preço de compra dos materiais comprados, tais como: desvalorizações cambiais, escassez no mercado internacional etc.
- Os descontos concedidos pelos fornecedores para compra e retirada de grandes quantidades são maiores do que o custo de manutenção do estoque durante o período de consumo.
- Há uma variabilidade muito grande na demanda e clientes importantes exigem disponibilidade imediata do produto no momento da colocação do pedido.
- Equipamentos-gargalo (aqueles com a menor capacidade de produção e que, de alguma forma, determinam a velocidade com que o produto final é fabricado) não podem interromper a produção por falta de materiais em processo. Desse modo, os estoques em processo são vistos como **colchões**, que amortizam a variabilidade de disponibilidade de peças entre os vários processos produtivos.

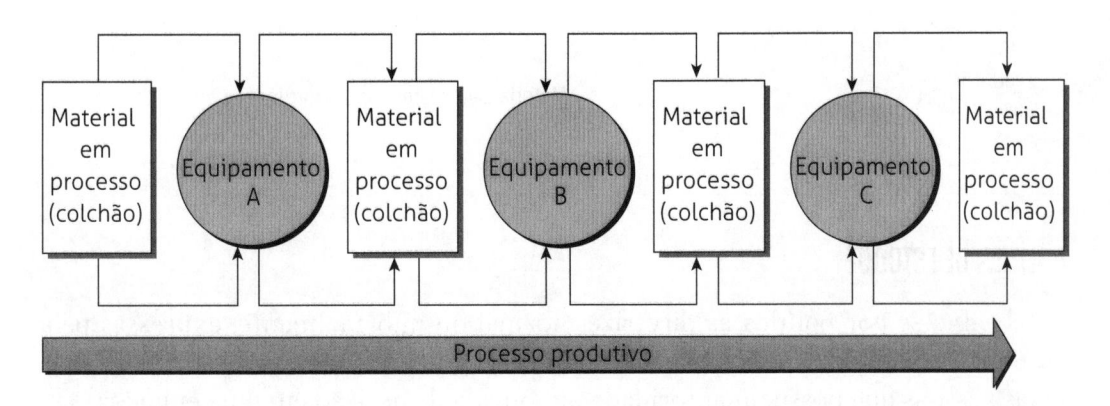

FIGURA 3.3 Estoques de material em processo reduzem variabilidade de disponibilidade de peças.

CONFLITOS EM ADMINISTRAÇÃO DE ESTOQUES

Administrar estoques é conciliar e desfazer conflitos existentes entre quatro forças de qualquer empresa: Compras, Produção, Vendas e Finanças. Cada uma delas pretende otimizar o seu desempenho individual (**ótimo local**), mas, ao fazer isso, prejudica o desempenho de outras. Nesse cruzamento de interesses, o administrador de materiais deve visar a otimização do **desempenho global** da empresa, providenciando a necessidade real de suprimentos de tal forma que o resultado para a empresa seja o melhor possível (**ótimo global**).

Podemos, então, visualizar esses conflitos entre os diversos setores de uma empresa no quadro a seguir:[1]

QUADRO 3.1

Material	Estoque	Adm. Mat.	Compras	Produção	Vendas	Finanças
Matérias--primas	Alto	Espaço de armazém Perdas, danos e obsolescência Movimentação desnecessária	Descontos por quantidade			Perdas financeiras Custo de armazenagem
Materiais em processo				Materiais disponíveis Fabricação de grandes lotes		
Produto acabado					Entrega imediata Melhores vendas	
Produtos auxiliares			Materiais auxiliares disponíveis			

POLÍTICA DE ESTOQUE

Define-se por política as diretrizes, formal ou informalmente, expressas pela administração, que se desdobram em padrões, guias e regras a serem utilizadas pelas pessoas que possuem autoridade na tomada de decisão em uma empresa.

Cabe ao administrador de materiais a decisão de qual o nível de estoque para cada um dos materiais exigidos pelas áreas da empresa. Essa decisão pode variar entre:

- **Necessidade** – comprar quando necessário, somente a quantidade necessária e não manter estoques do item.
- **Restrição** – comprar um lote que atenda às necessidades da empresa durante determinado período de tempo, assumindo determinado risco de falta do item.

---

1 Baseado em Moreira (1996).

- **Facilidade** – manter estoques de matérias-primas suficientes para que a área de Produção possa produzir qualquer item em determinado período de tempo preestabelecido (*lead time*).
- **Adequação** – manter estoques de produtos acabados suficientes para que determinada porcentagem de clientes seja atendida imediatamente quando ocorrer o pedido.
- **Giro** – manter determinado nível de estoque de matérias-primas e de produtos acabados, que possibilite alcançar a meta preestabelecida de giro de estoque total.

No entanto, as metas e regras de decisão devem ser estabelecidas por um consenso com as outras áreas de interesse na empresa, uma vez que, como toda regra, há favorecidos e prejudicados, enfim, conflitos.

No caso específico da Administração de Materiais, o conceito de **Nível de Serviço** deve ser aplicado para adequar as necessidades de cada força conflitante às necessidade gerais da empresa.

Entende-se por **Nível de Serviço**:

- Qualidade com que o fluxo de bens e serviços é gerenciado.
- Desempenho oferecido pelos fornecedores aos seus clientes, internos ou externos, no atendimento dos pedidos.

$$\text{Desempenho} = \frac{\text{Realizado pela operação}}{\text{Esperado pelo cliente}}$$

O conceito de desempenho requer, acima de tudo, saber do cliente quais são as suas necessidades, para que a empresa possa servi-lo adequadamente. Ou seja:

a) Se **desempenho < 1**, dizemos que o cliente está **insatisfeito**.
b) Se **desempenho = 1**, dizemos que o cliente está **satisfeito**.
c) Se **desempenho > 1**, dizemos que o cliente está **"encantado"**.

Por meio de qualquer ferramenta de *marketing* de pesquisa de necessidades do cliente, podemos chegar a algumas expectativas, como, por exemplo:

- Tempo médio de entrega adequado.
- Baixa variabilidade do tempo de entrega.
- Informações corretas e precisas sobre o andamento do pedido.
- Aceitar e cumprir eventuais serviços de urgência.
- Rapidez na resolução de queixas.
- Exatidão no preenchimento dos pedidos.

É muito difícil que uma empresa possa atender a todas as expectativas, assim deverá ter meios de priorizar algumas delas, chamadas **expectativas críticas**, para conseguir manter e conquistar novos clientes.

Tomemos alguns exemplos de **indicadores de nível de serviço**:

- Proporção de pedidos atendidos integralmente em D + 0 (D = dia da chegada do pedido).
- Proporção de formulários preenchidos com exatidão.
- Proporção de cargas enviadas no prazo (D + 0, D + 1 etc.).
- Proporção de volumes que chegam ao destino em condições adequadas.
- OTIF (*On Time In Full*): proporção de pedidos entregues completos e no prazo acordado. Neste caso, se um pedido for entregue no prazo, mas com itens faltantes, ou com atraso, o OTIF do fornecedor será reduzido.

Quanto maior o nível de serviço, maior o custo associado para provê-lo aos clientes internos e externos, como podemos ver no gráfico a seguir:

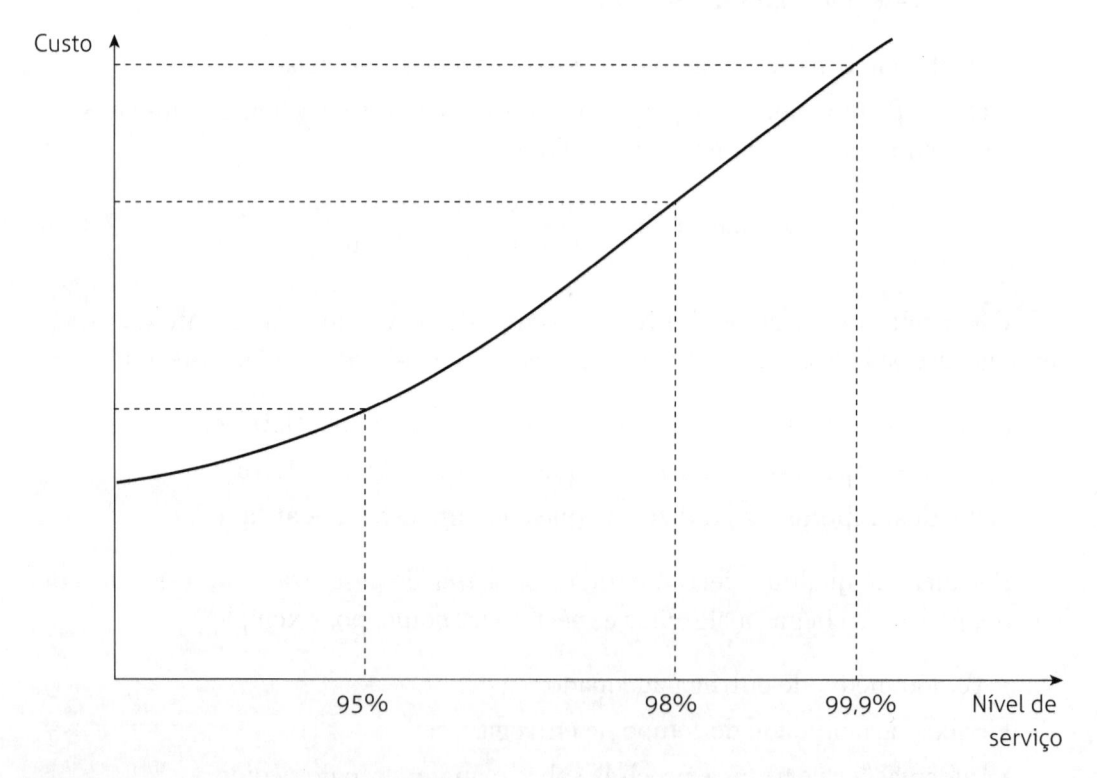

GRÁFICO 3.3 Custo *versus* nível de serviço.

Oferecer níveis de serviço próximos a 100% pode ter um custo extremamente alto para a empresa, o que inviabilizaria o seu negócio.

Decidir qual o nível de serviço a ser oferecido para o cliente e atingir essa meta é uma das decisões mais difíceis a ser tomadas pela direção da empresa. Uma vez fixada a meta, o administrador de materiais tomará todas as decisões cabíveis para alcançá-la e responderá, perante a Administração, pela evolução do indicador.

3.2 MODELOS DE PLANEJAMENTO

3.2.1 Estudo de mercado

INTRODUÇÃO

Os empreendimentos devem ser estruturados com base sólida e lastreados em estudos apurados, para reduzir os riscos dos investimentos. Estando o empreendimento formatado, pode-se desmembrá-lo em projetos ou grupos de projetos para a sua perfeita implantação. Além do detalhamento do projeto, devemos desenvolver pré-orçamentos de investimento e de custo para uma primeira avaliação do empreendimento, tendo, portanto, alguma base para se aprovar o seu desenvolvimento.

Para desenvolver um empreendimento, devemos levantar informações para definir o tamanho do mercado anterior e o atual, além de projeções para se avaliar o tamanho do mercado no primeiro ano e nos quatro anos seguintes.

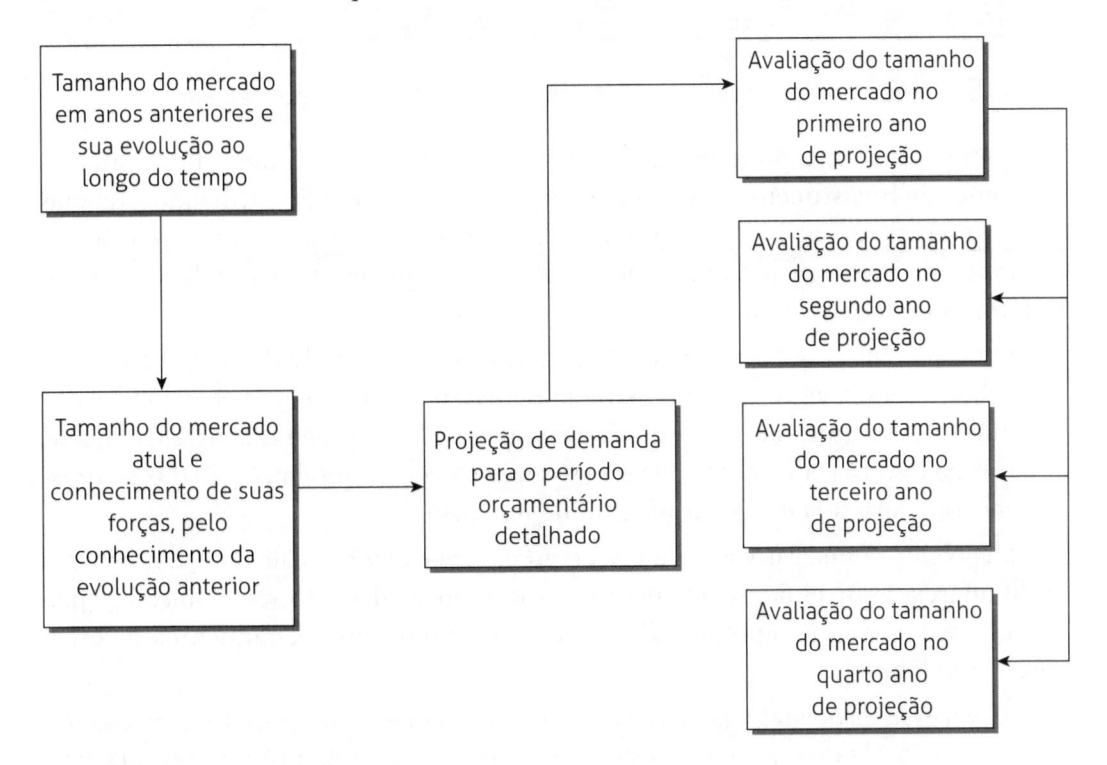

FIGURA 3.4 Fluxo de informações para estudo de mercado.

Uma vez definido o futuro tamanho do mercado, estrategicamente deveremos definir qual é o porcentual desse mercado que pretendemos atender, no primeiro ano e nos anos que se sucedem. Temos, então, uma estimativa da oferta do empreendimento para que a demanda global seja atendida. Em consequência, poderemos determinar a capacidade produtiva do empreendimento na sua fase inicial e as elevações da capacidade, que deverão fazer parte do projeto a ser elaborado.

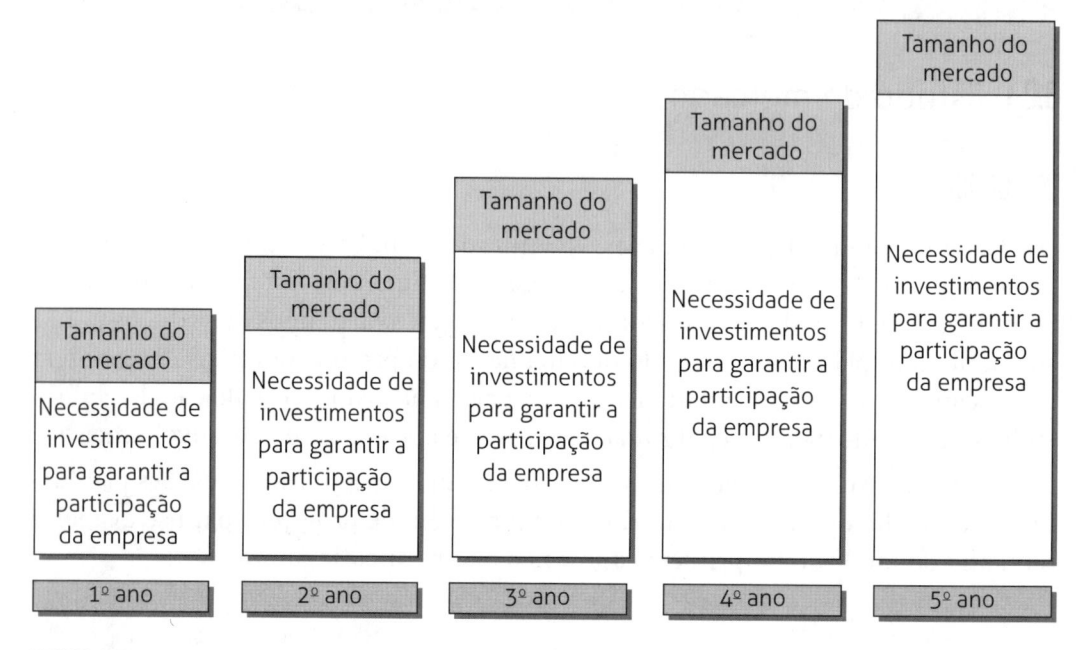

FIGURA 3.5 Investimentos necessários para garantir a participação no mercado.

Conhecendo a capacidade produtiva a ser instalada, poderemos avaliar o montante de investimento a ser realizado nas diversas etapas, utilizando tabelas de parametrização, análise de similaridades e outras técnicas. Essas avaliações de montante de investimentos poderão ser feitas sem que nenhum detalhe do projeto tenha sido desenvolvido.

Uma vez que o projeto tenha sido inteiramente desenvolvido, elabora-se a relação das necessidades de investimentos no ativo permanente, as necessidades circulantes e a estrutura do perfil do financiamento do empreendimento. Define-se, então, qual deverá ser o aporte de recursos na forma de capital próprio dos acionistas, em contrapartida do financiamento de terceiros.

Depois de comparar esses valores com os pré-cálculos realizados em estudos preliminares de nível de investimentos, as diferenças deverão ser analisadas, justificadas e servirão de aprendizado para os próximos empreendimentos a serem desenvolvidos.

À margem das tratativas para avaliar o financiamento do projeto, é necessário avaliar o custo da operação e, consequentemente, o custo do produto ou serviço a ser prestado pelo empreendimento aos futuros clientes.

A avaliação do custo deverá ser realizada pela avaliação das necessidades de matérias-primas, pela elaboração minuciosa de uma listagem de todos os materiais, pela simulação do processo para avaliar os tempos e a determinação das taxas horárias de cada operação e pela montagem de um orçamento simulado da operação do empreendimento.

3.2.2 Análise setorial

O desenvolvimento de uma análise setorial amplia o nosso conhecimento sobre o desempenho agregado da oferta e da demanda de determinado setor da macroeconomia.

Em primeiro lugar, deveremos considerar exclusivamente os setores produtivos e, em uma classificação bem geral, teremos:

QUADRO 3.2

SETORES DA ECONOMIA		
Item	Setor	Área
1	Primário	Agricultura, pecuária, pesca, extração e mineração
2	Secundário	Indústria de construção
3	Terciário	Indústria de serviço

Os setores e subsetores industriais são classificados segundo os sistemas da ONU, IPI, OMC e IBGE.

Esses setores produtivos deverão ser divididos em subsetores e em divisões de mercado bem restritas, que, então, deverão ser objeto de nossa maior atenção.

Dentro do setor secundário da economia, podemos considerar os seguintes subsetores:

QUADRO 3.3

SETOR SECUNDÁRIO DA ECONOMIA	
Subsetor	Descrição
1	Bens de consumo correntes
2	Bens de consumo duráveis
3	Bens de capital
4	Bens intermediários ou suprimentos industriais

Dentro de cada subsetor, podemos considerar divisões de mercado como exemplificamos a seguir:

QUADRO 3.4

\multicolumn{2}{c}{DIVISÃO DA ECONOMIA}	
Divisão	Descrição
1	Petroquímica
2	Materiais de construção
3	Alimentos
4	Linha branca

Por causa dessas divisões, o estudo dos vários setores que compõem o mercado, às vezes, é chamado mesoeconomia, que envolve o estudo de um setor, um subsetor e uma divisão do mercado.

O conhecimento da evolução da demanda futura de uma divisão da economia fornece-nos a dimensão desse mercado ao longo do tempo.

Quando ampliamos o conhecimento sobre a atual oferta, a ociosidade instalada e os projetos de implantação em andamento, a empresa pode ter uma ideia clara sobre se compensa ou não realizar seus próprios projetos para aumentar a sua oferta particular de determinado produto para determinado mercado.

A análise setorial obedece a um roteiro extenso, mas para o escopo deste trabalho poderemos nos concentrar em considerações sobre a **demanda** e a **oferta**.

Deveremos observar o comportamento passado da demanda de uma divisão de mercado como uma variável dependente. Procuraremos explicar racionalmente essa demanda, selecionando variáveis independentes para análise e correlação.

O levantamento de dados sobre a evolução histórica da demanda deverá abranger um período suficientemente longo para poderem ser observados suas tendências e seus intrigantes pontos de inflexão.

> **Pontos de inflexão**
> Os pontos de inflexão observados na função demanda devem ser correlacionados com uma série de eventos mercadológicos, cuja interligação com as variações passadas de demanda possa ser logicamente explicada.

O estudo das séries históricas do passado permite conhecer bem o presente, assim como definir o negócio e adquirir sensibilidade para tentar projetar a demanda para um novo período de planejamento.

As divisões de mercado têm características peculiares quanto às motivações pessoais dos usuários, que acarretam a demanda, e fatores externos singulares que podem perturbar a evolução do mercado.

QUADRO 3.5

\multicolumn{2}{c}{MOTIVAÇÕES PESSOAIS DOS USUÁRIOS}
Item	Motivações
1	A demanda de bens de consumo depende das necessidades dos usuários, das utilidades dos bens e das possibilidades de compra dos participantes de um mercado.
2	A demanda dos bens intermediários e de capital depende das perspectivas de lucro que possam gerar para os clientes industriais, que postergam distribuição de lucro no presente em benefício de maiores resultados no futuro.
3	O nível de renda é um fator muito significativo para explicar flutuações da demanda de bens de consumo ou uso.
4	As flutuações do nível de estoque na economia ou mesmo em uma divisão de mercado poderão explicar pontos de inflexão nas tendências de evolução da demanda.
5	A demanda de um bem durável poderá ser explicada, em certo período, como introdução do produto no mercado. Cessada essa introdução, restará a demanda de reposição dos bens vendidos inicialmente e depreciados pelo uso ou pela obsolescência.

3.2.3 O negócio

Utilizamos frequentemente a expressão mercado, ora utilizando expressões vinculadas à demanda, ora nos posicionando em termos de produto, como exemplificamos:

Mercado de clientes – o mercado descrito em termos de um grupo de clientes ou usuários, por exemplo: mercado de aplicação de computadores em banco.

Mercado de funções – o mercado descrito em termos das funções que o produto exerce para o cliente, por exemplo: mercado de copiadoras, do tipo xerox.

Ao definir produtos, também podemos utilizar dois enfoques diferentes, como exemplificamos:

- **Função do produto** – produto descrito pela função que exerce: máquinas copiadoras.
- **Tecnologia do produto** – produto descrito pela tecnologia que utiliza: produtos com tecnologia de cópia a seco.

Com base nesse posicionamento, podemos imaginar que um negócio possa ser definido, de uma maneira mais completa, como se segue:

QUADRO 3.6

	TRÊS DIMENSÕES DO NEGÓCIO	
Item	Dimensão	Descrição
1	Grupo	Definição por grupos de clientes atendidos.
2	Funcional	Funções que o produto executa para os clientes.
3	Técnica	Tecnologias de base incorporadas aos produtos.

Poderíamos também classificar as empresas em duas categorias com relação ao desenvolvimento:

QUADRO 3.7

	DESENVOLVIMENTO DE EMPRESAS	
Item	Desenvolvimento	Descrição
1	De mercado	Empresas especializadas em determinadas tecnologias ou competências de base, que procuram mercados para os seus produtos de base.
2	De produto/serviço	Empresas especializadas em determinados mercados, que procuram produtos e serviços que tenham boa aceitação nesse mercado. Subsetor de bens de consumo duráveis.

Um negócio poderá ser definido se conseguirmos visualizar os seguintes pontos:

- Abrangência de atividades.
- Diferenciação de oferta.
- Diferenciação concorrente.

O coração do processo estratégico está no balanceamento de alguns fatores, como se segue:

QUADRO 3.8

	FATORES ESTRATÉGICOS	
Item	Fatores	Descrição
1	Oportunidades	O que a empresa poderia fazer em termos de oportunidades.

continua

continuação

FATORES ESTRATÉGICOS		
Item	Fatores	Descrição
2	Recursos	O que a empresa pode fazer em termos de suas competências e recursos.
3	Valores pessoais	O que os executivos da empresa querem fazer em termos de seus valores pessoais.
4	Comunidade	O que a empresa deveria fazer em termos de considerações éticas e comunitárias.

A definição do negócio é influenciada pelas alterações nos segmentos de mercado, por mudanças imprevistas como se segue:

QUADRO 3.9

MUDANÇAS NÃO PREVISTAS		
Item	Área	Descrição
1	Tecnologia	Mudança tecnológica que poderá ampliar o segmento de mercado.
2	Funcionalidade	Introdução de produtos com funcionalidade surpreendente, não esperada pelo segmento de mercado.
3	Oferta	Alteração de níveis de preço e da oferta de produtos.
4	Internacional	Abertura à competição internacional.

Com relação à abrangência relativa a produtos ou mercados podemos delinear várias situações, tais como:

QUADRO 3.10

ABRANGÊNCIA		
Item	Situação	Descrição
1	Generalista de mercado/produto	Uma estratégia de atendimento a vários segmentos de mercado, com uma gama completa de produtos desenvolvidos pela empresa.
2	Especialista de mercado	Uma estratégia de fornecimento de uma linha completa de produtos para atender às necessidades de determinado segmento de mercado.

continua

continuação

	ABRANGÊNCIA	
Item	Situação	Descrição
3	Especialista de produto	Uma estratégia de especialização em um único tipo de produto, para ser vendido em todos os mercados.
4	Focada produto/mercado	Uma estratégia de fornecimento de um produto especial destinado a um único segmento de mercado: especialista em produto e mercado específicos.
5	Diferenciação da oferta	Diferenciação dos produtos de uma empresa para atender aos vários segmentos em que atua.
6	Diferenciação concorrente	Diferenciação do produto em relação ao da concorrência, para atender ao mesmo mercado de forma mais competitiva.
7	*Marketing* indiferenciado	Um único modelo do produto é tratado por um plano de *marketing* de aplicação que não reconhece os diferentes segmentos que compõem o mercado.
8	*Marketing* diferenciado	Uma empresa desenvolve modelos do produto e programas de *marketing* distintos para o segmento de mercado em que atua.
9	*Marketing* concentrado	Uma empresa focaliza a sua atuação em determinados segmentos de mercado, com o objetivo de obter grande participação nesses segmentos.

O crescimento da receita da empresa poderá se dar de diferentes maneiras:

QUADRO 3.11

	CRESCIMENTO DA RECEITA	
Item	Área de atuação	Descrição
1	Fortalecimento do negócio atual	Ampliação dos negócios nas células de produto/mercado em que a empresa está presente.
2	Fortalecimento dos produtos atuais	Pelo desenvolvimento de produtos para os mercados atuais.
3	Ampliação dos mercados	Pelo desenvolvimento dos mercados para os produtos atuais.
4	Diversificação plena	Pela diversificação, com novos produtos e novos mercados.

3.2.4 Curva ABC

MÉTODOS

Analisar em profundidade milhares de itens em um estoque é uma tarefa extremamente difícil e, na maioria das vezes, desnecessária. É conveniente que os itens mais importantes, segundo algum critério, tenham prioridade sobre os menos importantes. Assim, economizam-se tempo e recursos.

OBJETIVO DA ANÁLISE DE ESTOQUES

Manter estoques ocupa espaço, pessoas, equipamento, energia, enfim, dinheiro. Assim, é comum o analista deparar com problemas de redução dos recursos atuais empregados ou estimar os custos de uma futura unidade fabril. Por exemplo:

- Valor estocado.
- Espaço ocupado pelo estoque.
- Tempo despendido na movimentação de itens em estoque.
- Despesas incorridas com o controle do volume estocado.
- Número de cargas e descargas.

Se fosse analisar com a profundidade necessária todos os itens em estoque, o analista teria pela frente talvez milhares de produtos. Mesmo com a ajuda da informática, o trabalho levaria meses para ser concluído e, normalmente, a resposta precisa ser dada em curto intervalo de tempo.

Então, torna-se necessário um método de priorização para facilitar a análise, uma vez que devemos nos concentrar naqueles itens que nos trarão maiores benefícios na direção do nosso objetivo.

CURVA ABC

Poucos vitais, muitos triviais. Esse talvez seja o melhor conselho, chamado princípio de Pareto, para um analista quando está iniciando o seu trabalho. Como em qualquer atividade, existem pontos que devem ser tratados com muito cuidado para que a atividade alcance seu objetivo:

QUADRO 3.12 Importância da análise.

Itens de análise	Itens de grande importância	Itens de pouca importância
Número de itens estocados	Poucos	Muitos
Valor envolvido	Grande	Pequeno

continua

continuação

Itens de análise	Itens de grande importância	Itens de pouca importância
Profundidade na análise	Maior	Menor
Margem de erro	Menor	Maior
Benefício relativo	Maior	Menor
Atenção da administração	Maior	Menor

Veja agora os passos para a elaboração do **Diagrama de Pareto**:

Passo 1: Definir a variável a ser analisada.

Passo 2: Coletar os dados.

Passo 3: Ordenar os dados.

Passo 4: Calcular porcentuais.

Passo 5: Construir o diagrama.

Passo 6: Analisar os resultados.

Exemplo: Para poder acompanhar os passos na elaboração da Curva ABC, vamos supor que uma empresa pretende reduzir o custo do estoque médio em seus almoxarifados e, para isso, pede que se faça uma análise do estoque.

Passo 1: Definir a variável a ser analisada

Sabemos que a análise dos estoques pode ter vários objetivos e a variável deverá ser adequada para cada um deles. Neste caso, a variável a ser considerada para estudo é **custo do estoque médio**.

Passo 2: Coletar os dados

Para obter o custo do estoque médio, precisamos obter dados para calculá-lo. No caso, precisamos de:

- Quantidade média de cada item em estoque.
- Custo unitário de cada item em estoque.

Com esses dados, calculamos o **custo total** multiplicando a **quantidade média de cada item em estoque** pelo seu **custo unitário**.

Passo 3: Ordenar os dados

Com os dados coletados, precisamos calcular o custo de estoque médio de cada item e classificá-los em **ordem decrescente**.

QUADRO 3.13 Dados ordenados.

Item	Quant. média em estoque (A)	Custo unitário (B)	Custo total (A) × (B)	Ordem
	Unidades	R$/unid.	R$	
A	5	2.000,00	10.000,00	3º
B	10	70,00	700,00	10º
C	1	800,00	800,00	9º
D	100	50,00	5.000,00	5º
E	5.000	1,50	7.500,00	4º
F	800	100,00	80.000,00	1º
G	40	4,00	160,00	11º
H	50	20,00	1.000,00	8º
I	4	30,00	120,00	12º
J	240	150,00	36.000,00	2º
K	300	7,50	2.250,00	6º
L	2.000	0,60	1.200,00	7º
TOTAL			144.730,00	

Passo 4: Calcular os porcentuais

Como resultado desse passo, construímos outra tabela, em que ordenamos os itens em estoque e calculamos:

- Custo total acumulado.
- Porcentuais do custo total acumulado de cada item em relação ao total.

QUADRO 3.14 Dados ordenados.

Ordem	Item	Quant. média em estoque (A)	Custo unitário (B)	Custo total (A) × (B)	Custo total acum.	Porcentuais
		Unidades	R$/unid.	R$		%
1º	F	800	100,00	80.000,00	80.000,00	55,3
2º	J	240	150,00	36.000,00	116.000,00	80,1
3º	A	5	2.000,00	10.000,00	126.000,00	87,1
4º	E	5.000	1,50	7.500,00	133.500,00	92,2
5º	D	100	50,00	5.000,00	138.500,00	95,7
6º	K	300	7,50	2.250,00	140.750,00	97,3
7º	L	2.000	0,60	1.200,00	141.950,00	98,1
8º	H	50	20,00	1.000,00	142.950,00	98,8
9º	C	1	800,00	800,00	143.750,00	99,3
10º	B	10	70,00	700,00	144.450,00	99,8
11º	G	40	4,00	160,00	144.610,00	99,9
12º	I	4	30,00	120,00	144.730,00	100,0
TOTAL				144.730,00		

Os cálculos foram feitos da seguinte maneira:

QUADRO 3.15 Cálculo do custo acumulado.

Ordem	Item	Custo total	Cálculos do custo total acumulado	
		R$	R$	Total
1º	F	80.000,00	80.000,00 + 0	80.000,00
2º	J	36.000,00	36.000,00 + 80.000,00	116.000,00
3º	A	10.000,00	10.000,00 + 116.000,00	126.000,00
...	...	...	...	
12º	I	120,00	120,00 + 144.610,00	144.730,00

QUADRO 3.16 Cálculo dos porcentuais acumulados.

Ordem	Item	Custo total	Cálculos de porcentuais acumulados	
		R$	Cálculos	Porcentual
1º	F	80.000,00	80.000,00 | 144.730,00 × 100	55,3%
2º	J	36.000,00	116.000,00 | 144.730,00 × 100	80,1%
3º	A	10.000,00	126.000,00 | 144.730,00 × 100	87,1%
...	...	...	...	
12º	I	120,00	144.730,00 | 144.730,00 × 100	100,0%
TOTAL		144.730,00		

Passo 5: Construir a Curva ABC

A Curva ABC é construída da seguinte maneira:

- Eixo x: itens em estoque ordenados.
- Eixo y: porcentuais do custo total acumulado.

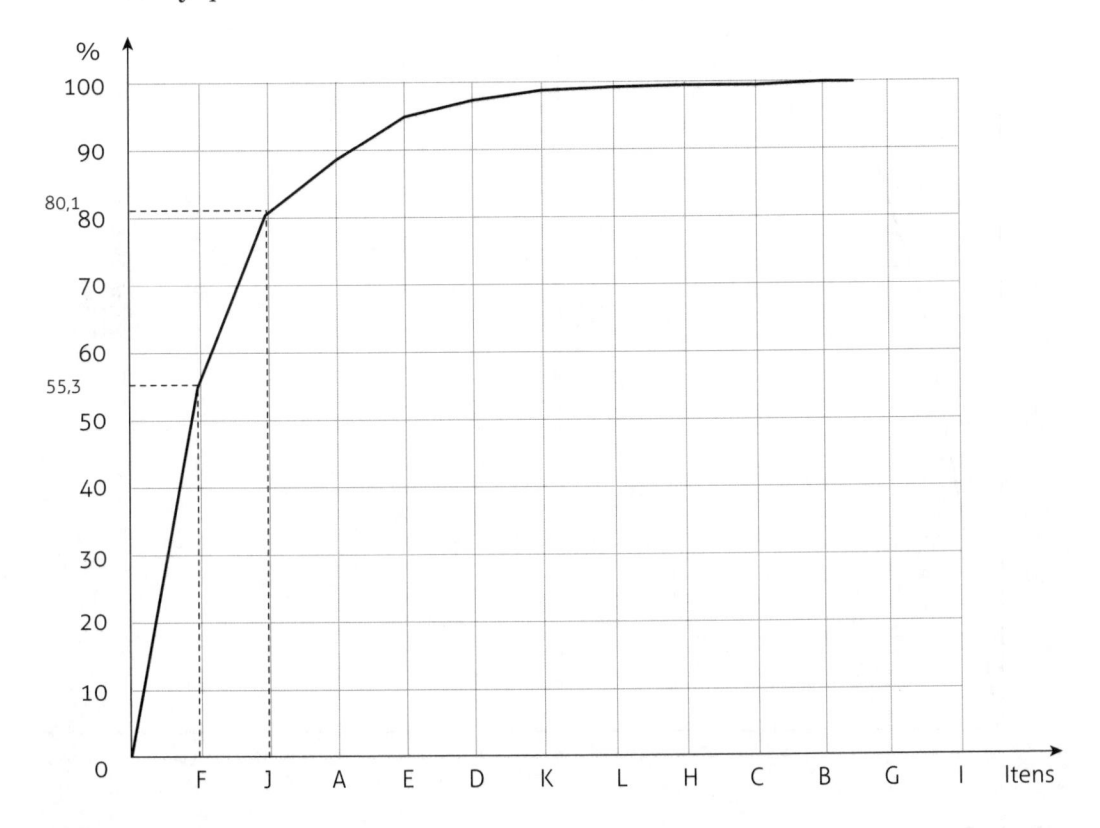

GRÁFICO 3.4 Curva ABC.

Passo 6: Analisar os resultados

Os itens em estoque devem ser analisados segundo o critério ABC. Na verdade, esse critério é qualitativo, mas o quadro a seguir mostra algumas indicações para sua elaboração:

QUADRO 3.17

Classe	% itens	Valor acumulado	Importância
A	10 a 20	70% a 80%	Grande
B	30 a 40	15% a 30%	Intermediária
C	50 a 70	5% a 15%	Pequena

Em nosso exemplo, podemos dividir as classes segundo sua importância relativa como consta no gráfico a seguir:

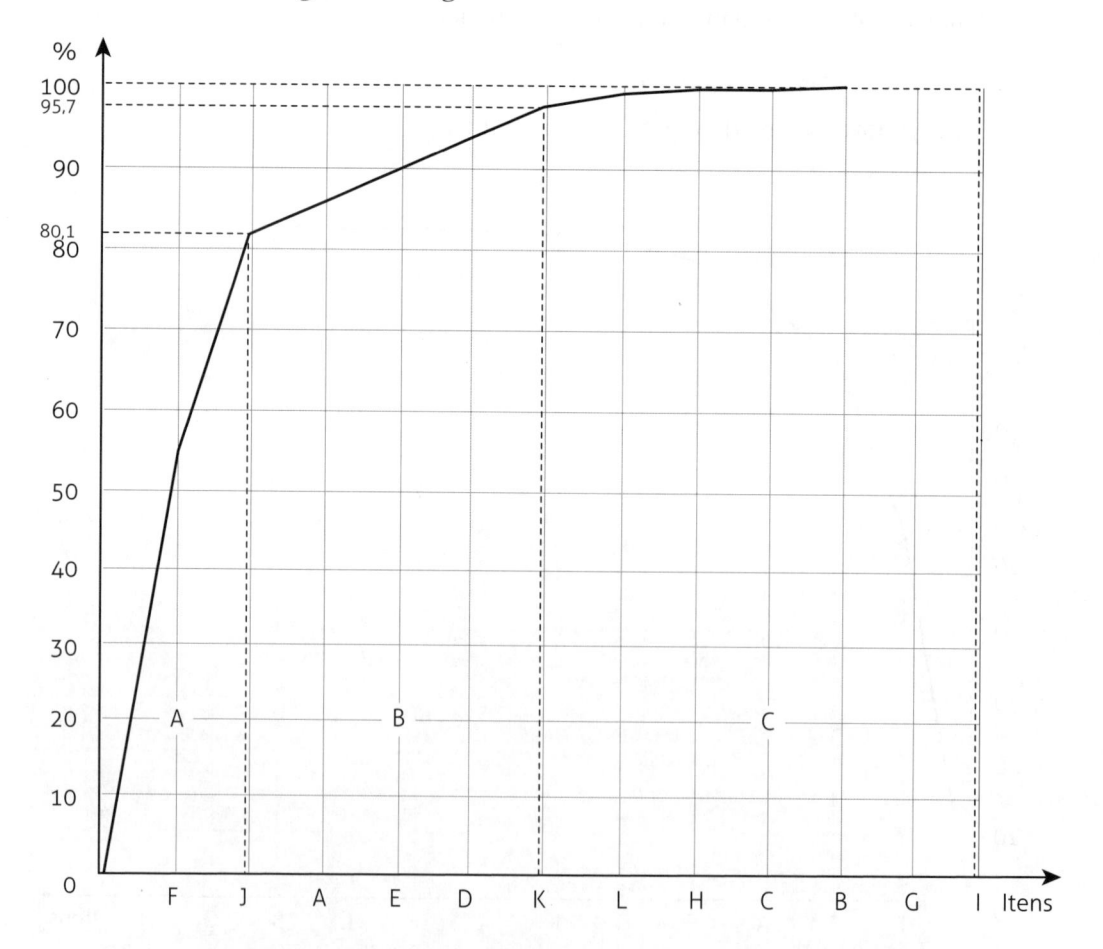

GRÁFICO 3.5 Classes A, B e C.

QUADRO 3.18 Classificação dos itens em classes A, B e C.

Classe	Nº itens	% itens	Valor acum.	Itens em estoque
A	2	16,7	80,1%	F, J
B	3	25,0	15,6%	A, E, D
C	7	58,3	4,3%	K, L, H, C, B, G, I

A aplicação prática dessa classificação ABC pode ser vista quando, por exemplo, reduzimos 20% do valor em estoque dos **itens A** (apenas dois itens), reduzindo o valor total em **20% × 80,1% = 16,0%**; enquanto uma redução de 50% no valor em estoque dos **itens C** (sete itens) diminuirá o valor total em **50% × 4,3% = 2,2%**.

3.2.5 Métodos de previsão de demanda

A administração de estoque está intimamente relacionada com a possibilidade de estimar qual será o consumo esperado de determinado item, em um dado período de tempo futuro. Quanto mais precisa for a previsão de consumo, mais informações o administrador de materiais terá para tomar suas decisões sobre qual nível de estoque deverá manter e quanto deverá comprar ou fabricar para atender às necessidades de seus clientes internos e externos.

O consumo real de determinado item possui dois componentes:

- Padrões básicos de comportamento ao longo do tempo, que podem ser estimados por métodos de previsão;
- Variáveis aleatórias, cujas causas são tão variadas que se torna virtualmente impossível prevê-las.

Quanto à natureza, há dois métodos para se estimar a demanda:

- **Métodos qualitativos** – baseados em **opiniões e estimativas** de diretores, gerentes, vendedores e consultores especializados (*feeling*).
- **Métodos quantitativos** – baseados em ferramentas estatísticas e de programação da produção, pressupondo a utilização de cálculos matemáticos.

Ferramentas estatísticas são muito úteis para estimar os padrões básicos do comportamento do consumo, baseado no consumo passado e formulando determinadas hipóteses para um período futuro. Quanto às variáveis aleatórias, são tratadas pela Estatística sob a forma de **erros** de estimação.

Existem dois tipos básicos de demanda:

- **Demanda independente** – relacionada com as condições do mercado e, portanto, fora do controle da empresa. É o caso de produtos acabados e peças de reposição.

- **Demanda dependente** – cujo consumo **depende** da demanda conhecida, e está sob o controle da empresa, de outro item do qual é intimamente relacionada. Assim, a demanda pode ser **calculada** e programada internamente. É o caso de matérias-primas e componentes para montagem.

Cada um desses tipos de demanda pode ser classificado quanto ao comportamento ao longo do tempo:

- **Demanda constante** – a quantidade consumida não varia significativamente ao longo do tempo. Se as condições de contorno que determinaram esse comportamento no passado forem as mesmas no futuro, a previsão da demanda é extremamente fácil de ser feita.
- **Demanda variável** – a quantidade consumida altera-se significativamente ao longo do tempo, aumentando ou diminuindo de acordo com as necessidades dos clientes. Essas alterações podem ser explicadas por três fatores:
  - **Tendência** – mostra a direção básica do consumo, que pode ser de aumento, diminuição ou estacionária.
  - **Sazonalidade** – mostra o comportamento das alterações do consumo, que se repetem dentro de um intervalo **curto** de tempo, geralmente um ano.
  - **Ciclicidade** – mostra o comportamento das alterações do consumo, que se repetem dentro de um intervalo **longo** de tempo, geralmente décadas.

Vamos, então, estudar alguns métodos de previsão de demanda que podem auxiliar muito o administrador de estoque na tomada de suas decisões.

a) Método da média móvel

Este método baseia-se em que a estimativa de consumo do próximo período seja a média dos **n** últimos períodos. O termo móvel vem do fato de que a cada nova previsão os dados do período mais antigo são desprezados e um novo período, mais recente, é incorporado no cálculo.

É um método fácil de ser implantado, mas, em contrapartida, possui muitas limitações na sua implantação prática:

- Exige uma grande quantidade de dados históricos.
- Assume a hipótese de que as condições de contorno que determinaram o consumo nos períodos anteriores se manterão inalteráveis no futuro.
- Todos os valores históricos, antigos e recentes, têm a mesma influência no cálculo da média.
- Picos de demanda em períodos anteriores, causados por comportamento atípico do mercado, influenciam muito nos cálculos, distorcendo as médias calculadas.

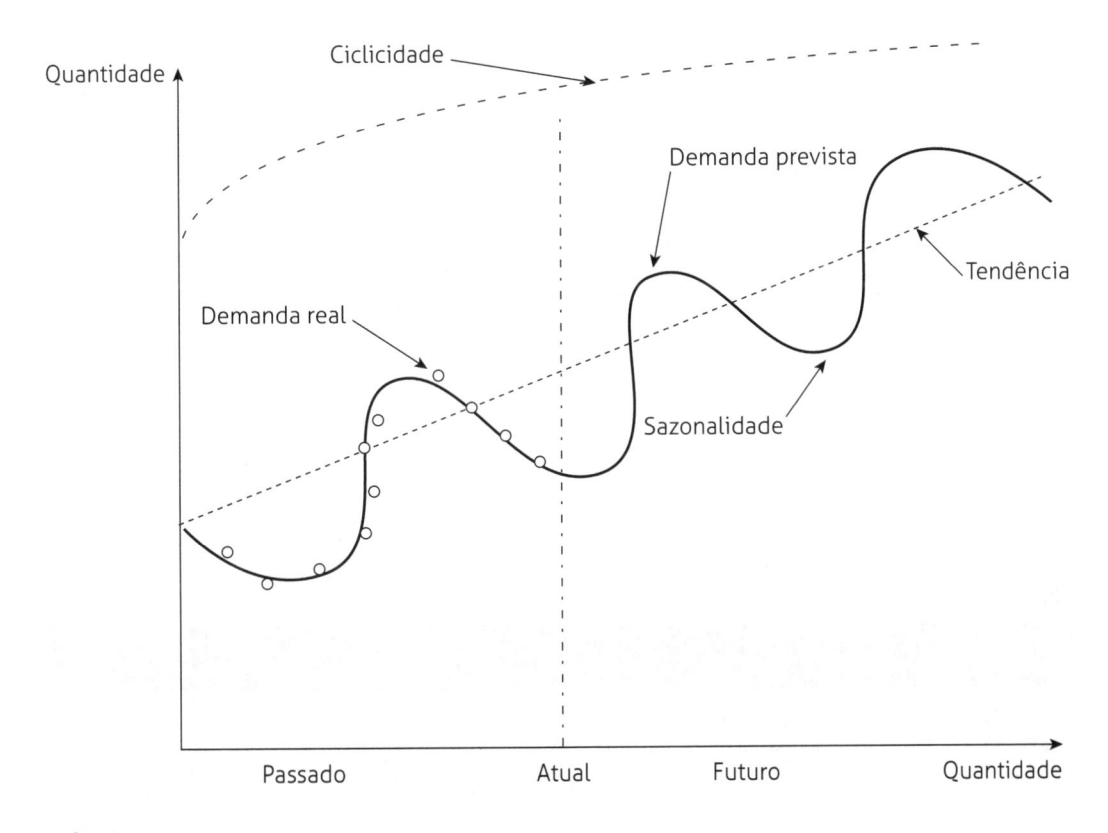

GRÁFICO 3.6 Tendência, sazonalidade e ciclicidade.

Um exemplo de cálculo da previsão da demanda, utilizando o método de média móvel de **três períodos anteriores**, é apresentado a seguir:

Mês	Demanda	Cálculos
JAN.	4	
FEV.	9	$(4 + 9 + 8) \div 3 = 7$
MAR.	8	$(9 + 8 + 7) \div 3 = 8$
ABR.	7	$(8 + 7 + 3) \div 3 = 6$
MAIO	3	$(7 + 3 + 2) \div 3 = 4$
JUN.	2	$(3 + 2 + 4) \div 3 = 3$
JUL.	4	...
AGO.	2	...
SET.	8	...

b) Método da média móvel ponderada

No método anterior, todos os dados, antigos e recentes, têm o mesmo **peso** no cálculo da previsão de consumo para o próximo período. Com as acidentalidades do mercado, isso é muito difícil de acontecer na prática, de modo que é necessário um método que possa dar maior importância (ou **peso**) aos dados recentes e menos importância (ou **peso**) aos dados mais antigos.

O método da média móvel ponderada é um pouco mais complicado do que o método anterior. A maior dificuldade é estimar os **pesos** a serem dados em cada período.

O exemplo a seguir ilustra os cálculos utilizados:

Período	Peso
(n−2)	0,2
(n−1)	0,3
(n)	0,5
Soma	1,0

QUADRO 3.19

Período	Demanda	Pesos	Cálculos	Previsão
JAN.	4	0,2		
FEV.	9	0,3	4 × 0,2 + 9 × 0,3 + 8 × 0,5 = 7,5	8
MAR.	8	0,5		
FEV.	9	0,2		
MAR.	8	0,3	9 × 0,2 + 8 × 0,3 + 7 × 0,5 = 7,7	8
ABR.	7	0,5		
MAR.	8	0,2		
ABR.	7	0,3	8 × 0,2 + 7 × 0,3 + 3 × 0,5 = 5,2	5
MAIO	3	0,5		
ABR.	7	0,2		
MAIO	3	0,3	7 × 0,2 + 3 × 0,3 + 2 × 0,5 = 3,3	3
JUN.	2	0,5		
MAIO	3	0,2		
...	...	0,3	3 × 0,2 +... × 0,3 +... × 0,5 =...	...
...	...	0,5		

c) Método dos mínimos quadrados

Esta ferramenta estatística é muito utilizada para a previsão de demanda, uma vez que busca traçar uma linha que melhor se ajuste aos dados históricos e fornece uma tendência para a previsão do consumo futuro.

Seu nome deriva do fato de que a diferença da distância entre os dados históricos e a linha traçada, **elevada ao quadrado**, é a **mínima** possível. Ou seja:

$$\text{Mín} \sum_{i=1}^{n}(D_i - Dp_i)^2$$

em que:

D_i = Consumo real no período **i**
Dp_i = Consumo calculado pelo método no período **i**
n = Número de períodos dos dados históricos

O caso mais simples é a previsão por meio de uma reta do tipo a + bx, embora possa ser modificada para exponencial, logarítmica ou potencial. O cálculo dos parâmetros **a** e **b** é feito resolvendo-se o sistema de equações:

$$\sum_{i=1}^{n} D_i = n \cdot a + b \sum_{i=1}^{n} t_i$$

$$\sum_{i=1}^{n} D_i \cdot t_i = a \sum_{i=1}^{n} t_i + b \sum_{i=1}^{n} t_i^2$$

em que:

a e **b** = Parâmetros da reta
t_i = Período 1, 2, 3,..., n

Fornecendo como resultado a equação: $Dp_i = a + bx_i$

Um exemplo de utilização do método dos mínimos quadrados pode ser visto a seguir:

QUADRO 3.20

Mês	D_i	t_i	t_i^2	$D_i \, t_i$
JAN.	4	1	1	4
FEV.	9	2	4	18

continua

continuação

Mês	D_i	t_i	t_i^2	$D_i t_i$
MAR.	8	3	9	24
ABR.	7	4	16	28
MAIO	3	5	25	15
JUN.	2	6	36	12
JUL.	4	7	49	28
AGO.	2	8	64	16
SET.	8	9	81	72
Soma	47	45	285	217

Sistema de equações:

$47 = 9a + 45b$

$217 = 45a + 285b$

Resultando em

$a = 6,7$

$b = -0,3$

A equação da reta fica:

$Dp_i = 6,7 - 0,3 t_i$

Assim, podemos calcular a previsão de demanda para os próximos seis meses:

QUADRO 3.21

Mês	t_i	Cálculo de Dp_i	Previsão
OUT.	10	6,7 − 0,3 × 10 = 3,7	4
NOV.	11	6,7 − 0,3 × 11 = 3,4	3
DEZ.	12	6,7 − 0,3 × 12 = 3,1	3
JAN.	13	6,7 − 0,3 × 13 = 2,8	3
FEV.	14	6,7 − 0,3 × 14 = 2,5	3
MAR.	15	6,7 − 0,3 × 15 = 2,2	2

d) Simulação

A maioria das demandas conhecidas, na prática, apresenta um componente aleatório muito forte que, muitas vezes, inviabiliza a adoção de técnicas estatísticas que lidam apenas com a previsão dos padrões básicos de comportamento da demanda, como é o caso do método dos mínimos quadrados. A Estatística tem ferramentas apropriadas para lidar com a estimação mais apurada da demanda por meio de intervalos de confiança e outras técnicas, geralmente muito complexas.

Quanto mais distante for o período para o qual queremos prever a demanda, maior a incerteza que temos, uma vez que a hipótese de manutenção das condições de contorno, que geraram a demanda passada, torna-se cada vez menos provável à medida que avançamos no tempo. Por outro lado, para períodos curtos de previsão, o administrador de materiais deseja uma previsão com um erro menor do que o fornecido pelos métodos anteriores.

Uma forma mais simples de lidarmos com previsões de demanda de curto prazo pode ser encontrada na técnica de **simulação**, que consiste em gerar demandas com uma distribuição de probabilidade de consumo muito próxima à real e verificar qual é a melhor decisão a ser tomada pelo administrador responsável.

Com um exemplo fica mais fácil acompanhar todos os passos da técnica de simulação. Suponhamos que queiramos simular o comportamento diário do saldo em estoque de determinado item com código 01.05.365-2, durante um mês, cuja demanda é extremamente variável.

- **1º passo** – levantar os dados históricos, dia a dia, do consumo do item 01.05.365-2 nos últimos seis meses (180 dias), colocando-os em uma tabela:

Dia	Consumo
1	0
2	0
3	1
4	0
5	0
6	7
7	0
8	2
...	...

- **2º passo** – elaborar uma tabela **consumo** *versus* **número de dias** e calcular suas frequências relativa e acumulada em porcentagem.

QUADRO 3.22

Consumo	Nº de dias	%	% acum.
0	99	55	55
1	27	15	70
2	18	10	80
3	12	7	87
4	9	5	92
5	7	4	96
6	5	3	99
7	2	1	100
Total	**180**	**100**	

- **3º passo** – elaborar uma tabela contendo intervalos de números de 1 a 100, de acordo com a porcentagem acumulada obtida na tabela anterior.

QUADRO 3.23

Intervalo	Consumo
01 – 55	0
56 – 70	1
71 – 80	2
81 – 87	3
88 – 92	4
93 – 96	5
97 – 99	6
00	7

- **4º passo** – elaborar uma planilha de controle de estoque e fixar um estoque inicial adequado:

QUADRO 3.24

Dia (previsão)	Consumo simulado	Entradas decididas	Saldo simulado
Estoque inicial			
1			
2			
3			
4			
5			
6			
...			
Total			

- **5º passo** – gerar números aleatórios, de 00 a 99, por meio de qualquer método (tecla RND em algumas calculadoras). Para cada número gerado, consultar a tabela elaborada no 3º passo para verificar a qual intervalo pertence e o respectivo consumo.

Por exemplo:

QUADRO 3.25

Nº aleatório gerado	Intervalo (3º passo)	Consumo (3º passo)
38	01 – 55	0
10	01 – 55	0
51	01 – 55	0
79	71 – 80	2
02	01 – 55	0
70	56 – 70	1

- **6º passo** – calcular o saldo em estoque, utilizando a tabela construída no 4º passo. Este procedimento poderá ser repetido tantas vezes quanto o analista achar conveniente para tomar a sua decisão:

QUADRO 3.26

Dia (previsão)	Consumo simulado	Entradas decididas	Saldo simulado
Estoque inicial = 20	0	0	20
1	0	0	20
2	0	0	20
3	0	0	20
4	2	0	18
5	0	0	18
6	1	0	17

Note que o modelo permite que o administrador simule o comportamento da demanda e tome a decisão de qual será o tamanho do lote e o melhor momento para realizar uma compra ou fabricação.

3.3 ENTRADA DE MATERIAIS

O conceito de **fronteira de responsabilidade** entre o fornecedor e o comprador é definido como o momento em que a responsabilidade pela integridade do material passa de um para outro.

A entrada do material é, geralmente, o momento em que a empresa passa a ter responsabilidade sobre os itens comprados. Após a confirmação de que os requisitos especificados no Pedido de Compra estão presentes nos itens entregues pelo fornecedor, eventuais faltas, desvios e danos sofridos pelo material não poderão mais ser reclamados.

Variações dessa regra geral são encontradas quando o comprador retira o material nas dependências do fornecedor, o que não invalida a necessidade de cuidados na conferência das especificações como quantidade e qualidade. Outra possibilidade é que o material somente será aceito após inspeções e ensaios, que são impraticáveis de ser realizados no momento do recebimento do material.

De qualquer modo, esse é um momento crítico para as duas partes e deve ser realizado com base em procedimentos adequados de trabalho para evitar surpresas desagradáveis posteriormente.

3.3.1 Recebimento de materiais

A função básica do recebimento de materiais é assegurar que o produto entregue esteja em conformidade com as especificações constantes no Pedido de Compra.

Note que o fornecedor, no momento da entrega, é um **cliente** para o setor de recebimento da empresa compradora (por mais paradoxal que possa parecer) e, portanto, deve ser tratado com a deferência apropriada a um cliente.

Assim, procedimentos adequados na portaria da empresa, permitindo a rápida entrada dos veículos, são necessários para que o recebimento do material se processe sem prejuízo para nenhuma das partes. Esses procedimentos devem apresentar:

- Comunicação eficiente entre portaria e o setor de recebimento.
- Pessoal treinado para os procedimentos de entrada de fornecedores na empresa.
- Redução, ao mínimo possível, da burocracia para o preenchimento de autorizações de entrada na empresa.
- Disponibilidade, no local do recebimento, de equipamentos de pesagem ou outra inspeção especificada, evitando deslocamentos desnecessários.
- Capacidade de recebimento adequada ao volume de entrega de materiais pelos fornecedores, inclusive em períodos de maior demanda, evitando filas e tempo de espera que os prejudiquem sobremaneira.
- Estacionamento adequado para os veículos que estão aguardando a entrada na fábrica.

Autorizada a entrada do veículo nas dependências da empresa, este deverá dirigir-se imediatamente às docas de recebimento e posicionar-se para providenciar a descarga do material. Os procedimentos para descarregamento poderão variar:

a) **Quanto à mão de obra:**
- Fornecida pelo setor de recebimento.
- Fornecida pelo entregador. Neste caso, deverá:
    - Ser habilitada.
    - Ter Equipamentos de Proteção Individual (EPIs), conforme requerido pela empresa recebedora.
    - Usar trajes convenientes (evitar chinelos, bermudas etc.).

b) **Quanto ao equipamento de descarga:**
- Fornecido pelo setor de recebimento.
- Fornecido pelo entregador. Neste caso, além do material a ser entregue, o veículo deverá conter equipamentos adequados.

c) **Quanto à documentação:**
- Conferência do material entregue diretamente na Nota Fiscal (NF) emitida pelo fornecedor.
- Geração de uma **via cega** (documento em que não constam as quantidades da NF) em algum momento anterior ao descarregamento, com o objetivo de:
  - Obrigar a conferência de todos os itens entregues sem dispor da informação antecipada da quantidade entregue.
  - Ter segurança de que a conferência do material entregue realmente será feita.
  - Dupla verificação do material entregue: via cega *versus* NF e NF *versus* Pedido de Compra.

d) **Quanto à inspeção de recebimento:**
- Imediata, no momento do recebimento.
- Posterior, com a retirada de amostras para ensaios de laboratório.
- Desnecessária, para fornecedores com qualificação adequada.

e) **Quanto à liberação do entregador:**
- Procedimentos rotineiros, se todos os requisitos especificados forem atendidos.
- Procedimentos de não conformidade, se constatada alguma irregularidade. Neste caso, as áreas responsáveis deverão ser informadas. Por exemplo:
  - CQ: para aceitação de materiais fora das especificações requeridas.
  - Compras: para quantidades diferentes das constantes do Pedido de Compra.
  - Produção: para materiais necessários para produção urgente.

3.3.2 Inspeção de recebimento

Define-se como **inspeção de recebimento** um "conjunto de atividades de medição, exame, ensaio, verificação etc., de uma ou mais características do produto recebido, e a comparação dos resultados com requisitos especificados, a fim de determinar se há conformidade para cada uma dessas características".[2]

O objetivo dessa inspeção é, segundo a NBR ISO 9001:2008, assegurar que os produtos recebidos não sejam utilizados ou processados até que tenham sido inspecionados ou verificados, estando em conformidade com os requisitos especificados.

---

2 Conf. NBR ISO 8403:1994.

TIPOS DE INSPEÇÃO DE RECEBIMENTO

O recebimento de materiais deve conter, de alguma forma, uma inspeção, mas é um erro ter um **mesmo** procedimento de inspeção para **todos** os produtos recebidos e para **todos** os fornecedores. Assim, a inspeção de recebimento pode variar quanto ao:

a) **Produto:**
- **Itens críticos** – materiais e componentes de grande importância para o desempenho do produto final.
- **Itens não críticos** – não afetam severamente o desempenho do produto final ou são materiais auxiliares de produção.
- **Amostras iniciais** – primeira entrega de novos fornecedores ou lotes de novos materiais ou componentes enviados para avaliação pela empresa compradora.

b) **Fornecedor:**
- **Fornecedores com alta qualificação** – fornecedores que demonstram ter um sistema de garantia da qualidade sem restrições, e, portanto, seus produtos não necessitam de inspeção sistemática de recebimento.
- **Fornecedores com média qualificação** – fornecedores com restrições em seu sistema de garantia da qualidade. Os lotes recebidos passam por inspeções menos rigorosas.
- **Fornecedores com baixa qualificação** – fornecedores que apresentaram graves problemas nos lotes anteriores fornecidos e que necessitam de inspeção rigorosa para aceitação.

A atividade de inspeção admite vários enfoques, dependendo da circunstância em que se quer utilizá-la. Assim, podemos classificar as inspeções de recebimento:

a) **Quanto à natureza:**
- **Qualitativa** – verificação ou confirmação, por exame de atributos, da conformidade do material recebido. Exemplos: inspeção visual ou conferência superficial de requisitos, admitindo erros grosseiros de avaliação, cores, rugosidade, riscos superficiais, limpeza etc.
- **Quantitativa** – pressupõe o uso de métodos e instrumentos conforme a unidade adotada na especificação: contagem, pesagem e outras medições dimensionais.

b) **Quanto à porcentagem:**
- **Inspeção 100%** – todos os itens do lote entregue são inspecionados.

- **Inspeção por amostragem** – retirada de amostras aleatórias do lote e apenas essas amostras são inspecionadas. Nesse caso, o procedimento de inspeção por amostragem, dado um tamanho **n** do lote, deve mostrar:
  - Nível de Qualidade Aceitável (NQA).
  - Nível de inspeção.
  - Tamanho da amostra.
  - Plano de amostragem (simples, dupla ou múltipla).
  - Severidade (norma, severo ou atenuado).
  - Número de aceitação (base para aceitar ou rejeitar o lote).

c) **Quanto ao tipo de ensaio:**
  - **Ensaios destrutivos** – pressupõem inutilização do produto ensaiado. Por exemplo: fadiga, impacto, tração, dobramento, combustão etc.
  - **Ensaios não destrutivos** – não alteram significativamente as características do produto ensaiado: dureza, ultrassonografia, hidrostático, propriedades elétricas, composição química etc.

IDENTIFICAÇÃO DA SITUAÇÃO DE INSPEÇÃO DE MATERIAIS RECEBIDOS

As inspeções de recebimento visam à constatação de que as características do produto inspecionado estão de acordo, ou não, com os requisitos especificados. Assim, em um armazém de produtos recebidos de fornecedores, podem-se encontrar lotes em três estados, devidamente identificados:

- **Material aprovado** – atende a todos os requisitos especificados. Pode ser utilizado para a produção do produto final sem restrições.
- **Material aguardando inspeção** – amostras do lote foram enviadas para ensaios e os resultados ainda não estão disponíveis.
- **Material reprovado** – o lote inspecionado não atendeu a uma ou mais características especificadas. O lote não poderá ser utilizado pela produção e deverá ser devolvido ao fornecedor, além de procedimentos adicionais de bloqueio de pagamento.

No entanto, em algumas situações específicas, pode-se recorrer a procedimentos alternativos para evitar prejuízos, tanto para o fornecedor quanto para o comprador. A prática industrial prevê três situações:

- **Liberação para produção urgente** – uso do produto recebido pela Produção sem o resultado da inspeção de recebimento. Neste caso, a antiga versão da NBR ISO 9001:1994 previa que "o produto deve ser identificado e registrado de maneira apropriada, a fim de permitir recolhimento imediato e substituição no caso de não conformidade com os requisitos especificados".

- **Desvio** – autorização escrita, dada pelo comprador a pedido do fornecedor, de alteração nas especificações originais do produto a ser entregue, antes da produção pelo fornecedor.
- **Concessão** – autorização escrita, dada pelo comprador, para usar ou liberar um produto não conforme em relação aos requisitos especificados.

A situação de inspeção do material recebido (aprovado, reprovado ou aguardando inspeção) deve ser identificada pelos meios adequados, descritos nos procedimentos da área de recebimento da empresa compradora. Essa identificação pode ser feita por:

- **Formulários padronizados** – colocados em locais de fácil visualização e que descrevam claramente o lote a que se referem. Por exemplo:

IDENTIFICAÇÃO DE MATERIAL RECEBIDO	
Produto:	Lote:
Código:	Data: / /
( ) Aprovado ( ) Aguardando Inspeção ( ) Reprovado	Responsável

FIGURA 3.6 Exemplo de ficha de identificação da situação de inspeção e ensaio de material recebido.

- **Segregação** – o material recebido deverá ser colocado em uma área do armazém de recebimento especialmente designada, para que a presença do material naquele local identifique sua situação de inspeção. Por exemplo:

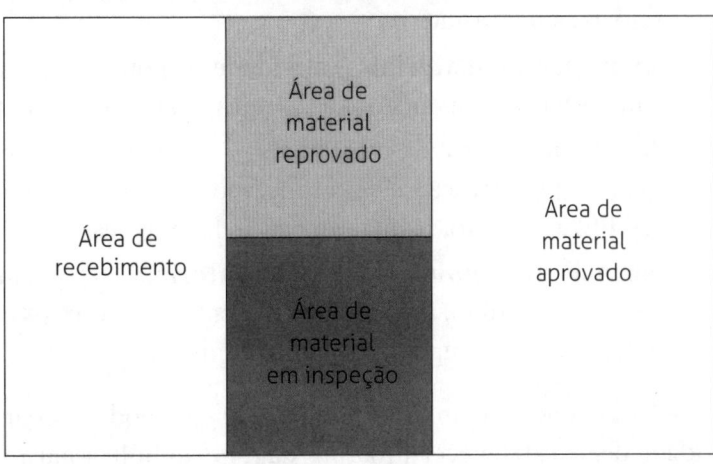

FIGURA 3.7 Exemplo de identificação da situação de inspeção e ensaio por segregação.

Para permitir ações corretivas em produtos e fornecedores que não atendem aos requisitos especificados de fornecimento, um sistema de informações eficiente deve ser estabelecido entre as áreas de Recebimento, Garantia da Qualidade e Compras. Essas informações são valiosas para que erros cometidos não voltem a se repetir, facilitando o desempenho no recebimento de materiais.

3.4 CLASSIFICAÇÃO DE MATERIAIS

INTRODUÇÃO

As funções usualmente exercidas no Sistema de Administração de Materiais podem ser assim listadas:

- Classificação de materiais.
- Gerenciamento dos estoques.
- Aquisição de materiais.
- Armazenamento.
- Controle dos estoques.
- Alienação de materiais.
- Controle dos equipamentos.

Classificação de materiais – atividade responsável pela Identificação, Codificação e Catalogação de materiais e fornecedores.

Gerência de estoques – atividade responsável pelo controle, inventário e programação das necessidades do material e pelas providências necessárias ao seu provimento, utilizando a análise da movimentação dos estoques com base nos registros quantitativos.

Aquisição de materiais – atividade responsável pela procura de fornecedores e materiais e pela opção por compra, transformação, permuta e doação.

Armazenamento de materiais – atividade que tem responsabilidade pela guarda, preservação e segurança dos materiais. Inclui recebimento, conferência, fornecimento, transferências e devoluções.

Normas de Administração de Materiais – atividade que redige, analisa, supervisiona, atualiza e regula o sistema, com o objetivo de estabelecer padrões uniformes de comportamento administrativo.

A existência de um número de itens que pode chegar a 100 mil gerou a necessidade de se estabelecer uma linguagem simbólica para representar as características do material. Como decorrência desse processo de classificação de materiais, surgiram as facilidades de se transformar essa informação em catálogos, que associam as características técnicas de cada material com o seu código representativo.

SISTEMAS DE CLASSIFICAÇÃO DE MATERIAIS

São observados, basicamente, quatro princípios no estabelecimento de um Sistema de Classificação de Materiais:

Princípio arbitrário – os itens de material são codificados sequencialmente, à medida que ingressam no estoque. Essa forma de codificação tem como grande desvantagem o fato de não permitir nenhuma forma de identidade entre itens de material de mesma natureza, como, por exemplo, dois motores similares.

Princípio arbitrário fichado – a codificação sequencial deverá ser associada a um arquivo, em que as características do material são bem detalhadas. Ao se localizar determinado código, deve-se abrir o arquivo e encontrar os dados do item.

Princípio simbólico – codificação sob a forma numérica, como também sob a forma mnemônica para facilitar a memorização. Codificação alfanumérica, de forma que os seus códigos guardem uma identidade entre si. Não atende a séries muito numerosas de itens.

Princípio dos números de projeto – são utilizados os números dos desenhos de detalhamento dos projetos. A codificação cobre apenas as partes e materiais integrantes dos projetos específicos.

Quanto aos dígitos, podemos considerar:

A – Alfabético
B – Alfanumérico
C – Numérico

A implantação de sistemas de processamento eletrônico de dados tem levado à utilização crescente do sistema numérico. A implantação do Sistema Decimal Universal consolidou essa posição da forma numérica.

3.4.1 Sistema Dewey

Esse sistema decimal foi desenvolvido por Melville Louis Kossuth Dewey, fundador da Associação dos Bibliotecários Norte-Americanos, hoje base para a classificação em todas as bibliotecas.

Dewey dividiu o conjunto de conhecimento humano em dez grandes subconjuntos:

000 – Obras Gerais
100 – Filosofia
200 – Religião
300 – Ciências Sociais
400 – Linguística
500 – Ciências Puras
600 – Artes Aplicadas
700 – Artes e Recreações
800 – Literatura
900 – História

Cada subconjunto foi aberto em classes, seções, subseções, grupos e subgrupos. A identificação se processa pelo grupo de conhecimento, natureza da obra, origem, autor etc.

Como exemplo, abrimos a seguir o subconjunto **500**:

510 – Matemática
520 – Astronomia
530 – Física
540 – Química
550 – Ciências do Solo
560 – Paleontologia
570 – Antropologia
580 – Botânica
590 – Zoologia

540 – Química

541 – Físico-química
542 – Laboratório e Equipamentos
543 – Química Analítica Geral
544 – Química Analítica Qualitativa
545 – Química Analítica Quantitativa
546 – Química Inorgânica
547 – Química Orgânica
548 – Metalografia
549 – Mineralogia

544

5 – Ciências Puras
4 – Química
4 – Análise Qualitativa

O Sistema Decimal de Classificação Universal surgiu de uma adaptação do método de Dewey. O ajustamento do Sistema Dewey aos princípios simbólicos, mencionados anteriormente, resultou no Sistema Decanumérico.

O Sistema Decimal Simplificado ou Decanumérico baseia-se na utilização de um código assim constituído:

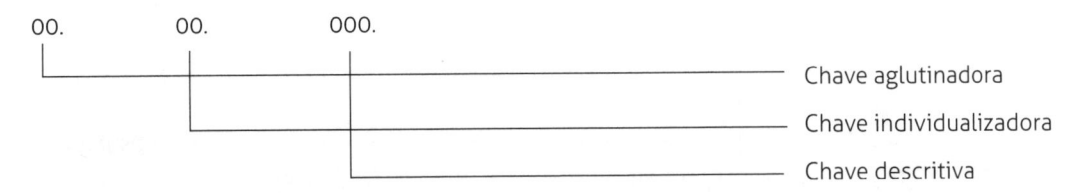

```
00.        00.        000.
 |          |          |
 |          |          └────── Chave aglutinadora
 |          └───────────────── Chave individualizadora
 └──────────────────────────── Chave descritiva
```

A primeira chave, a aglutinadora, identifica um grande grupo de materiais com características relativamente afins.

Exemplo: **00** – Ferragens

A segunda chave, a individualizadora, identifica materiais com características semelhantes dentro de um mesmo grupo (chave aglutinadora).

Exemplo:

1ª chave	2ª chave
00 – Ferragens	**00** – Pregos
	01 – Parafusos
	02 – Porcas
	03 – Arruelas

A 3ª chave, a descritiva, identifica cada item de material dentro da chave individualizadora.

Exemplo:

1ª chave	2ª chave	3ª chave
00 – Ferragens	**00** – Pregos	**000** – tam. 10 × 10
		001 – tam. 13 × 15
		002 – tam. 14 × 15
	01 – Parafusos	**000** – cab. red. 1/4 × 1/8
		001 – cab. red 1/4 × 3/16

3.4.2 Exemplos de sistemas decanuméricos

Neste item vamos apresentar alguns exemplos de sistemas de classificação que foram adotados e implantados em empresas para exemplificar a utilização do Sistema Dewey em aplicações fora de bibliotecas.

a) **Empresa A – Indústria Química** – o código representativo de identificação é composto de dez algarismos, assim distribuídos:

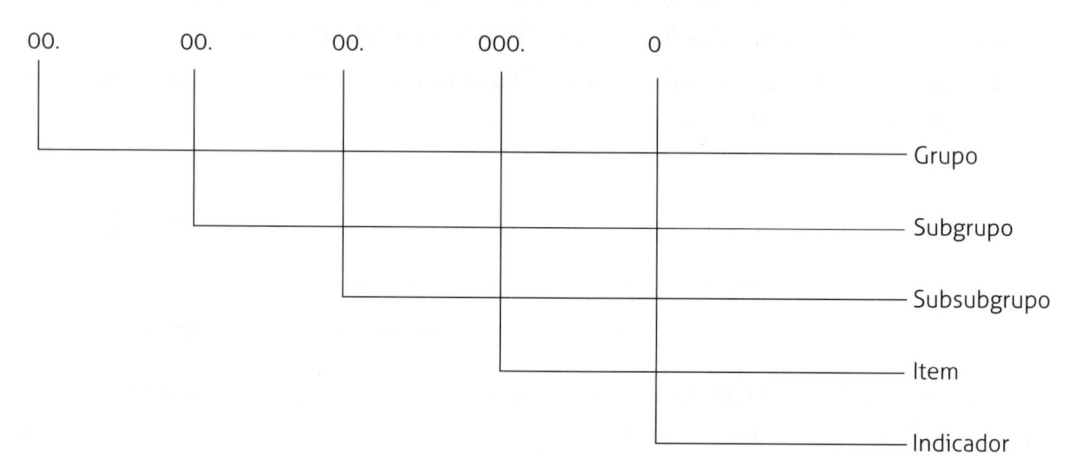

```
00.      00.      00.      000.      0
                                     └── Grupo
                                └────── Subgrupo
                         └───────────── Subsubgrupo
                 └───────────────────── Item
         └───────────────────────────── Indicador
```

- **Grupo** – cada grupo é dividido em 100 subgrupos – 00 a 99 –, abrangendo todo o material usado pela empresa.
- **Subgrupo** – cada subgrupo é dividido em 100 subsubgrupos – 00 a 99 –, abrangendo os materiais de cada grupo.
- **Item** – cada subsubgrupo é dividido em 1.000 itens – 000 a 999 –, abrangendo os materiais de cada subgrupo.
- **Indicador** – o indicador exprime o campo de emprego do material identificado pelos nove algarismos anteriores.

Por exemplo, o número 1 indica que o material é padrão para toda a organização da empresa. O número 6 indica que o material não é padrão e, dessa forma, o seu estoque não deverá ser renovado, sendo a sua finalidade preenchida por um material padrão. O número 9 indica que o material é padrão apenas para determinada unidade da empresa.

Exemplo:

Tinta; esmalte a pincel; creme tonalidade n. 23; especificação VII.17; em latas de um galão.

Sendo:

86	– Grupo de tintas
18	– Subgrupo Esmalte a pincel
22	– Creme tonalidade n. 23, Especificação VII.17

160 – Lata de um galão

1 – Material padronizado para toda a empresa.

b) **Empresa B – Ferrovia** – adota um sistema de codificação muito semelhante à Empresa A e com a seguinte estrutura:

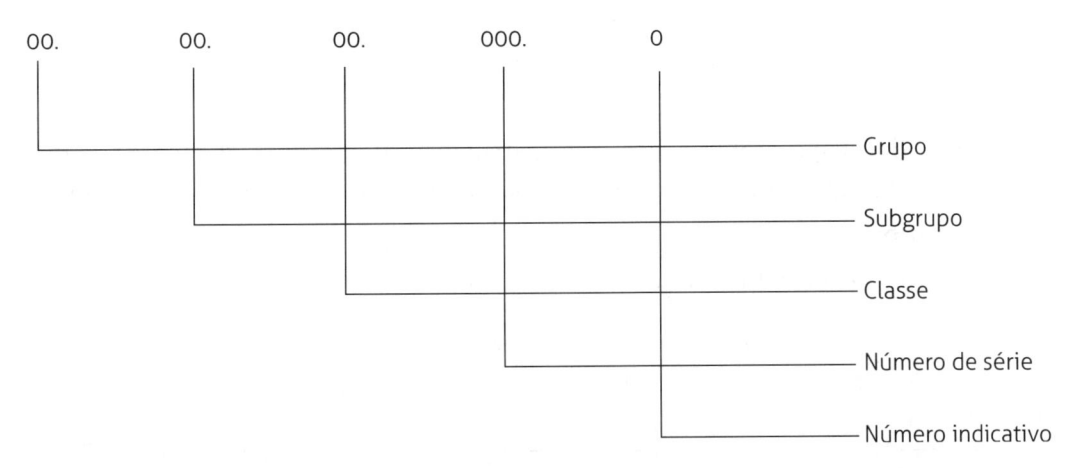

```
00.    00.    00.    000.    0
 │      │      │      │      │
 │      │      │      │      └── Grupo
 │      │      │      └───────── Subgrupo
 │      │      └──────────────── Classe
 │      └─────────────────────── Número de série
 └────────────────────────────── Número indicativo
```

Exemplo:

Chumbo laminado, em lençol

Pureza: 99,90% a 99,99%

Espessura: 1,59 mm a 1/16"

Largura: 2133,6 mm ou 84"

Unidade: kg

Código:

16.20.10.010.5

Sendo:

16 – Metais não ferrosos e suas ligas

20 – Metais puros

10 – Chumbo

010 – Laminado, 99,99%, espessura, largura etc.

5 – Material ainda não padronizado nas diversas unidades da empresa

c) **Empresa C – Serviço Público** – o código representativo dos dados de identificação é composto de nove algarismos, representativos do grupo básico, família, subfamília, especificação e individualização do item.

Os materiais da empresa foram divididos em nove grupos básicos, assim discriminados:

1 – Material elétrico

2 – Construção civil e redes hidráulicas

3 – Laminados, forjados, trefilados e extrudados de aço fundidos
4 – Laminados, forjados, trefilados e extrudados não ferrosos
5 – Elementos de ligação
6 – Ferramentas em geral
7 – Químicos e derivados minerais
8 – Máquinas, equipamentos e veículos
9 – Diversos

Para cada grupo é observada uma distribuição dos dígitos de acordo com a estratificação feita. Nem todos os grupos possuem o mesmo número de divisões.

Exemplo:
Grupo 1 – Material Elétrico

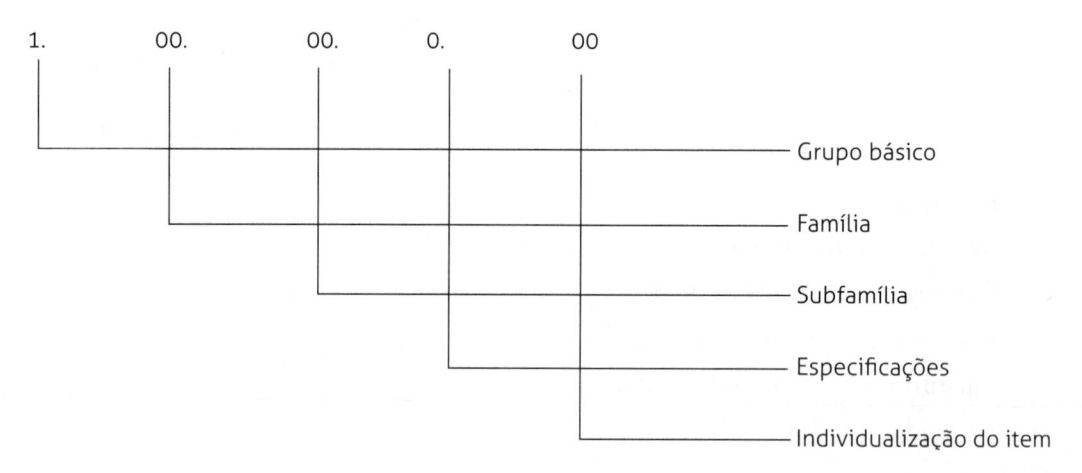

```
1.    00.    00.    0.    00
│     │      │      │     │
│     │      │      │     └── Individualização do item
│     │      │      └──────── Especificações
│     │      └─────────────── Subfamília
│     └────────────────────── Família
└──────────────────────────── Grupo básico
```

Material:
  Fusível cartucho faca renovável, 250 V, 100 A
Código:
  1.44.42.1.1.10
Sendo:
  1   – Material elétrico
  44 – Fusíveis, bases e acessórios
  42 – Fusíveis cartucho
  1   – Faca renovável
  1   – 250 V
  10 – 100 A

Mesmo dentro de um grupo, a configuração do código não é uniforme, variando o número e a composição das divisões.

Vejamos outro exemplo:

Grupo 6 – Ferramentas em geral

```
6.            00.           00.          0000
│             │             │            │
│             │             │            └──── Grupo básico
│             │             └───────────────── Família
│             └─────────────────────────────── Especificações
└───────────────────────────────────────────── Dimensões
```

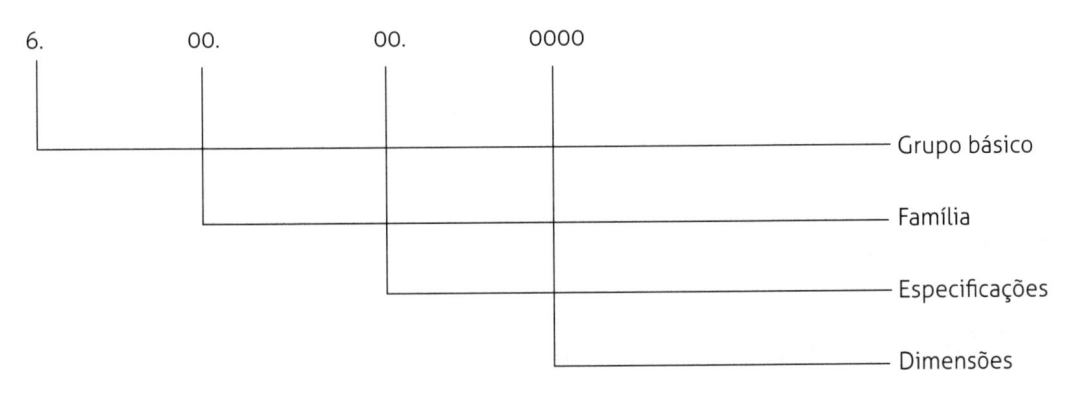

Material:

Chave estrela, 1 boca, 30 mm

Código:

6.13.31.0030

Sendo:

    6   – Ferramentas em geral

    13 – Chaves estrela

    31 – 1 boca

    30 – 30 mm

d) **Empresa D – Central Elétrica** – os materiais encontram-se classificados por sua natureza em 23 grupos básicos.

O código adotado pela empresa tem a seguinte estrutura:

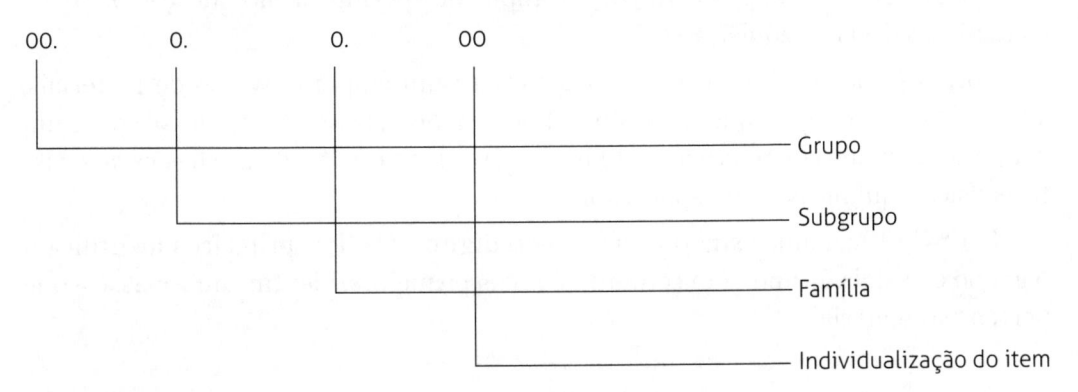

```
00.           0.            0.           00
│             │             │            │
│             │             │            └──── Grupo
│             │             └───────────────── Subgrupo
│             └─────────────────────────────── Família
└───────────────────────────────────────────── Individualização do item
```

Exemplo:

Estrutura metálica de aço galvanizado, tipo EP-1, completa, ref. BH-A1-16661, BH-AL-16662, EPC 70

Código:
70.4.9.20

Sendo:

70 – Suportes para linhas, estruturas metálicas
4 – Estruturas metálicas
9 – Diversos
20 – Especificação (individualização do item)

3.4.3 Federal Supply Classification – FSC

O **FSC** é um sistema desenvolvido pelo Departamento de Defesa dos Estados Unidos, com o objetivo de estabelecer e manter um sistema uniforme de identificação, codificação e catalogação para todos os órgãos componentes da sua estrutura.

A implantação dessa unificação surgiu da grande dificuldade operacional durante a Segunda Guerra Mundial, uma vez que os vários órgãos de defesa utilizavam sistemas de classificação diferentes.

A Lei Pública n. 152, de 1949, possibilitou o estabelecimento de um sistema uniforme de catalogação de suprimento de todos os materiais para o governo federal.

O Programa Federal de Catalogação foi desenvolvido para a utilização civil e militar e classifica, descreve e enumera, uniformemente, todos os itens de suprimento. A adoção de um número de estoque único permite encontrar um item em qualquer lugar da Administração Federal.

ESTRUTURA

O **FSC** tem um campo de utilização amplo, que permite a classificação de todos os itens passíveis de aquisição.

Foram estabelecidos grupos e classes para um amplo universo de materiais, adotando-se 76 grupos, que são subdivididos em 564 classes. Cada classe cobre um conjunto de materiais relativamente homogêneos no que tange às suas características físicas, químicas ou de aplicação.

O **FSC** utiliza uma estrutura de quatro dígitos. Os dois primeiros identificam o grupo e os dois últimos, em conjunto com os primeiros, identificam a classe a que pertence o material.

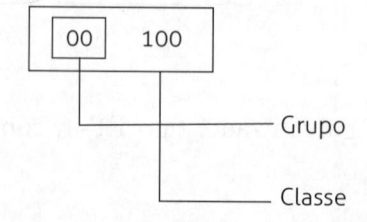

```
  00  100
   |   |
   |   └─── Grupo
   └─────── Classe
```

Nota-se que há sobras de grupos e de classes. Tais sobras foram deixadas propositadamente, com o intuito de permitir a criação de novos grupos ou classes para atender aos avanços tecnológicos ou efetuar os desdobramentos desejáveis.

A aplicação do código **FSC** é feita por meio do Federal Stock Number (FSN).

O **FSC** para um item de suprimento consiste em aplicar ao código de classe – quatro dígitos – mais sete dígitos identificadores do item.

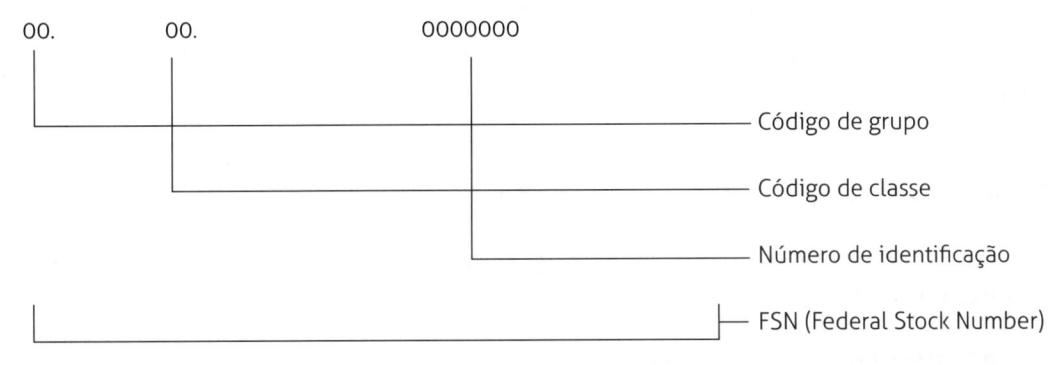

```
00.         00.              0000000
 │           │                   │
 │           │                   └──────── Código de grupo
 │           └──────────────────────────── Código de classe
 │                                         Número de identificação
 └───────────────────────────────────────── FSN (Federal Stock Number)
```

O **FSC** é, portanto, uniformemente composto de 11 algarismos, e escritos sempre em uma disposição de 4 – 3 – 4 algarismos, com traço depois do quarto e do sétimo algarismos para facilitar a leitura.

Exemplo:

7520 – 123 – 4567

Sendo:

7520	– Código de classe
1234567	– Número de identificação
7520 – 123 – 4567	– FSN

A unificação das descrições e dos códigos de estoques para determinado item tornou possível:

- Considerar as necessidades totais, a um só tempo, para a produção, a aquisição e a inspeção.
- Utilizar uma linguagem comum de suprimento.
- Eliminar a dualidade de itens de suprimento.
- Admitir a intercambialidade entre os itens.
- Tornar a padronização efetiva.
- Facilitar a troca de serviços e a cooperação entre os departamentos federais.
- Utilizar estoques em excesso, ou seja, dispor de materiais adicionais para melhores vantagens.
- Estreitar o relacionamento entre os órgãos de governos e a indústria.

Os exemplos apresentados são baseados no Sistema Decimal Universal, com maior ou menor dose de modificações.

Os exemplos das empresas A, B, C apresentam um excesso de subdivisões, o que acarreta uma perda da eficiência simbólica, ponto muito importante para a classificação de materiais.

A empresa B apresenta maior configuração simbólica, embora seja muito mais em razão da pequena amplitude de suprimentos abrangida.

O **FSC** é um sistema simples e flexível, com elevada conotação simbólica, tornando-se ideal para a adaptação e a aplicação em empresas de grande porte.

3.4.4 Adaptação a uma corporação

Antes de se desenvolver o sistema, procurou-se conhecer os sistemas das seguintes entidades:

- British Petroleum Co. Classification
- Standard Oil of California
- International Petroleum Co. Classification
- Classificação Dewey
- Classificação Decimal Universal
- Classificação Brasileira de Mercadorias
- Classificação da ONU
- Federal Supply Classification

Entre os sistemas selecionados, destacava-se, contudo, o Federal Supply Classification, que, em virtude de seu sucesso, poderia ser utilizado como paradigma.

A aplicação de um sistema de classificação de materiais poderia, no futuro, apresentar as seguintes vantagens:

- Eliminação da multiplicidade de códigos para o mesmo material.
- Redução de atividades de controle do estoque.
- Melhor aproveitamento das áreas de armazenamento.
- Melhoria da qualidade dos investimentos em estoques.
- Melhores condições de trabalho para os responsáveis pelos estoques.

A aplicação do Sistema de Classificação de Materiais deverá revestir-se de um trabalho de *marketing* interno, e sempre se procura adotar um nome que possa funcionar como marca, como exemplificamos:

VANZOTEC S.A.

SISMATER – SISTEMA DE CLASSIFICAÇÃO DE MATERIAIS

Projeto PROMAT – Programa estratégico para uma melhor Administração de Materiais.

Objetivo – dar numeração racional a todos os materiais utilizados pela empresa até o ano 2xxx.

Coordenação – Diretoria de Logística.

Participação – representantes de todas as outras diretorias.

Grupo de implantação – um gerente indicado por diretoria.

Secretaria executiva – d. Cacilda.

Objetivos – normalizar, coordenar e executar os trabalhos de identificação, codificação e catalogação dos materiais adquiridos pela empresa e o registro dos respectivos fornecedores.

Esquema dos trabalhos:

Glossário de terminologia – em que são definidos os termos utilizados no sistema, tais como: Material, Fornecedor, Identificação de materiais, Codificação de material, Catalogação de material, Coleções, Jogos, Itens equivalentes, Itens permutáveis etc.

Identificação de materiais – na empresa, a identificação de materiais é efetuada pelos seguintes descritivos:

- **Descrição padronizada** – compreende um conjunto de dados pormenorizados de identificação de cada material, constituído de Nome padronizado, Característica física e Identificação auxiliar.

Exemplo:

Nome padronizado:	ROLAMENTO, CONTATO ANGULAR
Características físicas:	1 carreira de esferas; DI 1 7/8;
	4 ½"; largura: 1 1/16"
Identificação auxiliar:	N. de Peças: MAS 15
N. do Fornecedor:	00117

- **Descrição referencial** – compreende um conjunto de dados resumidos de identificação de cada material, constituída apenas de Nome básico, Número de peça e Número do fornecedor. É aplicada exclusivamente a materiais com Número de peça.

Exemplo:

Nome básico:	Rolamento
N. de peça:	MS14 1/2AC
N. do fornecedor:	00104

A esse conjunto de dados – Descrição Padronizada ou Referencial – é adjudicado um número de estoque.

3.4.5 Codificação de material

A codificação de material compreende a aplicação de códigos numéricos, de composição uniforme, para os materiais agrupados ou individualizados sob as seguintes denominações:

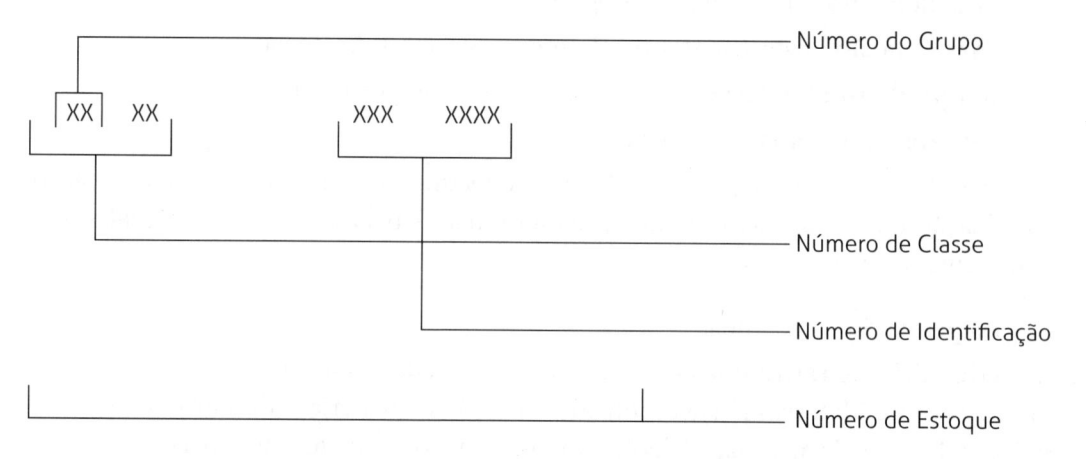

```
         ┌──────────────────────────────── Número do Grupo
   ┌──┴──┐         ┌──┴──┐
   │ XX │ XX       XXX   XXXX
   │    │          │     │
   │    └──────────┼─────┼──── Número de Classe
   │               │     │
   │               └─────┼──── Número de Identificação
   │                     │
   └─────────────────────┴──── Número de Estoque
```

O Número do Grupo, composto de dois algarismos, representa agrupamentos de materiais relativamente afins.

O Número de Classe, composto de quatro algarismos, representa agrupamentos de materiais com características físicas relativamente homogêneas, pertencentes ao mesmo grupo.

Lista de Fornecedores – destinada a consolidar e divulgar os dados de identificação e codificação de fornecedores.

a) **Fornecedor**
   - **Identificação** – efetuada pela análise e registro dos seguintes dados: Razão Social, Endereço e Número de Inscrição no Cadastro Geral de Contribuintes do Ministério da Fazenda.
   - **Codificação** – representação dos dados de identificação de cada fornecedor por meio de um código numérico de cinco algarismos.

   Exemplo:
   Indústria Brinkal S.A.
   Avenida Coronel Frutuoso, 242
   CGC MF: 81.947.820/0002

O Número de Identificação é um código de sete algarismos, destinado a individualizar cada material portador de Descrição Patrimonial ou Referencial.

O Número de Estoque é um código de 11 algarismos, constituído por Número de Classe mais o Número de Identificação, destinado a representar a Classe e a Descrição de cada material identificado.

NC + NI = NE

2610 + 000 − 0001 = 2610–000–0001

b) **Catalogação de Material e Fornecedor – Publicações**

A empresa deverá editar as seguintes publicações:

- **Manual de Suprimento** – classificação de material, destinado a estabelecer e divulgar as normas gerais sobre a atividade *Classificação de Material.*
- **Listas de Classe** – destinadas a divulgar a estrutura de Grupos e Classes do **SISMATER**.
- **Listas de Estoque** – destinadas a consolidar e divulgar os dados de identificação e codificação de materiais adquiridos pela empresa.
- **Listas de Fornecedores** – destinadas a consolidar e divulgar os dados de identificação e codificação de fornecedores.

3.5 CÓDIGO DE BARRAS

INTRODUÇÃO

Atualmente, existem diversas opções para a entrada de dados nos sistemas informatizados, entre elas temos: reconhecimento óptico, digitação, tarjas magnéticas, sensores de marca e, o mais conhecido, o **código de barras**.

Sua escolha tem como benefícios:

- Baixo custo e menor tempo de implantação.
- Fácil utilização.
- Uso de equipamentos compactos.
- Alta velocidade de captura dos dados.

Existem hoje diversos tipos de código de barras; os mais conhecidos são: EAN-8, EAN-13, EAN/UCC-14 e EAN-128.

3.5.1 Sistema de codificação EAN

O Sistema EAN (Associação Brasileira de Automação Comercial) é um desenvolvimento global, padrão aberto multissetorial de identificação não significante de produto, serviços e locais, com o objetivo de promover a linguagem comum em negócios, internacionalmente.*

---

* Fonte: EAN Brasil.

a) EAN-8

Estrutura de codificação:

3 dígitos (cedidos pela EAN):	País
4 dígitos (cedidos pela EAN Brasil):	Produto
1 dígito (obtido pelo cálculo algoritmo):	Dígito de controle

Utilizado quando a embalagem dispõe de pouca área, é concedido mediante pagamento de taxa pela EAN. Como o nome da empresa não aparece no código, relaciona-se o código do produto com a empresa produtora, e esse código deverá ser, portanto, exclusivo.

Como exemplo, vejamos o caso de um desodorante *stick*, mostrado na figura a seguir:

FIGURA 3.8 Código de barrawews EAN-8.

b) EAN-13

O EAN-13 tem sua estrutura muito parecida com o EAN-8, apresentando a mais apenas a identificação da empresa.

Estrutura de codificação:

3 dígitos (cedidos pela EAN):	País
5, 4 ou 3 dígitos (cedidos pela EAN Brasil):	Empresa
4, 5 ou 6 dígitos (cedidos pela EAN Brasil):	Produto
1 dígito (obtido pelo cálculo algoritmo):	Dígito de controle

FIGURA 3.9 Código de barras EAN-13.

c) **EAN-14**

Muitos códigos EAN-13 estão migrando para o EAN-14 para a identificação da embalagem de comercialização, pois este, além de conter as informações do EAN-13, ainda tem um dígito que identifica a quantidade de produto ou a quantidade de embalagens de vendas; esse dígito, algumas vezes, serve para identificar se a embalagem é um *master*, um *inner* ou um *blister*.

Como, por exemplo, no caso de pilhas de tamanho AAA:

FIGURA 3.10 Código de barras EAN-14.

Obs.: Nota-se que o último dígito de controle mudou. Isso se deve ao fato de ele ser obtido pelo cálculo de algoritmo, variando cada vez que um número no código é mudado.

d) **EAN-128**

Este novo código vai permitir uma série de novas informações, como validade, data de fabricação, local em que foi produzido e uma série de outras informações que o fabricante achar necessárias.

Obs.: O EAN-128 pode ser lido como um EAN-13 (caso o sistema da loja não seja preparado para EAN-128); neste caso, ele só mencionará as mesmas informações do código EAN-13.

Deve-se atentar para alguns detalhes sobre o código de barras, pois ele tem determinadas características que devem ser seguidas, como: cores, tamanho mínimo e máximo de barras, contraste entre as cores, tamanho da fonte.

FIGURA 3.10.A Código de barras EAN-128.

- **Cores**

A EAN recomenda a impressão do código para representar as barras em preto, azul, verde (escuro) e marrom (escuro), e as cores do fundo branco, amarelo, laranja, vermelho e bege.

- **Tamanho da fonte**

Os caracteres lidos por nós devem seguir a fonte OCR-B, adotada como padrão conveniente. A altura dos caracteres deve ser de 5,72 mm e a largura, de 3,65 mm.

- **Codificação**

O exame da codificação apresenta dois aspectos:
– Sistema de Geração de Códigos (SGC) para denominar materiais. O SGC deverá ser a base para o processamento da informação na empresa. Além da codificação dos produtos acabados, o sistema deverá contemplar também a codificação das matérias-primas, dos semiacabados, dos pré-montados e dos componentes internos.
– Sistema para Alimentar os Computadores (SAC). Considerando que um simples supermercado médio tem de digitar 250 mil dados por dia, a operação do sistema de informação se tornaria inviável, se não fosse adotado o sistema de código de barras para retratar os códigos nos materiais e nos produtos.

Abordaremos em primeiro lugar o Sistema para Alimentar Computadores (SAC), considerando os vários padrões de códigos de barras.

- **Código 39** – alfanumérico e adequado para a impressão em substrato de baixa qualidade.
- **Código ITF** – adaptado para a impressão nas caixas de papelão.
- **EAN** – adensamento da grafia, aproveitando-se da resolução da impressão da embalagem de apresentação.

As barras não devem refletir a luz vermelha do *scanner*; quanto mais larga a barra, mais tempo elas mantêm o aparelho sem reflexão. Em virtude da variação do tempo de reflexão e de não reflexão, estabelece-se a codificação pela comparação com padrões internos.

O **SAC** é ideal para o controle de um grande número de itens, rapidez no atendimento ao cliente, economia no controle dos estoques e dos fluxos de materiais, reabastecimento, faturamento, compras e relatórios gerenciais.

3.5.2 Visão da codificação

A codificação poderá ser aplicada na embalagem de apresentação e nas suas variações *multipack*, promocional e unidade de vendas no varejo. Nesse caso, aplica-se a codificação EAN-13.

A embalagem de comercialização poderá ser codificada com o sistema EAN-14, ITF-14, EAN-14 + ITF-6 ou EAN-128.

Nas unidades de movimentação utiliza-se o EAN-128, mais abrangente que os demais códigos e com 48 dígitos. Nas unidades de movimentação, ele permitirá a identificação do número do lote, da série, da fabricação, da validade, dos textos livres e de outros dados, sendo, portanto, alfanumérico.

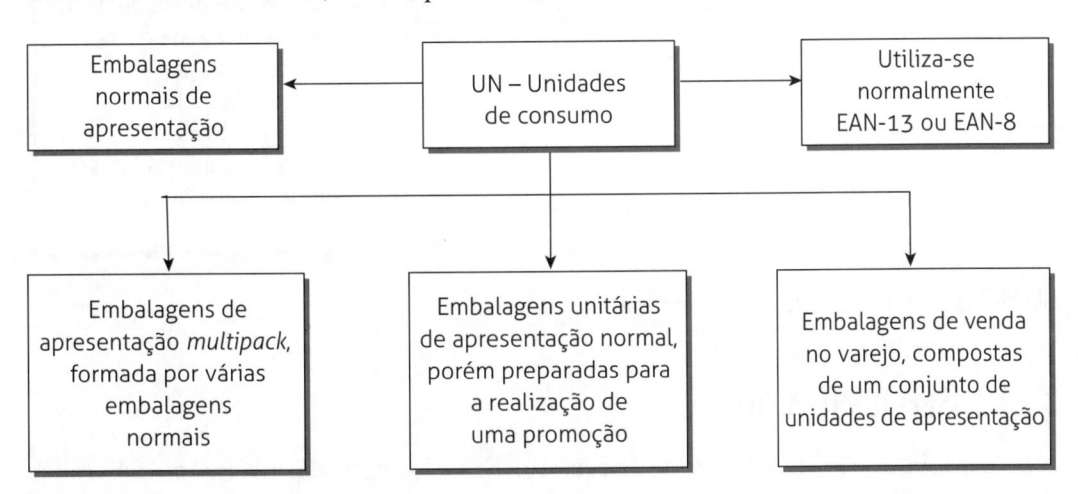

FIGURA 3.11 Unidades de consumo.

```
                    ┌─────────────────┐
                    │   Unidades de   │
                    │     despacho    │
                    └────────┬────────┘
     ┌──────────────┬────────┼────────┬──────────────┐
     ▼              ▼        ▼        ▼              ▼
```

EAN/UCC-14	ITF-14	EAN/UCC-14 + ITF-6	EAN-128
Variável logística de 1 a 8 para cada quantidade de venda de um mesmo produto	Variável logística 0 para mais de 8 UD para um mesmo produto	Variável logística 9 em virtude da utilização do ITF-6	Unidades de despacho mistas
Identificação de nove modalidades de embalagens de comercialização	Identificação de um determinado tipo de embalagem de comercialização	Identificação de uma embalagem de comercialização associada a uma codificação ITF-6	Identificadores de aplicação 00 e 400

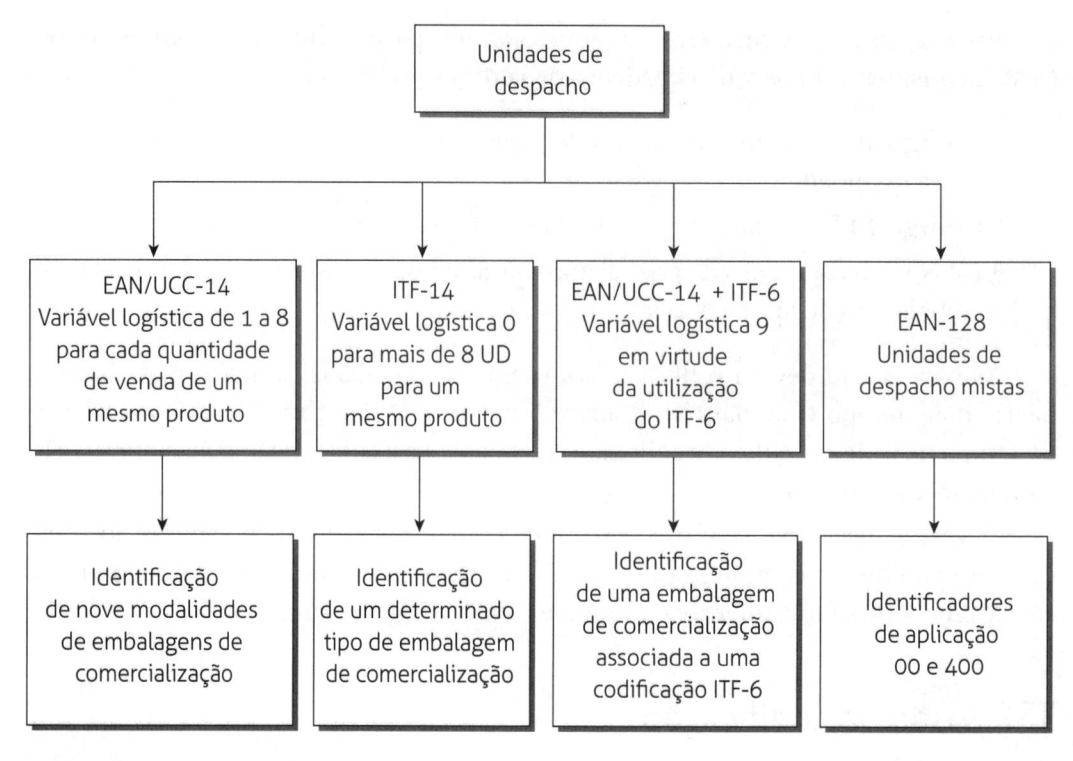

FIGURA 3.12 Unidades de despacho.

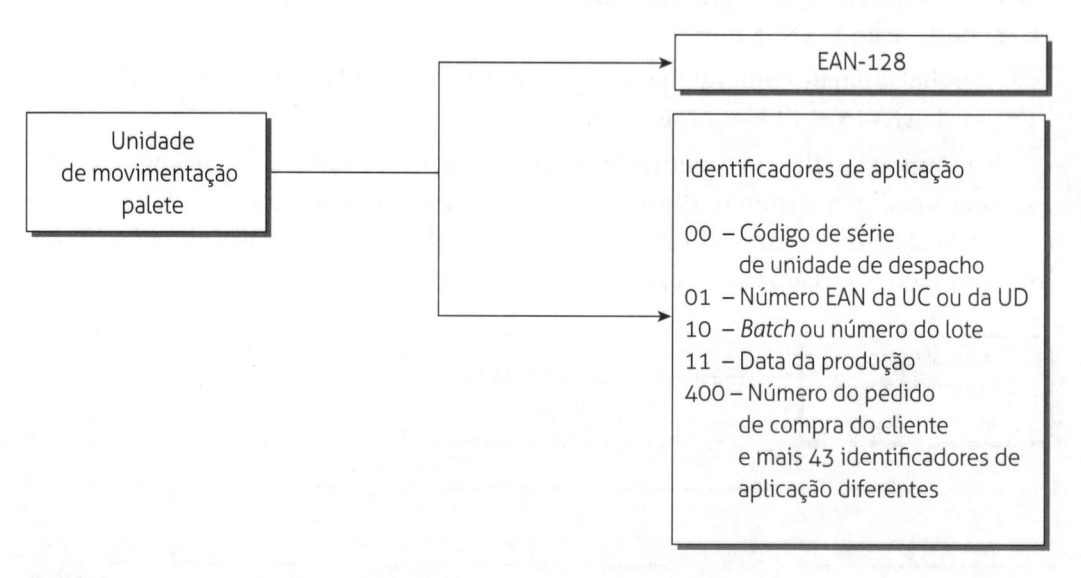

```
┌──────────────┐         ┌──────────────┐
│   Unidade    │────────▶│   EAN-128    │
│de movimentação│        └──────────────┘
│    palete    │         ┌──────────────────────────────┐
└──────────────┘────────▶│ Identificadores de aplicação │
                         │                              │
                         │ 00 – Código de série         │
                         │      de unidade de despacho  │
                         │ 01 – Número EAN da UC ou da UD│
                         │ 10 – Batch ou número do lote │
                         │ 11 – Data da produção        │
                         │ 400 – Número do pedido       │
                         │       de compra do cliente   │
                         │       e mais 43 identificadores de │
                         │       aplicação diferentes   │
                         └──────────────────────────────┘
```

FIGURA 3.13 Unidades de movimentação.

3.5.3 ASPECTOS TÉCNICOS

A implantação do código de barras no Brasil surgiu de um grupo de trabalho junto à já extinta Secretaria Especial de Informática (SEI), que elaborou uma sistemática de automação comercial única. A Associação Brasileira de Automação Comercial surgiu dessas atividades e, posteriormente, se filiou à EAN, recebendo o código do Brasil, definido pelo prefixo 789.

Pelo decreto n. 90.095, de 1984, foi criado o Código Nacional de Produtos Padrão EAN, para todo o território nacional. Pela portaria 143 do Ministério da Indústria e Comércio, foi delegada à Abac a competência de administrar a numeração dos produtos e os códigos das empresas.

Os primeiros três dígitos do código referem-se ao país, e há mais quatro ou cinco dígitos para designar a empresa, na dependência da quantidade de produtos comercializados por ela.

- **Diversificadas** – as empresas diversificadas recebem somente quatro dígitos para poderem cadastrar até 100 mil itens.
- **Simplificadas** – as empresas mais simples, com poucos itens, recebem um código de cinco dígitos, podendo codificar até 10 mil itens.

A empresa deverá atribuir os códigos a produtos, cores, *multipack*, promocionais, certificando-se de que não haja repetição desses códigos.

Produtos diferentes são unidades que necessitam ser identificadas por computador, mesmo que a sua natureza seja igual. Apresentações diversas de um mesmo produto devem ser identificadas com códigos diferentes.

O último dígito é o de verificação, para garantir que a identificação das barras foi feita corretamente pelo *scanner*.

O código de barras tem, portanto, 12 dígitos e um décimo terceiro que é calculado a partir dos 12. O *scanner* poderá ler dois dígitos erroneamente, que se compensam confirmando uma leitura errada. Porém, a probabilidade de isso acontecer é muito baixa.

Exemplo:

QUADRO 3.27

Posição	13	12	11	10	9	8	7	6	5	4	3	2	1
Código	7	8	9	0	0	0	1	1	0	5	2	0	9
Pares		8	+	0	+	0	+	1	+	5	+	0	
Ímpares	7	+	9	+	0	+	1	+	0	+	2		

(P3) Σ Pares = **(P4)** 14 × 3 = **(P5)** 42 + Σ ímpares 19 = **(P6)** 61 + 9 = 70 e, portanto, o dígito verificador é **9**.

QUADRO 3.28

Passos	Descrição
1	Numerar os dígitos de 1 a 13, da esquerda para a direita.
2	Somar os dígitos de posições ímpares a partir do dígito 3.
3	Somar todos os dígitos de posições pares.
4	Multiplicar por três a soma dos dígitos pares.
5	Somar essa multiplicação por três, com a soma dos dígitos ímpares.
6	O dígito verificador é o menor algarismo que, somado ao último resultado, origina um número múltiplo de 10.

O sistema International Standard Book Number (ISBN) é composto de dez dígitos, sendo:

- Dois para o Brasil: **85**.
- Três para a editora.
- Quatro para a obra ou título.

Esse padrão foi transformado em norma internacional ISO 2108 de 1972 e não foi mais substituído pelo EAN-13.

Podemos acrescentar os dígitos 789 na frente do **ISBN**, suprimir o dígito verificador e calcular o novo pelo código EAN.

Cada caractere é definido no código de barras por sete módulos. Cada módulo poderá ser branco ou preto, sendo que, quando for preto, representa o dígito 1 e quando for branco representa o dígito 0 da linguagem binária.

Os dígitos podem sempre começar por branco e terminar por preto, ou vice-versa, como ilustra a figura a seguir.

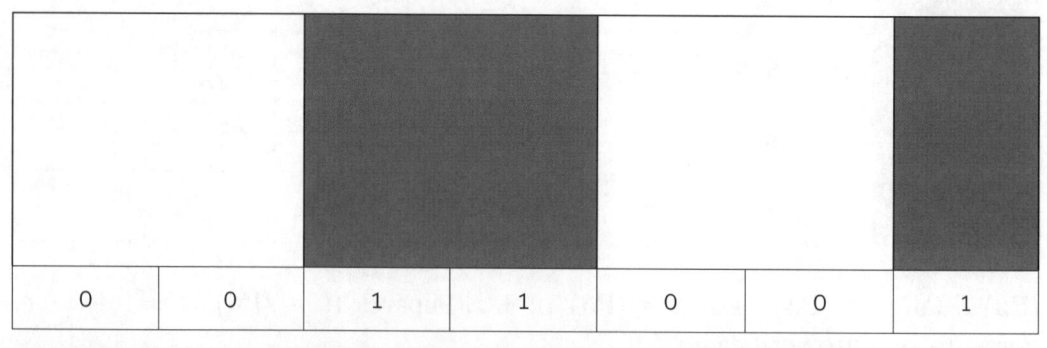

0	0	1	1	0	0	1

FIGURA 3.14 Representação do dígito 1 pela tabela A.

QUADRO 3.29

Dígito	Tabela		
	A	B	C
	Espaço Barra	Espaço Barra	Barra Espaço
0	0001101	0100111	1110010
1	0011001	0110011	1100110
2	0010011	0011011	1101100
3	0111101	0100001	1000010
4	0100011	0011101	1011100
5	0110001	0111001	1001110
6	0101111	0000101	1010000
7	0111011	0010001	1000100
8	0110111	0001001	1001000
9	0001011	0010111	1110100

Além dos caracteres numéricos, há ainda os caracteres auxiliares de guarda e central. A guarda é composta pelas duas primeiras barras e as duas últimas, com um espaço entre cada barra. A central é formada por duas barras com espaço entre elas e espaço ao lado delas.

Auxiliares	Formação	Código	Localização
Guarda	Barra/espaço/barra	101	Em cada lado
Central	Espaço/barra/espaço/barra/espaço	01010	No centro

A representação de um código por meio de barras obedece à seguinte sequência:

QUADRO 3.30

Sequência	Caracteres	Tabela
A	Margem de silêncio	
B	Um caractere de guarda	

continua

continuação

Sequência	Caracteres	Tabela
C	**Seis caracteres de dados**	A e B
D	Um caractere central	
E	**Seis caracteres de dados**	C
F	Um caractere de guarda	
G	Margem de silêncio	

Temos então 12 dígitos e necessitamos determinar o 13º dígito. A ordem de utilização das tabelas A, B e C é que determina esse dígito. Os seis dígitos à direita sempre são codificados pela tabela C.

Os seis dígitos à esquerda poderão ser codificados alternadamente pelas tabelas A e B, e, conforme essa sequência, ficará determinado o 13º dígito.

QUADRO 3.31

13º Dígito	Tabela					
	12º	11º	10º	9º	8º	7º
0	A	A	A	A	A	A
1	A	A	B	A	B	B
2	A	A	B	B	A	B
3	A	A	B	B	B	A
4	A	B	A	A	B	B
5	A	B	B	A	A	B
6	A	B	B	B	A	A
7 Brasil	**A**	**B**	**A**	**B**	**A**	**B**
8	A	B	A	B	B	A
9	A	B	B	A	B	A

EMBALAGEM DE EMBARQUE

A embalagem de embarque deverá ter uma numeração distinta, em virtude da necessidade de uma identificação logística. Colocou-se, então, um dígito a mais, que poderá variar de 1 a 8, podendo cada dígito identificar a quantidade de produtos por caixa.

Esse sistema de representação de códigos de 14 dígitos é chamado Despatch Unit Number (DUN). Para representar esse código de 14 dígitos, utiliza-se um código de barras denominado Interleaved Two of Five (ITF), ou dois de cinco intercalado. Esse código poderá ser impresso em caixas de papelão e em baixa resolução gráfica.

O código EAN-13 poderá também ser apresentado pelo sistema ITF, acrescentando um 0 na frente do EAN-13. Dessa maneira, poderá ser lido mesmo com impressão em substrato de papelão ondulado.

3.5.4 Estruturação do código ITF

A estrutura do sistema ITF representa os números com cinco elementos, sendo dois mais largos, de onde vem a denominação de **dois de cinco**.

Representando os elementos largos por 1 e os finos por 0, teríamos o seguinte quadro:

QUADRO 3.32

Números	Dígitos				
0	0	0	1	1	0
1	1	0	0	0	1
2	0	1	0	0	1
3	1	1	0	0	0
4	0	0	1	0	1
5	1	0	1	0	0
6	0	1	1	0	0
7	0	0	0	1	1
8	1	0	0	1	0
9	0	1	0	1	0

Para aumentar a densidade do código, decidiu-se que as barras representariam os dígitos das posições ímpares, e os espaços, os das posições pares. O total de algarismos deverá ser sempre par e não há limitação do número de dígitos.

Acrescenta-se à frente e no fim um caractere de guarda, conforme a representação a seguir:

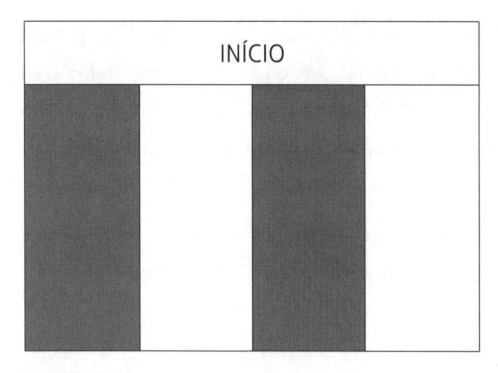

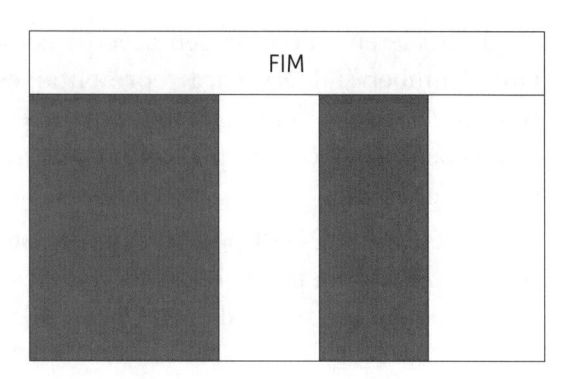

FIGURA 3.15 Representação de início e fim em códigos de barras.

3.5.5 Código 39

Código muito utilizado pelo Departamento de Defesa dos Estados Unidos, que o oficializou para todos os suprimentos segundo a norma Military Standard 1189.

A notação alfanumérica permite o registro de informações de origem, destino, sequência de operações.

Chamado também de três de nove, é constituído de nove elementos, dos quais três são mais largos. Cada caractere é formado por nove barras, sendo cinco escuras e quatro claras, que representam os espaços. Das nove barras, três são largas, o que dá o nome ao código.

Cada caractere é representado por cinco barras e quatro espaços. No máximo três espaços ou barras podem ser largos. Existem espaços intercaracteres, separando-os.

Esse código codifica letras, símbolos e números, em um total de 43 tipos. Ele poderá ter tantos dígitos quantos forem necessários. Os caracteres poderão ser dez algarismos, 26 letras, um espaço e sete símbolos. Esses símbolos poderão ser travessão, ponto, cifrão, barra, sinal de adição, porcentagem e asterisco.

EXERCÍCIOS

1. *Just-in-time* pressupõe manter **estoque zero**? Justifique sua resposta.
2. Manter estoques altos em uma empresa é um mal necessário. Como devemos analisar uma empresa que possui essa política de estoque?
3. Quais são os recursos envolvidos na manutenção de estoques altos em uma empresa? Quais são as medidas corretivas a serem adotadas para eliminar ou reduzir cada um deles?
4. Para evitar estoques intermediários em determinada máquina-gargalo que quebra frequentemente, a empresa comprou outra máquina que dá continuidade

à produção caso a antiga esteja em manutenção. Essa decisão está correta? Justifique.

5. Defina e dê exemplos práticos de itens em estoque com demanda dependente e com demanda independente.
6. Discuta a afirmação: o estoque de matéria-prima de empresas pertencentes ao Setor Primário da Economia tem características peculiares.
7. Explique as principais variáveis que determinam a oferta e demanda dos produtos do Setor Secundário da Economia.
8. O dimensionamento dos estoques futuros de uma empresa depende diretamente da estratégia de crescimento dessa empresa. Explique como isso é feito e quais são as principais variáveis que devem ser consideradas, extraídas do Planejamento Estratégico da empresa.
9. Faça uma Curva ABC para verificar quais tarefas devem ser cronometradas para a elaboração de um novo custeio dos produtos fabricados pela empresa K. Pafrango.

Descrição	Homem-hora/dia
Corte 1	2,0
Corte 2	1,0
Corte 3	17,0
Corte 4	13,0
Corte 5	6,0
Corte 6	3,0
Corte 7	2,0
Corte 8	1,0
Corte 9	28,0
Corte 10	0,5
Corte 11	8,5
Corte 12	2,5
Corte 13	7,0
Corte 14	1,0
Corte 15	41,0
Corte 16	1,5
Corte 17	0,5
Corte 18	3,5
Corte 19	1,0
Corte 20	1,0
Corte 21	4,0
Corte 22	0,5
Corte 23	0,5
Corte 24	15,0
Corte 25	1,0
Corte 26	4,5
Corte 27	0,5
Corte 28	1,0
Corte 29	1,5
Corte 30	0,5

10. Faça uma Curva ABC para verificar quais produtos devem ser submetidos a uma análise de giro de estoque.

Descrição	Ton/mês
Produto 1	30
Produto 2	10
Produto 3	310
Produto 4	100
Produto 5	20
Produto 6	60
Produto 7	25
Produto 8	6
Produto 9	600
Produto 10	2
Produto 11	900
Produto 12	15
Produto 13	1
Produto 14	4
Produto 15	7

11. Explique o Princípio de Pareto: **poucos vitais e muitos triviais**. Dê exemplos práticos de aplicação.
12. Durante uma reunião para a discussão do dimensionamento de estoques, o Administrador de Materiais defendeu a manutenção de estoques altos de produtos acabados com o seguinte argumento: "Se a empresa não tivesse estoques altos daquele produto, em 1984 não teria fechado um negócio muito bom que rendeu milhares de dólares de lucro adicional para a empresa. O mesmo ocorreu em 1996". Qual seria o seu argumento para defender a redução dos estoques?
13. Dada a demanda real dos últimos 15 meses, calcule a demanda futura (próximos 12 meses), utilizando o método da média móvel:

Mês	1	2	3	4	5	6	7	8	9	10	11	12	13	14	15
Demanda	5	7	8	6	9	11	8	4	5	4	3	6	8	8	10

14. Utilize os dados do exercício anterior para calcular a demanda dos próximos 12 meses, empregando o método da média móvel ponderada. Pesos: $(n-2) = 0,1$, $(n-1) = 0,3$ e $(n) = 0,6$.
15. Utilize os mesmos dados para calcular a demanda dos próximos 12 meses, empregando o método dos mínimos quadrados.
16. Calcule a demanda do produto 01.004.0048-7 utilizando os métodos de média móvel e mínimos quadrados:

Ano 01	JAN.	FEV.	MAR.	ABR.	MAIO	JUN.	JUL.	AGO.	SET.	OUT.	NOV.	DEZ.
Demanda	10	13	14	15	18	20	17	8	11	9	6	7

Ano 02	JAN.	FEV.	MAR.	ABR.	MAIO	JUN.	JUL.	AGO.	SET.	OUT.	NOV.	DEZ.
Demanda	11	14	10	14	16	21	19	10	10	8	5	4

Ano 03	JAN.	FEV.	MAR.	ABR.	MAIO	JUN.	JUL.	AGO.	SET.	OUT.	NOV.	DEZ.
Demanda												

17. Use uma Curva ABC para fazer um estudo da utilização de espaço de armazenagem em uma empresa de informática:

Produto	Quant.	Dm³/unid.
01.004-7	200	90
01.005-0	500	85
01.008-2	50	150
01.010-6	50	100
02.002-2	35	20
02.005-7	10	50
02.008-9	250	30
04.001-1	1.000	3
04.002.1	600	3
04.005-5	50	3

Produto	Quant.	Dm³/unid.
05.002-1	2	250
05.004-6	10	250
05.005-2	10	250
06.002-4	10.000	0,01
06.004-8	5.000	0,01
06.005-3	10.000	0,01
06.006-0	1.000	0,01
09.001-1	50	25
09.004-2	50	20
09.010-5	50	40

18. Explique os termos **tendência, sazonalidade** e **ciclicidade** em uma projeção de demanda.

19. Faça uma projeção do estoque final do produto 04.005.046-9 para os próximos seis meses, utilizando os métodos da média móvel e mínimos quadrados.

Ano 02	JAN.	FEV.	MAR.	ABR.	MAIO	JUN.	JUL.	AGO.	SET.	OUT.	NOV.	DEZ.
Quantidade	100	120	120	120	140	150	170	200	210	190	200	230
Preço médio	0,10	0,11	0,09	0,08	0,08	0,07	0,07	0,08	0,07	0,06	0,05	0,05

20. Faça uma simulação da demanda do produto 02.0050-8, utilizando os dados referentes aos dois últimos meses:

Dia útil	Quant./dia mês 1	Quant./dia mês 2
1	0	0
2	0	2
3	2	3
4	5	1
5	0	1
6	0	1
7	4	2
8	0	0
9	0	3
10	1	2
11	3	4
12	2	5
13	1	0
14	0	0
15	3	1
16	2	1
17	6	2
18	4	2
19	2	5
20	0	0
21	0	0
22	1	0

21. Explique por que no momento da entrega o fornecedor é cliente do setor de recebimento da empresa. Qual é o tratamento que deve ser dispensado a ele como cliente?

22. Cite e explique os procedimentos de recebimento de produtos sensíveis a choques e temperatura, tais como equipamentos de informática, robótica etc.

23. Explique por que uma empresa deve ter vários procedimentos de inspeção de recebimento. Quais são as variáveis que determinam qual procedimento utilizar em um recebimento de materiais?

24. Cite e explique três métodos de identificação da situação de materiais recebidos. Esboce os formulários para cada um dos métodos.

25. Quais são as ações corretivas que devem ser tomadas para impedir que novos lotes de materiais não conformes sejam recebidos por uma empresa industrial?

26. Quais são as variáveis mais importantes a serem consideradas para escolher um sistema de classificação de materiais que seja adequado à empresa?

27. Cite e explique os objetivos de um sistema de catalogação de materiais.

28. No processo de identificação de materiais, explique os termos: descrição padronizada, descrição referencial, nome padronizado e nome básico.

29. Cite as aplicações para os códigos tipo: EAN-8, EAN-13, EAN/UCC-14 e EAN-128.

30. Como a utilização de códigos de barras melhora o recebimento, o controle e a expedição de materiais em uma empresa industrial?

CONTROLE DE ESTOQUES

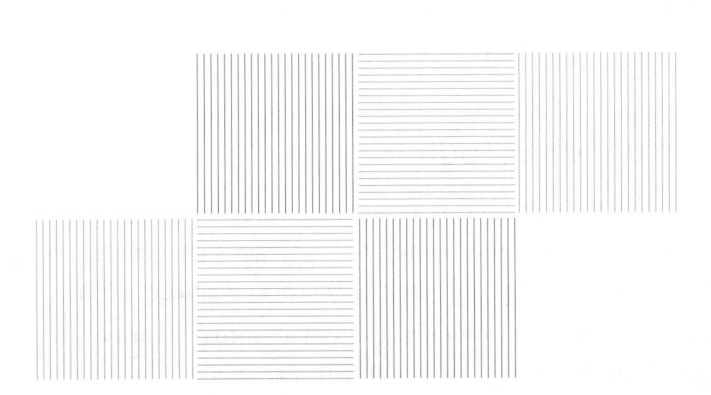

Depois de termos analisado a entrada de materiais e sua codificação, vamos dar maior atenção à função controle de estoque, abrangendo o controle físico e como calcular o seu custo.

Veremos que ele é um dos pilares da Administração de Materiais, uma vez que não basta que os produtos entrem adequadamente no armazém de materiais, mas devemos prever meios para que não haja excessos, faltas nem deterioração dos materiais estocados.

4.1 CONCEITO DE CONTROLE DE ESTOQUES

A função de **controle** é definida como um fluxo de informações que permite comparar o resultado real de determinada atividade com seu resultado planejado. Esse fluxo de informações pode ser visual ou oral, mas recomenda-se que seja documentado para que possa ser analisado, arquivado e recuperado quando necessário.

Como premissa, é necessário haver um planejamento ou expectativa do resultado dessa atividade, sem o qual não há razão para implantar um controle. Além disso, as informações que trafegam pela empresa devem ter algumas características essenciais:

- **Corretas e precisas** – fidelidade ao estado da atividade.
- **Válidas** – mostrar o que se deseja medir.
- **Completas** – abranger todos os aspectos importantes.
- **Única e mutuamente exclusivas** – não haver redundância.
- **Compreensíveis** – simples e inteligíveis.
- *Timing* – geradas em tempo adequado.

Para que o controle de estoque seja eficaz é necessário, portanto, que haja um fluxo de informações adequado e um resultado esperado quanto a seu comportamento. Espera-se de um Administrador de Materiais que os usuários tenham fácil acesso aos itens estocados quando eles forem necessários para a elaboração de alguma atividade na empresa, mas, por outro lado, o volume do estoque não pode ser tão alto que comprometa a rentabilidade da empresa.

Assim, o problema está em encontrar um **nível de estoque** que permita atender adequadamente aos seus usuários e obedeça às restrições impostas.

4.1.1 Documentos do controle de estoque

Para que o controle de estoque seja eficaz, é necessário que o fluxo de informações seja adequado e documentado. Assim, alguns documentos padronizados devem ser implantados para que isso seja possível, sem introduzir uma burocracia desnecessária.

A denominação desses documentos varia de empresa para empresa, portanto, vamos adotar os nomes mais comuns encontrados na literatura:

QUADRO 4.1

Documento	De	Para	Função
Requisição de Compra	Estoque	Compras	Solicitar a aquisição de determinado item para a reposição do estoque.
Requisição de Fabricação	Estoque	Produção	Solicitar a fabricação de determinado item para a reposição do estoque.
Pedido de Cotação	Compras	Fornecedores	Solicitar informações sobre as condições de fornecimento de determinado item (preço, prazo etc.).
Proposta ou Cotação	Fornecedores	Compras	Informar à empresa compradora as condições de fornecimento.
Pedido de Compra	Compras	Fornecedor	Solicitar a entrega de item ao fornecedor que melhor atender às condições de fornecimento.
Nota Fiscal	Fornecedor	Estoque	Formalizar, por meio de um documento legal, a entrega do pedido de compra.
Requisição de Material	Usuário	Estoque	Formalizar o pedido de retirada de determinada quantidade de um item em estoque para consumo da empresa.
Solicitação de Inspeção	Estoque	Controle de Qualidade	Solicitar inspeções e ensaios para a verificação dos requisitos especificados do produto entregue, quando necessário.
Liberação para Consumo	Controle de Qualidade	Estoque	Informar a conformidade ou não do produto entregue aos requisitos especificados.

Normalmente, esses documentos são emitidos em papel, mas são cada vez mais comuns a emissão, verificação, liberação e envio por meios eletrônicos, com vantagens evidentes de velocidade, arquivamento e recuperação de informações.

4.1.2 Curva dente-de-serra

Uma das maneiras de representar a evolução do estoque em uma empresa é por um gráfico em que no **eixo x** colocamos o **tempo** e no **eixo y**, a **quantidade em estoque**, como vemos no **Gráfico 4.1**. Podemos observar que existem dois períodos distintos: período de **Consumo do Estoque** e período de **Reposição do Estoque**.

O gráfico mostra que na prática da Administração de Materiais muitos fatores influenciam na evolução da quantidade estocada, como, por exemplo:

- A demanda durante o período de consumo não ser constante, ou seja, sofrer influências de aleatoriedades próprias de cada empresa e de cada período.
- Falhas na área de compras ou no controle de estoques que atrasem o pedido do item em estoque aos fornecedores.
- O fornecedor atrasar a entrega do item em estoque.
- O controle da qualidade rejeitar lotes entregues do item em estoque.

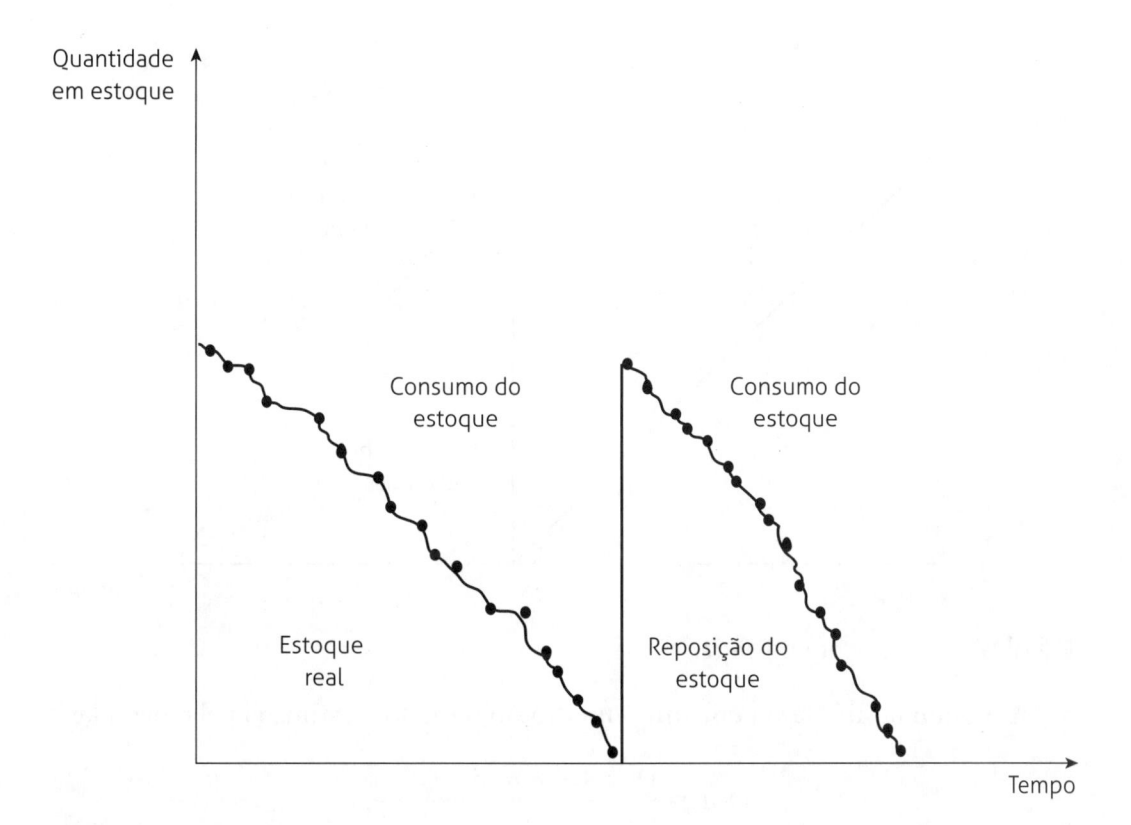

GRÁFICO 4.1 Evolução do estoque real.

Todas essas razões acabam implicando uma curva difícil de ser analisada. Além disso, para o estudo da evolução do estoque no futuro, temos de retirar o efeito da aleatoriedade, concentrando-nos apenas no comportamento médio da demanda, e assumir que tanto a empresa compradora quanto a fornecedora não cometerão falhas nos seus procedimentos de abastecimento.

Trata-se, então, de fazer uma **simplificação** do que ocorre na prática das empresas, ou seja:

- Durante o período de consumo, a demanda pelo item em estoque é *constante*.
- Não há atrasos no pedido de compra por parte da empresa compradora.
- Não há atrasos de fornecimento por parte da empresa fornecedora.
- O material comprado chega à empresa compradora quando o estoque chega a zero.
- O controle da qualidade não rejeita o lote comprado.

Assim, podemos construir um gráfico que incorpora todas essas simplificações, chamado **curva dente-de-serra**, como mostra o Gráfico 4.2.

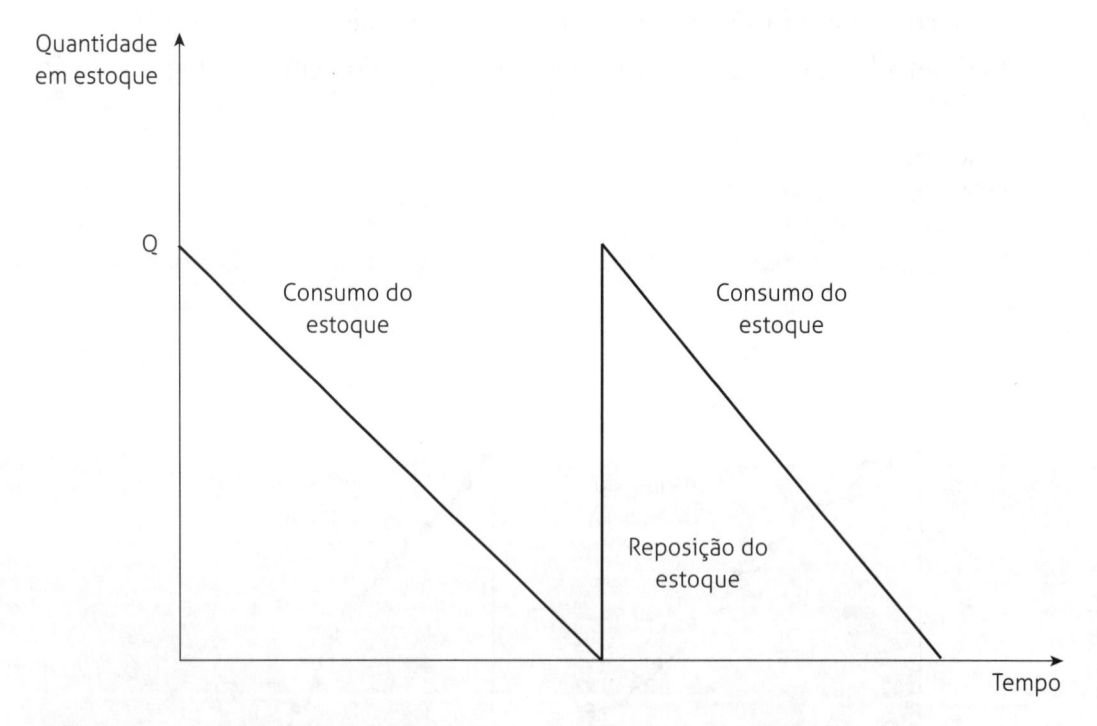

GRÁFICO 4.2 Curva dente-de-serra.

A **demanda média** ou **consumo médio** no período é estimada pela fórmula:

$$DM = \frac{D_1 + D_2 + \ldots + D_n}{n}$$

em que:

- **DM** = Demanda Média
- D_i = Demanda em cada período (diária, mensal etc.)
- n = Número de períodos

Exemplo:

Calcule a demanda diária do item em estoque código 12.05.067-3, dado que o consumo nos últimos dez dias foi:

Dia	1	2	3	4	5	6	7	8	9	10
Demanda	3	2	1	1	3	5	1	2	0	2

$$DM = \frac{3+2+1+1+3+5+1+2+0+2}{10} = \frac{20}{10} = 2$$

4.1.3 Tempo de reposição do estoque

Tempo de reposição do estoque é definido como o período entre a detecção de que o estoque de determinado item precisa ser reposto até a efetiva disponibilidade do item para consumo. Embora pareça simples, esse processo possui várias etapas, e o Administrador de Materiais deve assegurar-se de que os procedimentos serão cumpridos sem falhas:

- Constatar a necessidade de reposição pelo Almoxarifado.
- Informar a área de compras da necessidade de reposição.
- Contatar os fornecedores para obter as propostas de fornecimento por meio de cotações, licitações etc., ou outro meio adequado.
- Emitir o Pedido de Compra.
- Cumprir o prazo de entrega pelo fornecedor: fabricação, separação e expedição do pedido feito.
- Transportar o item comprado do fornecedor até o comprador.
- Desembaraços alfandegários, quando necessários.
- Realizar os procedimentos adequados de inspeção e ensaios pelo Controle da Qualidade, quando necessários.

Assim, o **tempo de reposição** é a soma dos tempos de cada uma das etapas descritas anteriormente.

4.1.4 Estoque de segurança

As simplificações que fizemos para construir a **curva dente-de-serra** eliminaram as falhas, aleatoriedades e problemas de abastecimento que ocorrem na prática das empresas. No entanto, para que não haja uma probabilidade muito grande de falta de itens em estoque quando eles são necessários, é preciso incorporar um fator que absorva as eventualidades que possam ocorrer.

As falhas mais críticas no procedimento de reposição de estoque ocorrem em três pontos principais:

- **Aumento repentino de demanda** – aumentos não previstos da demanda do item em estoque podem ocorrer por várias causas, como, por exemplo: a chegada de um grande pedido do produto final para determinado cliente, o aumento da produção para estocagem do produto final, promoções etc. O Gráfico 4.3 mostra a falta de material em virtude desse fato.

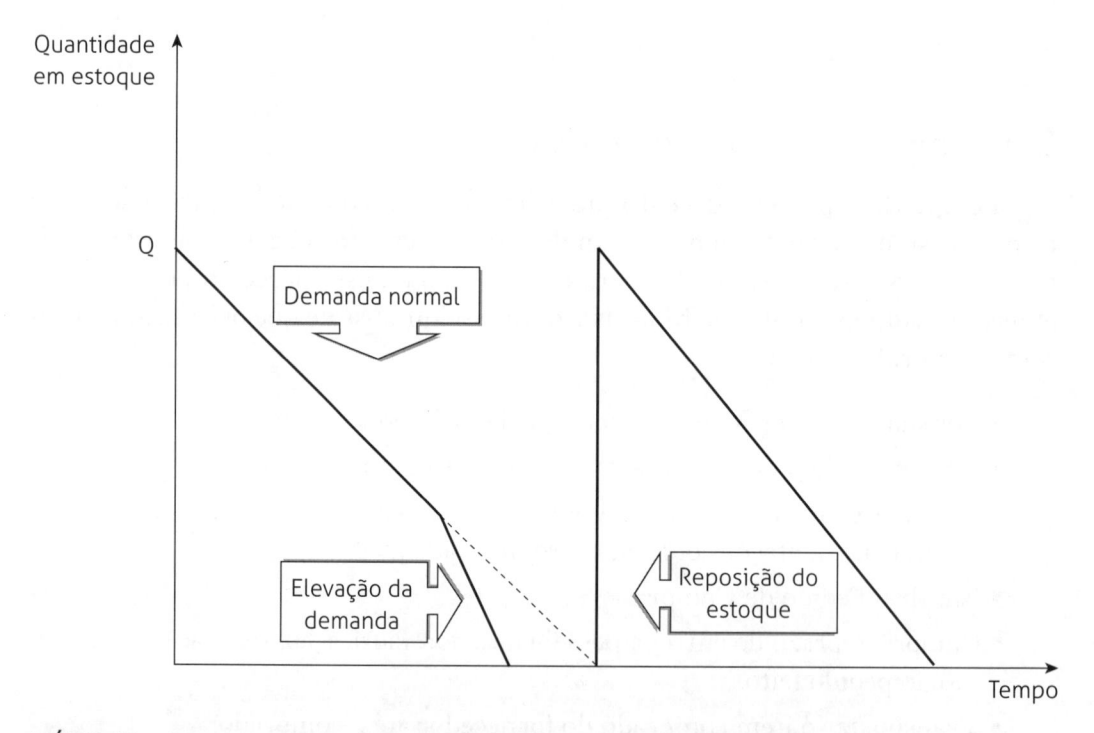

GRÁFICO 4.3 Falta em virtude do aumento repentino da demanda.

- **Demora no procedimento do Pedido de Compra** – falhas no sistema de informações do Almoxarifado ou da área de Compras podem incorrer em demoras excessivas na expedição do pedido.
- **Atrasos de entrega pelo fornecedor** – o fornecedor nem sempre tem condições de cumprir seus prazos de entrega em virtude de problemas no seu sistema de produção, transporte ou dependência de liberação alfandegária. O Gráfico 4.4 mostra a falta em estoque provocada por atrasos na entrega pelo fornecedor.

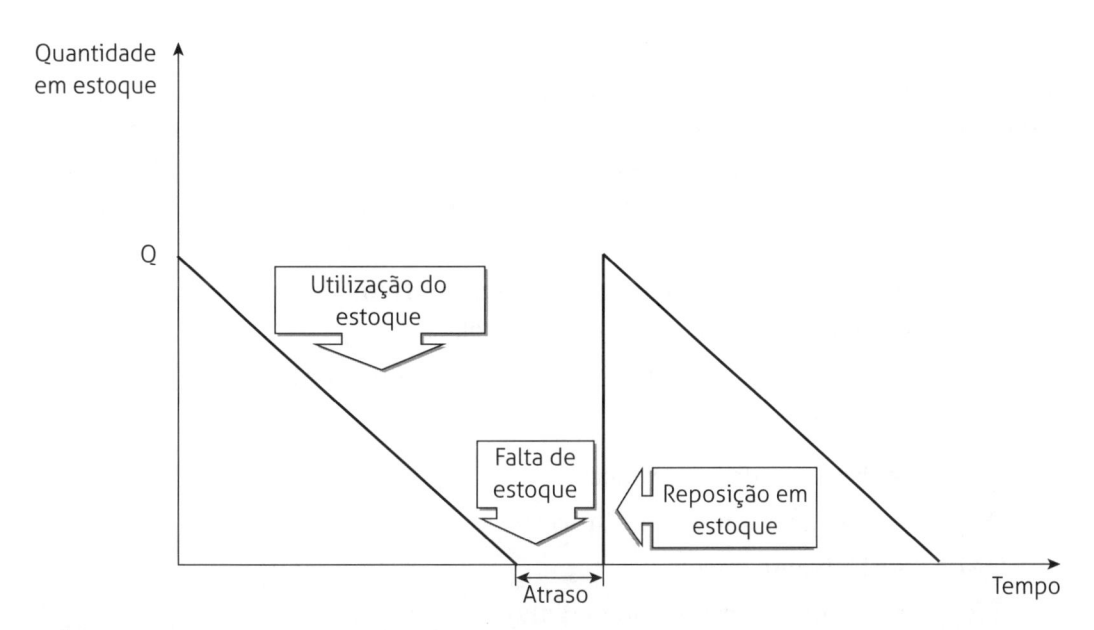

GRÁFICO 4.4 Falta em virtude do atraso nas entregas.

Assim, a maneira mais comum de tratar esse problema é dimensionar um **estoque mínimo** ou **Estoque de Segurança** que fique à disposição dos usuários quando algo foge ao planejado. O Gráfico 4.5 mostra a introdução de um Estoque de Segurança.

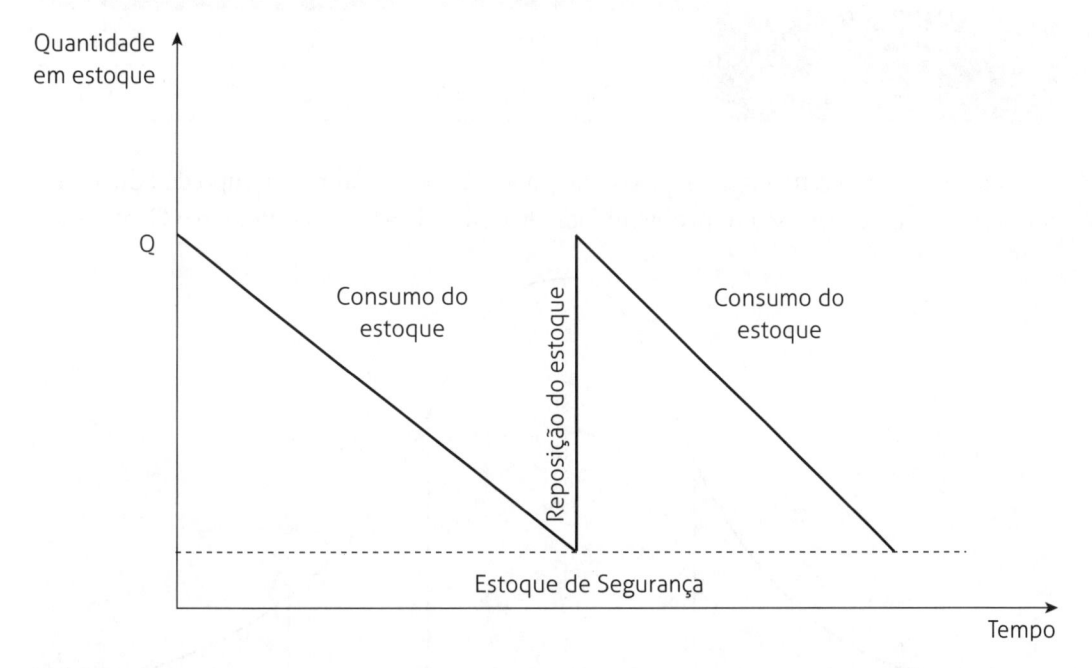

GRÁFICO 4.5 Estoque de Segurança.

Supondo que o comportamento da **demanda média** e do **tempo de reposição** não varie significativamente ao longo do tempo, o **Estoque de Segurança** é virtualmente **zero**. Como na prática isso não ocorre, precisamos introduzir cálculos alternativos quando uma ou ambas as condições não ocorrem, ou seja, quando a **demanda** ou **consumo médio** apresenta probabilidade significativa de aumento excessivo durante o **tempo de reposição** e quando o próprio **tempo de reposição** apresenta variações significativas, em virtude da demora nos procedimentos internos de **pedido de compra** ou do atraso constante das entregas do fornecedor.

Uma maneira simples de cálculo para itens **críticos** de estoque, ou seja, cuja probabilidade de falta deve ser a menor possível, é:

$$E_{Seg} = (D_{Máx} \times TR_{Máx}) - (DM \times TRM)$$

em que:

E_{Seg} = Estoque de Segurança
$D_{Máx}$ = Demanda máxima histórica
DM = Demanda média
$TR_{Máx}$ = Tempo de reposição máximo
TRM = Tempo de reposição médio

O quadro a seguir mostra alguns cálculos alternativos:

QUADRO 4.2

	TR Constante	TR Variável
Demanda constante	$E_{Seg} = 0$	$E_{Seg} = DM (TR_{Máx} - TRM)$
Demanda variável	$E_{Seg} = (D_{Máx} - DM) \times TRM$	$E_{Seg} = D_{Máx} \times TR_{Máx} - DM \times TRM$

Para itens não críticos, ou seja, os que podem suportar algum tempo de falta de estoque, o cálculo baseia-se em probabilidade de falta e de atraso, conforme o Gráfico 4.6.

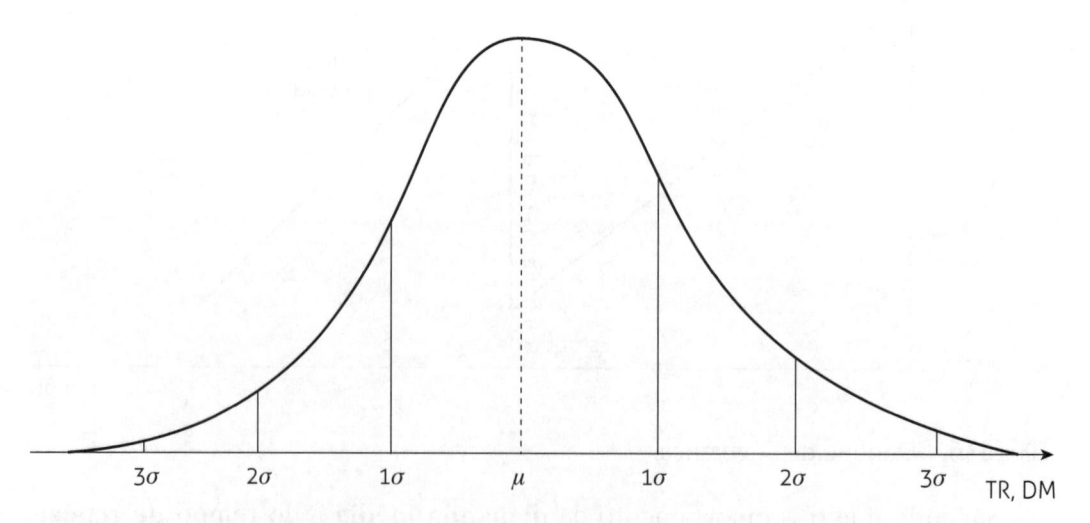

GRÁFICO 4.6 Distribuição normal de probabilidade.

Para que possamos compreender o cálculo do **Estoque de Segurança** utilizando o conceito de probabilidade de falta, vamos recuperar o conceito de **nível de serviço**. Como vimos, o **nível de serviço** é definido como **o desempenho oferecido pelos fornecedores aos seus clientes, internos ou externos, no atendimento dos pedidos**.

Assim, o Administrador de Materiais pode fixar o **nível de serviço** para determinado item em 95%, ou seja, em 95% das vezes em que houver uma **requisição de material** solicitando a retirada deste item, ela será atendida. Em outras palavras, em apenas 5% das vezes em que for solicitada a retirada o item se encontrará em falta.

O Gráfico 4.7 mostra como isso acontece:

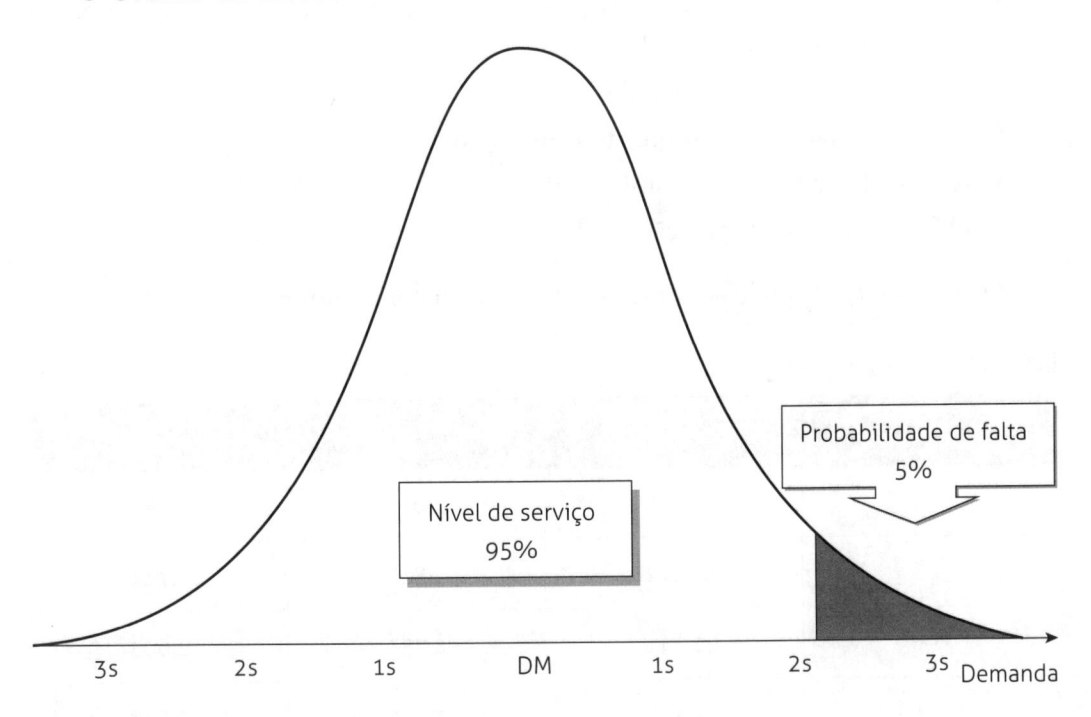

GRÁFICO 4.7 Nível de serviço.

O cálculo requer uma amostra de tamanho **n** e o uso de uma tabela de distribuição de probabilidade **t de Student** para fixarmos um **nível de serviço** desejado, que denominamos de $t_{n,NS\%}$ (no exemplo anterior devemos tomar $t_{n,95\%}$), e uma estimativa da **variância s^2** da **demanda** e do **tempo de reposição do item.**

A estimativa da variância s^2 pode ser obtida pela fórmula:

$$s^2 = \frac{\sum_{i=1}^{n} x_i^2 - \frac{\left(\sum_{i=1}^{n} x_i\right)^2}{n}}{n-1}$$

O cálculo do Estoque de Segurança para um dado Nível de Serviço NS% é feito por uma fórmula simplificada para facilitar os cálculos nas aplicações práticas. Pode-se notar que a análise dimensional dos termos da fórmula simplificada não é coerente, uma vez que vários itens da fórmula original foram aproximados para 0 ou 1 conforme a conveniência da simplificação. Assim, o cálculo do Estoque de Segurança probabilístico é dado pela fórmula simplificada a seguir:

$$E_{Seg} = t_{n,NS\%} \times \sqrt{S_D^2 \times TRM + S_{TR}^2 \times DM^2}$$

em que:

$t_{n,NS\%}$ = valor de **t de Student** para uma amostra de **n** períodos e um **Nível de Serviço = NS%**
S_D^2 = variância da demanda
S_{TR}^2 = variância do **tempo de reposição**
DM = demanda ou consumo médio
TRM = tempo de reposição médio

O valor de $t_{n,NS\%}$ pode ser obtido pelo Quadro 4.3 a seguir:

QUADRO 4.3 Valores de $t_{n,NS\%}$.

Nº de Períodos	NS = 99%	NS = 95%	NS = 90%
5	3,365	2,015	1,476
10	1,372	1,812	2,764
15	1,341	1,753	2,602
20	1,325	1,725	2,528
30	1,310	1,697	2,457
50	1,299	1,676	2,403
80	1,292	1,664	2,374
120	1,289	1,657	2,351

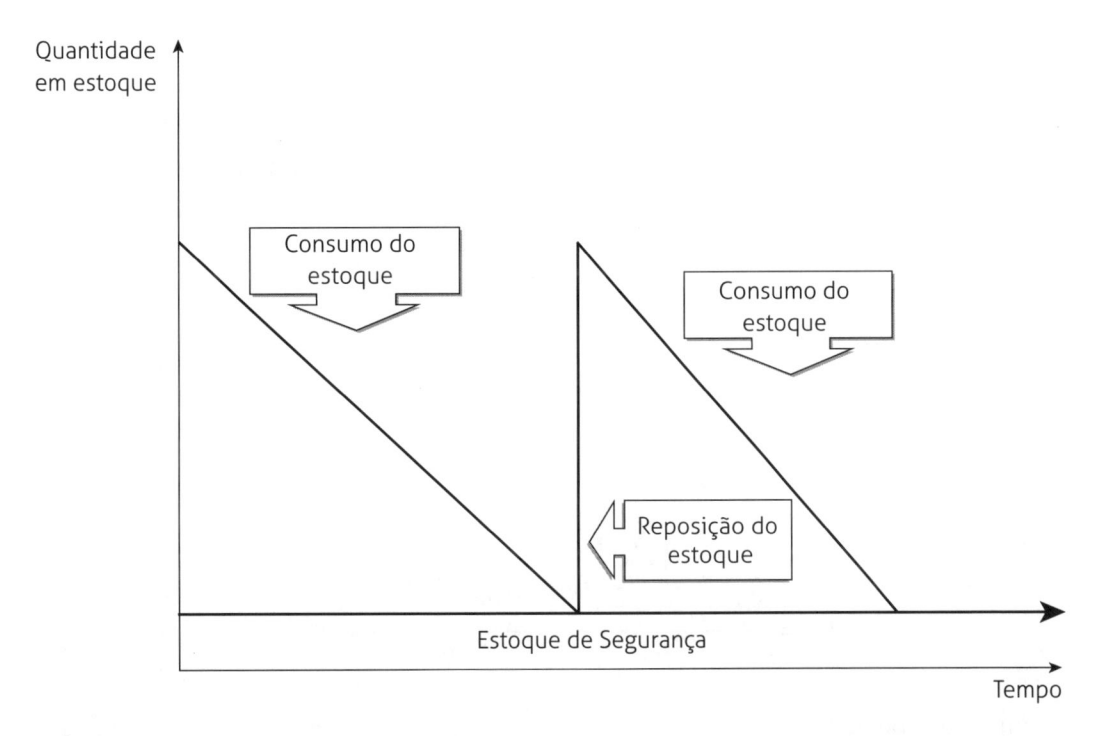

GRÁFICO 4.8 Estoque de Segurança.

Como o Estoque de Segurança será utilizado apenas nas eventualidades, é necessário que seu valor seja calculado ponderando adequadamente todas as variáveis que possam influir na sua determinação. Como estoques adicionais são indesejáveis, seu valor deve ser o mais baixo possível, e todas as providências devem ser tomadas na investigação e solução de suas **causas**, visando ao:

Ideal de Estoque de Segurança = zero

Exemplo:

Calcule o **Estoque de Segurança** para um Nível de Serviço de 90% do item em estoque código 12.05.067-3, dado que o consumo nos últimos dez dias foi:

Dia	1	2	3	4	5	6	7	8	9	10
Demanda	15	20	10	15	20	15	10	20	5	20

Além disso, o **tempo de reposição**, em dias, das últimas dez aquisições do item foi:

Aquisição	1	2	3	4	5	6	7	8	9	10
Tempo de reposição	3	2	2	1	3	1	2	1	3	1

Cálculos:

Demanda

Dia	1	2	3	4	5	6	7	8	9	10	Σ
D	15	20	10	15	20	15	10	20	5	20	150
D²	225	400	100	225	400	225	100	400	25	400	2500

$$DM = \frac{\sum_{i=1}^{n} D_i}{n} = \frac{150}{10} = 15$$

$$S_D^2 = \frac{\sum_{i=1}^{n} D_i^2 - \frac{\left(\sum_{i=1}^{n} D_i\right)^2}{n}}{n-1} = \frac{2500 - \frac{(150)^2}{10}}{9} = 27,78$$

Tempo de reposição

Aquisição	1	2	3	4	5	6	7	8	9	10	Σ
TR	3	2	2	1	3	1	2	1	3	1	19
TR²	9	4	4	1	9	1	2	1	9	1	43

$$TRM = \frac{\sum_{i=1}^{n} TR_i}{n} = \frac{19}{10} = 1,9$$

$$S_{TR}^2 = \frac{\sum_{i=1}^{n} TR_i^2 - \frac{\left(\sum_{i=1}^{n} TR_i\right)^2}{n}}{n-1} = \frac{43 - \frac{(19)^2}{10}}{9} \cong 0,77$$

Na Tabela 4.3, tomamos $t_{n,NS\%} = t_{10,90\%} = 2,764$

$$E_{Seg} = t_{n,NS\%} \times \sqrt{S_D^2 \times TRM + S_1^2 \times DM^2} =$$

$$= 2,764 \times \sqrt{27,78 \times 1,9 + 0,77 \times 15^2} = 41,49 \cong 42$$

4.1.5 Estoque virtual

Outro conceito importante que devemos levar em consideração ao calcular o momento de fazer um novo **pedido de compra** ou de **fabricação** é o de **estoque virtual**, que é calculado da seguinte maneira:

$$\text{Estoque virtual} = \text{Estoque físico} - \text{Consumo empenhado} + \text{Entregas pendentes} - \text{Estoque em inspeção}$$

em que:

Estoque físico	=	Quantidade física armazenada disponível para consumo.
Consumo empenhado	=	Quantidade que, embora não tenha sido fisicamente consumida, já possui previsão de consumo em um futuro próximo, formalmente documentada pela **requisição de materiais**.
Entregas pendentes	=	Quantidade já solicitada aos fornecedores por um **pedido de compra**, mas ainda não entregue.
Estoque em inspeção	=	Quantidades já entregues, mas que aguardam a **liberação para consumo** pelo Controle da Qualidade.

4.1.6 Ponto de pedido

Determinar quando fazer um novo pedido de compra para reposição do item em estoque é um dos grandes problemas do Administrador de Materiais. A quantidade em estoque que, quando atingida, deve acionar um novo processo de compra ou fabricação é chamada **ponto de pedido**.

Com uma periodicidade adequada, diária, semanal ou mensal, a área de estoque deve fazer uma verificação para saber se o **estoque virtual** está igual ou abaixo do **ponto de pedido**.

Vimos anteriormente que, para construir a **curva dente-de-serra**, fizemos um grande número de simplificações para podermos analisar, com mais facilidade, o comportamento do estoque. Para calcular o momento em que devemos fazer o **pedido de compra**, todas essas simplificações estão presentes e, de alguma maneira, devem ser absorvidas pelo **Estoque de Segurança**.

Assim, o ponto de pedido pode ser calculado da seguinte maneira:

$$PP = DM \times TR + E_{Seg}$$

em que:

PP = Ponto de Pedido
DM = Demanda ou consumo médio no período
TR = Tempo de Reposição
E_{Seg} = Estoque de Segurança

O Gráfico 4.9 mostra o cálculo do **ponto de pedido**:

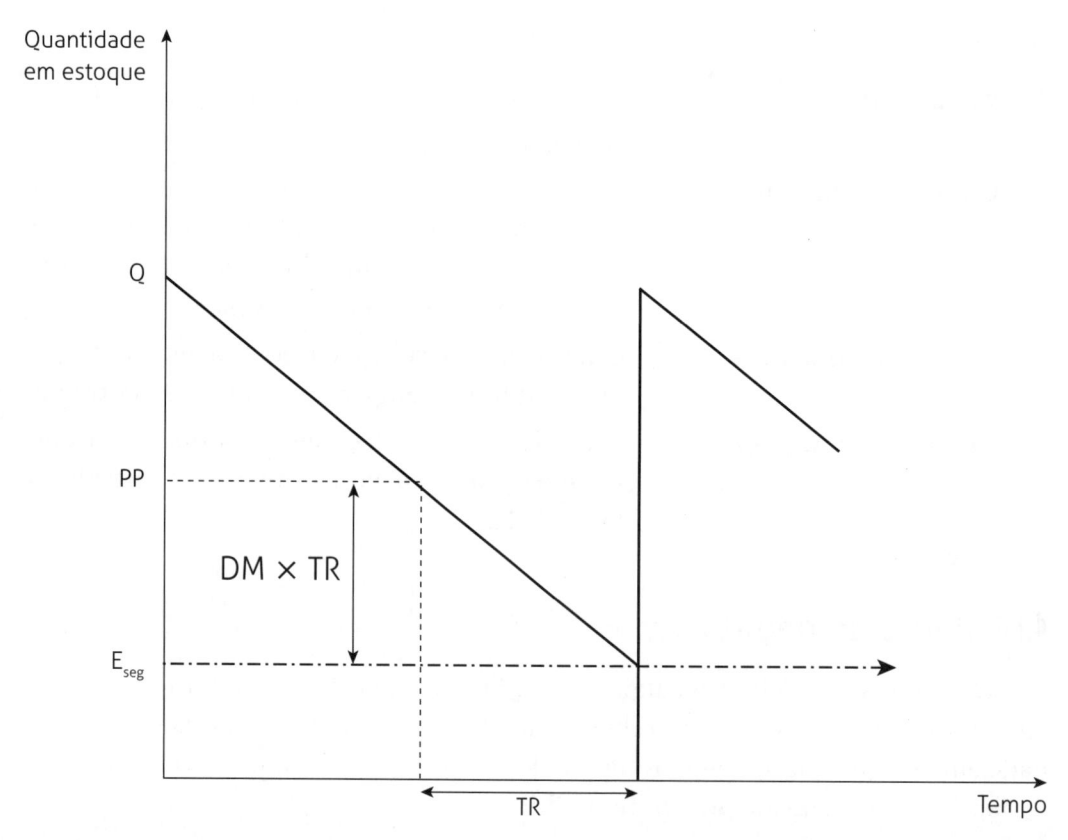

GRÁFICO 4.9 Ponto de pedido.

Exemplo:

Calcular o *ponto de pedido* do item código 12.08.9076-5, que tem um consumo médio diário de 12 unidades e *Estoque de Segurança* de 20 unidades. O prazo de entrega do fornecedor é de cinco dias, e os procedimentos internos de emissão do *pedido de compra* demoram dois dias.

TR = Tempo para Procedimentos Internos + Prazo de Entrega
TR = 2 + 5 = 7 dias
PP = DM × TR + E_{Seg}
PP = 12 × 7 + 20 = 104 unidades

4.1.7 Estoque médio

O **estoque médio** é um parâmetro útil que resume as transações de entradas e saídas de determinado item de estoque. Tomando-se uma **curva dente-de-serra**, com todas as suas simplificações, em que, ao atingir o Estoque de Segurança (E_{Seg}), as reposições são feitas imediatamente por meio da entrada de uma quantidade **Q**, o **estoque médio** pode ser calculado pela seguinte fórmula:

$$EM = \frac{Q}{2} + E_{Seg}$$

em que:

EM = Estoque Médio
Q = Quantidade adquirida ou fabricada para reposição de estoque
E_{Seg} = Estoque de Segurança

Exemplo:

Calcule o **estoque médio** do item em estoque código 12.05.067-3, dado que o lote de compra é de 200 unidades e a empresa mantém um Estoque de Segurança de 15 unidades.

$$EM = \frac{Q}{2} + E_{Seg} = \frac{200}{2} + 15 = 100 + 15 = 115$$

No entanto, quando as premissas da curva dente-de-serra não são verificadas, o cálculo do estoque médio é feito pela seguinte fórmula:

$$EM = \frac{\sum_{i=1}^{n} E_i}{n}$$

em que:

EM = Estoque Médio
E_i = Estoque no final do período
n = Número de períodos

Exemplo:

Calcule o **estoque médio** do item em estoque código 12.05.067-3, dado que o estoque nos últimos 12 meses foi:

Dia	1	2	3	4	5	6	7	8	9	10	11	12
Estoque	115	120	110	115	120	115	110	120	50	120	115	100

Cálculos:

Dia	1	2	3	4	5	6	7	8	9	10	11	12	Σ
Estoque	115	120	110	115	120	115	110	120	50	120	115	100	1310

$$EM = \frac{\sum_{i=1}^{n} E_i}{n} = \frac{1310}{12} = 109,2 \cong 109$$

4.1.8 Giro ou rotatividade de estoque

Giro ou rotatividade de estoque é definido como o número de vezes em que o estoque é totalmente renovado em um período de tempo, geralmente anual. É calculado pela fórmula:

$$Giro = \frac{\text{Demanda Média no Período}}{\text{Estoque Médio no Período}}$$

Exemplo:

Calcule o giro de estoque do item em estoque código 12.05.067-3, dado que a demanda média anual foi de 1.300 unidades e o estoque médio foi de 109 unidades.

$$Giro = \frac{\text{Demanda Média no Período}}{\text{Estoque Médio no Período}} = \frac{1.420}{109} = 13 \text{ vezes/ano}$$

Se o giro ou rotatividade de estoque mostra o **número de vezes** em que o estoque de determinado item é renovado em um período de tempo, o **tempo médio em estoque** é definido como o **período médio de tempo** em que o estoque do item é renovado. Ou seja, é o inverso da definição do giro ou rotatividade de estoque:

$$\text{Tempo Médio em Estoque} = \frac{\text{Estoque Médio no Período}}{\text{Demanda Média no Período}}$$

Exemplo:

Calcule o tempo médio em estoque do exemplo anterior.

$$\text{Tempo Médio em Estoque} = \frac{\text{Estoque Médio no Período}}{\text{Demanda Média no Período}} = \frac{109}{1.420}$$

$$= 0,077 \text{ anos} = 0,92 \text{ meses} \cong 28 \text{ dias}$$

4.2 CUSTOS DE ESTOQUE

Uma das principais preocupações do Administrador de Materiais é saber quais são os custos relacionados ao estoque que ele gerencia. Quando a sobrevivência da empresa está ameaçada pela existência de custos acima dos concorrentes diretos, o Administrador de Materiais deve manter um controle rigoroso sobre esse item e, com base nessas informações, aplicar ações corretivas para reduzi-lo a níveis aceitáveis.

O custo de estoque pode ser desmembrado em quatro partes, que auxiliarão na determinação do nível de estoque a ser mantido:

- Custo de aquisição.
- Custo de armazenagem.
- Custo de pedido.
- Custo de falta.

4.2.1 Custo de aquisição

O custo de aquisição é o valor pago pela empresa compradora pelo material adquirido. Esse custo está relacionado com o poder de negociação da área de Compras, em que buscará minimizar o preço pago por unidade adquirida.

Embora esse custo não seja de responsabilidade direta do Administrador de Materiais, ele implicará diretamente o valor do material em estoque. Quanto maior o preço unitário pago, maior o valor do estoque para uma mesma quantidade estocada.

$$C_{Aq} = P_u \times Q$$

Exemplo:

Na compra de um lote de 500 peças do item 12.19.457-6, o preço unitário de tabela era R$ 12,00. Para quantidades acima de 300 unidades, há um desconto de 10%. Calcule o custo de aquisição do lote:

$P_u = 12,00 - 0,1 \times 12,00 = 10,80$

$C_{Aq} = 10,80 \times 500 = R\$ 5.400,00$

4.2.2 Custo de armazenagem

O Administrador de Materiais é o responsável por manter esse custo no nível mais baixo possível, pois se trata de um dos itens que mais oneram a empresa em sua lucratividade.

Programas de melhoria de produtividade baseados em *just-in-time* têm como objetivo principal manter esse custo próximo a zero. O custo de armazenagem de determinado item **i** em estoque pode ser calculado pela fórmula:

$$\text{Custo de Armazenagem} = \text{Estoque Médio} \times \text{Preço Médio Unitário} \times \text{Tempo em Estoque} \times \text{Custo de Armazenagem Unitário}$$

ou

$$CAm_i = EM_i \times PMu_i \times T \times CAmu$$

em que:

CAm_i = Custo de Armazenagem do item **i**
EM_i = Estoque Médio do item i no tempo **T**
PMu_i = Preço Médio Unitário do item **i** estocado no tempo **T**
T = Tempo em Estoque
$CAmu$ = Custo de Armazenagem Unitário

Os fatores anteriores podem ser assim calculados:

$$EM_i = \frac{\sum_{t=1}^{T} E_{it}}{T}$$

em que:

E_{it} = Estoque do item **i** no período **T**

$$PMu_i = \frac{\sum_{i=1}^{n} Pu_{il} \times Q_{il}}{\sum_{i=1}^{n} Q_{il}}$$

Pu_{il} = Preço unitário de aquisição do lote l do item i
Q_{il} = Quantidade do lote adquirido l do item i

O cálculo do Custo de Armazenagem Unitário (*CAmu*) é um pouco mais complexo e envolve vários fatores, demonstrados no quadro a seguir:

QUADRO 4.4

Fatores	Descrição	Cálculos
Juros	Juros médios recebidos em aplicações financeiras ou rentabilidade mínima exigida pela empresa	$J = \dfrac{\text{Juros no tempo T}}{\text{Valor Médio do Estoque no tempo T}}$
Aluguel	Aluguel pago pela área de armazenagem	$CAl = \dfrac{\text{Custo de Aluguel do Estoque no tempo T}}{\text{Valor Médio do Estoque no tempo T}}$
Seguros	Prêmios de seguros pagos pela empresa. O custo de seguro varia com o valor do estoque segurado	$SEG = \dfrac{\text{Seguros pagos no tempo T}}{\text{Valor Médio do Estoque no tempo T}}$
Perdas e Danos	Valor de materiais danificados, obsoletos e desaparecidos do estoque em determinado intervalo de tempo T	$PD = \dfrac{\text{Valor das perdas no tempo T}}{\text{Valor Médio do Estoque no tempo T}}$
Impostos	Imposto predial, alfandegário e outros	$IMP = \dfrac{\text{Impostos pagos no tempo T}}{\text{Valor Médio do Estoque no tempo T}}$
Movimentação	Custos com transporte, manuseio, embalagem, manutenção de equipamentos etc.	$MOV = \dfrac{\text{Custos de Movimentação no tempo T}}{\text{Valor Médio do Estoque no tempo T}}$
Mão de obra	Salários, encargos e benefícios adicionais pagos ao pessoal operacional da área de estocagem	$MDO = \dfrac{\text{Custos de Mão de obra no tempo T}}{\text{Valor Médio do Estoque no tempo T}}$
Despesas	Despesas com luz, telefone, material de escritório, serviços de terceiros, EPIs, veículos e outras despesas administrativas	$DES = \dfrac{\text{Despesas Gerais no tempo T}}{\text{Valor Médio do Estoque no tempo T}}$
Total	Custo unitário de armazenagem	$CAm_u = J + CAl + SEG + PD + IMP + MOV + MOD + DES$

O **Valor Médio do Estoque no tempo T** pode ser calculado da seguinte forma:

$$\text{Valor Médio do Estoque no tempo } T = \sum_{i=1}^{n} EM_i \times PMu_i$$

em que:

EM_i = Estoque Médio do item **i** no tempo **T**

PMu_i = Preço Médio unitário pago pelo item **i** no tempo **T**

n = Número de itens em estoque

O custo de armazenagem aumenta com a quantidade **Q** do lote comprado, uma vez que o **estoque médio** tende a aumentar. Se a reposição for feita imediatamente após o estoque se esgotar, o **estoque médio** é igual a **Q/2**. O estoque médio pode ser visto no gráfico a seguir:

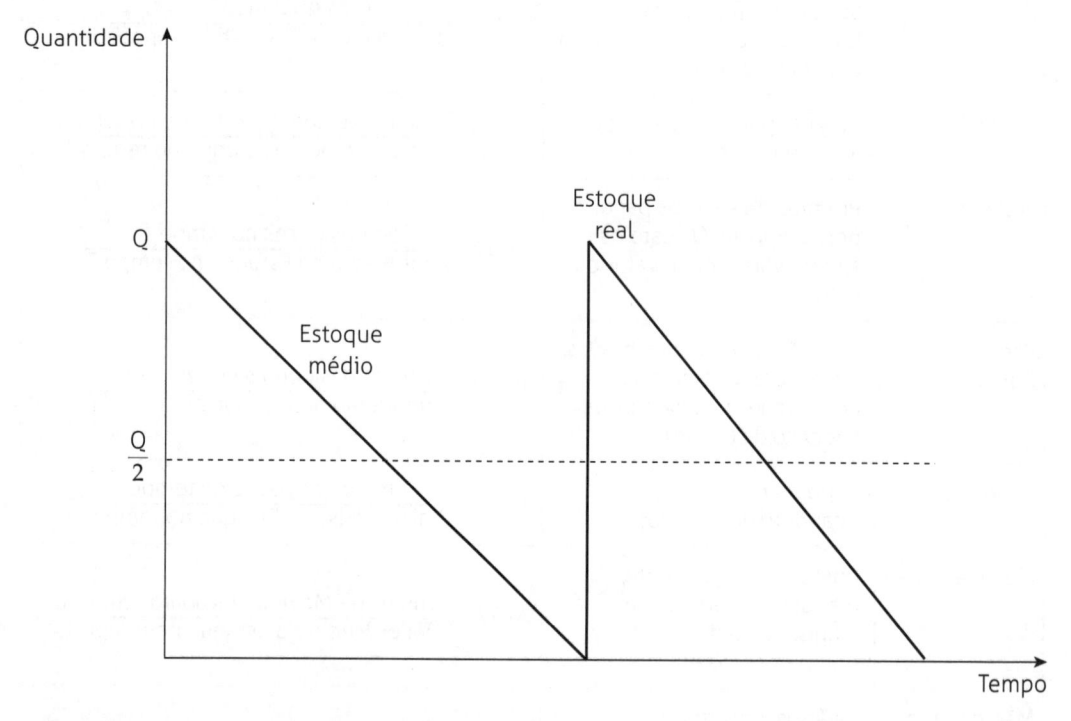

GRÁFICO 4.10

O comportamento do custo de armazenagem em relação à quantidade **Q** comprada por lote pode ser visto no gráfico a seguir:

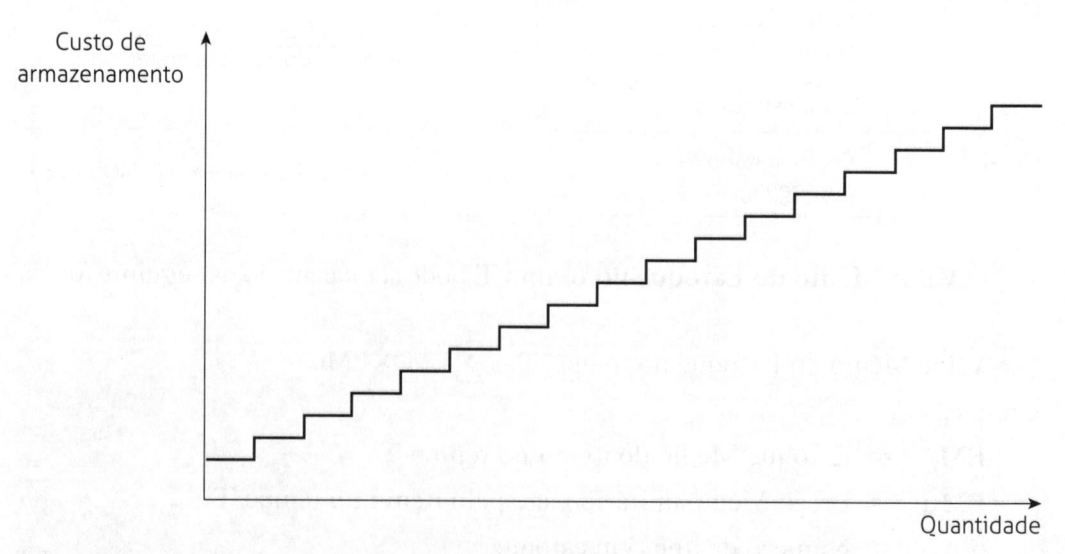

GRÁFICO 4.11

Exemplo:

Calcular o custo de armazenagem do item 12.19.457-6. Foram fornecidos os seguintes dados pela empresa:

QUADRO 4.5

	ITEM 12.19.457-6		
Lote comprado	1	2	3
Data da compra	01/09/2001	15/11/2001	20/12/2001
Quantidade	500	300	400
Preço	10,80	11,00	10,50

QUADRO 4.6

	ITEM 12.19.457-6			
Mês	SET.	OUT.	NOV.	DEZ.
Estoque médio	350	100	250	200

QUADRO 4.7

CUSTOS DA ÁREA DE ESTOQUE NO PERÍODO SET./DEZ.							
Juros	Aluguel	Seguros	Perdas	Impostos	Movim.	M.O.	Despesas
1.200,00	5.000,00	1.750,00	2.500,00	1.000,00	3.500,00	7.000,00	2.000,00
Valor Médio do Estoque no período SET./DEZ. = 180.000,00							

Cálculos:

$$PMu_i = \frac{500 \times 10,80 + 300 \times 11,00 + 400 \times 10,50}{500 + 300 + 400} = \frac{12.900,00}{1.200} = 10,75 \text{ R\$/peça}$$

$$EMi = \frac{350 + 100 + 250 + 200}{4} = \frac{900}{4} = 225 \text{ peças/mês}$$

$T = 1+1+1+1 = 4$ meses

$$CAm_u = \frac{1.200 + 5.000 + 1.750 + 2.500 + 1.000 + 3.500 + 7.000 + 2.000}{180.000} =$$

$$= \frac{39.700}{180.000} = 0,22$$

$CAm = 225 \times 10,75 \times 4 \times 0,22 = \text{R\$ } 2.128,50$

4.2.3 Custo de pedido

Custo de pedido é o valor gasto pela empresa para que **determinado lote de compra** possa ser solicitado ao fornecedor e entregue na empresa compradora. Se o custo de armazenagem está diretamente ligado à área de armazenagem, o custo de pedido refere-se aos custos administrativos e operacionais da área de Compras.

Além do custo administrativo da área de Compras, o fornecedor pode cobrar fretes adicionais e/ou a empresa incorrer em custos de inspeção para lotes parcelados de um mesmo pedido. Assim, o custo de pedido pode ser calculado por:

$$CP = n\,(CPA_u + CPV_u)$$

em que:

- **CP** = Custo de Pedido
- **n** = Número de pedidos
- **CPA$_u$** = Custo de Pedido Administrativo unitário
- **CPV$_u$** = Custo de Pedido Variável unitário

QUADRO 4.8

CUSTO DE PEDIDO ADMINISTRATIVO NO PERÍODO T		
Custo	Descrição	Fator
Mão de obra	Salários, encargos e benefícios adicionais gastos pela área de Compras	MO
Aluguel	Aluguel rateado pago pela área de Compras	A
Impostos e seguros	Imposto predial e seguros rateados pela área ocupada	IS
Equipamentos	Depreciação ou aluguel de equipamentos utilizados pela área de Compras	E
Despesas gerais	Telefone, energia elétrica, materiais de escritório utilizados pela área de Compras	DG
Total	Custo de Pedido Administrativo	**CPA = MO + A + IS + E + DG**

Assim, o custo de pedido administrativo unitário pode ser calculado por:

$$CPA_u = \frac{CPA}{n} = \frac{MO + A + IS + E + DG}{n}$$

em que:

CPA = Custo de Pedido Administrativo

n = número de pedidos feitos no período **T**

O **custo de pedido variável unitário** depende do número de lotes entregues para um mesmo pedido e, normalmente, não está incluído no preço de aquisição. Esse custo pode ser de dois tipos:

QUADRO 4.9

	CUSTO DE PEDIDO VARIÁVEL UNITÁRIO	
Custo	Descrição	Fator
Externo	Custo de frete do lote entregue, custo de desembaraço alfandegário do lote etc.	CPVE
Interno	Custo de inspeção do lote, custo de pesagem do veículo de entrega, custo de mão de obra, equipamentos e outras despesas adicionais em virtude do aumento de número de pedidos etc.	CPVI

Assim, o **custo de pedido variável unitário** pode ser calculado por:

$$CPV_u = m \times (CPVE + CPVI)$$

em que:

m = n. de lotes entregues de determinado pedido

Outra forma de analisarmos o custo de pedido é:

$$CP = n \times (CPAu + CPVu) = n \times \left(\frac{CPA}{n} + CPVu\right) = CPA + n \times CPVu$$

Analisando agora os fatores componentes do custo de pedido, para uma dada demanda **D**, quanto maior a quantidade **Q** referente a um pedido, menor será o número de pedidos a serem feitos, uma vez que:

$$n = \frac{D}{Q}$$

Assim, podemos reescrever:

$$CP = CPA + n \times CPVu = CPA + \frac{D}{Q} \times CPVu$$

Graficamente, podemos descrever o comportamento do custo de pedido em função da quantidade **Q** feita em cada pedido:

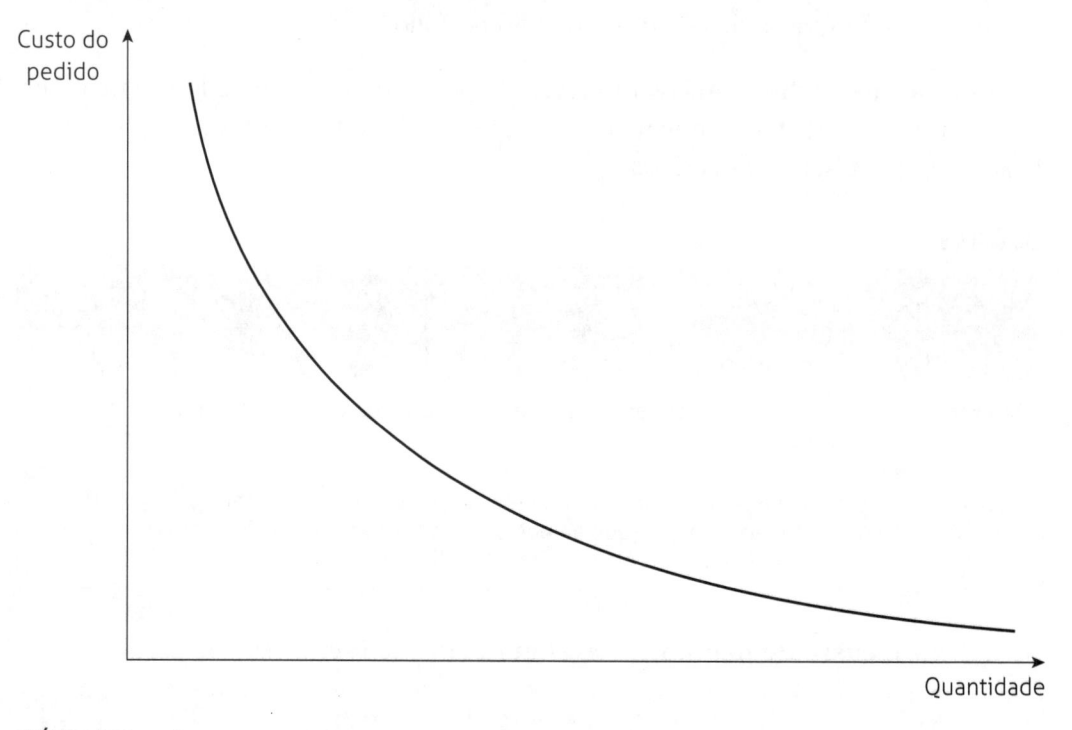

GRÁFICO 4.12

Exemplo:

Calcular o custo de pedido n. 356/01, referente ao item 12.19.457-6. A empresa solicitou que a quantidade comprada fosse entregue em duas vezes e arcará com os custos de frete e desembaraço alfandegário.

Dados fornecidos pela empresa:

QUADRO 4.10

ITEM 12.19.457-6 – CUSTOS POR LOTE			
Externos		Internos	
Frete	Alfândega	Pesagem	Inspeção
120,00	50,00	20,00	15,00
n. de lotes entregues = 2			

QUADRO 4.11

CUSTOS DA ÁREA DE COMPRAS NO PERÍODO SET./DEZ.				
MO	Aluguel	Impostos	Equip.	Despesas
5.000,00	4.000,00	1.000,00	1.500,00	2.000,00
n. de pedidos feitos no período SET./DEZ. = 400				

Cálculos:

$$CPAu = \frac{5.000 + 4.000 + 1.000 + 1.500 + 2.000}{400} = \frac{13.500}{400} = 33,75$$

$$CPVu = 2 \times (120 + 50 + 20 + 15) = 410,00$$

$$CP = 33,75 + 410,00 = 443,75$$

4.2.4 Custo de falta

O custo de falta de um item em estoque pode causar diversos e, muitas vezes, grandes prejuízos à empresa compradora. O problema é que esse tipo de custo é difícil de ser calculado com precisão, uma vez que envolve uma série de estimativas, rateios e valores intangíveis.

A literatura mostra algumas maneiras de calcular esse valor:

QUADRO 4.12

CUSTO DE FALTA DE ESTOQUE		
Custo	Descrição	Fator
Mão de obra	Salários, encargos e benefícios adicionais referentes ao tempo em que a linha de produção ficou parada	MO
Equipamentos	Custo do equipamento referente ao tempo em que a produção ficou parada por falta do item ou pela reprogramação da produção	E
Material	Custo adicional do material comprado em outros fornecedores	MP
Multas	Multas contratuais pagas pelo atraso de fornecimento do produto final da empresa compradora causado pela falta do material	MU
Prejuízos	Lucro referente às vendas não realizadas por cancelamento de pedidos ou vendas futuras não realizadas causadas pela falta do material e consequente impossibilidade de fornecimento dentro dos prazos acordados	PR

Alguns intangíveis podem ser adicionados a esses custos, por exemplo: os transtornos, viagens, auditorias, telefonemas e advertências feitas pela empresa compradora para tentar solucionar o problema de fornecimento, além da **imagem negativa** percebida pelo mercado. Esses custos são difíceis de quantificar, mas, na maioria das vezes, são decisivos para a desqualificação do fornecedor.

Exemplo:

O atraso no fornecimento do item 12.19.457-6 causou uma parada de cinco dias em um dos setores da produção da empresa. Esse atraso fez com que a empresa atrasasse a entrega de seu produto final a um cliente em quatro dias. Como o contrato prevê cláusulas de multa, a empresa foi penalizada, além de ser advertida com uma carta de reclamação. Calcule o custo de falta desse item no estoque.

Dados fornecidos pela empresa:

QUADRO 4.13

	CUSTOS DA ÁREA DE PRODUÇÃO		
Custos	MO	Equip.	Multa
R$/dia	400,00	120,00	50,00
n. de dias	5	5	4

$$CFa = 5 \times 400,00 + 5 \times 120,00 + 4 \times 50,00 = R\$ 2.800,00$$

4.3 MÉTODOS DE AVALIAÇÃO DE ESTOQUE

A Administração de Materiais não se resume apenas a controlar a quantidade de materiais em estoque à disposição dos setores produtivos e administrativos da empresa, mas refere-se também à sua valoração, ou seja, fornecer o volume financeiro pelo qual esse material está sendo estocado e utilizado nos produtos finais fabricados.

Uma consequência lógica é que, dependendo do método que utilizarmos para determinar o valor do item estocado, isso vai impactar diretamente no lucro contábil da empresa.

A avaliação do volume financeiro alocado nos estoques é feita por meio dos preços de custo e de mercado:

- **Preço de custo** – referente ao produto fabricado pela empresa, ou seja, é o que custou para fabricar determinado produto.
- **Preço de mercado** – referente ao produto comprado, cujo valor consta na nota fiscal de compra.

4.3.1 Custo médio

Custo médio é o método mais utilizado pelas empresas, pelo qual calculamos a média entre o somatório do custo total e o somatório das quantidades, chegando a um valor médio de cada unidade. Cada valor médio de unidade em estoque se altera pela compra de outras unidades por um preço diferente.

Ele é calculado pela fórmula:

$$\text{Custo Médio} = \frac{\text{Valor Total em Estoque do Item}}{\text{Número de Itens em Estoque}}$$

Exemplo:

QUADRO 4.14

DIA	ENTRADA			SAÍDA			SALDO		
	Qtd.	P. Unit.	Total	Qtd.	P. Unit.	Total	Qtd.	P. Unit.	Total
01/05							2.000	4,00	8.000,00
02/05	3.000	4,50	13.500,00				5.000	4,30	21.500,00
03/05				1.500	4,30	6.450,00	3.500	4,30	15.050,00
04/05	2.000	3,90	7.800,00				5.500	4,15	22.850,00
05/05				3.000	4,15	12.463,64	2.500	4,15	10.386,36
06/05				1.000	4,15	4.154,55	1.500	4,15	6.231,82

Observe que, no dia 2 de maio, o preço unitário ou custo médio do item em estoque é calculado por:

$$\text{Custo Médio} = \frac{\text{Valor Total em Estoque do Item}}{\text{Número de Itens em Estoque}} = \frac{8.000,00 + 13.500,00}{2.000 + 3.000} =$$

$$= \frac{21.500,00}{5.000} = 4,30$$

Note que todas as saídas de estoque são feitas pelo custo médio (**coluna Preço Unitário**). Por exemplo, no dia 3 de maio, o custo total da saída de 1.500 volumes do item é calculado pelo valor de R$ 4,30, obtido no dia 2 de maio. Já as saídas de 5 e 6 de maio são calculadas pelo custo médio de R$ 4,15, obtido no dia 4 de maio.

4.3.2 PEPS ou FIFO

PEPS (Primeiro a Entrar, Primeiro a Sair) ou FIFO (*First In, First Out*) é o método que prioriza a ordem cronológica das entradas. Ou seja, sai o primeiro material que entrou no estoque, com seu respectivo preço unitário. Nesse caso, cada lote de compra é controlado separadamente, conforme demonstrado no exemplo a seguir.

Exemplo:

QUADRO 4.15

DIA	ENTRADA			SAÍDA			SALDO		
	Qtd.	P. Unit.	Total	Qtd.	P. Unit.	Total	Qtd.	P. Unit.	Total
01/05							2.000	4,00	8.000,00
02/05							2.000	4,00	8.000,00
02/05	3.000	4,50	13.500,00				3.000	4,50	13.500,00
02/05							5.000		21.500,00
03/05				1.500	4,00	6.000,00	500	4,00	2.000,00
03/05							3.000	4,50	13.500,00
03/05							3.500		15.500,00
04/05	2.000	3,90	7.800,00				500	4,00	2.000,00
04/05							3.000	4,50	13.500,00
04/05							2.000	3,90	7.800,00
04/05							5.500		23.300,00
05/05				500	4,00	2.000,00	0	4,00	0,00
05/05				2.500	4,50	11.250,00	500	4,50	2.250,00
05/05				0	3,90	0,00	2.000	3,90	7.800,00
05/05				3.000		13.250,00	2.500		10.050,00
06/05				500	4,50	2.250,00	0	4,50	0,00
06/05				500	3,90	1.950,00	1.500	3,90	5.850,00
06/05				1.000		4.200,00	1.500		5.850,00

Note que a saída de 1.500 unidades do item no dia 3 de maio foi dada utilizando-se apenas a quantidade de 2.000 unidades, que entrou primeiro no estoque a R$ 4,00, restando 500 unidades. O lote de 3.000 unidades que deu entrada no estoque dia 2 de maio não foi considerado. Na saída de 3.000 unidades do dia 5 de maio, 500 unidades foram retiradas a um preço unitário de R$ 4,00; as restantes 2.500 unidades foram retiradas a um preço unitário de R$ 4,50 referentes ao lote que entrou dia 3 de maio. O lote que entrou dia 4 de maio não foi considerado.

4.3.3 UEPS ou LIFO

UEPS (Último a Entrar, Primeiro a Sair) ou LIFO (*Last In, First Out*) inverte a ordem cronológica de entrada no estoque. Ou seja, o último lote a entrar no estoque é o primeiro a ser considerado para efeito de cálculo de custo. Também nesse caso, cada lote é controlado separadamente, como no exemplo a seguir.

Exemplo:

QUADRO 4.16

DIA	ENTRADA			SAÍDA			SALDO		
	Qtd.	P. Unit.	Total	Qtd.	P. Unit.	Total	Qtd.	P. Unit.	Total
01/05							2.000	4,00	8.000,00
02/05							2.000	4,00	8.000,00
02/05	3.000	4,50	13.500,00				3.000	4,50	13.500,00
02/05							5.000		21.500,00
03/05							2.000	4,00	8.000,00
03/05				1.500	4,50	6.750,00	1.500	4,50	6.750,00
03/05							3.500		14.750,00
04/05							2.000	4,00	8.000,00
04/05							1.500	4,50	6.750,00
04/05	2.000	3,90	7.800,00				2.000	3,90	7.800,00
04/05							5.500		22.550,00
05/05							2.000	4,00	8.000,00

continua

continuação

DIA	ENTRADA			SAÍDA			SALDO		
	Qtd.	P. Unit.	Total	Qtd.	P. Unit.	Total	Qtd.	P. Unit.	Total
05/05				1.000	4,50	4.500,00	500	4,50	2.250,00
05/05				2.000	3,90	7.800,00	0	3,90	0,00
05/05				3.000		12.300,00	2.500		10.250,00
06/05				500	4,00	2.000,00	1.500	4,00	6.000,00
06/05				500	4,50	2.250,00	0	4,50	0,00
06/05				1.000		4.250,00	1.500		6.000,00

No exemplo, as saídas são feitas considerando-se as últimas entradas no estoque. A saída de 1.500 unidades do dia 3 de maio é retirada do lote que entrou no dia 2 de maio (preço unitário de R$ 4,50), ou seja, o inverso do que ocorreu no exemplo anterior. Do mesmo modo, a saída do dia 5 de maio, 2.000 unidades, é retirada do lote que entrou dia 4 de maio (preço unitário de R$ 3,90) e 1.000 unidades são retiradas do lote que entrou dia 2 de maio (preço unitário de R$ 4,50). O lote disponível em 1º de maio não foi considerado.

4.3.4 Preço de reposição

A avaliação de estoque pelo preço de reposição ou *Close Out* é feita considerando-se a situação do preço dos produtos comprados ou fabricados no momento da avaliação. Assim, potenciais variações de curto prazo no preço de custo ou de mercado devem ser introduzidas no cálculo do preço unitário do item, para eventuais reposições de estoque.

O preço de reposição pode ser calculado pela fórmula:

Preço de Reposição = Preço Unitário + Variação de Preço de Custo ou de Mercado

Exemplo:

Item em estoque código 05.04.190-5, cujo preço unitário no estoque é de R$ 150,00, é importado e houve uma desvalorização de 10% no câmbio, afetando o preço de compra desse item. Calcular o preço de reposição do estoque.

Preço de Reposição = Preço Unitário + Variação = 150,00 + 150,00 × 0,1 =
= 150,00 + 15,00 = 165,00

4.3.5 Comparação entre os métodos de avaliação

Verifica-se que cada um dos métodos de avaliação utilizados nos itens anteriores apresenta diferente valoração dos produtos estocados, assim como nos custos apropriados aos produtos que saíram do estoque, contabilmente chamados **custos dos produtos vendidos**. Na tabela a seguir, apresentamos um resumo desses valores de acordo com o método de avaliação:

QUADRO 4.17

Método	C.P.V.	Estoque Final	Total
Custo Médio	23.068,18	6.231,82	29.300,00
FIFO	23.450,00	5.850,00	29.300,00
LIFO	23.300,00	6.000,00	29.300,00

Note que, somando-se o custo dos produtos vendidos (soma de todas as saídas de estoque) ao valor do estoque final, encontramos uma constante, qualquer que seja o método utilizado.

No entanto, como o custo dos produtos vendidos afeta diretamente o lucro contábil e o estoque final é apropriado no ativo circulante da empresa, existe uma legislação específica que regula a utilização dos métodos de avaliação.

4.4 MÉTODOS DE CÁLCULO DE LOTE ECONÔMICO

Na administração das compras para o sustento de nossas famílias, deparamos com um dilema igual ao encontrado nas empresas. É mais vantajoso fazer compras em um supermercado e comprar o necessário para o consumo durante um ano, um mês, uma semana ou um dia?

COMPRAR PARA QUAL PERÍODO DE CONSUMO?

Ao tomarmos uma decisão, levamos em conta, implicitamente, nossa disponibilidade de dinheiro e de espaço para armazenamento e o tempo e o dinheiro gastos para ir ao supermercado.

- Alocação de recursos financeiros no estoque.
- Área e equipamento de armazenamento.
- Custo de se realizar o suprimento.

Se a quantidade comprada for muito grande, talvez tenhamos de fazer um financiamento adicional, ou pelo menos deixaremos de ganhar uma remuneração por uma aplicação em caderneta de poupança; teremos de comprar uma geladeira de maior capacidade de armazenamento que, evidentemente, é mais cara; e há a possibilidade de os produtos comprados estragarem enquanto estão armazenados.

Por outro lado, ir ao supermercado com muita frequência supõe uma grande perda de tempo, incômodos e despesas com estacionamento e combustível para o veículo.

```
┌─────────────────────┐                              ┌─────────────────────┐
│ Comprar para qual   │                              │ Alocação de         │
│ período de consumo  │──────────┐         ┌─────────│ recursos financeiros│
└─────────────────────┘          │         │         │ no estoque          │
                            ┌────▼─────────▼────┐    └─────────────────────┘
                            │    Otimização     │
                            │  do abastecimento │
                            └────▲─────────▲────┘
┌─────────────────────┐          │         │         ┌─────────────────────┐
│ Área e equipamento  │──────────┘         └─────────│ Custo de realizar   │
│ de armazenamento    │                              │ o suprimento        │
└─────────────────────┘                              └─────────────────────┘
```

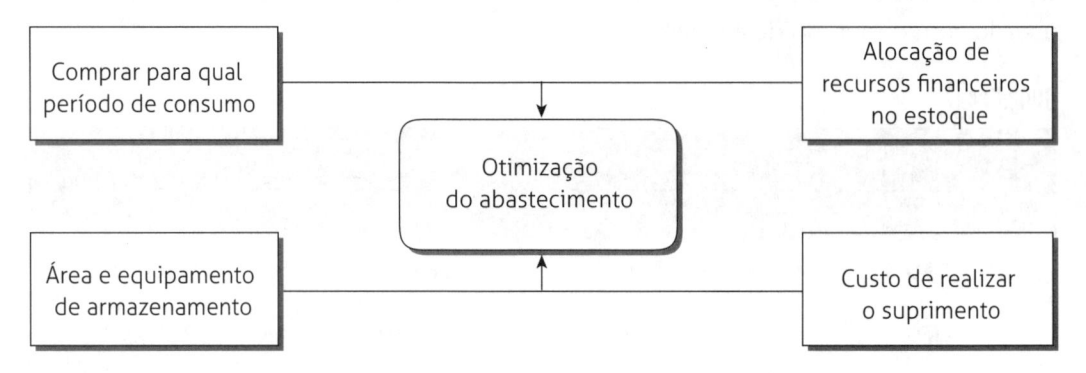

FIGURA 4.1

Ao optarmos por comprar determinada quantidade, ou **lote**, estamos tentando otimizar todas essas variáveis, ou seja, estamos buscando a opção de menor custo total, ou o que seja mais **econômico** para nós.

Transferindo o problema para as empresas, o Administrador de Materiais terá de decidir qual o tamanho do lote que a empresa terá de comprar, ou fabricar, que otimize variáveis quantitativas (custo total) e qualitativas (atendimento ao cliente interno ou externo).

Variáveis qualitativas são extremamente difíceis de analisar objetivamente.

Talvez a empresa tenha de bancar um custo adicional de estocagem para servir aos seus melhores clientes quando necessitarem de produtos urgentes. Assim, medir se a satisfação dos clientes é maior do que o custo do estoque adicional não pode ser feito numericamente, mas apenas por considerações qualitativas.

Em resumo, as perguntas a que vamos responder neste item são:

- É vantajoso para a empresa estocar determinado item?
- Se for, qual deveria ser o volume de compra ou de fabricação adequado?

Por conter variáveis fora do controle do Administrador de Materiais, os aspectos qualitativos não serão considerados em nossa análise, e nos concentraremos apenas nos custos de estoque estudados na Seção 4.2, p. 175.

- Custo unitário de aquisição ou de fabricação.
- Custo unitário de pedido.
- Custo unitário de armazenagem.
- Custo de falta.

Analisando o comportamento desses custos em razão da quantidade **Q** adquirida para estocagem, temos:

QUADRO 4.18 Custos unitários de estoque.

Custo unitário	Hipóteses	Comportamento em razão do aumento da quantidade
Aquisição ou fabricação	Custo não varia com a quantidade comprada ou fabricada.	**Constante** Independe da quantidade comprada ou fabricada.
Pedido	Reposição imediata no momento em que o estoque chega a zero.	**Redução** Custo do pedido é dividido por uma quantidade maior do item comprado.
Armazenagem	Demanda ou consumo constante durante o período de estocagem.	**Aumento** Quanto maior a quantidade estocada, maior a necessidade de espaço, seguro, controles etc.
Falta	Falta de estoque é previsível.	Análise específica quando da ocorrência de falta de estoque.

No Gráfico 4.13 podemos observar o comportamento dos custos em razão da quantidade **Q**. Verifica-se que o custo total tem um valor mínimo em **Q***, denominado **lote econômico**:

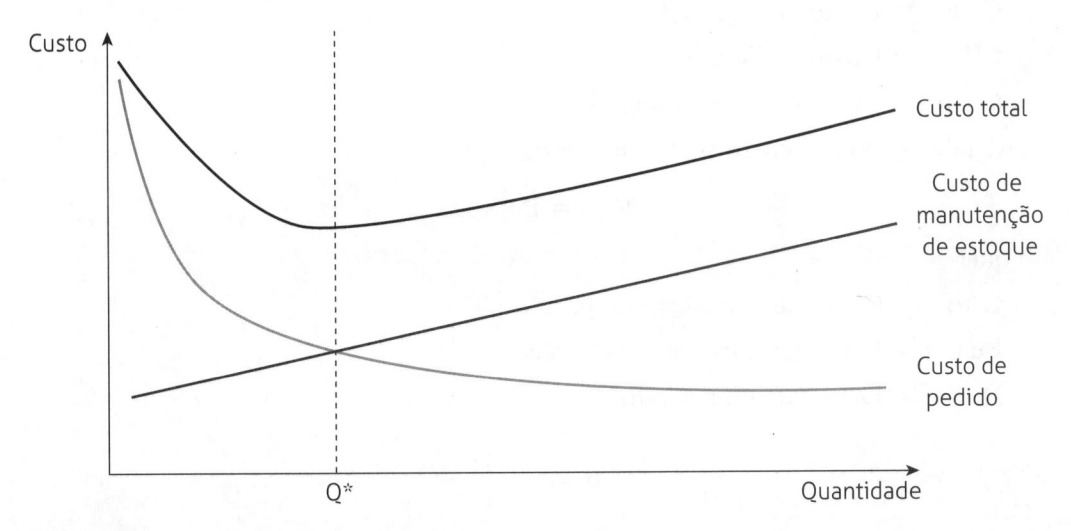

GRÁFICO 4.13 Custo de estocagem.

4.4.1 Lote econômico de compra

Admitindo que não haja falta de estoque e as hipóteses do Quadro 4.18, o comportamento do estoque de determinado item pode ser representado conforme o Gráfico 4.14.

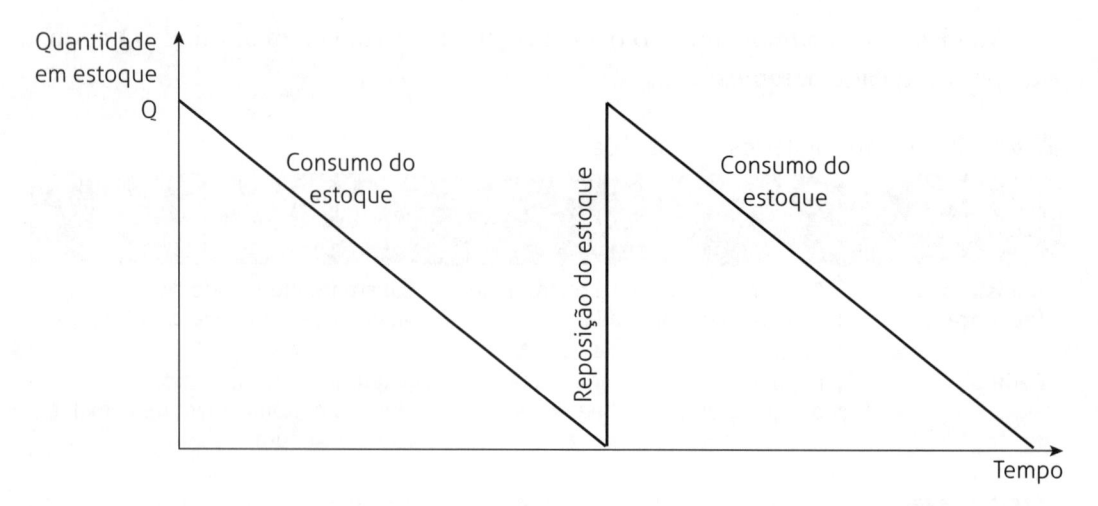

GRÁFICO 4.14 Curva dente-de-serra.

Tomando-se um período **T** (por exemplo, 1 ano) em que ocorrem **vários** pedidos de compra de quantidade Q, o custo total de estoque em um período **T** pode ser dado por:

$$CT = CAq + CP + CAm$$

em que:

CT = Custo Total
CAq = Custo de Aquisição
CP = Custo de Pedido
CAm = Custo de Armazenagem

Analisando cada custo separadamente, temos:

$$CAq = Pu \times D$$

em que:

CAq = Custo de Aquisição no período **T**
Pu = Preço Unitário de Aquisição
D = Demanda no período **T**

$$CP = C_p \times \frac{D}{Q}$$

em que:

CP = Custo dos Pedidos no período **T**
C_p = Custo de um Pedido
D/Q = N. de Pedidos no período **T**
D = Demanda no período **T**
Q = Quantidade comprada em cada pedido

$$CA = C_a \times \frac{Q}{2}$$

em que:

CA = Custo de Armazenamento
C_a = Custo unitário de armazenamento
Q/2 = Estoque Médio
Q = Quantidade comprada em cada pedido

Assim, o custo total de estoque pode ser calculado pela fórmula:

$$CP = Pu \times Q + C_p \times \frac{D}{2} + C_a \times \frac{Q}{2}$$

Para encontrar a quantidade Q que minimiza o CT, derivamos a equação anterior em função de Q e a igualamos a 0.

$$\frac{\partial CT}{\partial Q} = -C_p \times \frac{D}{Q^2} + C_a \times \frac{1}{2} = 0$$

Verificamos que **Pu × D** não depende da quantidade **Q**, portanto, sua derivada é igual a zero. Isolando **Q** no primeiro membro, temos:

$$Q = \sqrt{\frac{2C_p D}{C_a}}$$

A quantidade **Q** obtida anteriormente é denominada **Lote Econômico de Compra** ou **LEC**, ou seja, é a quantidade comprada em cada pedido que proporciona para a empresa o menor custo total de estoque.

$$LEC = \sqrt{\frac{2C_p D}{C_a}}$$

Exemplo:

Calcular o lote econômico de compra do item 12.19.457-6 cuja demanda anual é de 2.400 unidades. O custo de um pedido é de R$ 3,40 e o custo de armazenagem de uma unidade do item durante um ano é de R$ 1,20.

$$LEC = \sqrt{\frac{2C_p D}{C_a}} = \sqrt{\frac{2 \times 3,40 \times 2.400}{1,20}} = 116,6 \cong 117$$

4.4.2 Lote econômico de compra com falta de estoque

Admitimos no item anterior a hipótese de que não haveria faltas em estoque durante o período de consumo do estoque e que a reposição seria feita no momento em que o estoque do item chegasse a zero. Essas duas considerações simplificam muito os cálculos. Neste item vamos admitir que haja falta em estoque durante um tempo T_f que se segue ao tempo T_e, no qual haja estoque disponível, conforme o gráfico a seguir:

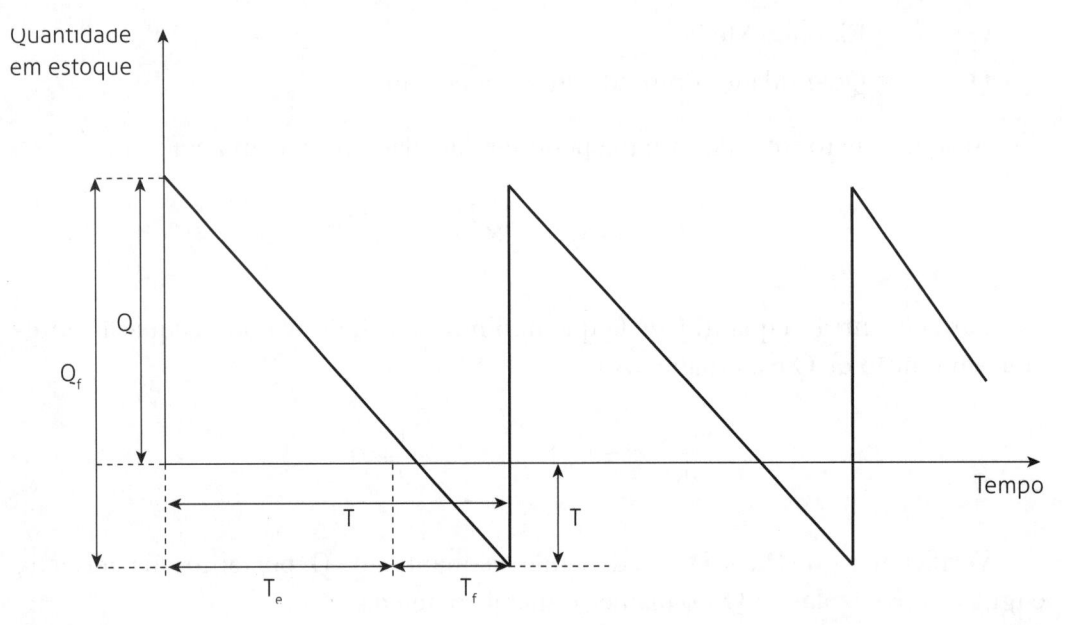

GRÁFICO 4.15 Lote econômico com falta de estoque.

Assim, podemos reescrever a equação do custo total admitindo um período de falta de estoque:

$$CT = P_u \times Q_f + C_p \times \frac{D}{Q_f} + C_a \times T_e \times \frac{Q}{2} + CF_a \times T_f \times \frac{F}{2}$$

em que:

Q_f = Quantidade a ser reposta admitindo faltas em estoque
T_f = Tempo com falta de estoque
T_e = Tempo de consumo do estoque
CF_a = Custo de Falta por unidade faltante no tempo T_f
F = Quantidade em falta

Utilizando os mesmos procedimentos de derivação já vistos no item ante- rior para obter o ponto de menor custo total, chegamos a:

$$Q_f = LEC_f = \sqrt{\frac{2C_p D}{C_a}} \times \sqrt{\frac{C_a + CF_a}{CF_a}}$$

Para calcularmos a quantidade em falta, utilizamos a expressão:

$$F = \frac{C_a}{C_a + CF_a} \times Q_f$$

ou

$$F = \sqrt{\frac{2C_p D}{C_a}} \times \sqrt{\frac{C_a + CF_a}{CF_a}}$$

Exemplo:

Calcular o lote econômico de compra do item 12.19.457-6, cuja demanda anual é de 2.400 unidades. O custo de um pedido é de R$ 3,40 e o custo de armazenagem de uma unidade do item durante um ano é de R$ 1,20. Admite-se um custo de falta desse item em estoque de R$ 5,00 por unidade, por ano.

$$Q_{ff} = LEC = \sqrt{\frac{2C_p D}{C_a}} \times \sqrt{\frac{C_a + CF_a}{CF_a}}$$

$$Q_{ff} = LEC = \sqrt{\frac{2 \times 3,40 \times 2.400}{1,20}} \times \sqrt{\frac{1,20 + 5,00}{5,00}} = 129,9 = 130$$

Calculando o número de unidades em falta, temos:

$$F = \sqrt{\frac{2C_p D}{CF_a}} \times \sqrt{\frac{C_a}{C_a + CF_a}}$$

$$F = \sqrt{\frac{2 \times 3,40 \times 2.400}{5,00}} \times \sqrt{\frac{5,00}{1,20 + 5,00}} = 25,13 \cong 25$$

4.4.3 Lote econômico de fabricação

Quando a empresa opta por fabricar em vez de comprar o item em estoque, a resolução do problema é semelhante ao lote econômico de compra, com a exceção de que a entrada em estoque não se dá instantaneamente com a chegada do lote comprado, mas segundo uma velocidade de produção **p**, dada pela fábrica.

A Figura 4.2 nos ajuda a entender o que ocorre:

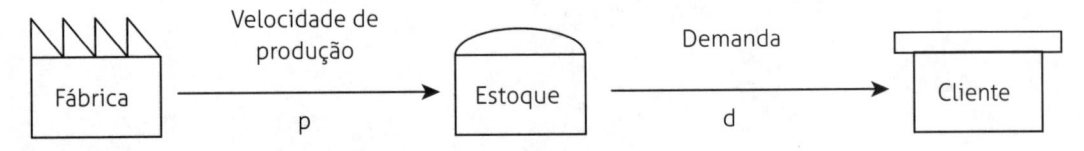

FIGURA 4.2 Velocidade de produção *versus* demanda.

Admitindo-se as mesmas hipóteses do LEC, o gráfico para a quantidade de produtos estocados de determinado item fabricado modifica-se, como podemos ver no Gráfico 4.16:

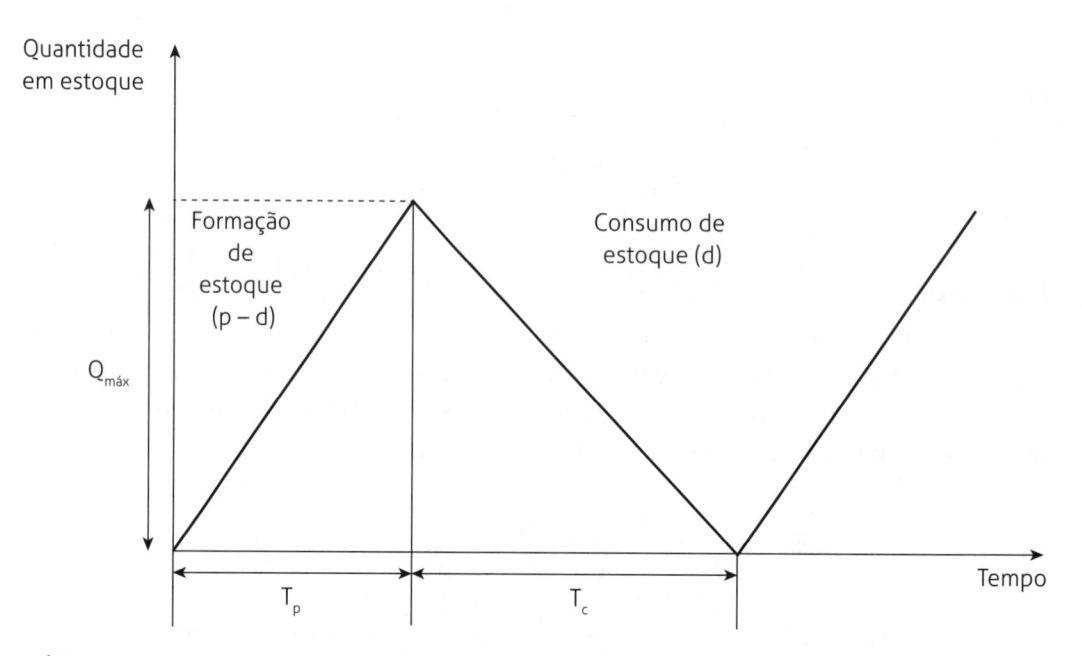

GRÁFICO 4.16 Lote econômico de fabricação.

em que:

- **p** = Velocidade de produção
- **d** = Demanda
- T_p = Período de formação de estoque
- T_c = Período de consumo de estoque
- $Q_{máx}$ = Quantidade máxima em estoque

O objetivo é calcular a quantidade a ser produzida Q_p, que minimize o custo total de estoque. Obviamente, a quantidade produzida Q_p é maior do que $Q_{máx}$, uma vez que durante o período de produção do item pela fábrica (período de formação de estoque = T_p) existe uma saída concomitante de itens em estoque segundo uma demanda **d**. Ou seja, o estoque cresce a uma velocidade **p – d**.

Assim, o custo total de estoque pode ser dado pela fórmula:

$$CT = P_{up} \times Q_p + C_p \times \frac{D}{Q_p} + C_a \times \left(T_p + T_c\right) \times \frac{Q_{máx}}{2}$$

e

$$Q_{máx} = T_p\left(p - d\right)$$

em que

CT = Custo Total de Estoque
P_{up} = Custo unitário de fabricação do item estocado
Q_p = Quantidade produzida
C_p = Custo de preparação para fabricação do lote Q_p
D = Demanda do item em estoque durante o período T
C_a = Custo unitário de armazenagem durante o período T
T_p = Período de formação de estoque (produção do lote Q_p)
T_c = Período de consumo de $Q_{máx}$
$Q_{máx}$ = Quantidade máxima em estoque
p = Velocidade de produção durante o período T_p
d = Demanda do item em estoque durante o período T_c

Utilizando-se dos mesmos procedimentos anteriores para encontrar o menor custo total de estoque, chega-se à expressão:

$$Q_p = LEF \sqrt{\frac{2C_p D}{C_a \left(1 - \dfrac{d}{p}\right)}}$$

- D refere-se à demanda do item em estoque durante o período T
- d refere-se à demanda do item em estoque durante o período T_c
- T_c e T_p devem ter a mesma unidade de tempo
- D e d podem ter unidades de tempo diferentes. Assim, se:

T = [ano] e T_c = [mês], então, d = D/12
T = [ano] e T_c = [semana], então, d = D/52
T = [ano] e T_c = [dia], então, d = D/360

Exemplo:

Calcular a quantidade a ser produzida que minimize o custo total de estoque de um produto acabado, código 01.004-5, cuja demanda anual é de 2.600 unidades.

Para fabricá-lo, o custo de preparação da máquina é de R$ 230,00 e sua velocidade de produção é de 200 produtos por semana. O custo unitário anual de armazenamento é de R$ 12,00.

$$Q_p = \text{LEF}\sqrt{\frac{2C_p D}{C_a\left(1-\dfrac{d}{p}\right)}} = 2\times\sqrt{\frac{230,00\times 2.600}{12,00\left(1-\dfrac{\left(\dfrac{2.600}{52}\right)}{200}\right)}} = 364,5 \cong 365$$

4.4.4 Lote econômico de fabricação com falta de estoque

Do mesmo modo que foram desenvolvidas as expressões da Seção 4.3, o lote econômico de fabricação, admitindo faltas do produto em estoque, pode ser calculado pela seguinte expressão:

$$Q_p = \text{LEF}\sqrt{\frac{2C_p D}{C_a\left(1-\dfrac{d}{p}\right)}}\times\sqrt{\frac{C_a + CF_a}{CF_a}}$$

E a quantidade em falta no estoque por:

$$F = \sqrt{\frac{2C_p D}{CF_a}}\times\sqrt{1-\frac{d}{p}}\times\sqrt{\frac{C_a}{C_a + CF_a}}$$

Exemplo:

Calcular a quantidade a ser produzida que minimize o custo total de estoque de um produto acabado, código 01.004-5, cuja demanda anual é de 2.600 unidades. Para fabricá-lo, o custo de preparação de máquina é de R$ 230,00 e sua velocidade de produção é de 200 produtos por semana. O custo unitário anual de armazenamento é de R$ 12,00 e o custo de falta anual do produto em estoque é de R$ 200,00.

$$Q_p = \text{LEF} = \sqrt{\frac{2C_p D}{C_a\left(1-\dfrac{d}{p}\right)}} = \sqrt{\frac{2\times 230,00\times 2.600}{12,00\left(1-\dfrac{\left(\dfrac{2.600}{52}\right)}{200}\right)}}\times\frac{12,00+200,00}{200,00} = 375,3 \cong 376$$

4.5 AUDITORIA NOS ESTOQUES

INTRODUÇÃO

Ao analisarmos os balanços das empresas, sejam industriais ou comerciais, podemos observar que o valor dos estoques é um dos maiores itens que compõem os ativos.

Para verificar se os estoques estão corretamente avaliados, é necessário que se realize uma auditoria. A programação da produção depende fortemente da perfeita aderência entre as quantidades mostradas no sistema de informação da empresa e a existência física de materiais, reforçando a necessidade da execução de auditorias.

Podemos relacionar as áreas nas quais essa auditoria deverá ser processada:

a) **Produtos acabados** – itens de materiais fabricados pela empresa ou adquiridos de outros fabricantes ou comerciantes e destinados à comercialização.

b) **Produtos em processo** – materiais, peças, conjuntos, que se encontram em estágios diferentes de produção e que, futuramente, serão montados na forma de produtos acabados.

c) **Matéria-prima** – materiais e peças adquiridos para serem utilizados na produção.

d) **Materiais diversos** – materiais a serem utilizados na produção, porém de forma indireta, chegando mesmo a não integrar o produto acabado.

e) **Economato** – materiais de utilização administrativa, tanto na fábrica como nas áreas de administração.

4.5.1 Método de avaliação

Os inventários poderão ser avaliados pelo preço de mercado ou pelo preço de custo, e as perdas resultantes de estragos, deterioração, obsolescência, modificações na estrutura de preço são debitáveis às contas da receita no período em que tais perdas ocorrem e não no período posterior, em que a mercadoria será vendida ou transformada em sucata.

Embora as perdas do valor ou de utilidade devam ser reconhecidas logo que se tornem evidentes, é preciso também evitar a avaliação dos estoques em bases tão conservadoras que os lucros do período subsequente sejam artificialmente elevados, quando as mercadorias forem vendidas.

Na valoração do estoque, sempre deveremos considerar o valor de custo ou preço de mercado, existindo três possibilidades:

- Aplicar o método considerando item por item do estoque.
- Considerar as categorias ou classes principais dos estoques.
- Aplicar o método considerando o estoque como um todo.

4.5.2 Determinação do custo

O custo dos estoques inclui os custos primários diretos, como matéria-prima e mão de obra, e os custos indiretos que foram necessários para se obter o produto em seu atual estado, condição e localização.

Ao valor pago pela compra de um material devem-se incluir as despesas de transporte, armazenagem, importação e outros custos de aquisição.

Os descontos para o pagamento antecipado das faturas dos fornecedores são levados à receita, não aos custos, pois representam mais uma atividade financeira do que uma atividade de aquisição.

A definição do que seja mão de obra direta depende de uma classificação realizada pelos mestres de produção e do que é registrado na folha de pagamento.

Os custos indiretos de fabricação são incorporados aos produtos pela aplicação das taxas horárias referentes ao tempo de fabricação.

Os custos indiretos realmente incorridos podem ser excessivamente absorvidos nos produtos acabados ou insuficientemente absorvidos, dependendo da taxa e do tempo padrão utilizados.

A valoração do produto acabado poderá ser feita pelos seguintes sistemas:

- Valoração por ordem de serviço.
- Custeio por processo.
- Custo padrão.
- Custeio direto.
- Fluxo de estoque.
- Reserva de estoque.

SISTEMA DE CUSTEIO POR ORDEM DE SERVIÇO

Os custos são acumulados por ordem de uma unidade ou lote de produtos. Os custos incorridos são identificados e agrupados em torno de uma ordem específica, aplicando-se para a fabricação de pequena quantidade de produtos ou encomendas.

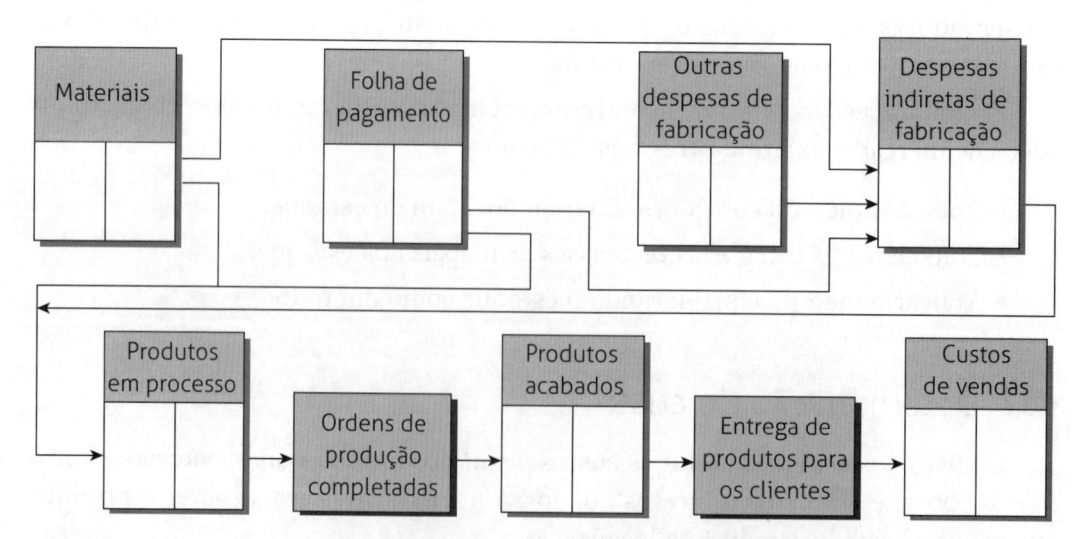

FIGURA 4.3 Custeio por ordem de serviço – fluxo de informações.

Os custos diretos são apropriados por apontamento e os indiretos, pela aplicação de taxas.

SISTEMA DE CUSTEIO POR PROCESSO

Os custos são determinados a cada departamento de produção ou serviço, sendo transferidos aos produtos pelo tempo despendido em cada departamento.

Pode-se também dividir o total do custo departamental pelas unidades que foram processadas no período considerado, calculando-se, então, o custo indireto unitário por unidade de produto. Tal procedimento é adequado quando a produção é contínua, repetitiva e de produtos homogêneos.

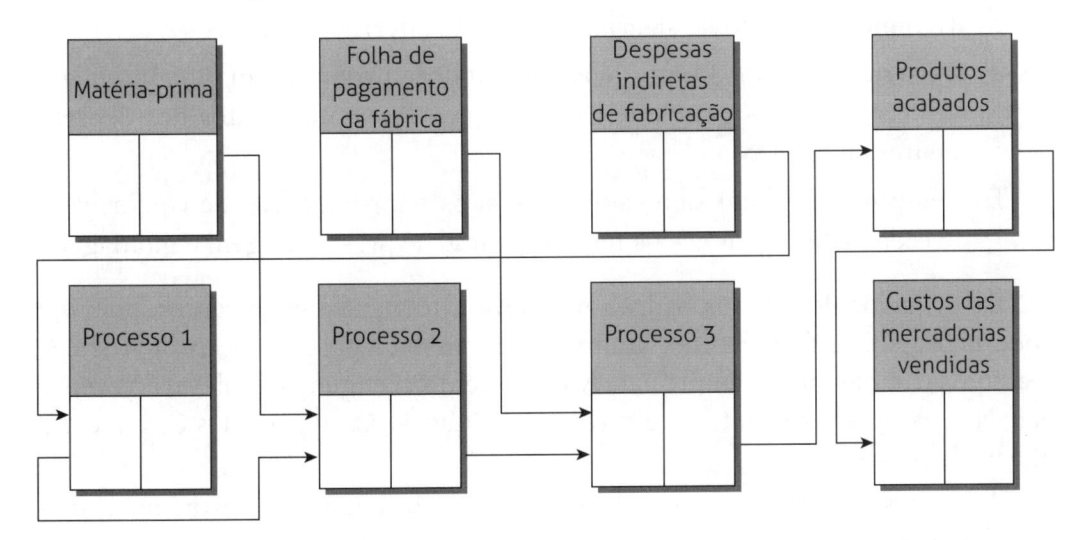

FIGURA 4.4 Custeio por processo – fluxo de informações.

SISTEMA DE CUSTEIO PADRÃO

Os custos reais incorridos são comparados com os custos predeterminados, baseados em especificações de engenharia.

As diferenças entre os custos reais e os padrões são registradas em contas de variações, e a análise dessas contas permite identificar onde está ocorrendo o desperdício. Esses desperdícios, por sua vez, podem se localizar na utilização excessiva de matérias-primas, de mão de obra e em tempos de conformação e montagem além do previsto.

Devemos lembrar que os custos são determinados, principalmente, no projeto do produto, momento em que se fixam as quantidades de matérias-primas, o tempo de conformação e a utilização de mão de obra. A fábrica deverá cumprir esses padrões incorrendo em custos que não são redutíveis, sem prejuízo da qualidade do produto. A função da fábrica nessa área será, então, de evitar o desperdício e não de reduzir os custos.

As premissas para que o Sistema de Custo Padrão seja implantado são as seguintes:

a) **Fichas de engenharia** – Tenham sido estabelecidas as quantidades de matéria-prima e peças, conforme especificações dos dados de engenharia ou listagem de materiais.

b) **Listas de preços** – Arquivo dos preços históricos, preços de reposição e preços futuros.

c) **Mão de obra** – Categoria e quantidade de horas de mão de obra necessárias, lastreada em técnicas de estudo de tempo, experiência anterior ou especificação da produção.

d) **Remuneração** – Nível salarial ajustado às alterações futuras.

e) **Departamentos** – Custo departamental de produção, montagem que já absorve os custos gerais de fabricação e o rateio dos custos dos departamentos de serviços.

f) **Tempos** – Tenham sido estabelecidos os tempos padrão de conformação de cada matéria-prima e os tempos padrão de pré-montagem e montagem.

Os arquivos dos custos padrão não devem tornar-se inoperantes, pois isso poderia prejudicar fortemente a apuração dos custos, a programação da produção e a aquisição das matérias-primas. Mensalmente a engenharia deverá rever os padrões e acertar as eventuais discrepâncias, que serão negociadas com a engenharia de processo.

As contas de variação estão relacionadas com os fatores que estimam as diferenças entre os custos padrão e os custos reais, como exemplificamos:

a) **Variações de preço** – Preços de materiais, salários, custos variáveis da fábrica.

b) **Diferenças no volume e no consumo** – Consumo de materiais, tempo de conformação, despesas fixas da fábrica.

c) **Diferenças de substituições** – Envolvendo materiais, máquinas ou métodos.

d) **Técnica** – Mudanças nas especificações técnicas.

e) **Capacidade produtiva** – Ocupação reduzida de alguns departamentos produtivos.

No caso em que as variações entre o padrão e o real serão significativas, devemos ajustar o valor do estoque calculado ao custo padrão, para aproximar esse valor do real.

A ineficiência da fábrica, custos anormais, capacidade não aproveitada devem ser levados às receitas e não apropriados aos estoques.

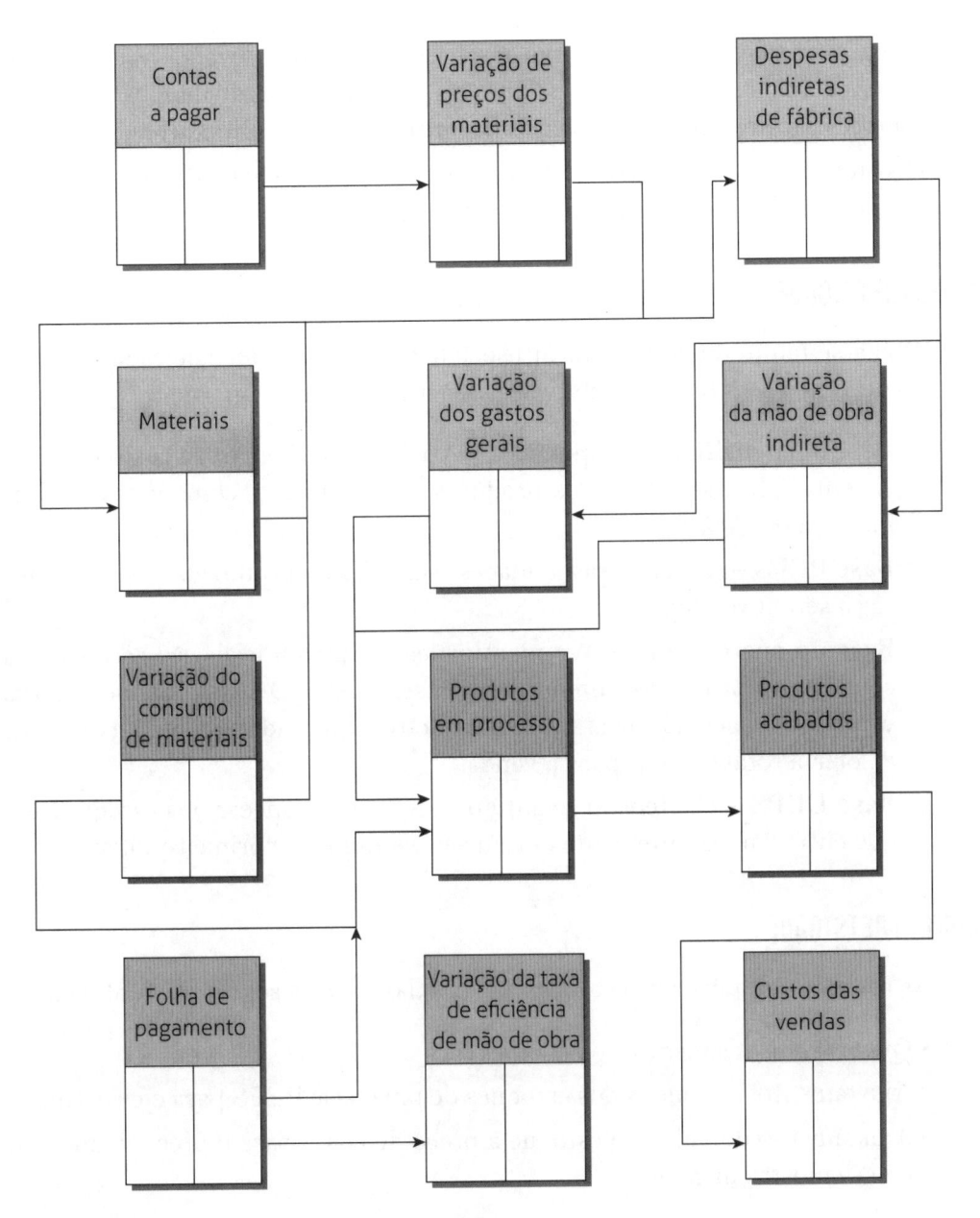

FIGURA 4.5 Custeio padrão – fluxo de informações.

SISTEMA DE CUSTEIO DIRETO

Este sistema aceita como custos apenas aqueles que variam diretamente com as quantidades produzidas.

Custos diretos – que variam com a produção.

Custos indiretos – que não dependem do nível da produção, mantendo-se relativamente fixos.

Os custos fixos são tratados como despesas do período e levados às despesas do exercício, sejam ou não utilizados pela produção. Os valores atribuídos aos produtos acabados são somente os itens matéria-prima e mão de obra direta.

O sistema permite calcular as margens de contribuição e é utilizado apenas no sentido gerencial, não sendo aceito pelos princípios de contabilidade.

FLUXOS DE ESTOQUE

Torna-se muito difícil identificar especificamente os custos de cada item produzido ou vendido. A base contábil para essa atividade é a seguinte:

a) **Base de identificação específica** – Atribui-se ao bem o seu custo real. Este sistema aplica-se a todos os produtos de encomenda com custos perfeitamente identificáveis.

b) **Base PEPS** – As primeiras unidades recebidas ou produzidas são as primeiras a serem vendidas.

c) **Base do custo médio** – As quantidades e custos iniciais são acrescidos às compras ou produção, obtendo-se o custo médio. O custo das mercadorias vendidas é calculado pela multiplicação das quantidades pelo custo médio da oferta total de bens para a venda.

d) **Base UEPS** – Os itens mais antigos devem permanecer nos estoques, e os que entraram recentemente devem ser vendidos em primeiro lugar.

RESERVA DE ESTOQUE

As reservas contábeis de estoques são criadas para as seguintes finalidades:

- Quebras, sucateamento e obsolescência.
- Ajustamento dos custos dos estoques de uma base PEPS para o custo médio.
- Ajustamento do valor do estoque a preço de custo para o preço de mercado que se mostra inferior.

CUSTOS DOS PRODUTOS, CONJUNTOS E SUBCONJUNTOS

Um processo somente poderá individualizar vários produtos que surgem a partir de um mesmo produto-base em determinado momento da cadeia de conformações. O petróleo, por exemplo, somente se separa em vários produtos no final do processo.

Quando os produtos são separados, promove-se o rateio individualizando o custo de cada um deles. Se a separação ocorreu no meio do processo, o que se segue deverá ter custos individualizados.

Os métodos para a separação dos custos são os seguintes:

- Custo médio unitário.
- Unidades físicas produzidas.
- Valor de mercado.
- Custos padrão.
- Combinações dos métodos descritos anteriormente.

4.5.3 REGISTROS CONTÁBEIS

A contabilização das informações disponíveis é feita no setor de custo, como segue:

a) **Matérias-primas** – Debitam-se pela aquisição e creditam-se pelas requisições, e o seu saldo deverá representar o total de matérias-primas existentes em determinado momento.

b) **Produtos em processo** – As contas analíticas por ordem de fabricação são abertas para cada ordem de fabricação existente. No sistema por processo teremos uma conta analítica para cada departamento. Os débitos nas contas analíticas são representados por custos incorridos, e os créditos, pela transferência desses custos para outro setor ou para o armazém de produtos acabados.

Os custos de um departamento serão transferidos para outro departamento, juntamente com os produtos transferidos para novo processamento. Os produtos deverão estar com os custos totalmente absorvidos na última fase do processamento.

c) **Produto acabado** – A conta de produtos acabados deverá ser debitada com crédito correspondente na conta de produtos em processo. Ao vender, debita-se ao custo da venda e credita-se à conta produtos acabados.

REGISTRO DOS ESTOQUES

As informações básicas contidas nesses registros são as seguintes:

- Saldo anterior.
- Entradas no período.
- Saídas.
- Saldo disponível.

Os registros de inventário podem apresentar apenas quantidades, ou quantidades e preços. Desde que apresentem os preços unitários, os registros podem também apresentar os seus totais. Este sistema de informação tem as seguintes finalidades:

a) **Materiais** – Utilização pelo planejamento e programação da produção na determinação das necessidades brutas de materiais e produtos, pela confrontação entre as necessidades determinadas com o auxílio das fichas técnicas e as existências.

b) **Existências** – Proporcionar informações atualizadas de quantidades dos produtos acabados em estoques e com isso alimentar os programas de programação e faturamento.

c) **Inventário** – Dar condições para a empresa desenvolver um programa de inventário rotativo, substituindo os custosos inventários anuais.

d) **Prejuízo** – Possibilidade de determinação regular dos itens *slow moving* e *no moving*, para identificar e corrigir as causas dessas ocorrências e dar destino sistematicamente a esses materiais, que, na verdade, se constituem em prejuízo armazenado nos estoques e que deverá ser realizado.

Poderemos classificar os itens em grandes grupos para determinar o que seja relevante ou irrelevante para se conciliar, conforme mostramos a seguir:

a) **Valor** – Grupo formado por poucos itens de grande valor.

b) **Quantidade** – Grupo formado por um sem-número de itens de baixo valor.

c) **Consumo** – Grupos de categoria de material de consumo, que não são utilizados na produção e comercialização, como se segue:

- Material de limpeza.
- Material de escritório.
- Material de alimentação.
- Material de manutenção geral dos escritórios.
- Uniformes e outras vestimentas.

O controle perpétuo de estoques aplica-se, necessariamente, no grupo de maior valor e poucos itens. O restante poderá continuar no sistema de inventário periódico.

4.5.4 Controle interno

O controle dos estoques é muito importante para facilitar as seguintes tarefas:

- Planejamento.
- Compras.
- Armazenamento.
- Produção.
- Expedição.
- Contabilização.

PLANEJAMENTO

As técnicas de previsão de vendas deverão ser aprimoradas e a determinação do programa de produção deverá ter a participação da produção, da engenharia e, principalmente, das finanças, tendo em vista os aspectos de investimento dessas decisões.

COMPRAS

As necessidades líquidas determinadas pelo sistema de programação devem ser adquiridas nas quantidades e nas datas programadas. A área de compras deverá atender à produção da melhor maneira possível, negociando, porém, os melhores preços e condições de pagamento e mantendo um elevado nível de confiança no fornecimento.

ARMAZENAMENTO

O recebimento deverá estar seguro das quantidades que recebeu e da qualidade dos materiais, conforme especificações da engenharia. O armazenamento deverá ser feito em condições seguras e o fornecimento desses materiais à produção deverá ser controlado de acordo com as liberações do controle da produção.

PRODUÇÃO

A produção necessita de um bom sistema de suprimento dos postos de trabalho, parcelando a entrega de materiais de cada ordem para somente entregar no ponto de conformação pequenos lotes de material.

Os controles devem garantir que não haja material em excesso nem em falta, que possa paralisar um posto de trabalho.

EXPEDIÇÃO

As entregas aos clientes devem ser feitas dentro das condições preestabelecidas, cuidando para que todas sejam devidamente documentadas para a utilização da área financeira e de contabilidade.

CONTABILIZAÇÃO

A contabilidade deverá manter os registros dos custos à medida que os materiais passam pela aquisição, produção e vendas. Como resultado dessa atividade, teremos:

a) **Lucro** – Informações para a administração sobre a lucratividade de cada produto, utilização de material e mão de obra.

b) **Custo** – Custos por função ou por responsabilidade de produção.

c) **Valor** – Custos dos produtos fabricados, a fim de possibilitar preços para os estoques e determinação do preço de venda.

CONCLUSÃO

O **SIG – Sistema de Informações Gerenciais** – deverá incluir algumas variáveis muito importantes para quem administra materiais, como se segue:

a) **Demonstrativo de resultado** – Vendas e contribuição marginal por linha de produto.

b) **Rotação** – Estoque de produto acabado e índice de rotação de cada item e de cada grupo de produtos.

c) **Participação** – Custo de cada produto acabado e o desdobramento desse custo mostrando a participação dos materiais.

d) **Processo** – Quantidade e custo dos materiais em processo.

e) **Abastecimento** – Quantidade e custos das matérias-primas e componentes comprados.

f) **Desperdício** – Utilização padrão comparada com a utilização real das matérias-primas.

g) **Economato** – Controle do estoque e da utilização dos itens não produtivos, incluídos no sistema de compras periódicas.

4.5.5 Apresentação nas demonstrações financeiras

O valor dos estoques é registrado no ativo circulante, presumindo-se que a realização desses estoques se dará dentro do ciclo operacional da empresa, ou seja, em tempo inferior a um ano.

No ativo circulante, os estoques são agrupados como se segue:

- Produtos acabados.
- Produtos em processo.
- Matérias-primas.
- Materiais diversos.

Nesses demonstrativos devem também constar algumas considerações complementares, como se segue:

- **Método de avaliação** – mencionar a data em que se introduziu alguma alteração no método de avaliação do estoque. As mudanças, preferencialmente, devem ser deixadas para o momento de mudança de exercício.

- **Reservas** – a reserva de estoque deverá ser deduzida das contas de estoque às quais se aplica.
- **Penhor** – devem-se relacionar claramente os estoques penhorados, vinculados e compromissados, e uma identificação deverá constar no sistema de informação.

As peças sobressalentes das máquinas, as ferramentas e os produtos para manutenção não podem ser classificados como realizáveis em curto prazo e, portanto, não podem ser classificados no ativo circulante. Classifica-se, portanto, fora do estoque ou simplesmente leva-se à conta de custo e controla-se em sistema de informação não contábil.

A classificação de bens como estoque da empresa depende do momento de transferência da propriedade, e alguns detalhes importantes devem ser observados:

- **Físico** – materiais que estão fisicamente na empresa.
- **Consignação** – excluem-se os materiais recebidos em consignação, que apesar de estarem na empresa são de propriedade do fornecedor. Lembrar de definir as responsabilidades da contratação da apólice de seguro.
- **Trânsito** – os materiais em trânsito, a caminho da empresa, sob condição de *Free on Board* (FOB) e, portanto, com nota fiscal já emitida em nome da empresa.
- **Demonstração** – os materiais entregues em consignação, em poder de clientes para venda posterior, cujos direitos de propriedade permanecem na empresa.
- **Serviço externo** – materiais em poder de terceiros para armazenamento, beneficiamento, embarque ou entregues em confiança.

Os seguintes itens não devem ser incluídos no valor dos estoques:

- Embarques FOB com destino a clientes.
- Consignações recebidas.
- Materiais depositados em confiança.
- Materiais comprados sujeitos à aprovação.

Em casos muito especiais, como construção de máquinas, cujo tempo seja longo, ou entregas parceladas, poderemos considerar três formas para contabilizar os custos:

- **Acumular** – acumular os custos como estoque até que a última entrega seja efetuada.
- **Descarregar parcial** – considerar como custo dos estoques somente a parte que ainda permanece na empresa, apropriando ao custo de vendas os valores já entregues.

- **Descarregar total** – manter somente as matérias-primas ainda não transferidas para o processo como estoque, considerando os demais custos e as próprias matérias-primas incluídas no processo como custo da venda.

4.5.6 Objetivos da auditoria dos estoques

A auditoria dos estoques no âmbito da Administração dos Materiais tem os seguintes objetivos:

a) **Quantidades** – Verificar se as quantidades representam adequadamente o existente em produtos acabados, matérias-primas, materiais diversos em trânsito, em armazéns e em consignação.

b) **Uniformidade** – Verificar se os itens foram valorados segundo os princípios de contabilidade geralmente aceitos, aplicados com base uniforme em relação ao período anterior, preço de custo ou mercado, prevalecendo o mais baixo.

c) **Documentação** – Verificar se as listagens de estoque estão corretamente compiladas, multiplicadas, somadas, resumidas com exatidão e se os totais estão corretamente refletidos nas contas.

d) **Redução** – Verificar se os itens excessivos, morosos, obsoletos e defeituosos estão reduzidos aos seus valores líquidos realizáveis.

e) **Gravame** – Verificar se existem ônus gravando os estoques e, se houver, determinar se estão adequadamente demonstrados nas contas ou notas explicativas.

f) **Consistência** – Verificar se os estoques finais do período foram determinados quanto a quantidade, preços, cálculos, estoques excessivos, em base consistente com as dos estoques no fim do ano anterior.

4.5.7 Procedimentos de auditoria dos estoques

Podemos estabelecer procedimentos específicos dedicados a empresas industriais ou comerciais. Antes, porém, é sempre interessante avaliar o grau de eficiência dos controles internos.

Os procedimentos gerais aplicáveis em qualquer tipo de empresa são os relacionados a seguir.

CONHECIMENTO DO NEGÓCIO E DOS PRODUTOS

Devem-se conhecer o ramo de negócios, a participação no mercado, os processos de fabricação e a natureza dos produtos.

Devem-se examinar os fatores de obsolescência, mudanças de modelo, sazonalidades, perecibilidade e evolução dos produtos.

A operação deverá ter todas as suas características levantadas.

REVISÃO DO CONTROLE INTERNO

Devem-se elaborar os fluxogramas dos procedimentos de compras, produção, vendas e faturamento. Outros pontos devem também ser incluídos nesta revisão, como se segue:

- **Manufatura** – produtos e processos de fabricação.
- **Classificação** – classes de itens em estoque e sua localização.
- **Quantidades** – controle das quantidades físicas e procedimentos para inventários periódicos.
- **Fluxogramas** – elaboração dos fluxogramas do Sistema de Custeio.
- **Contabilidade** – contas de controle contábil dos estoques.
- **Valor** – base de dados para a valoração das quantidades físicas.
- **Encalhe** – procedimentos para determinar a existência de estoques morosos e obsoletos.
- **Existências externas** – existência de estoques em armazéns-gerais ou em consignação.
- **Seguro** – detalhes técnicos das apólices de seguro envolvendo os estoques.

INSPEÇÃO PRELIMINAR

Devem-se rever os relatórios disponíveis, fazendo a verificação em todas as áreas de armazenamento e de processamento.

De modo especial, deve-se dar muita atenção aos relatórios de rotação dos estoques para identificar os itens obsoletos, em excesso e sem nenhuma movimentação.

IMPORTÂNCIA DAS OBSERVAÇÕES DO LEVANTAMENTO FÍSICO

A porção vultosa dos estoques guardados na empresa deve ser objeto de verificação em sua arrumação, armazenamento e conservação. Os materiais mantidos com terceiros deverão ser objeto de prova documental e de circularização para comprovar as quantidades. Tais documentos não dispensam a inspeção física nas áreas externas e a comprovação das quantidades por contagem no depositário.

OBSERVAÇÃO DOS PROCEDIMENTOS DE CONTAGEM FÍSICA

As atividades do auditor no inventário físico consistem em observar os procedimentos de contagem e anotação das quantidades, além da execução apropriada de teste para determinar se esses procedimentos estão sendo seguidos adequadamente.

O planejamento do inventário editado pela empresa deverá ser revisto pelo auditor para comprovar que os procedimentos são adequados. Ele deverá também preparar o planejamento e a programação dos trabalhos de auditoria.

Em uma empresa com um bom controle permanente de estoque e um sistema de contagem rotativo, o auditor deverá realizar testes de contagem e examinar os papéis de trabalho das auditorias rotativas.

Caso a apuração do resultado dependa exclusivamente do inventário, a empresa deverá ser paralisada na data do encerramento do exercício.

Devem-se observar também os seguintes pontos:

a) **Arrumação** – Verificar atentamente se a arrumação está bem-feita.
b) **Treinamento** – Checar o grau de treinamento dos funcionários.
c) **Acuracidade** – Precisão na contagem e nos registros.
d) **Métodos** – Verificar se os métodos de contagem são adequados.
e) **Segregação** – Verificar se as práticas de segregação são adequadas.
f) **Descartáveis** – Verificar se as práticas de identificação dos itens descartáveis são adequadas.

TESTES DE CONTAGEM DE ESTOQUE

Os propósitos dos testes são os seguintes:

- **Procedimentos** – Testar a exatidão e a aceitação dos procedimentos da empresa para inventários.
- **Registro** – Comprovar os procedimentos para a compilação e anotação das quantidades identificadas fisicamente.

Ao realizar testes, o auditor efetua contagem dos itens selecionados. Ele deverá estar atento aos seguintes pontos:

- **Transcrição** – Controlar se as quantidades físicas anotadas nas etiquetas estão corretamente transcritas nos resumos de quantidades contadas.
- **Identificação** – Os itens selecionados para testes de contagem devem ser corretamente identificados com informações como: nome, número do item, departamento, endereço de armazenamento.

- **Universo** – O número de itens selecionados para teste deve ser representativo do universo de itens. Devem-se incluir itens de todos os departamentos, de baixo e de alto valor, de pouca ou de grande movimentação.
- **Comportamento** – Devem-se selecionar itens contados pelos contadores que formam a equipe de inventário, para comprovar a uniformidade de comportamento na execução das tarefas.
- **Refazer** – Quando a contagem do auditor não confirmar o número da contagem anterior, ela deverá ser refeita. Confirmada a contagem do auditor, a amostra deverá ser ampliada.
- **Inventário condenado** – Caso os erros constatados nos testes sejam em larga escala, o inventário deverá ser condenado e a direção, comunicada para reprojetar novamente os trabalhos.
- **Segregação** – Ao realizar os testes, o auditor deverá verificar se existe obsolescência, excesso de estoque, deterioração, poeira, etiquetas antigas, ferrugem. Esses itens devem ser segregados para que a sua valoração seja feita no valor de mercado.
- **Localização** – As etiquetas são emitidas pelo computador com base nas existências registradas. O auditor deverá verificar se todas as etiquetas foram utilizadas para contagem; caso existam etiquetas não utilizadas, o auditor deverá investigar porque aqueles itens não foram localizados.
- **Itens fora do sistema** – O auditor deverá verificar se existem itens armazenados que não estavam registrados no sistema de informação, determinar a causa desse desvio, emitir etiquetas especiais e determinar a contagem desses materiais.
- **Documentação** – Todos os testes realizados pelo auditor devem ser registrados em seus papéis de trabalho.

SEGREGAÇÃO DE ENTRADAS E SAÍDAS ANTES E APÓS O INVENTÁRIO

O objetivo da auditoria na verificação da segregação de recebimentos é de assegurar que todos os materiais entrados até, e exclusivamente, a data do inventário foram incluídos no inventário físico e que os respectivos custos, segundo as faturas, foram registrados como passivo até a data do inventário.

O objetivo da auditoria na verificação da segregação da saída é assegurar que todos os materiais remetidos até, e inclusive, a data do inventário foram excluídos do inventário físico e que os faturamentos respectivos a fregueses foram registrados até a data do inventário.

ESTOQUES EM PODER DE TERCEIROS E ESTOQUES DE TERCEIROS EM PODER DA EMPRESA

Devem-se confirmar com os depositários e consignatários as quantidades registradas nos controles internos. Deve-se pedir confirmação de penhores ou vínculos que recaiam sobre estoques. Recebidas as confirmações das entidades externas, devem-se selecionar itens para contagem nos locais externos.

O mesmo procedimento deverá ser adotado para os materiais que foram remetidos para beneficiamento, processamento ou mesmo montagem externa.

Os estoques de terceiros depositados na empresa deverão, também, ser contados e as quantidades confirmadas com os proprietários dos materiais.

PROGRAMA DE CONTAGENS ROTATIVAS, SUBSTITUINDO O LEVANTAMENTO FÍSICO COMPLETO

O auditor deverá anotar a frequência das contagens prestar atenção aos estoques excessivos, obsoletos e de baixa rotação e utilizar o método de corrigir os registros contábeis pela detecção de variações entre o físico e o contábil.

As diferenças de contagem deverão estar dentro de margens aceitáveis. Deve-se verificar se existem semelhanças nas diferenças que possam indicar deficiências de procedimentos.

TESTES DE EXATIDÃO ARITMÉTICA

O auditor deverá garantir que as contas são feitas corretamente e para tanto aciona os seguintes mecanismos:

a) **Conta certa** – Verificar qual o nível de controle da equipe de inventário sobre a realização das contas aritméticas.

b) **Conferência** – Verificar se existe conferência e reconferência das somas, multiplicações e outras operações aritméticas realizadas nas listagens.

c) **Explicações** – Verificar a adequação das explicações em relação aos ajustes realizados nos estoques.

d) **Aprofundar** – Estender o exame quando os cuidados da empresa em relação aos itens anteriores não foram atendidos.

e) **Significância** – Os erros aritméticos não deverão ser significativos em relação à apuração do resultado.

f) **Valor comprovado** – A valoração das quantidades inventariadas deverá ser comprovada por meio de testes com as fontes de preços, como faturas, fichas de materiais e fichas de custo.

g) **Conferir** – O auditor deverá comprovar se as decimais dos números estão corretas, se os preços corretos foram aplicados aos itens certos, quais as unidades de medida utilizadas e verificar os preços dos itens em processo e parcialmente terminados ou montados.

TESTES DE AVALIAÇÃO – CUSTOS

O sistema de custo implantado poderá ser de grande ajuda. Caso a empresa adote o sistema de custo padrão, as variações entre a utilização padrão e a utilização real devem ser vigiadas de perto pelo auditor. Caso haja uma boa aderência entre o padrão e o real, o auditor poderá reduzir a quantidade de testes a serem realizados na empresa.

O fluxo de custo dos estoques sempre pressupõe que o primeiro que entra é o primeiro que sai. Caso o sistema seja diferente, tal ponto deverá ser examinado pelo auditor. Ele deverá ter o cuidado de adotar o valor de mercado sempre que este for mais baixo do que o valor do custo, para realizar os prejuízos armazenados nos estoques.

O auditor deverá atender também aos seguintes pontos:

a) **Preços** – Testar preços de matérias-primas e componentes externos.

b) **Critério** – Testar se o fluxo de custo mantém o critério de primeiro a entrar, primeiro a sair.

c) **Representatividade** – Verificar a adequação dos números de inventário dos itens mais representativos.

d) **Cobertura** – O número de faturas de fornecedores deverá se estender ao longo do tempo para cobrir a "idade" do montante estocado.

e) **Inventário anterior** – Se a quantidade comprada durante o ano for inferior à quantidade no estoque e tornar-se necessário retroceder a faturas de compra de anos anteriores, o preço da quantidade que falta deverá ter o custo do inventário do ano anterior. Deve-se completar a verificação examinando se não existe um problema de obsolescência.

f) **Aumento da amostra** – Havendo diferenças significativas entre os preços das faturas dos fornecedores e os preços dos estoques, eleva-se a quantidade de itens a serem testados para verificar a extensão do ajuste de valor a ser realizado.

g) **Reavaliação** – Havendo diferenças significativas no preço das matérias-primas, reavalia-se também o valor dos produtos em processo e acabados, considerando o conteúdo proporcional de matérias-primas na composição de seus custos.

A auditoria deverá rever as ordens de serviço nos seguintes aspectos:

a) **Fluxo de custo** – Revisão do fluxo de custo pelas contas de controle de estoque dos produtos em fabricação.

b) **Débitos** – Testes dos débitos de materiais às ordens de fabricação, na data do inventário.

c) **Conciliação** – A conta de controle de estoque dos produtos em fabricação, na razão geral, deverá estar conciliada com os cartões de custo das ordens de serviço.

d) **Materiais** – Os custos dos materiais aplicados nas ordens de serviço devem ser avaliados pelas faturas dos fornecedores, requisições de matérias-primas e componentes debitadas às ordens.

e) **Custos adicionais** – Outros itens dos custos devem também ser verificados para a correta valoração da ordem de serviço e, portanto, avaliação do valor do estoque em processo.

f) **Taxas horárias** – Os custos indiretos devem ser debitados às ordens de produção por taxas horárias, calculadas dividindo-se o custo departamental pelas horas trabalhadas. A aplicação dos custos indiretos de fabricação às ordens de serviço pelas taxas horárias é de particular importância na determinação do lucro operacional.

PRODUTOS EM PROCESSO EM UM SISTEMA DE FABRICAÇÃO CONTÍNUA

A auditoria deverá atentar para os seguintes pontos:

a) **Custo por processo** – Revisão do fluxo de custos por meio dos centros de custo por processo dos produtos selecionados.

b) **Débitos** – Selecionar itens para a realização de testes para verificar os custos debitados aos diversos centros de custo.

c) **Verificação** – As matérias-primas adicionadas ao processo deverão sofrer testes de verificação entre o consumo padrão e as requisições apresentadas ao almoxarifado.

d) **Indiretos** – Os outros custos são debitados aos centros de custo do processo e aos produtos.

e) **Sucatas** – O auditor deverá prestar especial atenção às perdas de matérias-primas além do padrão e aos procedimentos para a contabilização nos custos das sucatas que forem geradas no processo.

PRODUTOS EM PROCESSO EM UM SISTEMA DE CUSTO PADRÃO

A ênfase da auditoria será dirigida para:

- **Custo completo** – testar para comprovar que todos os elementos do custo estão incluídos no custo padrão.
- **Variações** – avaliar a aproximação dos custos reais em relação ao custo padrão, utilizando as contas de variação.

- **Mesma base** – comprovar que os custos padrão utilizados no cálculo das variações são os mesmos utilizados para a valoração dos estoques.

PRODUTOS ACABADOS

O auditor deverá separar os produtos comprados para revender dos produtos de fabricação própria. Deverá, então, atentar para os seguintes pontos:

a) **Comprados** – Conferir o estoque de produtos acabados como se fossem matéria-prima.

b) **Processo** – Testar uma amostra de produtos acabados, juntamente com a verificação dos produtos em processo da mesma natureza.

c) **Irrelevante** – Os testes já discutidos anteriormente podem ser utilizados nos casos em que a quantidade de produtos em processo é relativamente muito pequena.

d) **Encomenda** – No caso de empresas que trabalham por encomenda, o estoque em processo é relativamente elevado; esse estoque deverá ser avaliado conjuntamente com o custo de eventuais produtos ainda não faturados.

TESTES DE AVALIAÇÃO – MERCADO

Devemos ter atenção para eliminar todos os estoques com custos irrecuperáveis. O valor líquido de mercado de muitos itens em estoque é inferior ao preço de reposição pela compra ou pela reprodução, ou o valor registrado nos controles. Deve-se adotar, então, o valor de mercado, e a diferença de valor dos inventários deverá ser levada à conta resultado.

A avaliação de se os preços dos estoques são maiores do que a reposição deverá ser procurada nas faturas de fornecedores emitidas depois da data do inventário.

O mesmo procedimento proporcionará que se verifique se os custos de produção posteriores ao inventário são inferiores aos valores registrados na data.

O valor líquido realizável significa o preço líquido esperado de venda, menos as despesas estimadas para completar ou vender um item de estoque. Devemos comparar os preços de venda com faturamentos anteriores de itens semelhantes.

ESTOQUES OBSOLETOS OU MOROSOS

Os procedimentos adequados para o controle dessa situação são os seguintes:

a) **Previsões** – Comparações periódicas de quantidade em estoque com previsões realistas de vendas.

b) **Rotação** – Índices de rotação de estoque de itens e rotação média por categoria de produtos.

c) **Obsolescência** – Identificação dos fatores de obsolescência dos itens estocados.

d) **Falta de conservação** – Identificação da deterioração de itens.

TRANSAÇÕES ENTRE A DATA DA CONTAGEM FÍSICA E A DATA DO BALANÇO

A contagem dos estoques poderá ser realizada em data anterior ao levantamento do balanço, desde que a empresa apresente um grau adequado de controle dos estoques.

Da data do inventário até a data do levantamento do balanço deverão ocorrer transações consideradas normais e coerentes com o ritmo de atividade nos meses que antecedem a data de execução do inventário.

RESERVAS DE ESTOQUE

O auditor deverá examinar os seguintes pontos referentes às reservas de estoque:

a) **Reserva** – Conhecer a finalidade da constituição de qualquer reserva pela empresa.

b) **Composição** – Verificar a composição do saldo da reserva.

c) **Transações** – Analisar as transações lançadas nas contas de reserva de estoque durante o período de auditoria.

d) **Respaldo** – Verificar se os lançamentos estão respaldados em documentos comprobatórios.

e) **Montante** – Verificar se o montante da reserva é adequado.

f) **Reflexos** – Verificar se a reserva dos estoques dedutível dos valores de estoque afetará de maneira significativa os resultados.

g) **Desgaste** – Verificar se as reservas são destinadas a fazer frente a perdas do estoque, sucatas etc., que surjam depois da data do inventário.

h) **Histórico** – A reserva somente deverá ser constituída com base na experiência passada com perdas de várias origens.

A PRIMEIRA AUDITORIA

Será necessário verificar a veracidade dos estoques iniciais pelos seguintes motivos:

a) **Base** – O estoque inicial é um fator determinante na indicação do lucro do exercício.

b) **Princípios** – Os princípios de contabilidade devem ser aplicados tanto nos estoques atuais como nos anteriores.

A aceitação dos estoques iniciais sem restrições poderá ocorrer se:

- O estoque inicial foi examinado por outro auditor, independente e credenciado, que emitiu parecer a respeito.
- A empresa tem um sistema satisfatório de controle interno dos estoques.
- O auditor verificou os documentos do valor inicial dos estoques e os considerou satisfatórios.

O auditor, ao examinar a documentação do levantamento dos estoques iniciais, deverá atentar para os seguintes pontos:

a) **Comparação** – Comparar a composição dos estoques iniciais com os atuais e procurar explicações sobre as variações de vulto.

b) **Anormalidades** – Verificar as variações do lucro bruto por linha de produto, à procura de variações anormais que podem ter origem na mudança do perfil dos estoques.

c) **Método** – Verificar se o planejamento e os procedimentos seguidos foram adequados.

d) **Evidências** – Examinar as etiquetas de contagem que comprovam que o levantamento foi realizado.

e) **Documentação** – Checar os papéis de trabalho da época, listagens e reconciliações globais das quantidades.

f) **Valor de mercado** – Analisar as decisões tomadas em relação à avaliação de estoques pelo valor de mercado.

g) **Precisão** – Fazer testes de exatidão aritmética na compilação dos inventários físicos e dos ajustes dos estoques contábeis.

EXERCÍCIOS

1. Defina nível de serviço. Dê exemplos de indicadores de nível de serviço para uma empresa de pronta entrega.
2. Quais são os principais documentos para o controle de estoques? Uma empresa comercial necessita de todos esses documentos? Por quê?
3. O que é uma curva dente-de-serra? Quais são as simplificações que devemos fazer para aproximar o comportamento real do estoque disponível de determinado item?

4. Com os dados fornecidos a seguir, calcule o Estoque de Segurança utilizando os métodos determinístico e probabilístico.

DIA	DM_i	TR_i
1	11	5
2	35	2
3	7	1
4	12	1
5	27	3
6	8	1
7	15	2
8	6	1
9	26	2
10	3	1
μ	15,00	1,90
S^2	114,22	1,66
$D_{máx}$	35	
$TR_{máx}$		5

$t_{n,NS\%}$	NS%		
n	90%	95%	99%
5	1,476	2,015	3,365
10	1,372	1,812	2,764
15	1,341	1,753	2,602
20	1,325	1,725	2,528
30	1,310	1,697	2,457
50	1,299	1,676	2,403
80	1,292	1,664	2,374

$$E_{seg} = t_{n,NS\%} \times \sqrt{S_{DM}^2 \times TR + S_{TR}^2 \times DM^2}$$

a) Calcular o Estoque de Segurança determinístico.

E_{seg}	TR_{cte}	TR_{var}
DM_{cte}		
DM_{var}		

b) Calcular o Estoque de Segurança Probabilístico para NS = 95%.

MOVIMENTAÇÃO E ARMAZENAGEM DE MATERIAIS

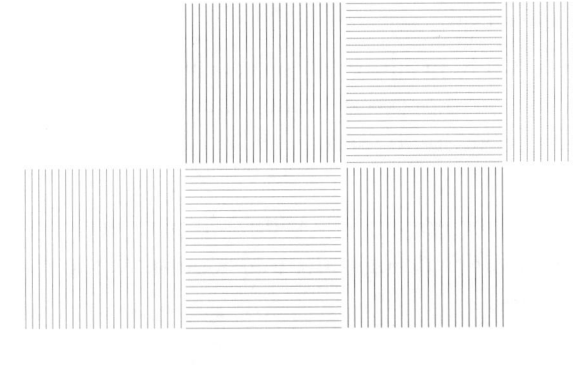

5

Para que as mercadorias possam ser trabalhadas, possibilitando um total aproveitamento de seu potencial, deve-se, em princípio, manter em movimento um dos três elementos básicos de produção.

Homem, máquina ou material devem estar em constante movimento para se obter futuramente um resultado satisfatório na finalização de um produto.

5.1 MOVIMENTAÇÃO DE MATERIAIS

Na maioria dos processos industriais, o principal elemento de movimentação é o material, porém, salvo alguns casos como na construção pesada, de aviões e de navios, haverá maior movimentação por parte do homem e da máquina.

A movimentação e o transporte de material são classificados conforme a atividade funcional que neles será aplicada. São eles:

- **Granel** – destinados desde a extração até o armazenamento de materiais a granel, incluindo gases, líquidos e sólidos.
- **Cargas unitárias** – trata-se de cargas contidas em um recipiente de paredes rígidas ou individuais ou apoiadas em estrados.
- **Embalagem** – utilizada no projeto, utilização e seleção de recipientes para o transporte de produtos.
- **Armazenamento** – corresponde ao recebimento, empilhamento ou colocação em prateleiras.

- **Vias de transporte** – carregamento, fixação no transporte, desembarque e transferência de qualquer tipo de material.
- **Análise de dados** – abrange os aspectos analíticos da movimentação, como levantamento de mapas de movimentação, treinamento, organização, segurança e outras técnicas para o desenvolvimento de um sistema eficiente de movimentação de materiais.

É importante ressaltar que os custos da movimentação das mercadorias e do produto agregam diretamente no seu custo final.

Em virtude do acréscimo nos custos de certo produto acabado, referente ao processo de movimentação, seria necessário elevar o preço de venda, mas a movimentação não contribui para elevar o valor do produto no mercado e o volume vendido se reduzirá.

O preço do produto no mercado poderá ser novamente reduzido para elevar a quantidade se houver uma seleção mais específica do método, mais compatível com a redução do custo do processo de produção.

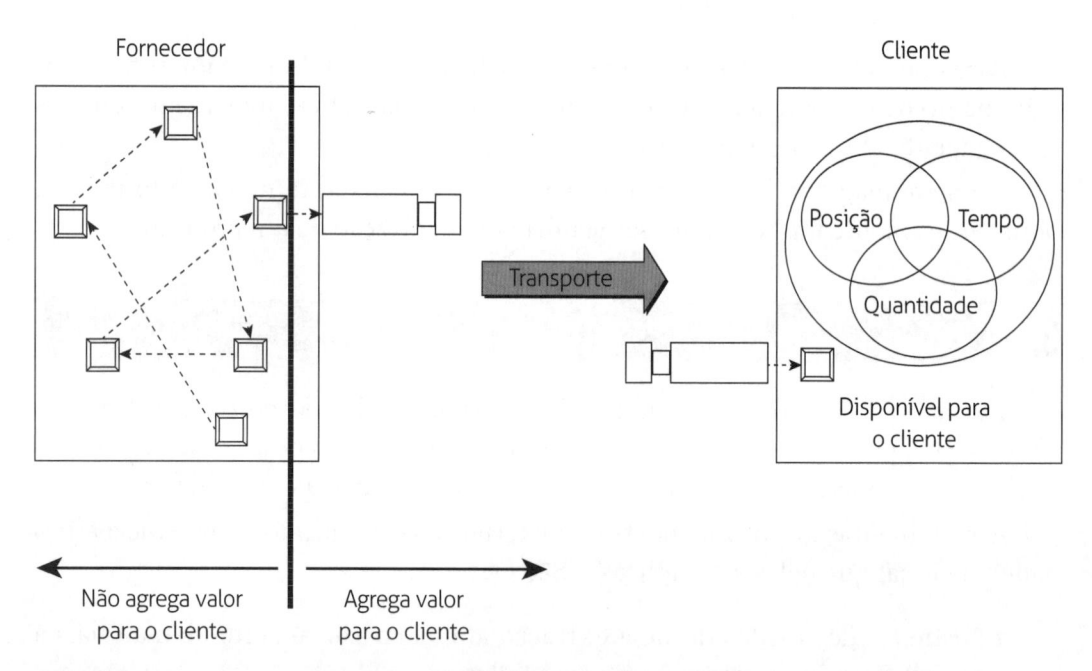

FIGURA 5.1 Agregação de valor para o cliente.

Sendo assim, um sistema de movimentação de materiais deve trabalhar com uma série de recursos que possibilitem a redução do custo final do produto.

a) Redução de custos
- **Custo de mão de obra** – a implantação de equipamentos mecânicos substituirá o trabalho braçal, que exigirá menos esforço físico do homem e reduzirá o tempo de atravessamento.

- **Custo de materiais** – uma melhor estrutura no acondicionamento do material e um transporte mais eficaz resultarão em um índice de perdas muito pequeno.
- **Custo de equipamentos** – o uso de equipamentos adequados, em termos de número e características, para a movimentação e a armazenagem de materiais exigirá menor investimento em ativo fixo por parte da empresa.
- **Outros custos** – um serviço de estocagem e transporte eficiente terá como consequência uma redução nas despesas em geral.

b) Aumento da capacidade produtiva
- **Aumento da produção** – a produtividade da linha de produção será consequência de uma racionalização dos processos de transporte e estoque, que permitirá maior rapidez na chegada dos materiais até as linhas de produção.
- **Capacidade de armazenagem** – as empilhadeiras permitem melhor acondicionamento do produto e uma máxima utilização do espaço na área de estocagem, com liberação de área produtiva.
- **Distribuição de armazenagem** – é necessário o aproveitamento de dispositivos para a formação de cargas unitárias, levando a um sistema de armazenagem muito mais eficiente.

c) Melhores condições de trabalho
- **Maior segurança** – o risco de acidentes ficará muito reduzido com a utilização de equipamentos de movimentação e com o uso de dispositivos destinados às cargas unitárias.
- **Redução da fadiga** – à medida que o homem aplica o uso da máquina no seu serviço, seu esforço diminuirá. Ao mesmo tempo, aqueles que continuam trabalhando em serviços de transportes e estocagem trabalham com muito mais conforto, já que a máquina fará o esforço físico despendido pelo homem.

d) Melhor distribuição
- **Melhoria na circulação** – uma total adequação do ambiente de trabalho, ou seja, corredores bem definidos, endereçamento fácil e equipamentos eficientes, fará com que a movimentação das mercadorias dentro da fábrica melhore.
- **Localização estratégica do almoxarifado** – a aplicação de sistemas de manuseio torna viável a criação de pontos de armazenagem em vários locais distantes da fábrica, colocados estrategicamente próximos aos pontos de utilização.
- **Melhoria dos serviços ao usuário** – a proximidade da mercadoria em relação ao usuário torna muito mais rápido o seu acesso, evitando riscos de deterioração ou quebra e representando um custo menor.

- **Maior disponibilidade** – um sistema de distribuição eficaz terá como consequência maior disponibilidade dos produtos conforme a região.

Após definirmos as diretrizes de um sistema de movimentação, verificaremos que o objetivo de tal sistema é possibilitar a total interação entre o homem e os conhecimentos condizentes com a seleção dos equipamentos, que deve ser funcional, operacional e economicamente apropriada à aplicação em cada caso.

Conhecimentos empíricos em determinadas organizações demonstram que se pode obter uma economia em um sistema racional de movimentação pelo aproveitamento do conhecimento das pessoas encarregadas dos equipamentos existentes.

Não se pode descartar a singular importância da necessidade de revisão parcial ou total do sistema, para que pequenos problemas não ocorram. Por exemplo:

- **Manuseio** – homens manipulando cargas com mais de 25 kg e mulheres carregando objetos com peso superior a 20 kg.
- **Desvio** – materiais sendo desviados do caminho mais direto e natural de sua transformação no processo fabril para fins de inspeção, conferência ou outras razões.
- **Paradas** – pessoas da produção abandonando seus postos para efetuar operações de transporte.
- **Suprimento** – trabalhadores de produção parados em virtude da falta de suprimento de matéria-prima.
- **Elevação** – cargas acima de 50 kg sendo levantadas mais de 1 metro sem ajuda mecânica.

LEIS DA MOVIMENTAÇÃO

Para se manter eficiente, um sistema de movimentação de materiais deve seguir algumas leis, dentro das suas possibilidades. São elas:

a) Obediência ao fluxo das operações.
b) Mínima distância.
c) Mínima manipulação.
d) Segurança e satisfação.
e) Padronização.
f) Flexibilidade.
g) Máxima utilização do equipamento.
h) Máxima utilização da gravidade.
i) Método do espaço disponível.

j) Método alternativo.

k) Menor custo total.

EQUIPAMENTOS DE EMBALAGEM PARA O MANUSEIO E MOVIMENTAÇÃO

Os equipamentos utilizados (enfaixatrizes, seladoras, máquinas de costura, bancadas etc.), bem como suas manutenções, devem ser tratados em Instrução para a Qualidade.

Tais equipamentos devem estar sempre limpos, isentos de óleo, graxa, solvente, ferrugem etc., e em condições operacionais de uso.

MÉTODOS E PRECAUÇÕES PARA O MANUSEIO E MOVIMENTAÇÃO

- A movimentação de produtos não acondicionados em bancais não deve ser feita com empurrões e/ou com o uso direto dos garfos das empilhadeiras.
- Os produtos a serem expedidos devem estar isentos de pó/sujeira e seu aspecto não deve evidenciar diferença significativa em relação à produção mais recente.
- O carregamento e o descarregamento devem ser efetuados em condições que evitem o acúmulo de água nos produtos.
- Eventuais corpos estranhos no interior dos produtos devem ser removidos.
- O descarregamento dos produtos no ato do recebimento deve ser efetuado em local coberto no caso de mau tempo.

5.2 ARMAZENAGEM DE MATERIAIS

Equipamentos modernos e funcionando com o máximo de potencial, um sistema de movimentação adequado às necessidades que o produto a ser trabalhado exigirá, um método racional para a manutenção do nível de custos sem afetar sua produtividade, um complexo grau de mecanização das mais diversas unidades de trabalho são fatores que certamente modificarão o andamento do produto na empresa.

Porém, são as condições do trabalho que determinam as possibilidades reais de melhoria. Elas servem de base para a escolha do sistema de armazenagem de cargas e da operação do almoxarifado.

Não basta possuir um grande capital e um sistema moderno para estocagem se, na aplicação do sistema, não se atender às expectativas e necessidades do referido produto.

Pequenos problemas ocorrerão, pois fatores externos podem interferir diretamente nos métodos dos sistemas anteriormente estudados. O desenvolvimento futuro, por exemplo, torna-se um problema uma vez que, na maioria das vezes, abdica do uso de certos métodos atualmente aplicados com sucesso.

Máquinas ultrapassadas e com pequeno aproveitamento só tendem a impedir a expansão dos programas de produção, tornando-os antieconômicos, no caso da redução de vendas. Um equipamento mal utilizado pode trazer prejuízos imensos no processo de produção.

No entanto, fatores diretamente relacionados com a produção são os mais importantes, pois tornam-se presentes em todos os casos e restringem a seleção a um número limitado de equipamentos. Nesse sentido, os mais importantes são: o material transportado, o custo da modificação e a natureza da produção.

Outro fator preponderante no que se refere a métodos para manuseio e estocagem são as características físicas dos materiais. Por exemplo, gases devem ser manipulados em contendores adequados e resistentes à pressão; líquidos e semilíquidos são contidos e transportados em sistemas compatíveis com sua utilização econômica. Mais uma vez, as condições do ambiente associadas à característica do produto se fazem presentes no processo de produção.

LEIAUTE

A primeira medida a ser tomada é a implantação de um depósito, pois estará presente desde a fase inicial até a etapa operacional, influindo na seleção do local, no projeto de construção propriamente dito, na localização de equipamentos e estações de trabalho, na seleção de equipamentos e movimentação de materiais, na estocagem, na expedição e em uma série de detalhes, que vão desde a topografia do terreno até a presença de janelas.

O regime de atendimento e os tipos de produto são parâmetros com a finalidade de dar sustentação às condições que possibilitarão uma operação eficiente e com um ótimo controle de economia e rendimento.

O depósito deve se modificar ao longo dos anos, de acordo com as condições tecnológicas e a evolução dos métodos de trabalho, não podendo ficar parado no tempo.

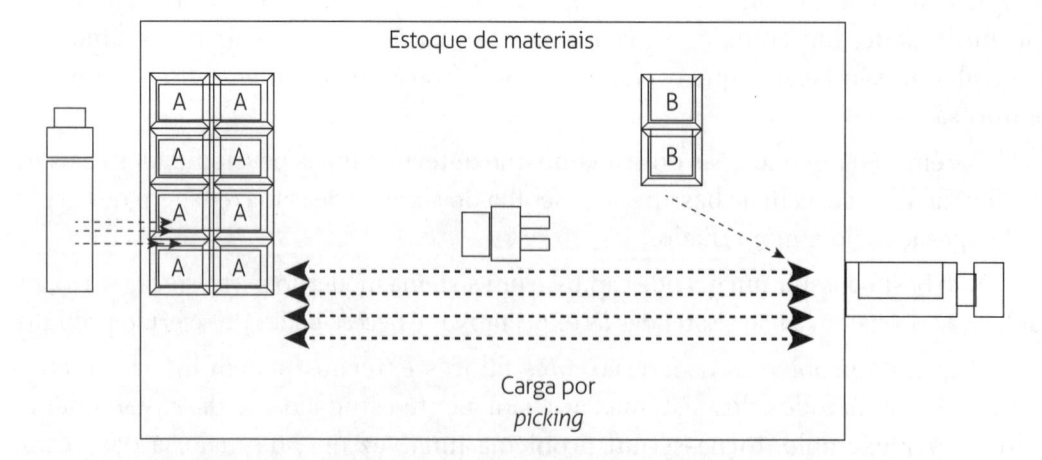

FIGURA 5.2 Excesso de movimentação por erro no leiaute.

ALTERAÇÕES DE LEIAUTE

Toda organização tem uma equipe de profissionais treinados para estudar o leiaute. É o caso das indústrias, que, por causa de sua atividade, antecipam as mudanças periódicas no processo ou no produto.

Para casos mais específicos, empresas especializadas trabalham na implantação ou modificação de um leiaute, analisando as seguintes situações que originam uma mudança no leiaute:

a) **Modificação do produto** – Em razão da forte concorrência de mercado, uma mudança de produto, com o intuito de aumentar a margem de lucro de uma organização, afetará os equipamentos, a mão de obra e a área de trabalho.

b) **Lançamento do produto** – O desenvolvimento de um novo produto causará modificações na estrutura de armazenagem, e um novo leiaute deve ser estudado simultaneamente ao projeto do produto a ser lançado.

c) **Variação na demanda** – Um aumento na demanda fará com que novas máquinas sejam instaladas para se adequar às expectativas do mercado; por outro lado, uma diminuição na demanda causará uma redução nos custos variáveis da produção.

d) **Obsolescência das instalações** – A obsolescência de um processo exige modificações sensíveis; o leiaute pode indicar a conveniência em se ampliarem as instalações, devendo-se proceder à construção de novo bloco ou mesmo à mudança completa do depósito.

e) **Ambiente de trabalho inadequado** – O leiaute deve levar em conta as condições de temperatura, o efeito do ruído, a presença de agentes agressivos, enfim, fatores que podem afetar o rendimento do trabalho humano.

f) **Índice de acidentes elevado** – A localização indevida de algumas instalações poderá acarretar acidentes com operários em contato com produtos químicos perigosos. São de extrema importância o rápido e eficiente atendimento dos operários acidentados e a localização e eliminação das causas do acidente para evitar futuras ocorrências.

g) **Mudança na localização e do mercado consumidor** – É uma variável que não tem influência direta, porém age indiretamente na definição do leiaute, já que a necessidade da realocação de um depósito envolve a definição de um novo leiaute.

h) **Redução nos custos** – Uma redução nos custos causará, possivelmente, uma reestruturação no quadro de pessoal e de equipamentos e, consequentemente, um novo leiaute.

Exemplo: Indústria Pneumática

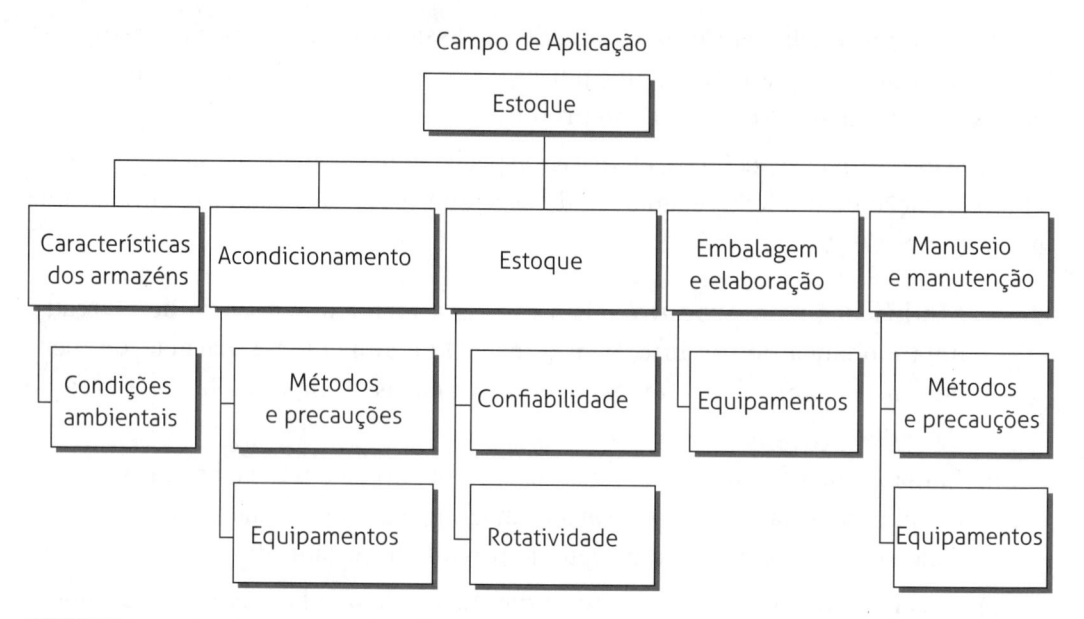

```
                          Campo de Aplicação
                              Estoque
    ┌──────────────┬──────────────┼──────────────┬──────────────┐
Características  Acondicionamento  Estoque    Embalagem      Manuseio
dos armazéns                                 e elaboração   e manutenção
    │              │              │              │              │
Condições       Métodos       Confiabilidade  Equipamentos   Métodos
ambientais      e precauções                                 e precauções
                   │              │                             │
               Equipamentos    Rotatividade                  Equipamentos
```

FIGURA 5.3 Movimentação e armazenagem de pneus.

Durante a armazenagem, os produtos de borracha estão sujeitos a alterações em suas propriedades físicas, as quais podem inclusive inviabilizar sua comercialização.

Essas alterações podem derivar de um só fator ou de uma combinação de fatores, como a deformação sob carga, a ação do ozônio, da luz, do calor e da umidade.

Os efeitos negativos desses fatores podem ser minimizados por uma correta armazenagem. A seguir são definidos os requisitos indispensáveis para essa operação.

CARACTERÍSTICAS DOS ARMAZÉNS

- Cobertos, fechados, secos, isentos de infiltração de água e ventilados.
- Iluminados (luz natural/artificial) de forma que se evite a exposição do produto a raios ultravioleta, conforme instrução para a qualidade da engenharia de materiais.
- Construídos com piso plano e pavimentado, que deve ser mantido limpo nas áreas de movimentação e estoque.
- Isentos de fontes de calor (como tubulações com radiação de calor) em contato com o produto.
- Isentos de fontes de ozônio (motores elétricos com funcionamento contínuo, baterias em fase de carregamento etc.) em contato com o produto. No caso de soldas, deve-se operar a uma distância mínima de 5 metros dos produtos, protegendo-os com plástico preto.

ACONDICIONAMENTO

Os pneus devem, de preferência, ser armazenados na posição vertical, em prateleiras, construídas com armações metálicas ou de madeira.

Nesta operação, é necessário evitar deformações dos pneus pelo atrito com os suportes.

No caso dos pneus sem câmaras, a armazenagem na posição vertical evitará eventuais deformações que possam prejudicar a operação de montagem e enchimento, garantindo o perfeito assentamento dos talões nas falanges do aro.

Quando não for possível a armazenagem dos pneus em pé, eles poderão ser empilhados, recomendando-se não ultrapassar o limite permitido.

Caso os pneus permaneçam armazenados por longo período, a sua ordem nas pilhas deve ser periodicamente invertida.

Os equipamentos utilizados (prateleiras, bancais, *racks*, paletes, gaiolas, caixas de madeira etc.) devem estar sempre limpos, isentos de óleo, graxa, solventes, ferrugem etc., e em condições operacionais de uso.

CONFIABILIDADE E ROTATIVIDADE DE ESTOQUES

A confiabilidade dos estoques (físicos *versus* contábeis) deve ser assegurada a fim de evitar:

- Faturamentos indevidos com consequente insatisfação de clientes.
- Vencimento de prazos de validade dos produtos.

A rotatividade dos produtos nos armazéns deve ser assegurada, para evitar que seus tempos de armazenagem não ultrapassem os limites máximos permitidos. Para isso, deve-se:

- Manter controle sobre os períodos de produção de todos os produtos.
- Expedi-los de acordo com a sequência cronológica de produção (FIFO).

Os produtos que não forem comercializados durante o período permitido devem ser segregados dos estoques normais em área reservada às não conformidades.

5.3 MODULAÇÃO DE CARGAS

Organização modal é um sistema estruturado que cria uma corrente de racionalidade, com facilidades geradas pela padronização da movimentação, desde os fornecedores até o destinatário final, o último cliente.

A estrutura modal está baseada no conceito de unidade de movimentação (Unimov), que passará a ser o padrão que fluirá por toda a cadeia fornecedor-cliente.

Assim, todos os materiais, desde matérias-primas, componentes, produtos semi-acabados, produtos acabados até múltiplos de embalagens de apresentação e comercialização, deverão estar planejadamente alocados à Unimov.

a) **Embalagem de contenção** – Embalagem em contato direto com o produto e, portanto, deve haver compatibilidade entre os materiais do produto e da embalagem.

b) **Embalagem de apresentação** – Embalagem que envolve a embalagem de contenção e com a qual o produto se apresenta ao usuário no ponto de venda.

c) **Embalagem de comercialização** – Embalagem que contém um múltiplo da embalagem de apresentação; constitui a unidade para a extração de pedido e, por sua vez, é um submúltiplo da embalagem de movimentação.

d) **Embalagem de movimentação** – Múltiplo da embalagem de comercialização, para ser movimentada racionalmente por equipamentos mecânicos.

O sistema modal facilita sobremaneira os transportes, uma vez que é possível padronizar berços e encaixes de caminhões, trens, porões de navios e até compartimentos de carga de aviões. A administração do fluxo de materiais fica facilitada e, dispondo de equipamentos padronizados, utiliza-se menos tempo com carga e descarga.

O padrão de modulação das cargas poderá originar-se de duas modulações distintas:

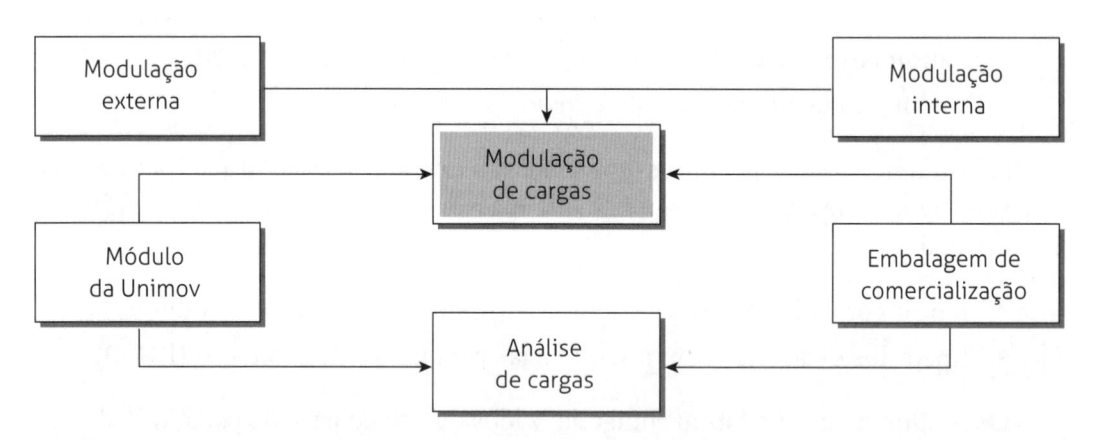

FIGURA 5.4 Modulação de carga.

a) **Modulação externa** – consiste em assumir um padrão associado aos meios de transporte e multiplicá-lo convenientemente para chegar a dimensões razoáveis para as Unimovs e as embalagens dos produtos.

b) **Modulação interna** – percorre o sentido oposto: toma por base o produto e suas dimensões, determinadas pelas características de uso, e agregam-se unidades até que se tenha um múltiplo volumoso e pesado o suficiente para ser movimentado por dispositivos mecânicos e transportado por um complexo intermodal hidro-ferro-rodoviário.

ANÁLISE DA MODULAÇÃO DE CARGAS

a) **Analista de cargas** – Naturalmente, os dois caminhos, as modulações externa e interna, não conduzirão ao mesmo resultado; cabe ao analista de cargas acomodar convenientemente as embalagens de comercialização para maximizar a ocupação volumétrica da Unimov.

b) **Estabilização de cargas** – Também nesse trabalho de análise de carga, não se podem esquecer os aspectos relacionados à existência de planos de clivagem das Unimovs, que exigirão o uso de dispositivos de estabilização de carga, para que os movimentos dentro e fora da fábrica sejam executados com segurança, evitando perdas e acidentes.

c) **Endereço aleatório** – Por fim, cabe ressaltar que a estrutura modal é um fator de grande importância para a padronização de equipamentos de movimentação e endereços para armazenagem. Com a padronização dos endereços, caminha-se rumo ao endereçamento aleatório, que aceita armazenar qualquer material acondicionado em Unimov que, administrado por um sistema de informações bem planejado (e dotado de características de rastreabilidade), certamente gerará grande produtividade.

d) **Inventários racionais** – Quanto a aspectos administrativos, a estrutura modal facilita também o trabalho de manutenção adequada dos inventários, em virtude da introdução da filosofia da pré-contagem, sendo esta uma peça-chave no bom relacionamento entre a programação, a produção e os sistemas de informações industriais.

e) **PCP (Planejamento e Controle da Produção)** – Sem um bom sistema de movimentação e armazenagem de materiais, o PCP é difícil ou mesmo impossível.

f) **Tipos de armazéns** – As atividades de armazenagem agregam sempre dois aspectos: a armazenagem propriamente dita e a prestação de serviço.

Nesse contexto, identificamos três tipos de armazéns (Quadro 5.1).

OCUPAÇÃO VOLUMÉTRICA

QUADRO 5.1 Três tipos de armazéns.

Armazém primário	Armazenamento de Unimov (unidades de movimentação).
Armazém secundário	Armazenamento de Unicom (unidades de comercialização) ou módulo mínimo de vendas.
Armazém terciário	Armazenamento de Uniap (unidades de apresentação), embalagens de apresentação com as quais os usuários têm contato direto.

São armazéns com conceitos diferentes e, como tais, devem ser tratados de forma distinta. As necessidades de acessibilidade e ocupação volumétrica, por exemplo, são certamente diferentes.

Um exemplo típico de armazém terciário é um supermercado, em que o equipamento de "separação de pedidos" é o carrinho de supermercado. Para cada empresa ou centro de distribuição existem características distintas de acordo com a categoria de itens que abrange. Pode haver, em um exemplo extremo, uma empresa que venda simultaneamente a atacadistas, a varejistas e mesmo ao consumidor final.

Uma proposta para esse centro de aviamento de pedidos é mostrada na Figura 5.5, em que o setor de expedição se inter-relaciona com três armazéns de conceitos diferentes, que abrigam itens de natureza diferente.

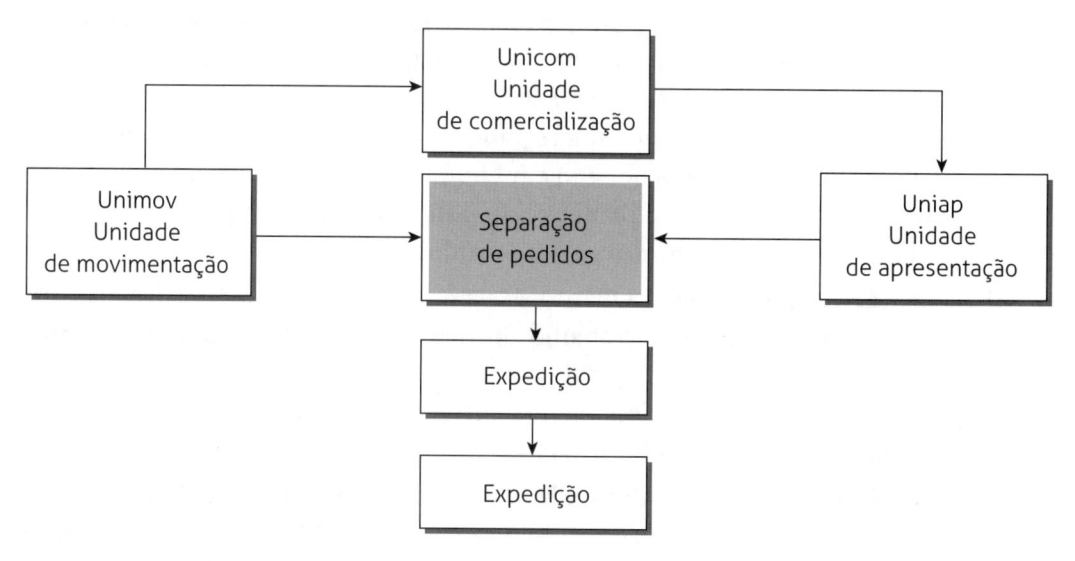

FIGURA 5.5 Centro de aviamento de pedidos.

Uma empresa poderá priorizar a **ocupação volumétrica** de um armazém em detrimento de sua **acessibilidade**, ou mesmo ter armazéns mistos: uma área de maior giro, com acessibilidade de 100% (todas as cargas colocadas em endereços podem ser retiradas sem se movimentar nenhuma outra), e outro espaço de itens menos movimentados, no qual se deu maior importância à ocupação volumétrica.

QUADRO 5.2 Acessibilidade e ocupação volumétrica.

Ocupação volumétrica	Armazenamento de quantidade
Acessibilidade	Serviço ao usuário

De qualquer forma, todo armazém deve estar em condições de fornecer serviço de rastreabilidade dos itens que contém e, como mencionado, de acessibilidade e facilidade de carregar e descarregar um endereço.

Seja qual for o tipo de armazém, sua interface com o cliente deve ser projetada para maximizar o benefício, seja em um supermercado, no qual todos os itens devem estar à mostra, ao alcance do cliente, seja em uma estrutura com transelevadores, na qual o espaço aéreo é aproveitado e máquinas especiais chegam a qualquer endereço em pouco tempo, carregando e descarregando no endereço com facilidade.

- **Visão de volume** – ocupação volumétrica é a razão entre o espaço efetivamente ocupado por algum material na armazenagem e o espaço total que poderia ser utilizado. A Movimentação e Armazenagem de Materiais, MAM, é uma área que se preocupa muito com a ocupação volumétrica e faz questão de lembrar sempre que o espaço disponível para aproveitamento não tem duas dimensões (m^2), mas três (m^3), conceito utilizado, por exemplo, no projeto de mezaninos e transelevadores.
- **Folgas nos volumes** – o conceito de ocupação volumétrica aplica-se à embalagem de apresentação, considerando o volume realmente ocupado pelos produtos dentro da Uniap. As Unicoms ocupam determinado volume na disponibilidade total da Unimov.

As folgas existentes entre uma Unimov e um endereço de armazenagem são outro ponto importante no conceito de ocupação volumétrica. Quanto menor a folga (maior a ocupação volumétrica), maior será a necessidade do uso de equipamentos mais precisos (e mais caros), porém, a estrutura será menor. Por isso justifica-se uma criteriosa análise custo-benefício, considerando o grau de ajustamento mecânico entre os equipamentos de movimentação e as estruturas de armazenagem.

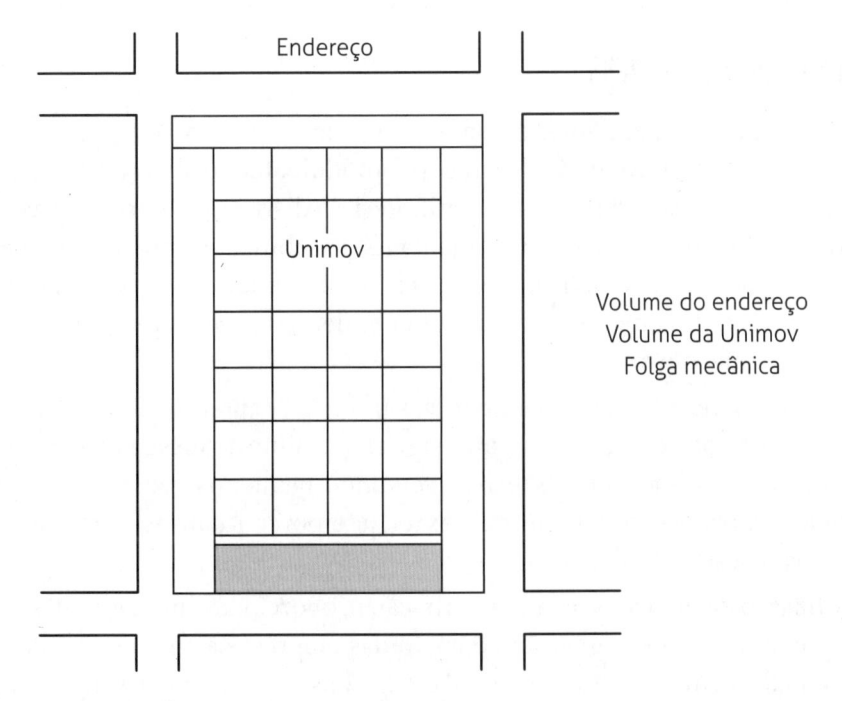

FIGURA 5.6 Folgas de armazenagem.

Quando se utiliza um caminhão ou outro meio de transporte, procura-se maximizar seu uso, aproveitando sua vida útil da melhor maneira possível. Ora, se a ocupação volumétrica do transporte não for maximizada, haverá perdas econômicas substanciais, correspondentes à não utilização de espaços disponíveis durante a vida útil do veículo. Provavelmente poder-se-ia economizar na ocupação volumétrica, no tempo diário de utilização, e haveria aumento da velocidade média do transporte.

Ocupação e acessibilidade – Todavia, ao se maximizar a ocupação volumétrica (em um armazém, por exemplo), entra-se em conflito com a questão da acessibilidade. Estruturas compactas de armazenamento dificultam o acesso. Na verdade, o maior "inimigo" da ocupação volumétrica é o corredor. Porém, como ter acesso sem corredores?

Hoje, as ideias em MAM convergem para uma solução de compromisso entre acessibilidade e ocupação volumétrica. Por exemplo: corredores laterais prejudicam muito a ocupação volumétrica, mas corredores entre fileiras de produtos são adequados.

O armazém dinâmico com rampas inclinadas e roletes não proporciona 100% de acessibilidade (todas as cargas colocadas em endereços podem ser retiradas sem se movimentar nenhuma outra), mas garante o FIFO e representa uma solução muito boa do ponto de vista da ocupação volumétrica. Outra forma de buscar um compromisso entre ocupação volumétrica e acessibilidade é a utilização de armazéns mistos, uma seção de alta densidade de carga e outra bem menor, com 100% de acessibilidade.

ACONDICIONAMENTO DAS CARGAS

Paletização – Atualmente, os paletes (estrados para o acondicionamento de cargas), de 1,00 m × 1,20 m × 1,80 m como módulo, têm utilização largamente difundida pela adequação ao berço de caminhões de distribuição urbana. Além disso, o cuidado no dimensionamento de embalagens viabiliza a implantação efetiva de uma organização modal, condição necessária para o endereçamento aleatório (qualquer carga pode ser acomodada em qualquer endereço), acessado por equipamentos mecanizados e mesmo automáticos.

Pode ser que na adaptação a estruturas modais de modulação externa não seja possível adequar perfeitamente a embalagem à Unimov. Nesse caso, deve-se pensar em compor as dimensões externas deixando pequenos vazios entre caixas. O desperdício em ocupação volumétrica externa é porcentualmente maior do que o relativo à ocupação volumétrica interna.

A utilização de unidades de movimentação proporciona eliminação das improdutividades repetitivas, que aumentam o custo das empresas sem que tal valor seja reconhecido pelo cliente. Como o cliente não paga tais custos, temos de nos livrar deles.

As vantagens dos sistemas modais de deslocamento de mercadorias poderiam ser assim resumidas:[1]

- **Volume** – melhor utilização dos espaços verticais com liberação de área para a produção e elevação da capacidade de armazenamento.
- **Segurança** – redução dos acidentes com pessoas que trabalham com deslocamento de cargas.
- **Custos** – economia de até 40% dos custos de deslocamento das mercadorias.
- **Velocidade** – redução do tempo de deslocamento e elevação da velocidade de atendimento aos clientes.
- **Proteção** – melhor qualidade no acondicionamento das mercadorias e redução das perdas.
- **Controle** – simplificação do controle das existências e melhor funcionamento do sistema de informação.
- **Destino** – entrega dos produtos ao cliente com aparência de novos.
- **Etiquetagem** – facilidades maiores na rotulagem dos produtos e das Unimovs.
- **Furtos** – implantação de grandes obstáculos para desvios de mercadorias.
- **Endereçamento** – possibilidade de introduzir armazenamento com endereçamento aleatório.
- **Vertical** – aproveitamento dos paletes com abas para o deslocamento com cintas por via área.
- **Racionalização** – redução substancial dos custos de transporte pela redução drástica do tempo de carga e descarga dos caminhões.
- **Provimento** – facilidade de esvaziamento das cabeceiras das linhas de montagem, possibilitando aumentar a velocidade média de montagem dos produtos.
- **Valorização** – deslocamento dos operários para as atividades produtivas que acrescentam valor ao produto.

EMBALAGEM

O sistema de embalagem é peça fundamental na cadeia fornecedor-cliente, seja a embalagem de contenção, que acompanha o produto até seu esgotamento (como a de creme dental), seja a de apresentação, descartada logo após a compra.

A embalagem de comercialização tem por finalidade primordial conter as embalagens de apresentação e proteger o produto. Para tanto, podem até mesmo ser usados acessórios como calços, cantoneiras etc. As embalagens de apresentação

---

[1] Esta relação foi adaptada de uma palestra do 7º Outomam (Outubro da Movimentação), ocorrida no Departamento de Engenharia de Produção da Escola Politécnica da Universidade de São Paulo, em 1997.

e comercialização deverão ser adequadas em suas dimensões a uma organização modal que já tenha sido desenvolvida.

O sistema de embalagem interage intensamente com todas as atividades ligadas à logística (sistema de administração de fluxos de materiais que abrange desde a movimentação das matérias-primas, partes e componentes, até a distribuição física interna à fábrica e externa, conhecida como distribuição urbana).

É interessante também comentar que existem casos de **subembalagem** (embalagem subdimensionada), que arrebenta no processo de distribuição demonstrando a falta de preocupação em *não destruir em MAM o que se produz na linha de montagem*, e de **superembalagem** (superdimensionamento, que acarreta embalagens muito resistentes, evidenciando desperdícios).

O processo de análise de casos de subembalagem deverá começar com:

- **Canal logístico** – exame criterioso dos canais de distribuição, instalando-se acelerômetros nas cargas e registrando os pontos do canal onde a solicitação no produto é máxima. O roteiro deverá ser corrigido, aliviando-se as pressões sobre o produto.
- **Fragilidade** – revisão do projeto do produto, relacionando-se todos os pontos de fragilidade do projeto e adotando-se ações corretivas para se ter um produto resistente aos esforços de distribuição.
- **Tecnologia** – reprojeto da embalagem, utilizando novas tecnologias, sem, porém, haver concordância com qualquer elevação do custo, para se evitar a improdutividade repetitiva daí decorrente.

INSTRUMENTOS DE ADMINISTRAÇÃO

a) **O sistema de informações** – O sistema de informações da empresa deve ser ágil e corresponder ao sistema de MAM, apontando as quantidades movimentadas ou armazenadas a cada instante. Além de conferir características de rastreabilidade, esse sistema não pode, de maneira nenhuma, atravancar ou atrasar a movimentação e a armazenagem.

É comum observar atrasos na movimentação porque o sistema de informações não está adequado para acompanhá-la (deficiências em sensores, pessoas em folga, falta de fichas etc.). É preciso impedir que a burocracia atrapalhe a agilidade de um bom sistema de MAM, pois materiais parados para apontamento, além de significarem perda de dinheiro, podem constituir obstáculos à movimentação na fábrica como um todo.

b) **Programação** – Quanto à Programação e Controle de Produção (PCP), o sistema de MAM aparece como um complemento, em uma relação de mútua dependência. Afinal, quando se programa uma ordem, é importante garantir que a alimentação e a retirada de peças já devidamente moldadas se processem da melhor forma.

Há um conceito importante, o de ordem resolvida:

- **Quantidade e qualidade** – não se pode parar uma máquina ou alterar sua operação sem que os materiais em quantidade e qualidade para a próxima ordem tenham sido providenciados junto ao almoxarifado.
- **Manutenção** – não se pode parar uma máquina ou alterar a sua operação sem que se tenha tido o cuidado de proceder à manutenção prévia das ferramentas e do próprio equipamento.
- **Preparação** – não se deve iniciar nenhuma atividade de movimentação sem que a próxima movimentação já esteja devidamente preparada, visando evitar qualquer acúmulo de materiais na área produtiva.
- **Identificação do lote** – cada ordem pode ter um ou mais lotes sendo movimentados na forma de uma ou mais Unimovs. O sistema deverá permitir a perfeita rastreabilidade dos lotes e das Unimovs.

c) **Administração** – A relação de MAM com a administração geral é muito efetiva na área contábil, graças às condições de um bom funcionamento do sistema de informação. Para fins de inventário ou faturamento, é importantíssimo conhecer com absoluta precisão as quantidades de cada produto em estoque.

Não se pode vender um item que não esteja disponível, e não se pode deixar de vender por não saber que o item existe. Assim, o bom ajustamento entre o sistema de informações e a área de MAM reflete-se na ausência de maiores problemas administrativos. Um sistema bem integrado é obtido com uma estrutura modal com pré-contagem, que, com verificações muito rápidas, permite aferir as quantidades de materiais em estoque e em processo.

5.4 EQUIPAMENTOS DE MOVIMENTAÇÃO DE MATERIAIS

5.4.1 Seleção de equipamentos

Os equipamentos de movimentação devem ser selecionados obedecendo a um plano geral de administração do fluxo de materiais e de produtos, para que, no final dos investimentos, se tenha um todo coerente que atenda bem às necessidades da empresa.

Entretanto, observa-se em muitas empresas uma aquisição esparsa de equipamentos e, muitas vezes, dirigida a uma solicitação isolada de alguma seção da empresa, sem coordenação com uma diretriz geral. Acumulam-se equipamentos de tipos e marcas diferentes e, no final, os investimentos poderão atingir um montante equivalente àquele que se atingiria se as aquisições fossem bem coordenadas desde o início.

Recomenda-se sempre que se desenvolva um plano geral de administração dos fluxos de materiais e de produtos, para que, dentro dessas diretrizes do planejamento, se possa adquirir equipamento a equipamento, de forma que no final o todo seja harmônico e contribua para a elevação da produtividade da empresa.

5.4.2 Classificação dos equipamentos de movimentação

Como primeira aproximação, podemos classificar as características de cada movimento e indicar o tipo de equipamento usualmente utilizado (Quadro 5.3).

QUADRO 5.3 Características dos movimentos e tipos de equipamentos.

CARACTERÍSTICAS DOS MOVIMENTOS		EQUIPAMENTOS
Roteiro	Programação repetitiva	Monovia ou manipuladores
	Programação aleatória	Empilhadeiras, paleteiros
Frequência de movimentação	Fluxo contínuo de materiais	Correia transportadora, correntes
	Fluxo intermitente de materiais	Tratores para movimento horizontal
Distâncias percorridas	Distâncias curtas e frequentes	Empilhadeiras, paleteiros
	Distâncias longas e sistemáticas	Comboios tracionados por tratores industriais
Ambiente fabril	Interno	Empilhadeiras elétricas que evitam a contaminação das mercadorias e dos operários
	Externo	Tratores movidos a GLP ou diesel
Direção do fluxo	Horizontal	Tratores industriais, correias, correntes
	Vertical	Elevadores de carga
Acionamento	Manual	Paleteiros
	Motorizado	Empilhadeiras e tratores industriais

5.4.3 Tipos de equipamentos de movimentação mais utilizados

A busca pelo aumento da produtividade em movimentação de materiais permitiu o desenvolvimento de um grande número de equipamentos. Neste item, vamos analisar os tipos mais utilizados pelas empresas, sem a pretensão de esgotar o assunto.

a) Paleteiro

FIGURA 5.7

Roteiro	Frequência	Distância	Ambiente	Direção	Acionamento
aleatório	intermitente	curta	interno	horizontal	manual

b) Empilhadeira

FIGURA 5.8

Roteiro	Frequência	Distância	Ambiente	Direção	Acionamento
aleatório	intermitente	curta	interno	horizontal e vertical	elétrico ou GLP
			externo		gasolina ou diesel

c) Comboios

FIGURA 5.9

Roteiro	Frequência	Distância	Ambiente	Direção	Acionamento
aleatório	intermitente	longa	interno	horizontal	elétrico ou GLP
			externo		gasolina ou diesel

d) Esteira transportadora

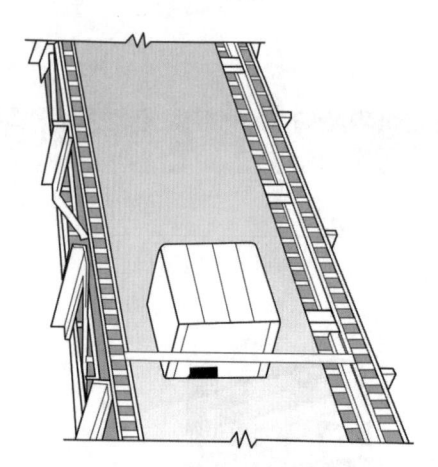

FIGURA 5.10

Roteiro	Frequência	Distância	Ambiente	Direção	Acionamento
fixo	contínua	longa	interno	horizontal ou rampa	elétrico
			externo		

e) Transportador de roletes

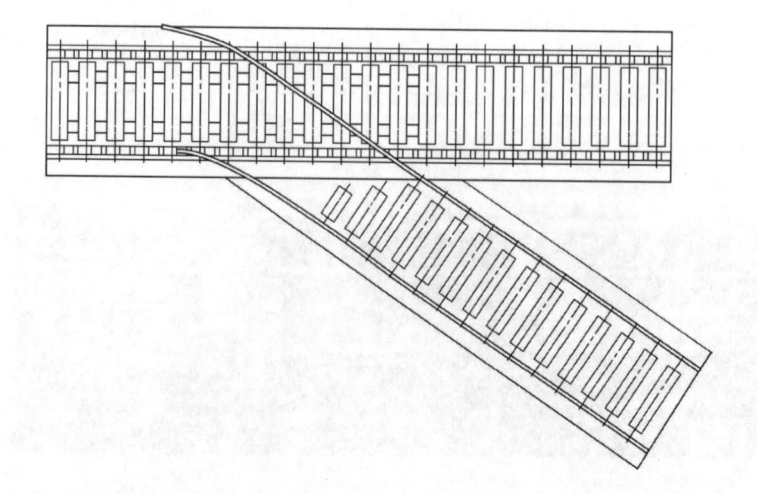

FIGURA 5.11

Roteiro	Frequência	Distância	Ambiente	Direção	Acionamento
fixo	contínua	longa	interno	horizontal ou rampa	elétrico ou gravidade
			externo		

f) Monovia

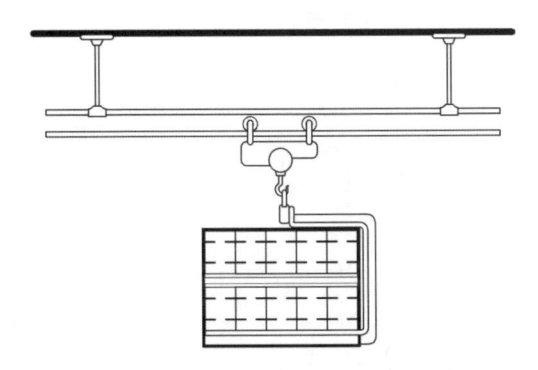

FIGURA 5.12

Roteiro	Frequência	Distância	Ambiente	Direção	Acionamento
fixo	contínua	longa	interno	horizontal ou rampa	elétrico
			externo		

g) Elevadores de carga

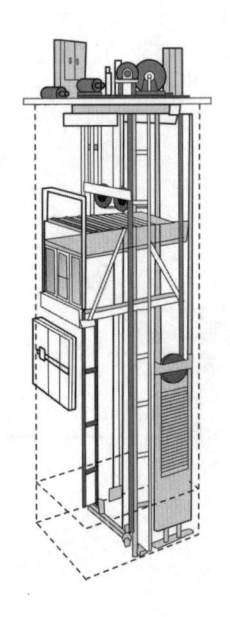

FIGURA 5.13

Roteiro	Frequência	Distância	Ambiente	Direção	Acionamento
fixo	intermitente	curta ou longa	interno ou externo	vertical	elétrico

h) Pórticos

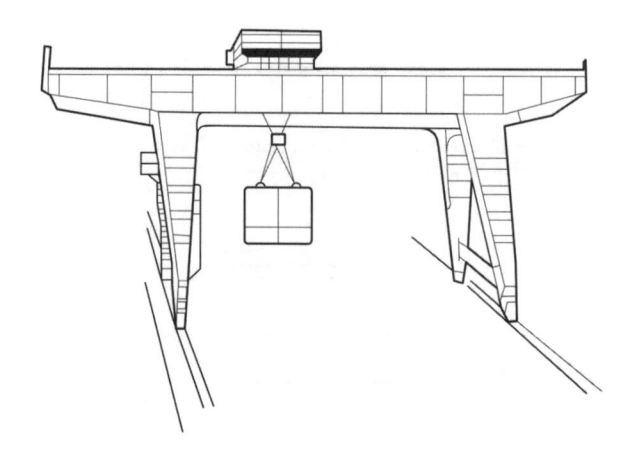

FIGURA 5.14

Roteiro	Frequência	Distância	Ambiente	Direção	Acionamento
aleatório	intermitente	curta	interno ou externo	horizontal e vertical (içamento)	manual ou elétrico

i) Guindastes

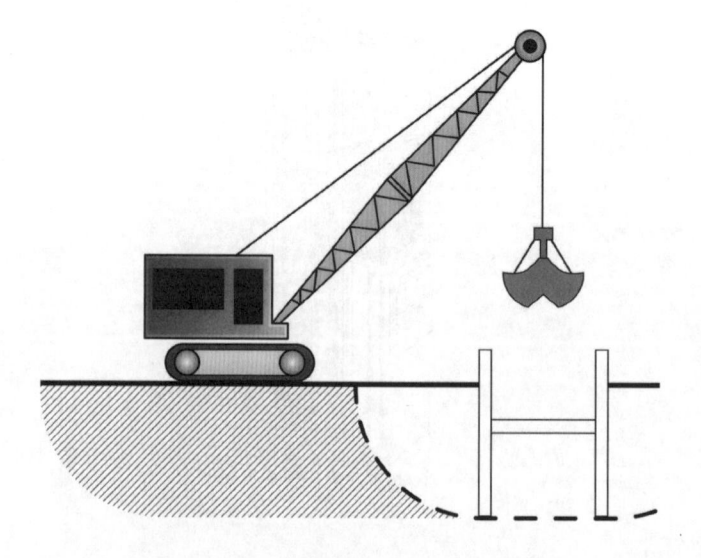

FIGURA 5.15

Roteiro	Frequência	Distância	Ambiente	Direção	Acionamento
aleatório	intermitente	curta	interno ou externo	horizontal e vertical (içamento)	manual ou elétrico

5.4.4 Alocação dos equipamentos

Os equipamentos de movimentação executarão tarefas em diversas áreas. Por isso, devemos identificar a amplitude de atuação da administração dos fluxos de materiais. A definição de área de atuação é diferente de empresa para empresa, e sua indefinição poderá gerar conflitos de atuação, que não são recomendáveis.

O planejamento da alocação de equipamentos, no entanto, deverá ser geral e coordenado pela administração dos fluxos de materiais e de produtos. O que poderá variar é a amplitude de gestão direta da área de movimentação.

Podemos identificar as três áreas básicas de logística como segue:

a) **Logística de abastecimento** – Atividade que administra o transporte de materiais dos fornecedores para a empresa, o descarregamento no recebimento e o armazenamento das matérias-primas e componentes. Estruturação da modulação de abastecimento, embalamento de materiais, administração do retorno das embalagens e decisões sobre acordos com fornecedores para mudanças no sistema de abastecimento da empresa.

b) **Logística de manufatura** – Atividade que administra a movimentação para abastecer os postos de conformação e montagem, segundo ordens e cronogramas estabelecidos pela programação da produção. Desova das peças conformadas, como semiacabados e componentes, e armazenamento nos almoxarifados de semiacabados. Deslocamento dos produtos acabados, no final das linhas de montagem, para os armazéns de produtos acabados.

c) **Logística de distribuição** – Administração do centro de distribuição, localização de unidades de movimentação em seus endereços, abastecimento da área de separação de pedidos, controle da expedição, transporte de cargas entre fábricas e centros de distribuição e coordenação dos roteiros de transporte urbano.

Podemos ter tarefas facilmente identificadas com a área de movimentação e outras que fiquem em uma interface de relativa mobilidade na dependência de empresa para empresa (Quadro 5.4).

QUADRO 5.4 Características e tipos de tarefas.

CARACTERÍSTICAS DAS TAREFAS	TIPOS DE TAREFAS
Facilmente identificáveis com a movimentação	Carregamento e descarregamento, recebimento, armazenamento, distribuição de materiais para os centros de conformação.
Inseridas nas atividades de conformação	Movimentação feita pelo operador do equipamento, deslocamento intradepartamentos, desova de peças conformadas, almoxarifados de semiacabados, deslocamento de ferramentas, deslocamentos de equipamentos de manutenção, movimentos para o controle de qualidade.
Deslocamentos fora da empresa	Transporte de matérias-primas, centros de distribuição, transportes urbano e rodoviário.

5.4.5 Considerações para a seleção de equipamentos

Os equipamentos deverão ser selecionados com base em algumas considerações preliminares:

- **Piso** – levar em consideração o estado de conservação do piso da fábrica e sua capacidade de suportar cargas.
- **Vãos** – examinar as dimensões das portas e dos corredores.
- **Pé-direito** – prestar muita atenção à altura do teto e do pé-direito, determinado por vigas transversais que limitam a altura máxima de utilização dos prédios.
- **Externo** – identificar as condições do ambiente e sua natureza.
- **Adequação** – evitar a utilização de equipamentos tracionados por motores a combustão em armazéns de produtos alimentícios.
- **Acidentes** – atender a todas as normas de segurança para proteger o ser humano e eliminar a possibilidade de se incorrer em responsabilidades civis e criminais, decorrentes de acidentes.
- **Energia** – examinar todos os tipos de energia disponível e a capacidade de suprimento.

Exemplo:

A título de ilustração, vamos examinar uma situação em que desejamos deslocar Unimov de uma origem para um destino, e vamos considerar três alternativas de utilização de equipamentos diversos:

- Paleteiro.
- Empilhadeira.
- Comboio.

Vamos considerar determinada taxa horária para cada uma das alternativas. A desagregação das atividades de cada deslocamento indica três atividades básicas:

- Carregamento da Unimov.
- Deslocamento em direção ao destino.
- Descarregamento no local a se depositar a Unimov.

O custo do carregamento e do descarregamento é uma constante para cada método de deslocamento utilizado. O custo do deslocamento é proporcional à distância percorrida.

Carregamento → Deslocamento → Descarregamento

Abaixo de 30 metros, o tempo para se movimentar uma Unimov será menor se utilizarmos um paleteiro. Acima de 30 metros, deveremos utilizar um comboio, pois o tempo global será menor. Os tempos obtidos deverão ser multiplicados pelas taxas horárias de cada equipamento, e a linha divisória da decisão se deslocará para uma distância superior a 30 metros.

Podemos, então, posicionar dois pontos distintos:

- **Tempo** – a utilização do paleteiro até 30 m minimizará o tempo da operação.
- **Custo** – a utilização do paleteiro até 50 m minimizará o custo, mas elevará o tempo da operação.

Podemos considerar os seguintes aspectos para examinar a aquisição de equipamentos que devam executar tarefas similares:

- **Investimento** – preço de aquisição dos equipamentos.
- **Custo** – custo da operação a ser realizada.
- **Tempo** – tempo despendido na operação.
- **Adequação** – praticidade do equipamento.
- **Vida** – expectativa de vida do equipamento.
- **Manutenção** – facilidade de manutenção.

5.5 EQUIPAMENTOS DE ARMAZENAMENTO DE MATERIAIS

5.5.1 Ocupação/serviço

A armazenagem convive com a necessidade de ocupação volumétrica e a necessidade de acessibilidade de todos os itens armazenados. Quando maximizamos a ocupação volumétrica, somos obrigados a fazer concessão à acessibilidade.

Quando optamos por um armazém que tenha todos os itens acessíveis, estamos sobrepondo a função de armazenamento à função de se prestar algum serviço ao cliente. A ocupação volumétrica para a acessibilidade de 100% poderá se situar em 25%. Portanto, 75% do volume do armazém estão desocupados e, com isso, o custo do armazenamento é mais elevado.

O custo adicional da acessibilidade plena é justificado pelo serviço prestado ao cliente. Uma loja que revende peças para automóveis deverá ter um armazém com acesso pleno para que se encontre rapidamente a peça solicitada pelo cliente no balcão.

5.5.2 Armazenamento em bloco

A armazenagem em bloco e com baixa acessibilidade somente poderá ocupar o volume do armazém até o limite do empilhamento das Unimovs, como, por exemplo, 1 + 3: uma Unimov de base e três Unimovs sobre ela. Os produtos em contato com a superfície da Unimov de base estarão submetidos a esforços consideráveis.

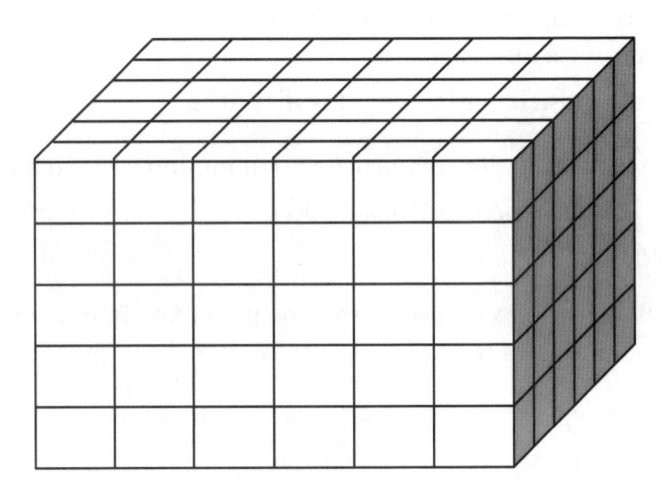

FIGURA 5.16   Armazenamento em bloco.

5.5.3 Cargas unitizadas

Unitização de cargas é a arrumação de pequenos volumes em unidades maiores padronizadas, para que possam ser mecanicamente movimentadas. Os principais tipos de cargas unitizadas são:

- **paletização** – cargas arranjadas em paletes.
- **conteinerização** – cargas arranjadas em contêineres.
- **cintamento ou pré-lingamento** – cargas unidas por cintas ou lingas.
- *roll-on/roll-off* – cargas arranjadas em plataformas rodantes.

Vantagens da carga unitizada:

- Permite a movimentação de cargas maiores.
- Reduz o tempo de carga e descarga.
- Reduz o custo de movimentação e armazenamento de materiais.
- Permite maior ocupação volumétrica de armazéns.
- Melhora a organização do armazenamento.
- Facilita a localização de itens estocados.
- Facilita o inventário de materiais.
- Reduz a probabilidade de danos nos materiais estocados.
- Dificulta o furto de materiais estocados.

Desvantagens da carga unitizada:

- Exige equipamentos de movimentação e armazenamento.
- Reduz a ocupação volumétrica em veículos de transporte.
- Dificulta a inspeção aleatória.
- Elevação de custo em virtude do retorno dos elementos unitizadores.

5.5.4 Tipos de equipamentos de unitização mais utilizados

a) Paletes

Paletes são plataformas com aberturas que permitem a inserção dos garfos de uma empilhadeira ou paleteira, nos quais podem ser arranjados os materiais a serem movimentados.

É o elemento unitizador mais usado e pode ser feito de diversos materiais:

- Madeira.
- Aço.
- Alumínio.
- Papelão.

Suas dimensões são variadas, porém, devem-se promover padronizações para que os equipamentos de armazenamento e movimentação sejam otimizados. As dimensões mais utilizadas são:

- 0,80 × 1,00 m
- 1,00 × 1,00 m
- 1,00 × 1,20 m
- 1,20 × 1,20 m

FIGURA 5.17 Modelo de palete.

b) *Racks*

São paletes especiais, dotados de colunas metálicas e travessas para a estabilização da carga, permitindo seu empilhamento. Permitem elevar a ocupação volumétrica de um armazém, porém mantêm a característica de armazenamento blocado, com restrições de acesso aos materiais estocados e dificuldades de promover a rotatividade FIFO nos estoques.

FIGURA 5.18 Modelo de *rack*.

c) **Gaiolas**

Trata-se de um *rack* com telas metálicas nas laterais, permitindo a estabilização de cargas com maior segurança.

FIGURA 5.19 Modelo de gaiola.

d) **Estantes porta-paletes**

Para que seja possível dar maior acessibilidade aos paletes e permitir alcançar maiores alturas no armazenamento, sem prejudicar as cargas inferiores, utilizam-se estantes especialmente desenhadas para a alocação de paletes. As dimensões da **posição-palete** e as dimensões dos paletes a serem armazenados devem ser calculadas para:

- Otimizar a ocupação da estante.
- Permitir o armazenamento aleatório (qualquer palete pode ocupar qualquer posição).

FIGURA 5.20 Estantes porta-paletes.

e) **Contêiner**

Contêineres são estruturas geralmente metálicas, de grandes dimensões, que permitem acomodar, estabilizar e proteger certa quantidade de materiais em seu interior. São especialmente utilizados quando há troca de modais de transporte (rodovia-marítimo-ferrovia-aéreo) no percurso entre o fornecedor e o cliente.

Os contêineres mais utilizados são os marítimos, medindo 20 ou 40 pés, passíveis de lacração, podendo ser refrigerados ou não. Também são muito utilizados os contêineres para tanques de gases ou líquidos.

FIGURA 5.21 Contêineres.

f) **Cintamento**

Utilizado principalmente para cargas tubulares, permitindo reunir grande número de produtos para movimentação por içamento. Também pode ser utilizado para estabilização de cargas em paletes.

FIGURA 5.22 Exemplo de cintamento.

g) *Bags*

Bags ou *big bags* é uma opção de armazenamento de grandes quantidades de produtos em pó ou grãos. Trata-se de uma solução intermediária entre o armazenamento em sacaria convencional e os silos para armazenamento a granel. É utilizado por empresas que manipulam grandes quantidades do material em seu processo produtivo e que não dispõem de equipamentos para armazenamento a granel.

FIGURA 5.23 *Big bag.*

h) Pré-lingamento

Lingas são cintas que envolvem todos os volumes de uma carga não tubular, permitindo estabilizá-la para movimentação por içamento. Cargas pré-lingadas têm a vantagem de não precisar de muito espaço no retorno do elemento unitizador, já que as lingas podem ser enroladas e colocadas em pequenos compartimentos dos veículos de transporte.

FIGURA 5.24 Pré-lingamento.

i) *Roll-on/roll-off*

Trata-se de uma das formas de implantação de transportes intermodais, ou seja, que utiliza pelo menos dois modais de transporte entre o ponto de origem e o ponto de destino, com a particularidade de utilizar plataformas ou contentores com elementos rodantes próprios, que podem acomodar grande quantidade de materiais. Há, basicamente, três tipos de *roll-on/roll-off*:

- **Ferroviário-Rodoviário:** composto por carretas tracionadas por cavalos mecânicos durante o trajeto rodoviário. As carretas são acomodadas em vagões ferroviários, desconectados dos cavalos mecânicos, e despachadas para seu destino. Ao chegarem, outro cavalo mecânico conecta-se à carreta e a transporta por rodovia até o cliente final.
- **Rodoviário-Marítimo:** utilizado geralmente em navegação por cabotagem (entre portos marítimos de um mesmo país sem afastamento considerável da costa). Neste caso, as carretas tracionadas por cavalos mecânicos são acomodadas em navios especialmente construídos para este tipo de transporte.
- **Ferroviário-Marítimo:** é o tipo mais raro de *roll-on/roll-off* e utilizado somente em casos muito especiais em que é economicamente viável a acomodação de vagões ferroviários em uma embarcação marítima especialmente construída para este fim. A embarcação marítima possui trilhos em seu convés que se encaixam a trilhos no cais do porto. Uma locomotiva de manuseio acomoda os vagões ferroviários na embarcação marítima e desconecta-se deles para que possam ser transportados até o porto de destino. Após procedimentos de atracagem e engate dos trilhos, outra locomotiva de manuseio retira os vagões ferroviários que chegaram ao porto de destino.

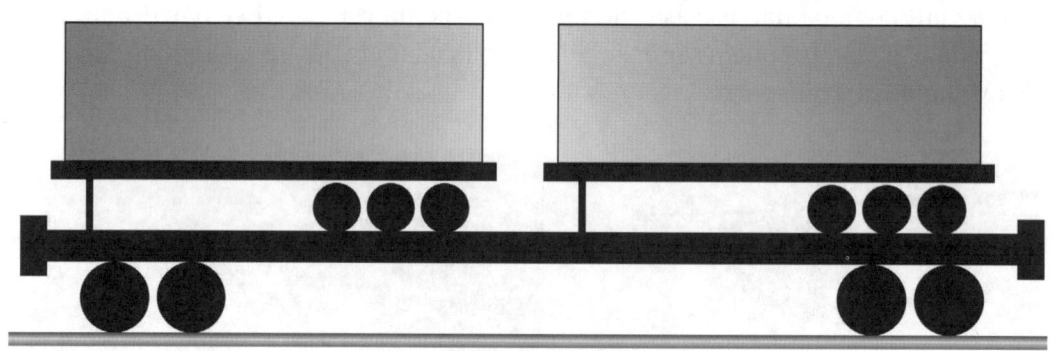

FIGURA 5.25 Unitização *roll-on/roll-off* ferroviário-rodoviário.

5.5.5 Equipamentos auxiliares

Devem também ser considerados equipamentos de sinalização, higiene, segurança do tráfego, carregamento de baterias, coletores de dados por radiofrequência e equipamentos de prevenção e combate a incêndio. Esses equipamentos podem ser listados conforme relação a seguir:

- Programação visual dos corredores e endereços.
- Etiquetas com códigos de barras.
- Varredoras/aspiradoras motorizadas.
- Polainas de proteção dos pés das estanterias.

- Para-choques.
- Niveladoras de docas.
- Delimitação de áreas dos corredores por fitas refletivas.
- Hidrantes de combate a incêndio.
- *Sprinkles.*
- Alarmes de segurança.
- Câmeras de vigilância.
- Estações de radiofrequência para transmissão de informações.
- Coletores de dados portáteis.

5.5.6 Armazenamento *drive-in* e *drive-thru*

Um dos maiores problemas enfrentados no armazenamento de materiais é o dilema entre o aproveitamento volumétrico da área de armazenagem e a acessibilidade dos materiais estocados, principalmente para permitir a rotatividade tipo FIFO.

A acessibilidade 100% aos materiais estocados de maneira estática só é possível com a perda de espaço de armazenamento por corredores, como mostra a figura a seguir:

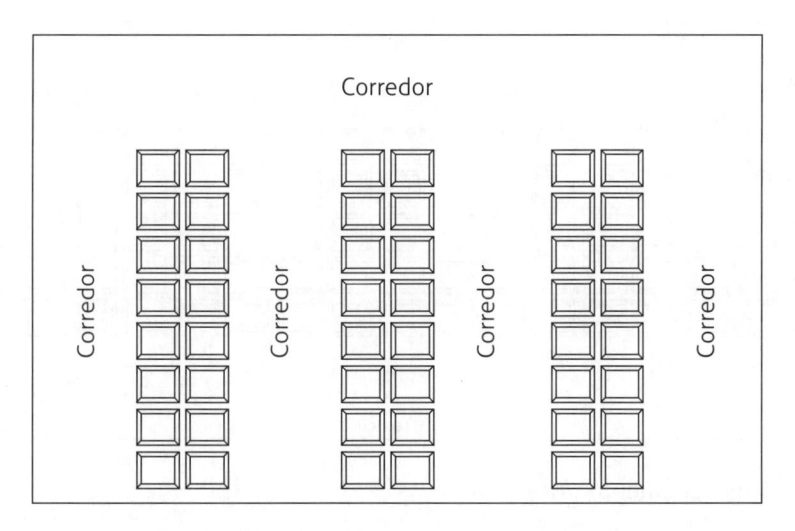

FIGURA 5.26 Acesso 100% aos materiais estocados.

O armazenamento tipo *drive-in* permite que haja melhor aproveitamento do espaço de estocagem, porém limita o acesso aos materiais. Esse tipo de armazenamento caracteriza-se pela colocação e retirada dos materiais pelo mesmo corredor. Ou seja, a rotatividade do estoque é do tipo LIFO, somente evitada com uma intensa movimentação dos materiais estocados.

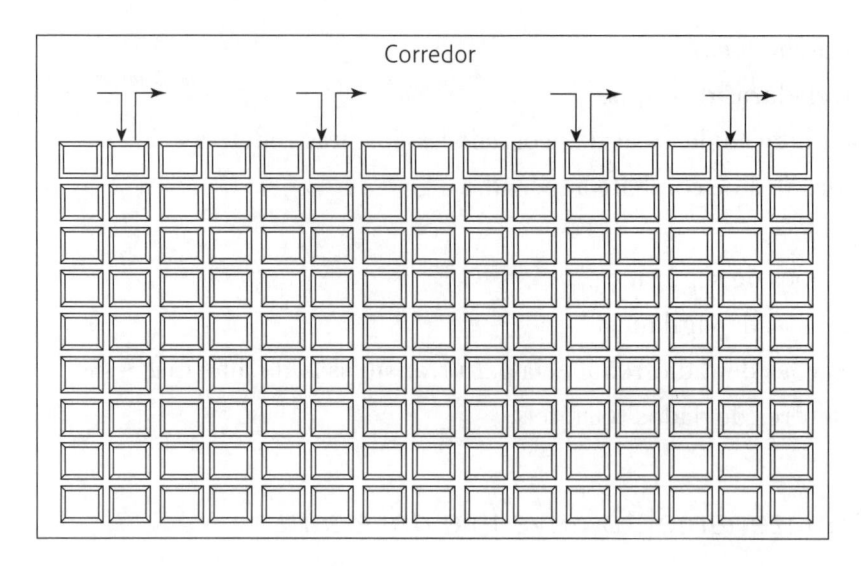

FIGURA 5.27 Armazenamento *drive-in*.

No armazenamento tipo *drive-thru*, o acesso é feito por dois corredores: um para a entrada de materiais, outro para a saída. Esse tipo de arranjo permite a rotatividade FIFO, porém diminui a área de estocagem, além de a ocupação média das posições-palete ser menor do que na opção *drive-in*.

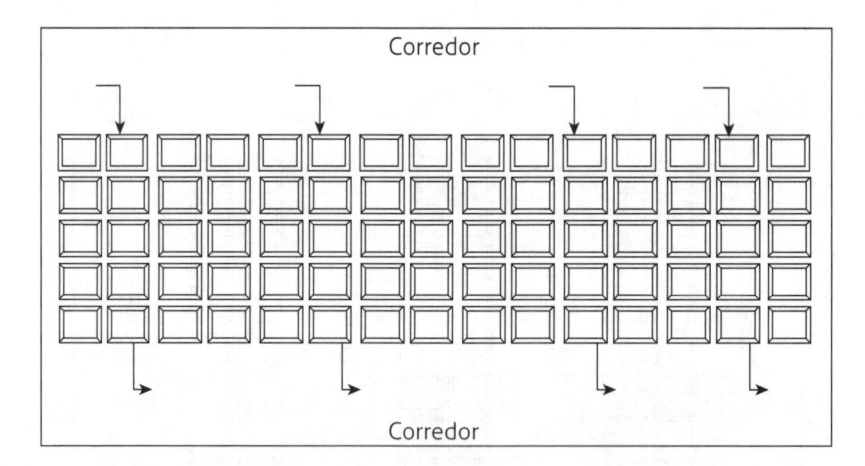

FIGURA 5.28 Armazenamento *drive-thru*.

5.5.7 Cross-docking

Para entendermos o conceito de *cross-docking* é necessário discutirmos os diferentes processos que ocorrem em Centros de Distribuição e Centros de Consolidação de cargas. A rotina de um Centro de Distribuição é do tipo descarregamento-armazenamento-retirada-carregamento. De maneira simplificada podemos desenhar este processo conforme mostra a Figura 5.28.a:

CAPÍTULO 5 • MOVIMENTAÇÃO E ARMAZENAGEM DE MATERIAIS

Centro de Distribuição

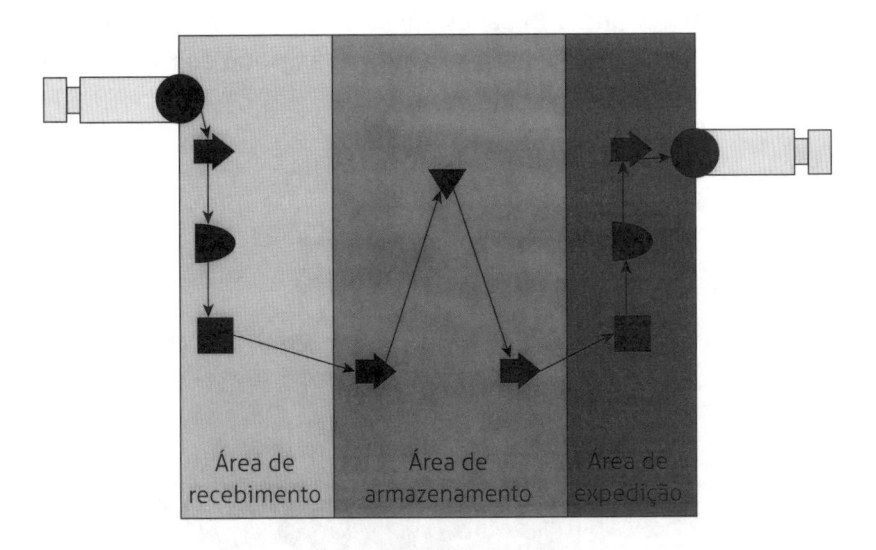

MAM Tradicional

FIGURA 5.28.A Processo tradicional de MAM em um Centro de Distribuição.

Sabemos que a etapa de armazenamento de materiais é improdutiva, uma vez que apenas agrega custo ao material. Por outro lado, o estoque armazenado funciona como um *colchão* que amortece as variações entre a oferta e a demanda de produtos ou a indisponibilidade de veículos de transporte para carga e descarga de materiais. O espaço para armazenamento causa a necessidade de áreas grandes para a implantação de um Centro de Distribuição, o que significa maior investimento e maiores custos de manutenção e operação.

Se reduzirmos drasticamente ou até eliminarmos o espaço de armazenamento, o investimento e os custos de manutenção e operação também serão reduzidos, mas, em contrapartida, o *colchão* que amortece as variações próprias do processo de abastecimento de mercadorias também é eliminado. Assim, se um galpão possui apenas as áreas de carga e descarga, é denominado Centro de Consolidação, conforme mostra a Figura 5.28.b.

Uma vez que não haja (ou é extremamente reduzida) área de armazenamento, os materiais são descarregados e redirecionados, na própria doca de descarga, para outros veículos de transporte estacionados na área de carga, sem passar pela área de estocagem. Esse processo de redirecionamento rápido de cargas é chamado *cross-docking*. Logicamente, o controle de recebimento e expedição deve ser muito mais apurado, pois as necessidades do dia devem ser muito bem calculadas, assim como a confiabilidade de chegada e saída de veículos.

Como comparação, pode-se dizer que em um Centro de Distribuição a exceção é que uma mercadoria que foi descarregada em determinado dia seja carregada em outro veículo no próprio dia. Já para um Centro de Consolidação, a exceção é que uma mercadoria descarregada em determinado dia seja carregada em outro veículo no dia seguinte ou em outro dia subsequente. Em resumo, o conceito de *cross--docking* significa que toda mercadoria recebida no período da manhã seja expedida à tarde ou à noite.

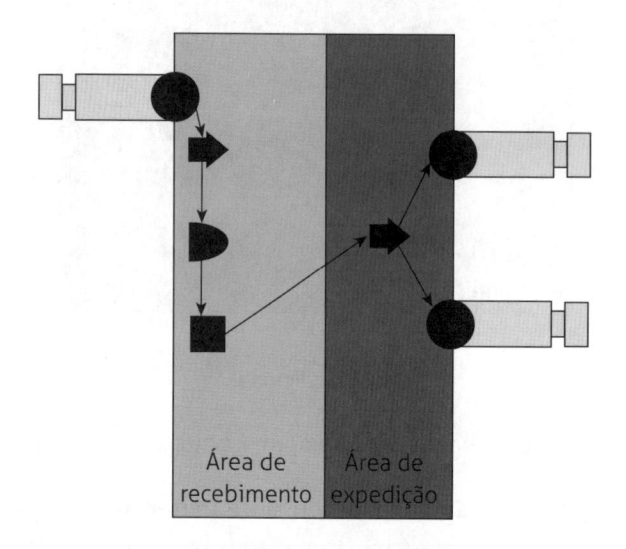

Cross-docking

FIGURA 5.28.B   Processo *cross-docking* em um Centro de Consolidação.

Logicamente, a eliminação da área de estoque de materiais armazenados cria a necessidade de uma quantidade maior de veículos disponíveis para carga e descarga, para absorver as variações decorrentes do deslocamento dos veículos até o Centro de Consolidação, atrasos de coletas, congestionamentos etc.

Em resumo, nos Centros de Distribuição estocam-se materiais e nos Centros de Consolidação estocam-se veículos. A melhor opção a ser adotada dependerá de cálculos e simulações a respeito do nível de serviço de atendimento ao cliente e os custos decorrentes do investimento e operação de cada uma das opções.

5.5.8 *Milk run*

De modo geral, trata-se de um roteiro que parte de determinado ponto, passa por diversos locais intermediários e volta ao ponto de origem. O objetivo dos modelos matemáticos que otimizam esta operação é minimizar o tempo gasto ou percurso feito pelo condutor de um veículo.

O nome deriva de uma antiga atividade executada por empresas de laticínios que necessitavam coletar o leite das fazendas na área rural e levá-lo às fábricas onde seria processado. Já durante a madrugada, um veículo era carregado com os latões vazios previamente limpos na fábrica de laticínios e saía para percorrer o mesmo roteiro todos os dias, passando por todas as fazendas fornecedoras de leite. Ao chegar à porteira da fazenda, já encontrava os latões cheios de leite. O motorista os recolhia, colocava-os no lugar dos latões vazios que trouxera da fábrica e seguia em direção à próxima fazenda.

Atualmente, o termo *milk run* é utilizado para descrever uma operação de coleta de materiais dos fornecedores para compor o produto final do cliente. Essa necessidade surgiu com o advento do processo *just-in-time* nas montadoras de automóveis que começaram a exigir de seus fornecedores a entrega apenas das quantidades necessárias dos itens necessários e no momento necessário para atender à programação de produção dos seus veículos. Um carro tem, em média, seis mil componentes que são fabricados por, em média, 1.500 fornecedores. É fácil imaginar o que aconteceu nas docas das montadoras que passaram a receber centenas de entregas diárias de pequenos volumes: a capacidade das montadoras não comportava o novo método de entrega exigido dos fornecedores e resultou em grande congestionamento de veículos e atraso na entrada de materiais para a produção.

A solução foi evitar que os fornecedores dos itens *Classe C* (grande número de itens entregues e pequeno valor agregado), responsáveis pela maioria das entregas *just-in-time*, deixassem de ir até a montadora para entregar os componentes. Em vez de exigir que os fornecedores entregassem os componentes, a montadora assumiria a tarefa e iria buscá-los nas instalações do fornecedor.

Pelo fato de assumirem essa tarefa, exigiram o desconto correspondente ao frete, embutido no preço do componente. Com uma parte do dinheiro economizado, as montadoras contrataram operadores logísticos que assumiram a tarefa de coleta de componentes utilizando roteiros otimizados e veículos adequados à rota e ao tipo e volume dos componentes a serem coletados. De maneira simplificada, o novo modelo de relacionamento das montadoras com seus fornecedores *Classe C* estabeleceu-se da seguinte maneira:

a) Com uma antecedência adequada, a montadora informa ao fornecedor quais componentes e volumes serão necessários em determinado dia.

b) O operador logístico recebe as informações passadas aos fornecedores, elabora os roteiros otimizados e escolhe o veículo adequado para realizar a coleta.

c) O operador carrega os contentores padronizados vazios no veículo de coleta e sai para fazer o roteiro preestabelecido.

d) Ao chegar ao fornecedor designado, o veículo de coleta informa o horário e espera a liberação do carregamento dos componentes. Caso esse tempo supere a espera acordada (geralmente 30 minutos ou *janela* de atendimento), o veículo de coleta dirige-se para o próximo fornecedor designado, e o fornecedor anterior é obrigado a entregar os componentes faltantes na doca de recebimento da montadora sem cobrar frete adicional.

e) Se o veículo é atendido dentro da *janela* de espera acordada, os contentores vazios são descarregados e os contentores com as peças corretamente identificadas são carregados no veículo de coleta.

f) Quando completar o roteiro preestabelecido, o veículo de coleta retorna ao armazém ou estoque de componentes da montadora para descarregar as peças coletadas.

A Figura 5.28.c mostra os principais pontos da operação *milk run* descrita nesta seção. Pode-se utilizar o mesmo conceito para coleta de componentes produzidos internamente na empresa. Nesse caso, os veículos de coleta são em geral comboios, e os fornecedores são os diversos setores produtivos espalhados pela fábrica.

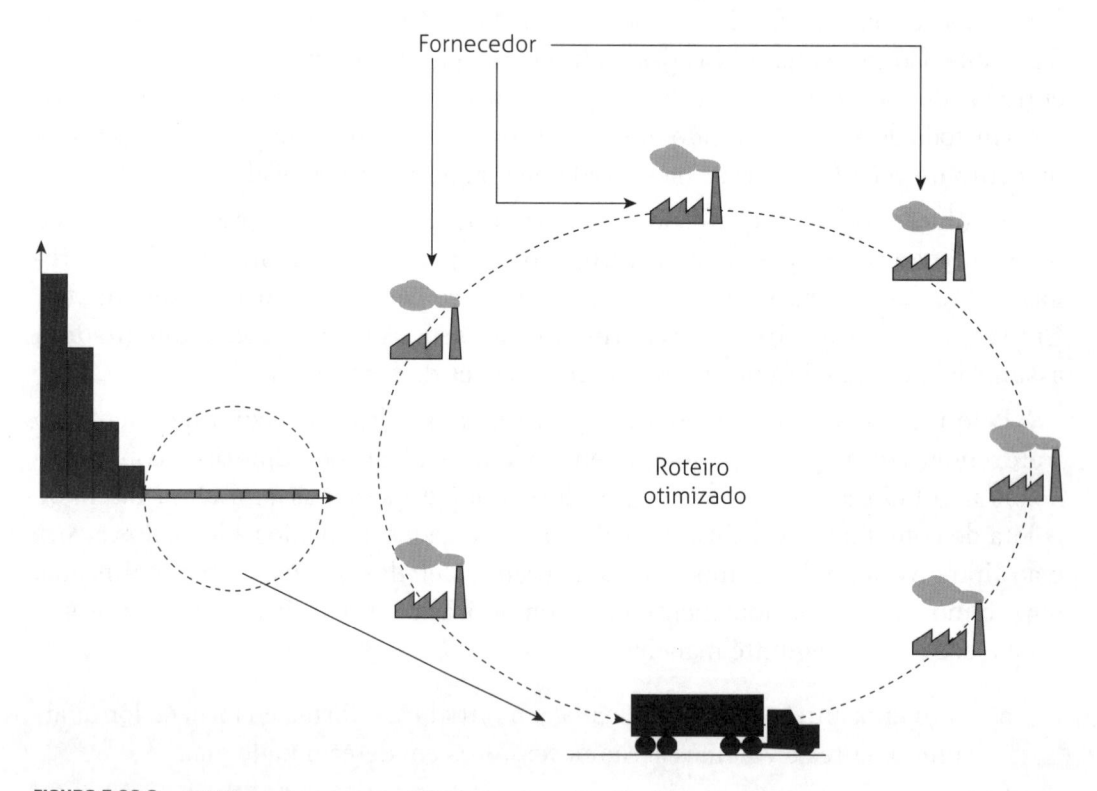

FIGURA 5.28.C *Milk run.*

5.6 INVENTÁRIOS

A contagem física dos estoques poderá ser realizada uma vez por ano, para o encerramento do exercício fiscal, ou todos os dias, nos critérios do inventário rotativo.

O objetivo do levantamento físico é propiciar a verificação periódica da exatidão dos registros contábeis para poder avaliar o lucro e transferir para o resultado as diferenças apuradas.

Além de verificar a veracidade do resultado apurado, a aderência dos números físicos aos números do controle é uma condição fundamental para a manutenção do Sistema de Gestão Industrial.

Recomenda-se a manutenção de um inventário rotativo diário, contando-se inicialmente todos os itens sem estoque para confirmar o registro. Depois da contagem dos itens sem estoque, contam-se aqueles com pequenas quantidades e eleva-se esse critério até chegar à cota diária de contagem.

A vantagem de haver contagem diária é a identificação de erros de lançamento em tempo para se verificar a origem do problema e adotar medidas corretivas.

Para obter um bom resultado na consistência entre as existências e os registros no sistema de informação, é necessário que a Administração de Materiais incremente duas práticas importantes:

a) **Pré-contagem** – todos os materiais contados têm mais valor do que um amontoado sem estar contado. As grandes quantidades devem ser divididas em lotes menores, contados e acondicionados. Itens que possam se perder por ruptura da embalagem devem ser acondicionados solidariamente, como, por exemplo, amarrados enfeixando quantidades padrão.

b) **Arrumação** – as áreas com materiais devem ser administradas com um rigoroso e minucioso sistema de manutenção da organização e da ordem. Deverá haver tolerância zero na área de Logística Industrial. A ordem perfeita sempre resultará em maior consistência dos registros de estoque.

PROCEDIMENTO DE CONTAGEM FÍSICA

Um inventário rotativo deverá sempre ser realizado em concordância com uma norma previamente redigida e que se aplique a todo o exercício. O inventário anual, quando necessário, deverá ser organizado mediante um planejamento cuidadoso, considerando-se os custos envolvidos e o perigo de que os resultados sejam piores do que a situação anterior ao inventário.

Deve-se formar uma equipe de inventário, com uma chefia composta de elementos das várias áreas envolvidas, responsável por todas as atividades e com ampla e generosa designação de recursos.

A arrumação prévia e com antecedência das áreas produtivas, dos almoxarifados e dos armazéns é um pré-requisito muito importante.

Algumas recomendações estão relacionadas a seguir:

- **Assistentes técnicos** – cada área do inventário deverá ter a designação de um técnico que conheça bem os materiais para ajudar na identificação e designação, facilitando e aprimorando os trabalhos dos contadores.

- **Etiquetas** – os computadores deverão imprimir antecipadamente as etiquetas triplas com o código do material, sua localização e designação.
- **Triplas** – as etiquetas devem ser triplas para que sirvam a duas contagens e uma terceira de desempate.
- **Códigos de barras** – as etiquetas devem ter códigos de barras para que o reconhecimento do tipo de material seja fácil para inserção de informações no sistema, juntamente com as quantidades inventariadas.
- **Equipes** – a primeira contagem deverá ser feita por duas pessoas, sendo uma contadora e outra responsável pelos registros. A segunda contagem deverá ser feita por outra equipe, que não teve acesso à primeira equipe nem informações advindas dela.
- **Relatórios das diferenças** – o sistema de informação deverá soltar uma listagem de diferenças entre os estoques inventariados e os registros. A equipe de contagem deverá realizar uma quarta contagem, quando o assunto for relevante.
- **Chefia** – todo inventário deverá ser realizado por uma chefia que se responsabilize pela qualidade dos resultados. Esse chefe deverá designar subchefes, que se encarregarão de áreas específicas de trabalho.
- **Plano** – antes do início de cada inventário, deverá ser editado o plano de inventário, com as datas de paralisação das atividades, a relação dos materiais que serão excluídos do inventário e a designação da equipe de trabalho.

DOCUMENTAÇÃO

Além das recomendações anteriores, podemos relacionar ainda os seguintes pontos complementares:

- **Localização** – plantas da fábrica ou do estabelecimento, áreas de almoxarifado e armazém com as suas respectivas denominações.
- **Documentação** – listagem de materiais, emissão das etiquetas com códigos de barras, listagem de discrepâncias e documentação do término do inventário.
- **Método** – explicação de como o inventário deverá ser realizado e qual o método a ser adotado. Verificar a possibilidade da utilização de coletor deles com transmissão de dados por radiofrequência.
- **Corte** – acerto de entradas e saídas durante o inventário.
- **Problemas** – definição de como inventariar certos itens problemáticos, como tanques com líquidos, montes de matérias-primas a granel e itens pequenos em grande quantidade e não pré-contados.

- **Controle** – adotar medida de segurança para que todas as etiquetas de contagem sejam devolvidas para o controle do inventário.
- **Diferenças** – investigar as diferenças entre a primeira contagem e os registros do sistema de informação, diferenças entre a primeira contagem e a segunda contagem, e as diferenças entre tudo e a terceira contagem, que tenha sido determinada para dirimir dúvidas.
- **Valor** – apuração do valor das diferenças constatadas nos estoques e preparação da documentação legal a ser assinada pelo diretor responsável, que deverá aprovar o lançamento e imediatamente realizar as correções nos registros, levando a diferença de valor à conta de resultado. Essa documentação deverá sempre ficar à disposição da auditoria externa e da fiscalização federal.

ORDEM GERAL

A arrumação física é muito importante e deverá ser esmerada, como se segue:

- **Ordem** – arrumar todos os estoques de materiais nas estanterias e no piso.
- **Dar destino** – segregar todos os itens obsoletos e *no moving*, relacioná-los, dar baixa na contabilidade e colocá-los em local trancado para que sejam futuramente vendidos.
- **Sucatas** – retirar das áreas produtivas e dos armazéns toda a sucata e material sem utilização.
- **Miudeza** – pré-contar todo o material miúdo, acondicionando certa quantidade padrão em embalagens, e colocar etiquetas de códigos de barras identificando a natureza dos materiais.
- **Recursos** – localizar nas várias áreas de inventário equipamentos como balanças contadoras, balanças de precisão, balanças de elevada capacidade, trenas e equipamentos para análise química.

SEGREGAÇÃO ANTES E APÓS INVENTÁRIO

Preferivelmente, durante a contagem não se devem receber materiais, acatar produtos nem mesmo expedir produtos acabados. Os materiais recebidos deverão ser segregados nas docas, os produzidos deverão ser colocados em um estacionamento dentro da produção e somente os produtos acabados, liberados antes do corte e colocados fora do armazém, podem ser expedidos.

A documentação desses materiais segregados deverá receber um carimbo. Carimbo *Antes/Após* inventário para não gerar dúvidas na ocasião de contabilização.

Quando a determinação é realizar o inventário com a operação *viva*, os cuidados deverão ser redobrados e somente se admite realizar inventário sem paralisação das atividades em situações em que o movimento é muito pequeno e pode ser controlado com facilidade.

VALORIZAÇÃO DAS QUANTIDADES EM ESTOQUE

O inventário é sempre realizado fisicamente e não se considera preço nessa atividade. A valoração do inventário deverá ser cuidadosa, para evitar erros como a utilização de uma unidade de medida diferente.

Os itens de valor aviltado pelo obsoletismo deverão ser valorados ao preço de mercado, para se registrar o prejuízo *estocado* em prejuízo efetivo.

5.7 IDENTIFICAÇÃO DE DESVIOS E AÇÃO CORRETIVA

Desde o começo da história da civilização do homem já havia o problema de pessoas abusarem do poder e da confiança a elas conferidos, para reverter esses benefícios a si mesmas.

Atualmente, em virtude da globalização e de um mundo cada vez mais competitivo, é frequente tomarmos conhecimento de que presidentes e altos executivos, enfim, pessoas com certo tipo de poder, recebam alguma bonificação em troca de favores para beneficiar alguém ou alguns, ou seja, recebam subornos, ou, então, desviem para si mesmas verbas provenientes da própria empresa que lhes confiou tais funções.

A área de recursos materiais ou de compras de uma empresa é talvez uma das áreas nas quais mais ocorra esse tipo de atividade ilegal, em decorrência do fato de as transações entre os compradores e os fornecedores acontecerem fora da empresa.

Por essa razão, as pessoas que atuarão nessa área devem ser bem selecionadas e de total confiança, pois senão a empresa pode ter prejuízos consideráveis, que podem levá-la até a sérias dificuldades financeiras.

FORNECEDORES

Essas negociações entre fornecedores e compradores sempre facilitam desvios consideráveis dos recursos das empresas, pois possibilitam gorjetas e comissões que sempre saem do cofre da empresa. Em virtude de essas negociações ocorrerem, na maioria das vezes, fora da empresa, é praticamente impossível aos sistemas de controle e auditoria internos as identificarem, pois tudo é feito com documentação legal.

Esses desvios de recursos, geralmente, começam em pequenas quantidades, por parte do operador delinquente, e vão aumentando conforme vai adquirindo a confiança de que não será descoberto pelo controle de fiscalização da empresa.

Para as empresas identificarem onde estão ocorrendo esses desvios, elas devem primeiro identificar as áreas sensíveis, ou seja, nas quais existem as maiores possibilidades de ocorrer desvios, e, com isso, deverão organizar sistemas de proteção a essas áreas.

DESVIOS

Algumas áreas extremamente sensíveis no processo de Administração de Materiais são: áreas de seleção de fornecedores, de transação e expedição de pedidos de materiais, de contas a pagar, de recepção e controle de materiais etc.

Alguns exemplos de desvios que ocorrem nessas áreas:

- **Quantidade** – na área de recepção e controle, o operador delinquente pode induzir o recepcionista a receber menos quantidade de materiais do que consta na nota fiscal, fazendo com que a diferença entre a quantidade paga pela empresa e a quantidade comprada por eles seja rateada.
- **Qualidade** – na área de recepção e controle, o operador delinquente pode induzir o recepcionista a receber materiais com qualidade inferior ao especificado pela engenharia e comprados pela Administração de Materiais, fazendo com que a diferença de valor seja paga pela empresa, com a distribuição da diferença entre a quadrilha.
- **Contas** – na área de contas a pagar, o operador delinquente pode reapresentar uma fatura já liquidada pela empresa, fazendo com que ela pague novamente uma dívida já quitada. A conciliação contábil apurará essa irregularidade tardiamente.
- **Diferenças** – o ajuste de pequenas diferenças se faz em nível financeiro, para se evitar um refaturamento. Essas pequenas diferenças são esquecidas de comum acordo.

AÇÃO CORRETIVA

A ação corretiva é um modo de exercício de tarefas para colocar em ordem alguma função logística que não esteja em um nível aceitável e que não corresponda ao traçado pelo planejamento da empresa.

Para verificar se é necessária ou não a implantação da ação corretiva, o gerente deve se basear no modo de comparação dos dados e valores medidos. Ele possui várias formas de comparação:

- **Sensibilidade** – a primeira forma é usar seu próprio raciocínio, capacidade e experiência para verificar se os dados e valores recebidos estão em nível aceitável, e, caso isso não aconteça, ele mesmo deve tomar a decisão de iniciar uma ação corretiva.
- **Controle** – a segunda maneira é o modo de controle dos estoques por sistema computadorizado, no qual o computador é programado para controlar os estoques automaticamente, mandando uma ordem de reposição de materiais quando determinado produto está abaixo do ponto de pedido. Essa maneira

não precisa do controle e intervenção direta do gerente e já pode ser bem observada, no cotidiano, em lojas de eletrodomésticos etc.

- **Informação** – uma terceira maneira seria a implantação de um sistema de informações logísticas e acompanhamento das séries históricas, examinando com mais atenção os desvios das tendências que se vinha observando.
- **Estatísticas** – examinar estatisticamente a ocorrência de desvios, e se eles estiverem concentrados em uma operação ou em um agente logístico, devem-se procurar as causas dessas anomalias e agir para corrigir os desvios.

Em razão das constantes alterações nos ambientes operacionais, as atividades nem sempre são desempenhadas em seu nível padrão, sendo, por isso, necessários alguns ajustes para que se mantenham no seu nível ideal.

Caso esses ajustes não deem certo, é necessário fazer uma reestruturação total do sistema logístico e de suas subfunções. Para isso, é aplicada uma auditoria de sistema, que examinará se essa reestruturação é válida e quando deverá ser feita.

A ação corretiva pode ser temporária em casos de períodos sazonais. Apesar de se adotarem soluções radicais, em vista do método usual, o sistema volta a funcionar normalmente assim que as condições são regularizadas, não sendo necessário um replanejamento.

O NÍVEL DOS PROBLEMAS

Por meio do levantamento dos **sintomas gerais das dificuldades operacionais**, poderemos definir o problema existente na Administração de Materiais e principalmente as suas causas. Tal procedimento é denominado **diagnóstico**.

Uma empresa não tem problemas logísticos, financeiros, de mercado ou de produção, mas, simplesmente, **uma empresa tem problemas**.

A reestruturação da empresa para resolver esses problemas sempre possibilitará melhora da sua atuação, superando a *performance* operacional anterior.

A elaboração do diagnóstico dos problemas da área de Administração de Materiais não deverá focalizar uma visão puramente setorial.

Boa parte dos pseudoproblemas da Administração de Materiais tem origem em áreas bem distantes da movimentação, armazenagem de materiais e distribuição dos produtos acabados. Por exemplo: o congestionamento de um armazém não é raro ter origem na área comercial, assim como podem ser citadas várias outras situações.

Descrever as situações não conformes encontradas em uma empresa não caracteriza imediatamente o problema. É necessário investigar a fundo, para que sejam identificadas todas as **causas** das deficiências encontradas.

Diagnósticos difíceis, muitas vezes, podem ter soluções fáceis, e diagnósticos simples podem resultar em soluções extremamente complexas de ser implantadas.

O diagnóstico deverá, portanto, caracterizar os problemas da Administração de Materiais e as suas causas e encaminhá-los para uma provável solução.

Problemas	Causas	Solução

A solução dos problemas pelas ações corretivas de suas causas é uma tarefa muito complexa e não pode ser decidida e implantada em um curto espaço de tempo.

Muitas vezes, os gerentes de materiais já fizeram um bom diagnóstico e não puderam implantar as soluções dos problemas por falta de recursos ou de conhecimento técnico necessário. Os recursos podem não existir porque na época certa não foram implantadas as soluções que permitiriam a geração de caixa necessário para a realização de investimentos.

O projeto para a solução dos problemas deverá encontrar formas para quebrar o círculo vicioso: não se implanta porque não há recursos, não há recursos porque não se implanta.

Como um problema é sempre da organização como um todo, sua solução e implantação deverão atingir muitos setores.

Podemos tratar um problema em vários níveis de profundidade:

- **Fechar os olhos** – ignorar que o problema existe e esperar que ele se resolva por si mesmo.
- **Causa e efeito** – eliminar as atuais causas que ocasionam o problema e retornar à normalidade anteriormente vivida, sem nenhuma mudança do contexto geral.
- **Otimizar** – aplicar tecnologia matemática e desenvolver cálculos para se obter uma situação melhor do que a anterior, em um processo de simples otimização.
- **Mudança** – estudar e implantar uma mudança conceitual da operação, estruturando um novo e revolucionário processo e criando uma condição excepcionalmente diferente de operar a empresa, com resultados de produtividade muito melhores do que tenha sido retratado em situações anteriores.

5.8 TRANSPORTE

5.8.1 Qualidade do transporte

O transporte é um elo essencial entre a expedição da empresa e o cliente, e seu funcionamento eficiente suporta a necessidade de fasagem da ciclagem logística.[2]

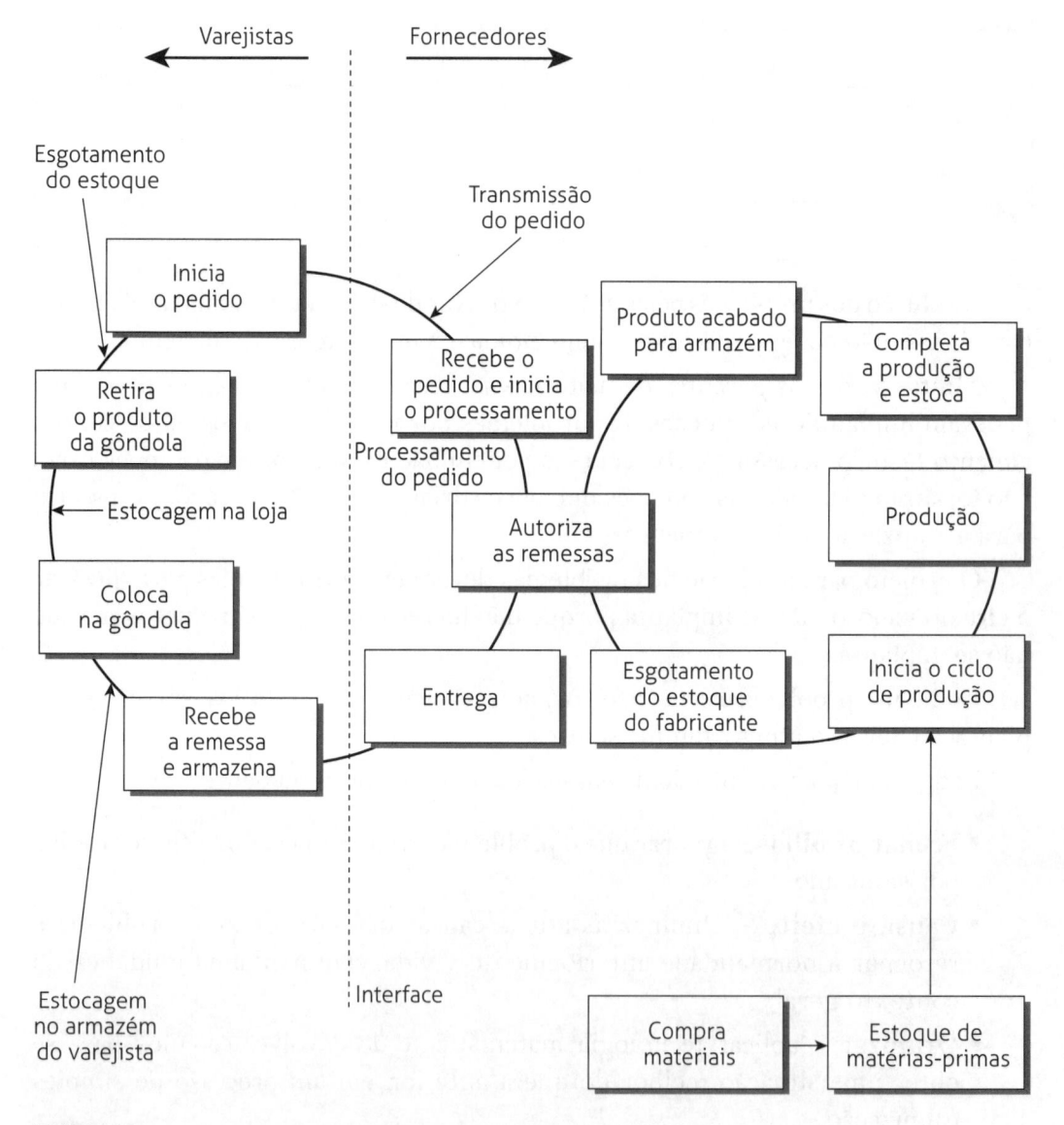

FIGURA 5.29 Interação fornecedores–varejistas.

---

[2] Desenho adaptado do livro de Christofher Martin, *Logística e gerenciamento da cadeia de suprimento*. 1. ed. 2. reimpressão. São Paulo: Pioneira Thomson Learning, 2001.

O custo do transporte pode assumir de 3% a 8% da receita da empresa, mas a maior despesa ocorre quando o produto não chega ao cliente na hora certa e em boas condições. Não podemos destruir, nos canais de distribuição, o que se fabrica nas linhas de montagem com muito cuidado.

O enorme esforço de elevação da produtividade da fábrica poderá ser comprometido pela ineficiência do transporte.

O produto **transporte** poderá ser caracterizado pela carga transportada e pela distância percorrida, sendo que a *máquina* que produz o transporte rodoviário é o caminhão.

FIGURA 5.30 O momento de transporte caracteriza-se pela carga *versus* a distância percorrida.

No entanto, temos de considerar a qualidade desse produto **transporte**, que deverá ser permanentemente aferida por algumas variáveis, como exemplificamos a seguir:

- Grau de ocupação da frota.
- Índice e gravidade das avarias de carga.
- Disponibilidade de veículos da frota.
- Regularidade dessa disponibilidade.
- Rastreabilidade proporcionada pelo sistema de controle.
- Segurança contra furtos, desvios de carga e acidentes no trânsito.

A operação de transporte deverá apresentar qualidade, atingindo os seguintes objetivos:

- Entregar a carga intacta e com as embalagens sem deformações.
- Entregá-la no local de destino e de maneira cômoda, para que possa ser descarregada com facilidade pelo cliente.
- Entregar as mercadorias dentro do prazo contratado.
- Aprimorar continuamente a organização para encurtar cada vez mais os prazos.
- Aprimorar o sistema para oferecer os serviços de transporte a um custo competitivo.

5.8.2 Produtividade do transporte

A produtividade do transporte eleva-se quando aumentamos a **quilometragem rodada** pelos caminhões e a **quantidade de carga transportada** em cada viagem.

A quilometragem percorrida poderá ser elevada de várias maneiras, sendo algumas delas:

- Aumento da jornada de trabalho.
- Elevação da velocidade média dos veículos.
- Redução do tempo gasto para carregar e descarregar o caminhão.

AUMENTO DA JORNADA DE TRABALHO

A troca de motorista para manter o veículo funcionando é uma ótima medida. Os veículos foram fabricados para um funcionamento contínuo e não precisam descansar. O mesmo não ocorre com o motorista, que deverá ser substituído depois das horas regulamentares. É comum as pessoas associarem o descanso do motorista com o descanso do caminhão.

Podemos aumentar a jornada do caminhão por meio de algumas práticas:

- Aumento do número de turnos de trabalho.
- Utilização de cabina-leito e trabalho com dois motoristas.
- Substituição de motoristas em estações de trocas.

AUMENTO DA VELOCIDADE MÉDIA OPERACIONAL

A ideia não é aumentar a velocidade máxima que o veículo pode atingir, mas tomar providências para que o caminhão trafegue em velocidades operacionais elevadas durante o maior tempo possível, de modo que se eleve a velocidade média obtida por viagem.

O aumento da velocidade média tem influência fundamental em longos percursos, e é perfeitamente possível, com providências corretas, aumentar a velocidade média de 30 km/h para 40 km/h, com ganhos de 30% na utilização do veículo.

A velocidade operacional poderá ser elevada adotando-se uma série de providências, como exemplificamos:

- Utilização de motores turboalimentados e *intercoolados*.
- Utilização da relação de redução do eixo traseiro, ajustada ao roteiro habitual.
- Aumento da relação potência/peso.
- Melhorias na aerodinâmica do veículo.

TEMPO DE CARGA E DESCARGA

A terceira forma de aumentar a utilização do veículo é reduzindo-se o tempo gasto nas operações de carga e descarga.

Esse tempo de carga e descarga poderá ser demultiplicado (dividido e analisado), como mostrado a seguir:

- Tempo de fila.
- Tempo de pesagem.
- Tempo de conferência.
- Tempo de emissão de documentos.
- Tempo de amarração.
- Tempo das lonas.
- Tempo de liberação.

Esses fatores assumem uma importância fundamental quando temos entregas urbanas, com trajetos muito curtos. No transporte rodoviário, o aumento da velocidade média é um fator fundamental, apesar de o tempo de carga e descarga contribuir para uma importante redução da produtividade no transporte.

Podemos reduzir o tempo de carga e descarga tomando uma série de providências:

- Utilizar carrocerias ajustadas a cada tipo de carga e operação.
- Trabalhar com unidades de movimentação, portanto, com cargas paletizadas.
- Carregar e descarregar os caminhões com equipamentos especializados.
- Utilizar carrocerias intercambiáveis para que o tempo de carga e descarga não se adicione ao tempo de transporte.
- Acondicionar a carga e prover uma sequência de carregamento para a redução de tempo.
- Adequar as docas aos caminhões, para a utilização eficiente dos equipamentos de movimentação.

AUMENTO DA DISPONIBILIDADE DA FROTA

A disponibilidade é calculada pela relação entre os dias em que o veículo parou para manutenção e o número de dias úteis de cada mês.

A redução do tempo de manutenção poderá ser conseguida por numerosas providências:

- tempo de manutenção.
- aumento da carga líquida.

- aumento do peso transportado.
- aumento do volume transportado.
- sistema de informação.
- eletrônica embarcada.
- treinamento.
- manutenção preventiva e preditiva.
- utilização de componentes de reserva, como motores.
- treinamento dos mecânicos.
- treinamento dos motoristas para evitar esforços desnecessários nos veículos.
- utilização de ferramentas adequadas e equipamentos de movimentação seguros.
- ampliação do sistema de comunicação caminhoneiro/manutenção, para uma pré-preparação da manutenção.

a) **Aumento da carga e do volume transportado**

O aumento da carga transportada por viagem reflete-se linearmente na redução do custo por unidade transportada, e poderão ser tomadas várias providências abrangendo cargas de peso e de volume.

O aumento do peso transportado poderá ser proporcionado por:

- utilização de carrocerias de alumínio em vez de madeira, que é muito mais pesada. Reduz-se com isso o transporte passivo.
- utilização de pneus sem câmara, bem mais leves.
- utilização de rodas de alumínio, para redução do peso.
- utilização de semirreboque com eixos distanciados, para melhor aproveitamento da capacidade de tração do cavalo.
- utilização de veículos com distância bem longa entre eixos.
- adoção de veículos com cabine avançada.
- utilização de caminhões com reboque atrelado.
- utilização de reboques com lança telescópica.
- redução do diâmetro dos pneus, para abaixar o piso da carroceria e aumentar o volume aproveitável na carroceria.

b) **Sistema de informação**

A informatização da administração do transporte permitirá ganhos de produtividade substanciais e as implantações nessa área deverão ser estimuladas com um plano de informática bem elaborado. Enumeramos algumas recomendações para essa área:

- **Em tempo** – a emissão de toda a documentação por processamentos de dados evitará que os veículos fiquem aguardando documentação, em uma situação de extrema improdutividade.
- **Controle** – a elaboração de demonstrativos dos custos operacionais da frota permitirá maior controle da produtividade, além de acompanhar contratos de *leasing* e de seguros.

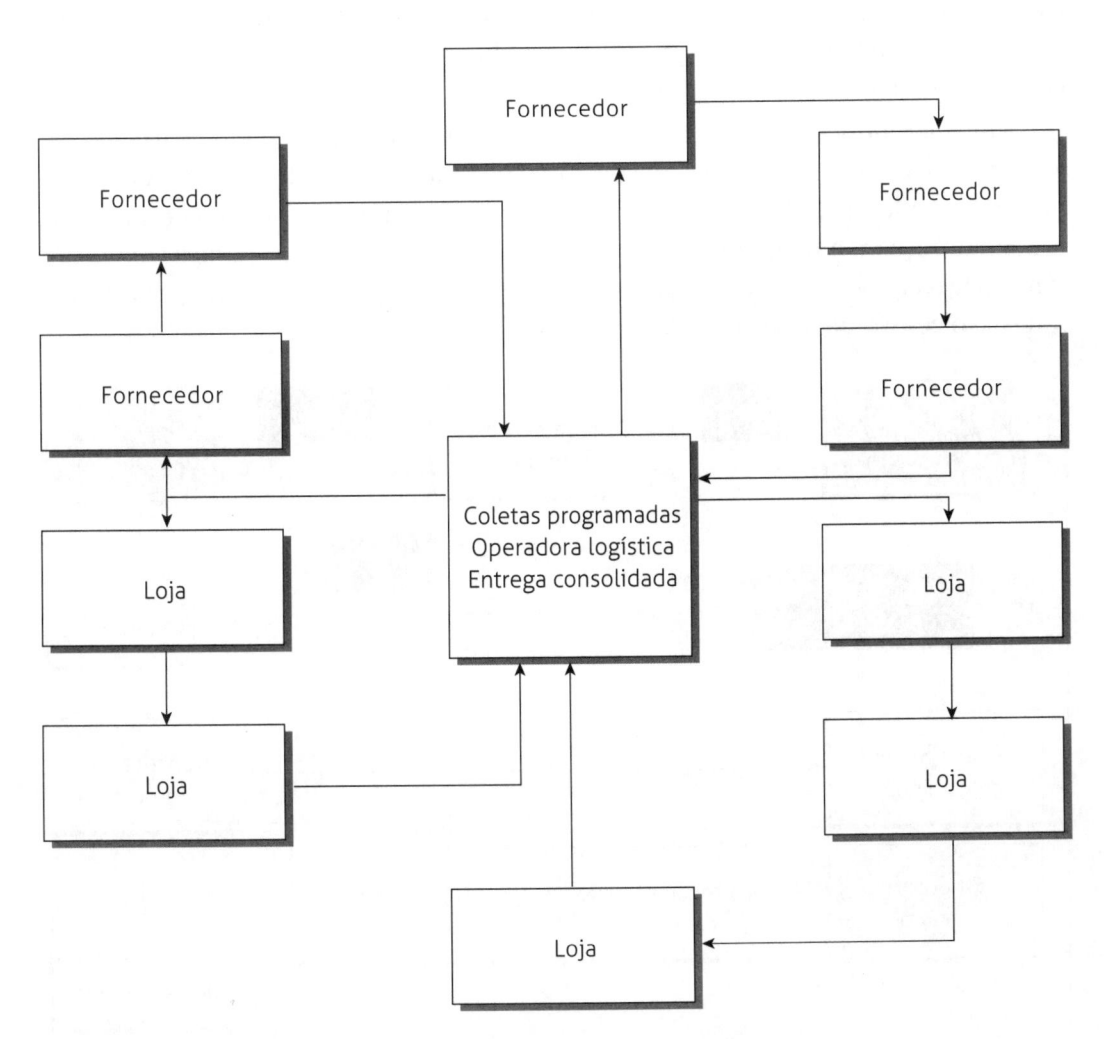

FIGURA 5.31 Racionalização dos roteiros de coleta e entrega.

c) **Manutenção**

O cadastramento da frota, a elaboração de um cronograma de manutenção preventiva, a documentação técnica e as instruções de trabalho para a execução dos serviços podem ser informatizados. O sistema implantado poderá emitir automaticamente as ordens de serviço de manutenção preventiva e realizar toda a programação de compras de peças para essas manutenções, além de, ao mesmo tempo, gerenciar os estoques dessa manutenção preventiva.

d) **Despacho**

O sistema pode acomodar as cargas nos caminhões, controlando o volume e o peso para cada caminhão, e pode também balancear o peso, colocando o centro de gravidade da carga no local adequado pela utilização do sistema de cubagem recomendado pela engenharia.

Os sistemas têm um banco de dados de todas as rotas do centro de distribuição e poderão programar a sequência de coletas de carga e desenvolver a mesma atividade na distribuição de produtos, estabelecendo tempos padrão para que essas atividades sejam exercidas.

Considerando a distribuição urbana, devemos examinar a malha viária em razão das mãos e contramãos, assim como dos horários de pico do trânsito. O roteiro deverá considerar a hipótese de entregar ou coletar tanto na ida como na volta, reduzindo, assim, o tempo ocioso de retorno e evitando os zigue-zagues com idas e vindas. Devem-se estabelecer roteiros como se fossem pétalas de margaridas, cujo fulcro é o centro de distribuição.

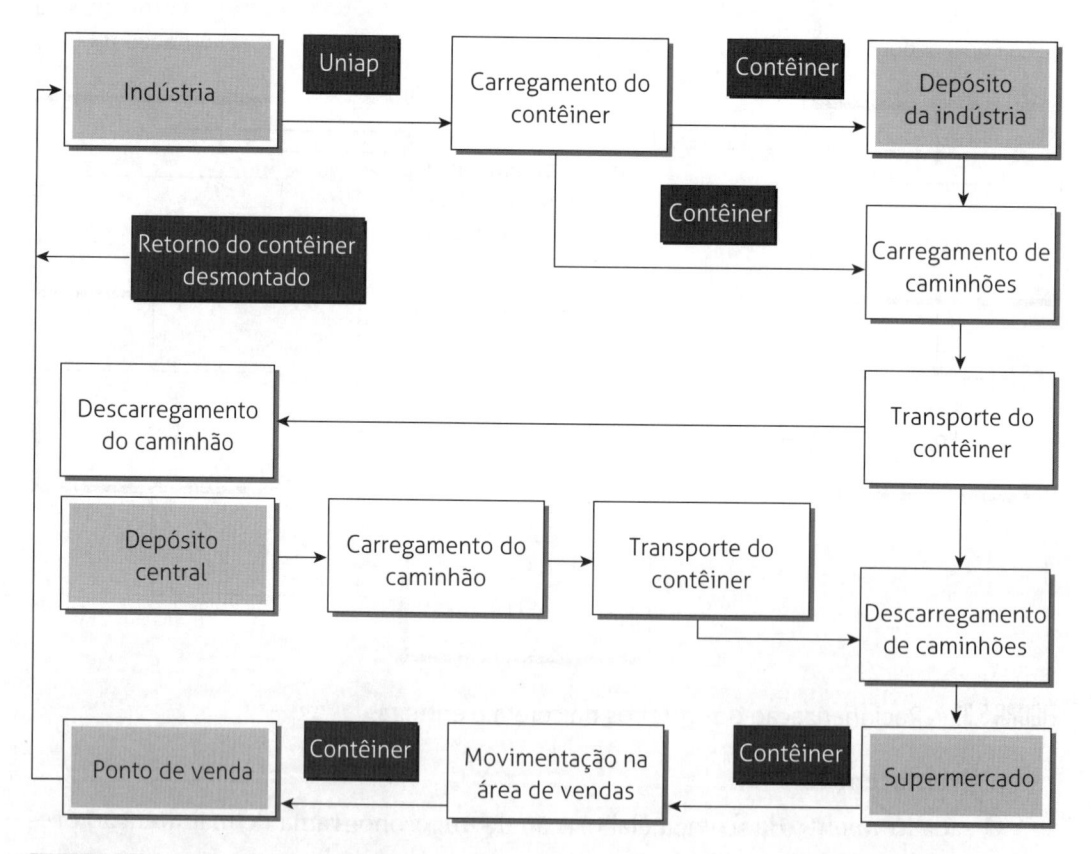

FIGURA 5.32 Operação com contêiner.

e) **Eletrônica embarcada**

Será necessário aumentar a segurança e o controle dos veículos nos roteiros de distribuição, implantando as seguintes providências:

- Limitador automático de velocidade.
- Câmara de vídeo para facilitar manobras.
- Indicador de desgaste de peças de segurança, como as lonas de freios.
- Suspensão a ar com comando eletrônico.
- Computador de bordo para cálculo de tempos e disponibilidade de combustível.
- Interligação do veículo com sua base via satélite.

f) **Treinamento**

Os motoristas vêm acumulando outras funções, como tirar pedidos, receber pagamento, exercer o papel de relações públicas em relação ao cliente, transmitir a imagem da empresa, além de ter de dirigir um veículo cada vez mais complexo e valioso.

Torna-se necessário elevar o nível dos motoristas, modificando os critérios de seleção e estabelecendo um intenso programa de treinamento para os novos. Os antigos que têm experiência de rotas devem ser treinados para o novo nível de refinamento necessário.

Nesse treinamento, deve ser implantada uma ampla campanha de prevenção de acidentes, de tal maneira que cada motorista deva seguir todos os procedimentos de maneira rígida, para que não mais ocorram perdas materiais e pessoais.

A equipe de manutenção deve também passar por seleção e treinamento mais rigorosos, em virtude da maior complexidade dos veículos e dos sistemas implantados.

Os funcionários da administração devem, de maneira rotativa, ser treinados juntamente com os mecânicos e os motoristas, para compreenderem melhor o negócio e se aproximarem da base operacional da empresa. Seria importante que todos os funcionários administrativos fizessem estágios na manutenção e viagens com os caminhoneiros, para sentirem de perto o ambiente das rotas de distribuição.

EXERCÍCIOS

1. Quais são as características principais de um armazém primário, secundário e terciário?
2. Defina Unicom, Unimov e Uniap. Onde são utilizadas cada uma delas? Dê exemplos.
3. Por que a área de armazenagem fica prejudicada quando elevamos a acessibilidade dos materiais em um armazém?
4. Quais são as vantagens e as desvantagens de utilizar *racks* empilháveis em lugar de estantes porta-paletes?

OPERAÇÃO NA ÁREA DE MATERIAIS

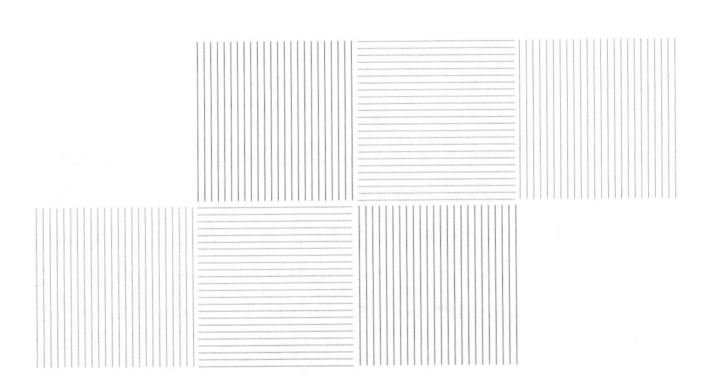

6

Ao observarmos o conjunto de tarefas a serem executadas para a implantação de um sistema na área de materiais, nos deparamos com alguns temas importantes que requerem um melhor conhecimento, como vamos examinar a seguir.

6.1 ENDEREÇAMENTO DE ARMAZÉM

O objetivo do Endereçamento de armazéns é alcançar a melhor Administração de Materiais Armazenados. Com Endereçamento, pode-se adotar a prática de sempre retirar do armazém o item de certo produto que se encontra há mais tempo estocado.

A renovação constante dos itens armazenados evitará que o armazém se torne um depósito de defeitos, ou seja, defeitos gerados no passado e que não são detectados rapidamente, permitindo-se que continuem a entrar novos itens defeituosos até que seja dado o alerta. Nesse período acumulam-se no estoque itens defeituosos, que ocasionam uma perda enorme quando realizados pelo descarte, retrabalho ou venda a baixo preço.

Os armazéns acumulam uma categoria de estoque que apresenta rotação permanente, ou estoques *slow moving* de rotação muito lenta, ou mesmo estoques *no moving* que não são movimentados. O objetivo da Administração de Materiais Armazenados é não permitir o crescimento dos itens sem nenhuma movimentação, ou com baixa rotação. Além disso, deverá dar, implacavelmente, um destino aos itens com baixa, ou mesmo sem, rotação.

A interligação do Endereçamento do Armazém com o Sistema de Informações minimizará os momentos de movimentação pela localização dos materiais nos endereços mais favoráveis. Por outro lado a Administração de Materiais permitirá a elaboração de listagens de separação por meio do Sistema de Informações, direcionando o trabalho dos separadores, de acordo com a conveniência dos encarregados do sistema.

A utilização de um sistema de código de barras para as unidades de movimentação possibilitará o registro de entrada da mercadoria no estoque e a sua locação em endereço determinado. O mesmo sistema de código de barras permitirá a baixa da unidade de movimentação dos estoques e a liberação do endereço para o recebimento de nova carga a ser armazenada.

O Sistema de Endereçamento implica a adoção de um módulo para as unidades de movimentação e transferência desse módulo para as dimensões dos endereços. A necessidade de realizar todos os deslocamentos de mercadorias em unidades de movimentação impossibilitará o armazém de receber materiais não modulares, como, por exemplo, embalagens de comercialização produzidas no final de um lote, cuja quantidade não é suficiente para completar a unidade de movimentação (Unimov). Nesse caso, seria necessário armazenar as unidades de movimentação incompletas em um armazém auxiliar.

Não é recomendável que se armazenem unidades de movimentação com empilhamento superior a 1 + 2, pois quando colocadas acima do terceiro módulo podem causar acidentes sérios, se eventualmente despencarem lá de cima.

Com essa restrição, a ocupação volumétrica do armazém será muito pobre e, para elevar a capacidade de armazenamento, necessita-se a utilização de estanterias para colocar uma ou mais camadas de armazenamento. Nesse caso, a necessidade de Endereçamento torna-se mais aguda, para garantir os pontos a seguir mencionados:

- **FIFO** – Com o Endereçamento, pode-se adotar a prática de sempre retirar do armazém o item de certo produto, que se encontra há mais tempo estocado.
- **Controle** – O Endereçamento evitará que o armazém se torne um *depósito de defeitos*.
- **Renovação** – O objetivo da Administração de Materiais Armazenados é não permitir o crescimento da quantidade dos itens sem ou com baixa movimentação.
- **Racionalização** – Possibilita atingir o objetivo de minimizar os momentos de movimentação, pela localização dos materiais nos endereços mais favoráveis.
- **Separação de pedidos** – Permite a elaboração de listagens de separação, por meio do Sistema de Informações, direcionando o trabalho dos separadores de acordo com a conveniência dos encarregados do sistema.
- **Endereços** – O mesmo sistema de código de barras possibilita a entrada e saída da unidade de movimentação dos estoques e a carga e liberação do endereço, para o recebimento de nova carga a ser armazenada.
- **Rastreabilidade** – Facilidade de encontrar os materiais e lotes de materiais que foram submetidos a rastreabilidade em razão de defeitos ou suspeitos de

defeitos e que, portanto, devem ser retirados do armazém para sucateamento ou retrabalho.

- **Vencimento** – O Endereçamento permite o controle dos materiais com prazo de vencimento próximo de expirar, possibilitando que se tomem providências para a sua imediata utilização ou venda. O Endereçamento possibilita a identificação de itens com prazo de validade vencido e que devem ser imediatamente retirados do armazém, para evitar que sejam entregues a algum cliente.

6.2 ALOCAÇÃO DE MATERIAIS

A alocação de materiais em um armazém deverá atender a alguns objetivos, como enumeramos a seguir:

- **Ocupação** – Otimizar a ocupação volumétrica.
- **Utilização** – Racionalizar a utilização do pessoal e dos equipamentos de movimentação.
- **Coordenação** – Integrar toda a alocação de materiais com o sistema de informações do armazém.
- **Atendimento** – Alocar os materiais para facilitar e melhorar o atendimento rápido e preciso dos clientes.
- **Seletividade** – Otimizar a seletividade dos lotes ou dos itens dos materiais.
- **Custos** – Minimizar o momento de movimentação agregado, com consequente redução dos custos da operação e redução dos tempos de atendimento ao cliente.
- **Perdas** – Reduzir os diversos tipos de perdas de armazenamento, como prazos vencidos, contaminação, rupturas de embalagens, deterioração por agentes externos etc.
- **Nível** – Elevar o padrão da Administração Logística da empresa.

A setorização dos armazéns será necessária para que se tenha uma base para o início do Endereçamento, como se segue:

- **Diferenciação** – Setorização determinada pelos fatores de diferenciação dos materiais.
- **Critérios** – Setorização de itens volumosos, itens com lotes muito grandes e setorização de itens pequenos e armazenados em grande quantidade.
- **Restrições** – Setorização de alocações aéreas, tendo em vista as restrições das alocações em primeiro nível. Possibilidade de contaminação das cargas que estão embaixo, provocada pelas cargas que estão em cima.
- **Adequação** – Setorização de materiais pesados em áreas próximas da expedição e em pisos reforçados.

- **Praticidade** – Setorização de itens leves e volumosos em mezaninos de grande área.
- **Separação** – Setorização de todos os itens *slow* ou *no moving*, para não interferirem na operação dos itens ativos.
- **Momento** – Setorização dos materiais de elevada rotação, em áreas que possam colaborar na redução do momento de movimentação e, portanto, contribuir para uma operação mais econômica.
- **Externas** – Setorização de itens que possam ser armazenados em pátios.

Os lotes de materiais poderão ser alocados no armazém, à medida que se avalia o seu tamanho, como se segue:

- **Armazenagem em bloco** – Armazenamento da parede para o corredor, formando uma fila ou um bloco com o lote a ser armazenado.
- **Armazenamento picado** – Locado em áreas determinadas, em unidades de movimentação com empilhamento máximo de 1+2.
- **Armazenamento secundário** – Área de desmonte das unidades de movimentação, com a finalidade de separação de pedidos para os clientes.

6.3 SETORIZAÇÃO

O Sistema de Endereçamento deverá levar em consideração o Sistema de Setorização a ser adotado. O Sistema de Endereçamento deverá ser adequado ao processamento do Sistema de Informação do armazém.

O Código do Endereçamento deverá conter dígitos que proporcionem as seguintes informações:

- **Prédio** – Identificação do galpão no qual o armazém está instalado.
- **Andar** – Identificação do andar do galpão, caso haja andares ou mezaninos.
- **Corredor** – Identificação do corredor.
- **Lado** – Identificação do lado de determinado corredor.
- **Pilha** – Identificação da pilha, que está de frente para o lado do corredor.
- **Nível** – Identificação do nível de empilhamento ou da estanteria.

Consideremos um endereço no armazém e imaginemos, como exemplo, um código para ser inserido no Sistema de Informação, como mostrado no Quadro 6.1:

QUADRO 6.1 Exemplo de Endereçamento do código P1- 4- d32- 5.

PRÉDIO	ANDAR	CORREDOR	LADO	PILHA	NÍVEL
P - Produção	1º	4	Direito	32	5

6.4 BENEFÍCIOS DO ENDEREÇAMENTO

- **Controle:** A redução do tempo de procura de um item ou um lote facilitará a inspeção dos responsáveis pela qualidade e os inventários rotativos ou de verificação a serem realizados pelo pessoal do controle. O endereço de cada item ou lote deverá ser inserido no Sistema de Informações do armazém.
- **Setorização:** O armazém poderá ser setorizado, mesmo com o Endereçamento aleatório.

  - **Rotação** – Pode-se adotar um setor para itens de altíssima rotação, que serão localizados próximo à entrada e saída dos materiais, para minimizar o momento de movimentação de materiais, reduzindo os custos e realizando as movimentações em tempo mais reduzido.
  - **Riscos** – Pode-se setorizar o armazém por afinidade de categorias de materiais, obedecendo também às disposições legais para o armazenamento de materiais que possam apresentar riscos diferenciados. A setorização nesse caso deve ser realizada por classes de risco.
  - **Contaminação** – Alguns materiais podem emitir contaminantes, incompatíveis com outros tipos de materiais. Nesse caso, devem ser criados setores de armazenamento para que os riscos de contaminação não ocorram.

  A setorização poderá ser realizada, definindo-se as características de cada grupo de materiais, volume de armazenamento e volume de movimentação periódica. Considera-se na determinação do volume os critérios estabelecidos para tempo de cobertura de atendimento e a previsão da demanda.
- **Alocação:** Os materiais a serem carregados no armazém devem ser previamente classificados segundo as suas características, que determinam o setor no qual podem ser armazenados. Este seria, então, um dígito da codificação do Sistema de Endereçamento.

Com o Sistema de Endereçamento, podem-se administrar com mais facilidade os riscos inerentes ao armazenamento de materiais.

A implantação do sistema FIFO está associada à grande facilidade de localização dos itens ou lotes de produtos. A localização do item ou lote com prazo maior de armazenamento e com menor prazo para o vencimento é feita com muita facilidade, por intermédio de relatório de separação emitido pelo Sistema de Informação.

6.5 ARRANJO FÍSICO DO ARMAZÉM

É aconselhável que, antes de qualquer processo de Endereçamento, seja revisto o arranjo físico da disposição das áreas de armazenamento e verificada a disposição dos corredores, atentando para alguns pontos singulares:

- **Formato** – Devem-se evitar corredores ao longo do comprimento do armazém. Devem-se estabelecer corredores no sentido da largura, para obter o mesmo acesso, com menos área ocupada pelos corredores.
- **Periféricos** – Os corredores que circundam as áreas de armazenamento ao longo das paredes usualmente ocupam grande extensão, devido ao fato de todo o perímetro multiplicado pela largura de um corredor representar um espaço considerável. Um armazém de 100 m por 30 m, com uma área de 3.000 m², poderia ter corredores laterais com 260 m de comprimento total, por 3 m de largura, o que significa 780 m², ou seja, 26% da área do armazém. A substituição desse corredor por um no formato de **X**, de 130 m por 3 m e com área de 390 m², ocuparia somente 13% da área total do armazém.
- **Balanço** – A utilização de empilhadeiras mais compactas permite a redução da largura dos corredores. O custo da área complementar de armazenamento deverá ser confrontado com os investimentos, em virtude da utilização de empilhadeiras mais dispendiosas. Vejamos uma tabela que associe o tipo de empilhadeira com a largura de corredor necessária, como mostra o Quadro 6.2:

QUADRO 6.2 Dimensões de corredor e altura máxima de operação de empilhadeiras.

EMPILHADEIRA	CORREDOR (METROS)	ALTURA (METROS)
Contrapeso	3 a 4	5
Retráteis	2 a 3	7
Laterais	1,5 a 2,0	10
Direcionadas	1,5 a 2,0	15
Transelevadores	1,3	40

6.5.1 Sistema de Informação

Os relatórios do Sistema de Informação devem ser alterados para a inclusão de campos para o registro do código dos endereços e o *status* de cada um deles.

Quando o armazenamento se faz por estanterias, torna-se relativamente fácil a localização das placas indicativas dos endereços. Quando a armazenagem é em bloco, há grande dificuldade na disposição segura das placas de Endereçamento. A pintura no piso, associada a placas colocadas no alto, pode resolver o problema.

A identificação clara dos endereços evitará improdutividade repetitiva que, ao longo do tempo, poderá representar soma considerável para a empresa. As mesmas horas disponíveis do pessoal poderão ser utilizadas para a realização de muito mais tarefas do que em uma situação não endereçada. O ambiente de trabalho será mais agradável e as atividades, menos frustrantes para o pessoal.

A entrada de dados no Sistema de Informação poderá ser processada por coletores de dados com radiofrequência, que leem a etiqueta das unidades de movimentação e as etiquetas colocadas nos endereços. Pressionando-se a tecla de entrada de dados, a transação é concluída, ou seja, a carga é colocada no endereço lido pelo coletor, ou é retirada do endereço identificado pelo coletor. O tipo de transação de carga ou descarga do armazém deve ser informado antes da inserção dos dados no coletor.

Podem-se estabelecer alguns índices para avaliar a eficiência da implantação de um Sistema de Endereçamento, como se segue:

- **Conferência** – Tempo de conferência dos estoques, antes e depois do Endereçamento.
- **Localização** – Tempo de localização de um item ou lote para a inspeção da qualidade.
- **Validade** – Redução do volume de materiais com prazo de validade vencido.
- **Permanência** – Redução do tempo médio de armazenamento de itens por causa da rígida implantação do sistema FIFO.

O modelo de relatório a seguir pode ser um derivado do exemplo que mencionamos:

QUADRO 6.3 Relatório de Endereçamento de unidade de armazenamento.

Lugar	Lote	Quant.	Peso	Unitário	Alocação	Data	Validade	Status	Setor	Endereço
201D	45.237	500	200	0,40		XX/XX		DISP.	23	D01
201D	48.090	1.200	1.200	1,00		XX/XX		DISP.	57	A60
201D	47.100	700	9.400	13,43		XX/XX		DISP.	32	C10
201R	46.570	800	1.200	1,50		XX/XX		REJE.	47	B05
201E	57.223	750	700	0,93		XX/XX		AGUAR.	12	D32

6.5.2 Fichas de movimentação e etiquetas de identificação

Para todo produto da empresa deverá ser desenvolvida uma ficha de movimentação, em que deverão constar todas as instruções de montagem do palete.

Os seguintes dados deverão constar nas fichas de movimentação:

a) Nome do produto.
b) Código do produto.
c) Tamanho do palete e a sua cor.
d) Dimensões das caixas.

e) Comprimento, largura e altura das caixas.
f) Quantidade de caixas por palete.
g) Caixas por camada de arrumação.
h) Número de camadas.
i) Altura do palete montado com altura do estrado.
j) Peso e volume das caixas.
k) Peso e volume do palete montado.
l) Ocupação volumétrica – volume teórico da Unimov, em relação ao volume efetivamente ocupado.
m) Instruções de arrumação das caixas no palete.
n) Analista de Carga que preparou o documento.
o) Autoridade que aprovou o documento.
p) Data da revisão.
q) Data da entrada no sistema de informação da empresa.

Um modelo de ficha de movimentação é mostrado na Figura 6.1:

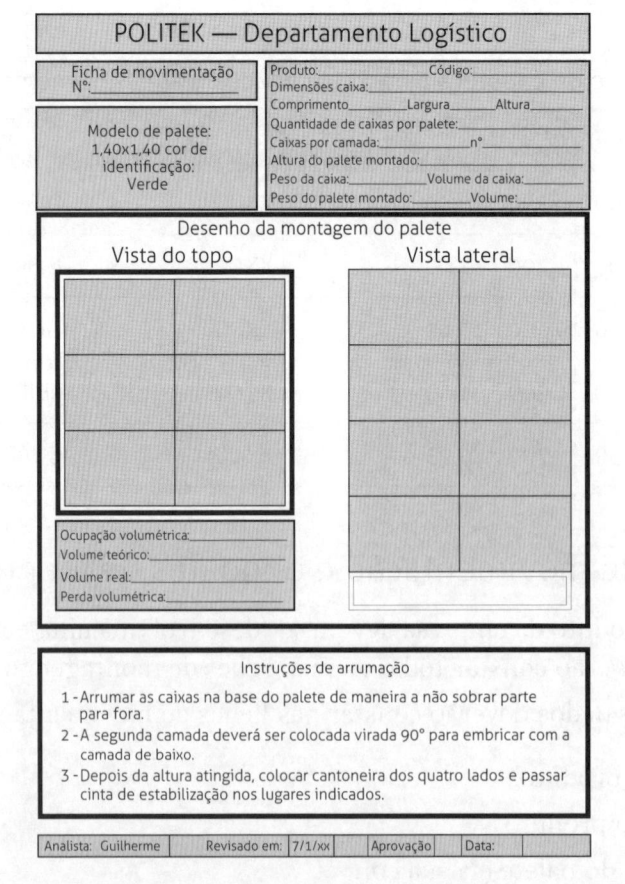

FIGURA 6.1 Modelo de ficha de movimentação.

Além da ficha de movimentação, é essencial providenciar etiqueta de identificação do palete para que seja possível controlar todos os eventos durante o processo de movimentação. A Figura 6.2 mostra um exemplo de ficha e o conteúdo especificado de cada campo.

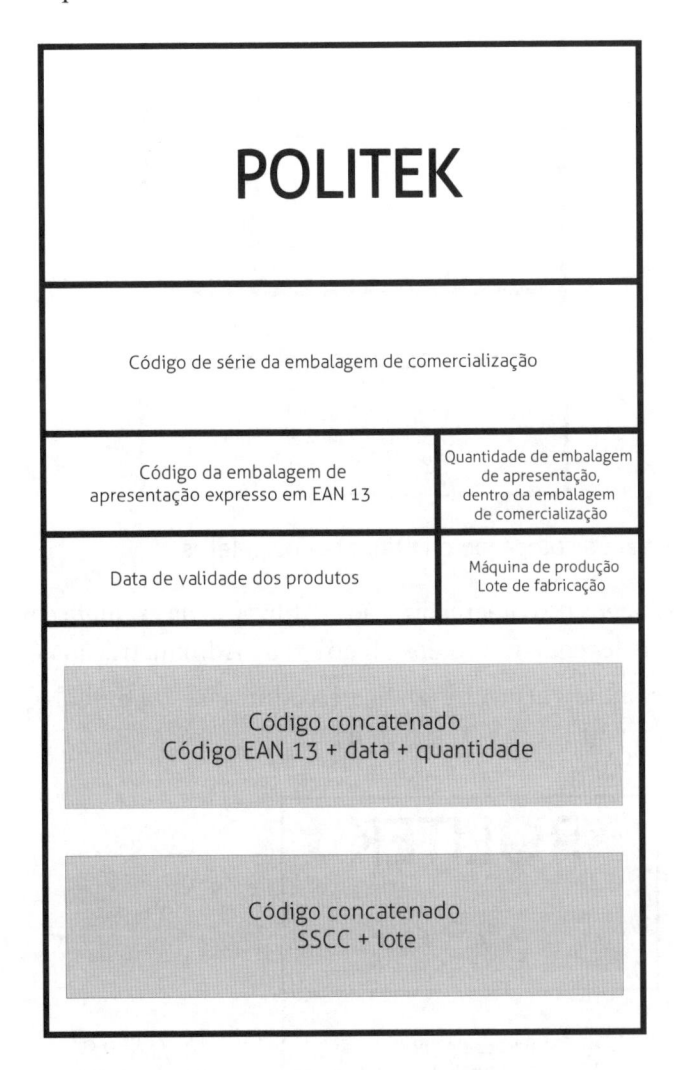

```
┌─────────────────────────────────────────────┐
│                                             │
│                  POLITEK                    │
│                                             │
├─────────────────────────────────────────────┤
│                                             │
│   Código de série da embalagem de comercialização │
│                                             │
├──────────────────────┬──────────────────────┤
│                      │ Quantidade de embalagem│
│  Código da embalagem de │   de apresentação,  │
│  apresentação expresso em EAN 13 │ dentro da embalagem │
│                      │   de comercialização  │
├──────────────────────┼──────────────────────┤
│                      │   Máquina de produção │
│  Data de validade dos produtos │  Lote de fabricação │
├─────────────────────────────────────────────┤
│                                             │
│            Código concatenado               │
│       Código EAN 13 + data + quantidade     │
│                                             │
├─────────────────────────────────────────────┤
│                                             │
│            Código concatenado               │
│                SSCC + lote                  │
│                                             │
└─────────────────────────────────────────────┘
```

FIGURA 6.2   Modelo de etiqueta para paletes.

Não basta apenas que o palete seja corretamente identificado, é preciso que as informações contidas na etiqueta possam ser lidas pelos equipamentos de coleta de dados. Se a leitura das etiquetas de identificação for automatizada, é necessário ainda fixar a etiqueta em local com o mínimo de variação possível para que as informações sejam coletadas. A Figura 6.3 mostra um exemplo de padronização de local de fixação de etiquetas no palete.

FIGURA 6.3 Regras para a colocação da etiqueta nos paletes.

Para as embalagens de comercialização, a utilização da etiqueta com DUN 14 é um assunto polêmico e depende muito dos objetivos da Administração de cada empresa.

Acrescenta-se uma variável logística à codificação da embalagem de apresentação, como mostra a Figura 6.4, a seguir:

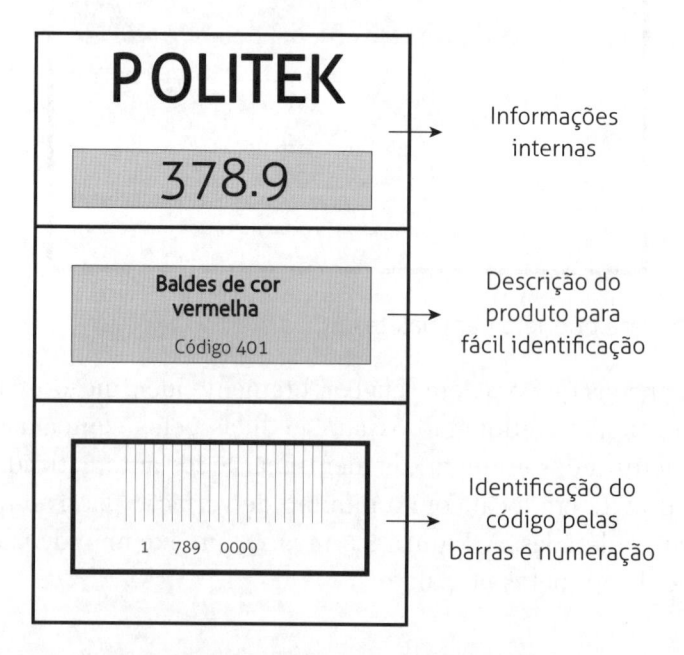

FIGURA 6.4 Embalagem de comercialização com variável logística.

A etiqueta deverá ser impressa na caixa de comercialização, dedicada exclusivamente a determinado produto. Quando a caixa for de utilização múltipla, deve-se gerar a etiqueta em uma impressora, no momento em que o produto for carregado dentro das caixas. Devem-se adotar procedimentos para se evitar etiquetagem errada. A colocação das etiquetas nas embalagens de comercialização segue um padrão mostrado na Figura 6.5, a seguir:

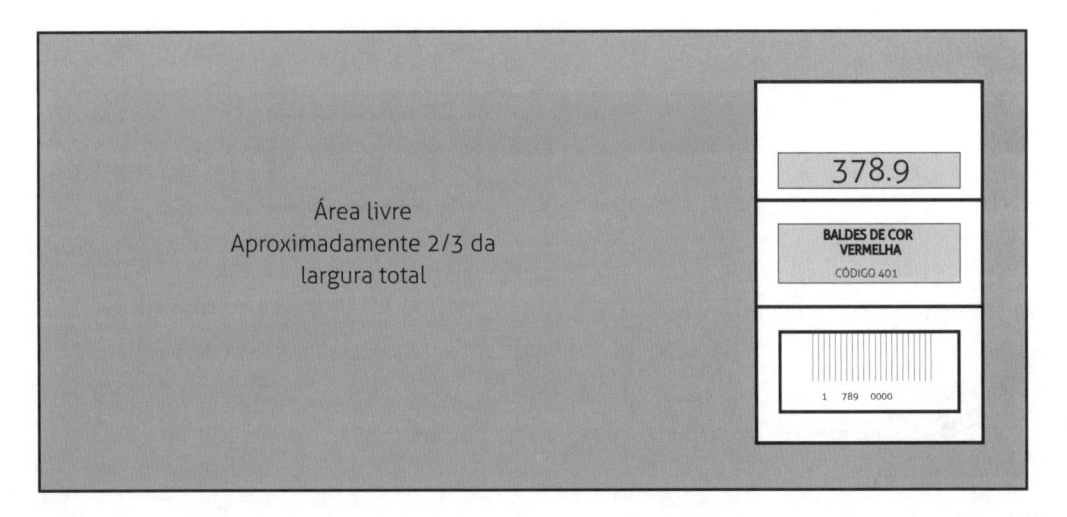

FIGURA 6.5 Padrão de colocação de etiquetas nas embalagens de comercialização.

A codificação utiliza a simbologia Interleaved Two of Five (ITF) ou 2 de 5 intercalado, adequada para a impressão em papelão ondulado. As barras largas serão duas vezes maiores do que as estreitas, aceitando somente número pares de algarismos.

A variável logística é o número que identifica a quantidade de unidades de comercialização ou embalagens de apresentação existente na unidade de despacho ou embalagem de comercialização. A variável logística poderá variar de 1 a 9 e a sua utilização deverá respeitar os seguintes critérios:

- De 1 a 9 – Para cada quantidade de venda de determinado produto.
- 9 – Indica aplicação de código complementar (ITF 6, e UCC/EAN 128, quando a embalagem de apresentação contiver dados variáveis, além dos dados constantes em EAN 13 que são fixos).
- 0 – Este dígito não é considerado variável logística e é utilizado apenas no caso de simbolização ITF 14.

O ITF 14 é o EAN 13 com a simbologia 2 de 5 intercalado, precedida pela variável logística 0. Sua aplicação destina-se aos casos a seguir:

- Embalagens industriais de grande volume.
- Produtos em promoção.
- Unidade de despacho mista e com quantidades padrão de cada produto.

O ITF 14 não passa no *check-out* do varejo, que somente lê o EAN 13.

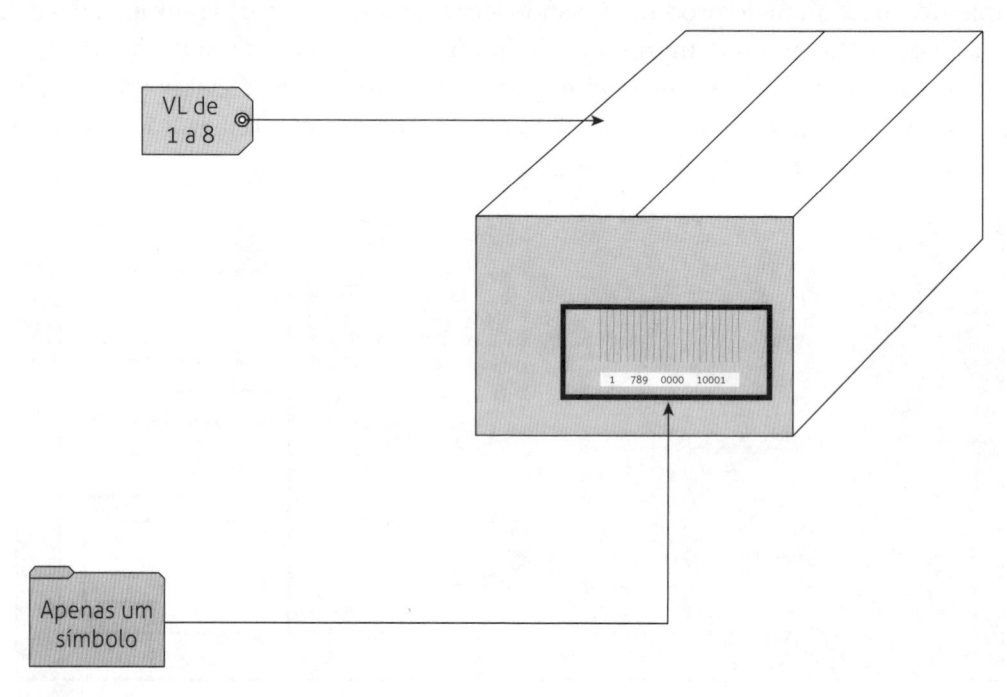

FIGURA 6.6 Colocação da etiqueta ITF 14 em uma caixa de papelão.

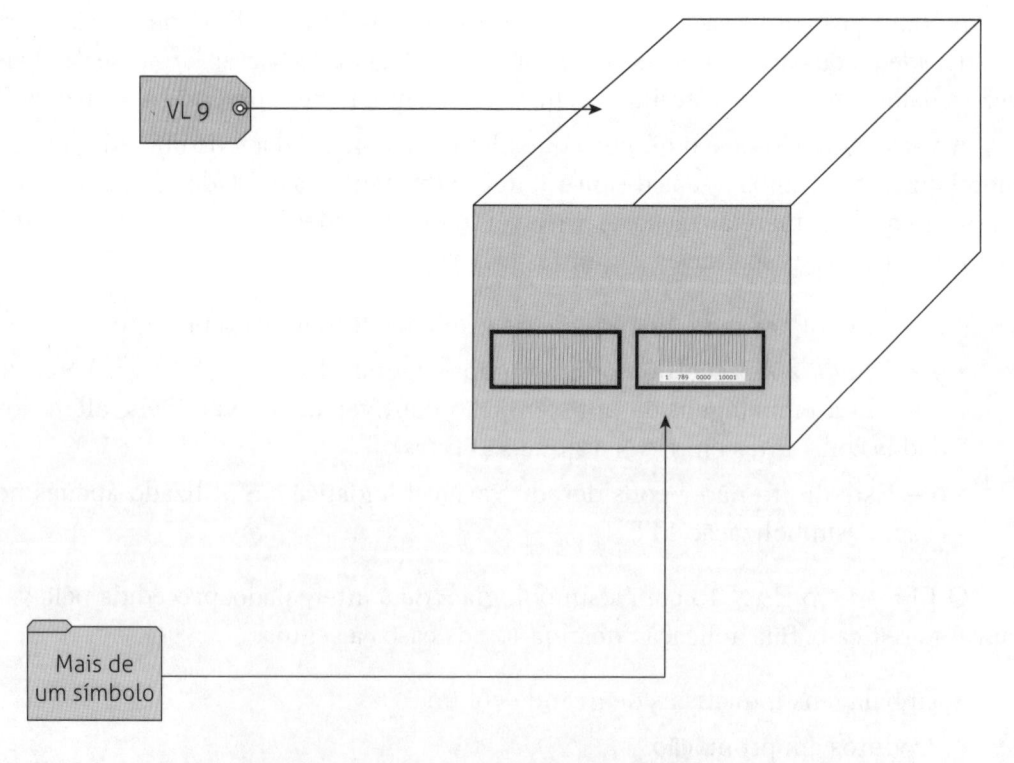

FIGURA 6.7 Colocação complementar de mais de um símbolo.

A colocação de mais um símbolo é necessária quando queremos identificar características variáveis que o produto possa apresentar, como peso, quantidades, dimensões, área, coloração. A etiqueta com DUN 14 exibe a variável logística 9. A etiqueta com uma informação fixa poderá ser impressa na caixa de papelão. Entretanto, a etiqueta adicional com a informação variável deverá ser impressa e aplicada no momento da definição dos valores variáveis.

Caso um produto seja embalado para três diferentes tipos de mercado, teríamos de adotar três diferentes embalagens de comercialização. Como exemplo, há a embalagem de comercialização para o pequeno varejo, outra para as grandes redes e uma terceira para utilização hospitalar. A empresa poderá adotar ainda a embalagem de comercialização com quantidades duplas em relação à embalagem menor, para facilitar a comercialização.

Quando a embalagem de comercialização é sempre única, a variável logística será sempre 1. As regras para a colocação das etiquetas estão na Figura 6.8, a seguir:

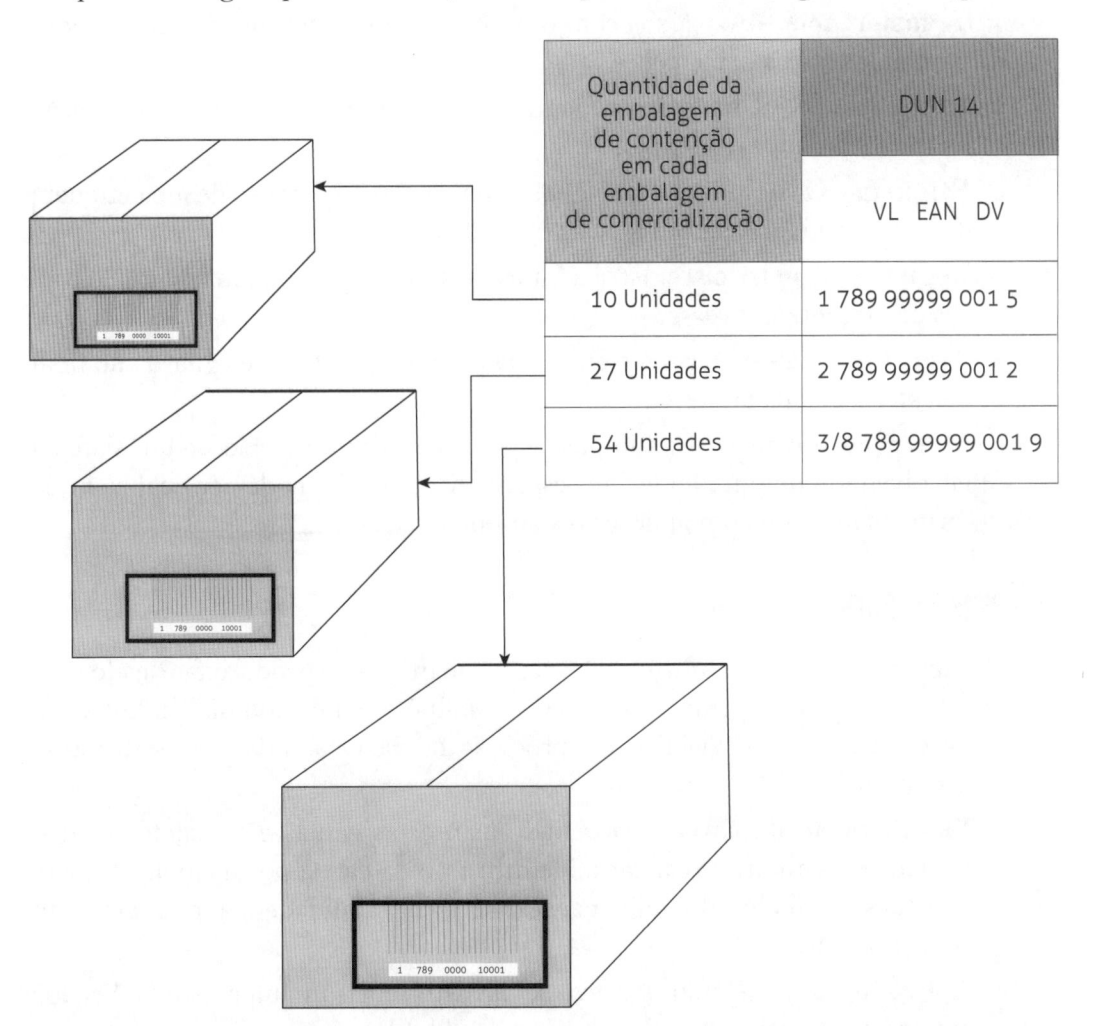

Quantidade da embalagem de contenção em cada embalagem de comercialização	DUN 14
	VL EAN DV
10 Unidades	1 789 99999 001 5
27 Unidades	2 789 99999 001 2
54 Unidades	3/8 789 99999 001 9

FIGURA 6.8 Identificação de várias unidades de despacho pelas variáveis logísticas.

6.6 SISTEMA DE INFORMAÇÃO NA ÁREA DE MATERIAIS

Para melhor explicar o sistema de informação na área da Logística Industrial, vamos considerar uma empresa de produtos de consumo intensivo e, portanto, com várias linhas, que estão alternativamente produzindo todos os itens de produtos da empresa. As máquinas trabalham em três turnos e são alimentadas por diferentes lotes de matéria-prima.

6.6.1 Transferência da produção

A cada saída de linha de produção, um sistema de jato de tinta imprime na caixa coletiva (embalagem de comercialização) uma marca de identificação que registra o número da linha, o turno de produção e o lote de matéria-prima utilizado.

1. **Transferência** – As caixas com o produto e identificadas são transferidas para uma esteira principal.
2. **Identificação** – Um detector identifica a marcação e transfere a informação a um computador de controle.
3. **Etiqueta** – O computador comanda a impressão e aplicação de uma etiqueta definitiva e identificadora na caixa coletiva.
4. **Registro** – Um leitor registra a informação presente em um código de barras na etiqueta impressa.
5. **Transferência** – A caixa é transferida para um palete, que aguarda no final da esteira principal.
6. **Marcação** – A marcação do palete pode ser feita por meio de um sistema envolvendo computador e impressora. A aplicação pode ser realizada de forma manual ou com aplicadores automatizados.

OBJETIVOS DO SISTEMA

a) **Identificação do produto** – Devem-se identificar o produto fabricado com o lote de matéria-prima, o turno de trabalho e em cada uma das linhas de produção. Deve-se viabilizar o processo de rastreabilidade e controle da produção.

b) **Identificação da caixa** – Devem-se manter as caixas e os paletes padronizados no estoque e realizar a identificação da caixa, por meio de etiqueta autoadesiva, incluindo informações de rastreabilidade na etiqueta com código de barras.

c) **Aplicador automático** – Deve-se investir em um impressor/aplicador automático de etiquetas. Esse custo será diluído entre as diversas linhas de fabricação.

6.6.2 Separação e transferência para a expedição

Dando continuidade ao exemplo anterior, vejamos a área de separação de pedidos, considerando que todas as mercadorias vindas da produção são armazenadas na forma de uma Unimov e em estanterias com endereços codificados.

À medida que os pedidos são registrados no computador, será necessário acionar a separação das mercadorias, estabelecer o sistema de conferência e entrega em cada doca e carregar as mercadorias nos veículos de transporte.

Devemos identificar os equipamentos necessários para a execução das tarefas e informar eventuais procedimentos para estabelecer um sistema automatizado para a expedição do produto.

Poderemos definir o procedimento operacional de separação dos pedidos por meio das seguintes etapas:

1. **Listagem** – O sistema de processamento de dados emite uma listagem de separação.
2. **Transferência** – O operador logístico recebe a listagem, prepara a separação das mercadorias e coloca todas elas na área de transferência.
3. **Endereços** – O sistema indica para o operador logístico a localização de cada palete a ser retirado da área de armazenagem, em virtude de o carregamento dos endereços das estanterias ter sido registrado anteriormente.
4. **Abertura de paletes** – No caso de a mercadoria ser fracionada e vendida na forma de embalagem de comercialização (palete aberto), o sistema deve indicar em que palete aberto se localiza na área de separação e qual a quantidade a ser retirada.
5. **Blocos** – Os operadores separam blocos de mercadoria correspondentes a uma listagem, que atende a uma área de conferência.
6. **Carregamento** – Quando a mercadoria entra na área de conferência, ela é verificada e disponibilizada para carga do caminhão.

A seguir considerações importantes:

1. **Abastecimento** – A mercadoria é normalmente fornecida pela produção, em paletes completos.
2. **Separação** – Em um pulmão na área de separação ficam definidos porta-paletes de dois andares.
3. **Armazenamento** – No andar superior é armazenado um palete fechado.
4. **Atendimento** – No andar inferior é armazenado um palete aberto utilizado para separação dos pedidos fracionados.
5. **Alternação** – Quando o palete inferior termina, o superior é transportado para baixo e o nível superior deve ser reabastecido.
6. **Reabastecimento** – O sistema deve contemplar essa movimentação.

6.6.3 Identificação de equipamentos

Para a realização do processo de separação de pedidos e expedição conforme descrito anteriormente, devemos aplicar como exemplo um sistema formado por coletores de dados com radiofrequência na faixa de 2,4 GHz. O sistema poderá operar com aplicativo residente no coletor de dados e estrutura cliente-servidor no ambiente da empresa.

EXEMPLO DE CARACTERÍSTICAS BÁSICAS DOS EQUIPAMENTOS

- Arquitetura aberta compatível com PC.
- CPU 386 de 32 bits com velocidade programável de 1 MHz a 25 MHz.
- Sistema operacional DOS 6.22.
- Slot Cartão PCMCIA – acessível pelo usuário (TI/II).
- Porta de Comunicação Serial RS-232.
- Display gráfico de até 8x21 backlit.
- 41 teclas resistentes a respingos de água (alfanumérico).
- Scanner Laser Integrado.
- RF de 2,4 GHz.
- Berço para comunicação/recarga da bateria (opcional).
- Alimentação utilizando três baterias alcalinas AA ou baterias recarregáveis de NiCd ou NiMH
- Carregador independente de baterias.
- Ferramentas de programação: PAL, UPG e ferramentas de desenvolvimento.

EQUIPAMENTOS:

Item	Descrição	Quantidade
1	Coletor de dados com scanner e RF	
2	Base para carga de coletores	
3	Bateria de nitreto	
4	Ponto de acesso (estrutura de rádio)	
5	Antena do tipo bipolo (omnidirecional)	
6	Antena do tipo Yagi (direcional)	
7	Kit mecânico para fixação	
8	Cabeamento elétrico (lógico e alimentação)	a verificar
9	Licença de acesso a rede	
10	Desenvolvimento de programa aplicativo	

Observações:

Recomenda-se o uso de duas baterias por coletor de dados, evitando interrupção de trabalho ou a indisponibilidade de coletores para uso. A definição do número de pontos de acesso, bem como o tipo de antena a ser utilizado, será feita após realização de um site *survey*.

De maneira resumida, a estrutura idealizada para a aplicação pode ser apresentada conforme mostra a Figura 6.9:

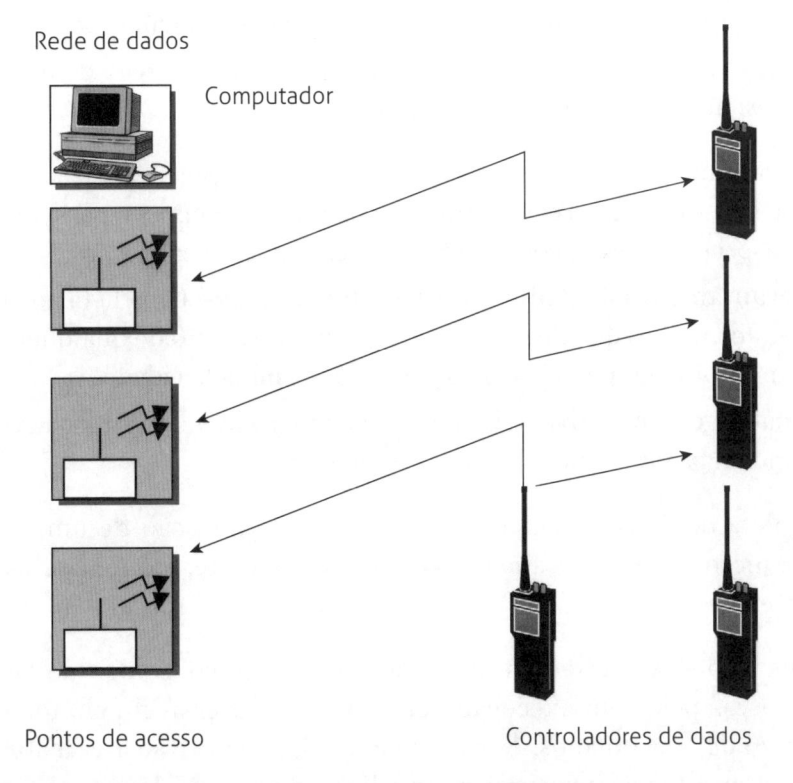

FIGURA 6.9 Estrutura da utilização dos equipamentos de informática.

Onde:

- **Microcomputador** – O equipamento permite a supervisão do sistema de uma forma geral. De acordo com o procedimento a ser implantado na estrutura cliente-servidor, o micro deverá ser responsável por executar um aplicativo que estabelece a interface entre cada coletor de dados e o sistema propriamente dito. Nesse caso deverá trabalhar em plataforma Windows NT.
- **Ponto de acesso** – Permite estabelecer a interface de radiofrequência entre o sistema da empresa e os coletores de dados. Cada PA é definido como um nó da rede interna de dados.
- **Coletores** – Estes aparelhos possibilitam, por meio de um aplicativo, realizar a interface entre o operador e o sistema orientando a separação do material e avaliando o procedimento realizado.

6.7 LOCALIZAÇÃO NA ÁREA DE MATERIAIS

O empresário deverá escolher a localização de uma fábrica, de um armazém ou um Centro de Distribuição que satisfaça da melhor forma possível seus objetivos. Estes podem ser mais ou menos complexos, incluindo seu próprio bem-estar, a satisfação dos seus executivos e gerentes, além do resultado econômico.

Admite-se ainda que as condições presentes persistam no futuro, como, por exemplo, o mercado a ser atendido por um Centro de Distribuição.

Em sua essência o método para se determinar a localização de um recurso logístico se resume a três pontos mais significativos:

a) **Levantamento de informações** – Uma lista pormenorizada de quesitos que deve ser feita previamente pela direção da empresa, para apontar todos os aspectos a serem considerados no estudo da localização.

b) **Levantamento de dados sobre as alternativas** – Uma lista pormenorizada de informações que devem ser levantadas a respeito de qualquer alternativa como, por exemplo, a localização em determinada cidade.

c) **Análise comparativa** – Um exame comparativo das alternativas que respondam favoravelmente aos quesitos iniciais.

Na coleta de fatos, para se decidir sobre a localização de um novo Centro de Distribuição ou o deslocamento de um já existente, exigem-se as seguintes informações:

a) **Decisão** – A decisão da localização de um novo Centro de Distribuição, uma vez posta em execução, tem caráter irreversível pelo menos por um prazo de 10 a 20 anos. Nessas condições, não deve se ater à atual situação da empresa, mas procurar, na medida do possível, levar em consideração a situação futura.

b) **Pontos marcantes** – Apesar de a localização do Centro de Distribuição ter reflexos menores ou maiores sobre quase todos os custos e receitas, existem alguns itens sobre os quais sua influência é maior. Esses itens, denominados fatores *localizacionais*, são de natureza econômica ou extraeconômica e merecem atenção especial na coleta de fatos sobre a empresa.

c) **Peculiaridades** – Alguns fatores localizacionais especiais também devem ser incluídos em estudos, conforme as condições do Centro de Distribuição que está sendo cogitado.

d) **Análise de resultado** – Por fim, a distribuição atual de despesas e custos da empresa é um elemento valioso para o estudo da localização, pois fornece sempre a importância relativa dos fatores localizacionais.

6.7.1 Fatores localizacionais

A seguir, os fatores localizacionais de natureza econômica mais importantes.

MERCADO DE PRODUTOS

Deverão ser incluídos:

a) **Áreas** – A área ou áreas geográficas que o novo Centro de Distribuição atenderá.

b) **Capacidade** – Volume total de produtos em valor e tonelagem que será armazenado e o volume do fluxo de entrada e saída.

c) **Rateio** – Distribuição percentual do volume expedido para as diferentes áreas de mercados. Se possível, discriminar o volume a ser entregue para cada uma das cidades pertencentes a cada área.

d) **Classificação** – Classificação para efeito de frete do produto.

e) **Formatação** – Embalagem e forma de embarque.

f) **A rede** – Localização de armazéns da própria empresa ou de terceiros, que possam ser utilizados em situações de emergência pelo Centro de Distribuição.

g) **Encargos** – Condições da venda FOB, CIF etc. e informações sobre quem pagará o frete e o seguro.

h) **Ônus** – O custo total atual de expedição dos produtos.

i) **Concorrência** – A localização dos principais concorrentes.

j) **Tempo de entrega** – Constitui o tempo de trânsito do produto acabado um fator importante?

MATÉRIAS-PRIMAS DA EMPRESA

As fontes de suprimento de matérias-primas, quantidade em toneladas e o custo de frete de cada categoria de suprimento.

NECESSIDADES DE TRABALHO DE EMPRESA

a) **Treinamento** – Definição dos graus de aptidões exigidos, o tempo de treinamento etc.

b) **O pessoal** – No caso de se estar discutindo uma expansão da capacidade existente, classifica-se o pessoal a ser transferido em categorias (executivos, superintendentes, mestres e operários de mais alta especialização), examinando-se para cada uma destas categorias o número de elementos, as necessidades de habitação, de vida social, recreativa e escolas para os filhos de funcionários.

ENERGIA

a) **Utilidades** – Dados referentes às diferentes formas de energia, combustível e água empregados pela empresa.

b) **Os tributos** – Quais os impostos federais, estaduais e municipais pagos pela empresa a fim de verificar o interesse de cada uma das isenções tributárias, que podem ser em cada local ou região.

Entre os fatores localizacionais extraeconômicos, apresentam importância as preferências da empresa quanto aos limites geográficos da área para a localização do Centro de Distribuição, a dimensão e o tipo de cidade considerados mais interessantes para a localização, as facilidades que esta cidade deve fornecer quanto ao clima, condições de moradia, recreação, educação escolar etc.

Fatores localizacionais especiais a serem analisados surgem, por exemplo, quando a empresa está disposta a se instalar em prédio já construído. Neste caso, um levantamento exaustivo sobre as necessidades a que o prédio deverá atender.

Quando, pelo contrário, a empresa pretende construir seu próprio prédio, as informações necessárias sobre o lote a ser adquirido se reduzem ao conhecimento da área mínima dele, vantagens ou inconveniências de terreno acidentado, necessidade de serviços, qualidade do subsolo para facilitar as fundações e suporte do piso carregado de mercadorias e facilidades de transportes etc.

Para a ponderação dos diversos fatores localizacionais é muito importante analisar como os de caráter econômico incidem sobre os custos atuais da empresa. É de se esperar que, se a incidência atual é baixa, o fator seja de menor importância, podendo ser abstraído nos estudos.

Por esta razão é recomendável uma decomposição dos custos da empresa, de forma a classificá-los de forma relevante para a escolha de uma nova localização. Assim deve ser indicado o custo total de transportes dos materiais que entram e que saem do centro de distribuição.

São necessários dados sobre o custo do trabalho direto e indireto, além de diversos itens das despesas gerais do Centro de Distribuição, tais como: aluguéis, custos adicionais em razão do arranjo físico ineficiente, impostos, especialmente os prediais ou territoriais, gastos com energia, gás, água e outros custos inerentes ou peculiares à sua localização atual.

6.7.2 Escolha preliminar de alternativas da localização

São elementos para a seleção preliminar das alternativas de localização:

- **Centro de gravidade**

    O centro de gravidade do mercado levando em conta a localização geográfica e porcentagem absorvida por cada um dos mercados parciais, considerando-se, além do mais, os diversos custos de frete.

- **Matérias-primas**

    A localização e acessibilidade mais econômica para as matérias-primas.

- **Infraestrutura**

    Verificar as situações financeiras dos estados ou dos municípios, tendo em vista a possibilidade do desenvolvimento de infraestrutura que cercará o novo Centro de Distribuição.

Dados referentes em cada localização sobre:

a) **Faturamento** – A receita presumível do Centro de Distribuição.

b) **Custo de vida** – Avaliação para melhor equacionar o equilíbrio das contas dos empregados.

c) **Sindicato** – As condições sindicais, levando em conta, principalmente, a porcentagem de dias perdidos em razão das greves etc.

d) **Tributos** – Os diversos impostos de caráter municipal, estadual e federal.

e) **Clima** – A situação climática.

Em resposta a essas indagações, enumera-se a lista de alternativas para a possível localização do Centro de Distribuição.

Para cada alternativa, dados que possam interessar na escolha da localização são levantados.

a) **Cidade** – Dados gerais sobre a cidade a ser examinada.

b) **Região** – Dados referentes a fatores localizacionais.

Estes últimos, por sua vez, podem ser de caráter econômico ou extraeconômico.

Outra classificação importante diz respeito a condições gerais do centro e das indústrias que já se acham instaladas neste centro. Este último aspecto requer atenção especial.

Para cada centro urbano, são necessários dados sobre sua população, localização dentro do Estado e sua distância, as maiores cidades vizinhas, bem como uma descrição da comunidade incluindo características econômicas e físicas da cidade, descrição dos ramos de negócios, das áreas residenciais, dos hotéis existentes.

Entre os fatores localizacionais econômicos, destacam-se:

- **Transporte**

    a) **Ferrovias** – Distinguir os troncos e ramais que servem à cidade e verificar a distância entre a cidade e o ponto de junção do ramal ao tronco, o horário dos trens e frequência em que pode haver carga e descarga de materiais.

    b) **Rodovias** – Examinar as estradas federal, estadual ou municipal que servem à cidade; suas características quanto à pavimentação, conservação e tipo de traçado.

    c) **Aeroportos** – Verificar qual o aeroporto comercial mais próximo, qual a distância deste à cidade, qual o tempo de percurso entre a cidade e o aeroporto, quais as companhias que servem ao aeroporto e a frequência do serviço.

- **Oferta de mão de obra**

    a) **Região** – Em primeiro lugar deve-se demarcar a área na qual há oferta de mão de obra para o Centro de Distribuição a ser instalado. Devem-se descrever sua extensão geográfica, população estimada e características econômicas.

    b) **Disponibilidade** – Havendo serviços de colocação na cidade, procuram-se estimativas da disponibilidade de mão de obra de ambos os sexos registrados pela procura de empregos.

    c) **Treinamento** – Pesquisam-se as categorias de profissionais escassas na cidade. Examinam-se as facilidades de treinamento oferecido pela cidade em cursos do tipo vocacional.

- **Utilidades públicas**

    a) **Utilidades** – São examinados todos os serviços de utilidade pública existentes na cidade, sejam fornecedores de energia elétrica, gás, água, sistema de esgotos, escolas, polícia, corpo de bombeiros e hospitais.

    b) **Saúde** – Para escolas e hospitais, o levantamento inclui instituições públicas e privadas. Nos hospitais, devem-se verificar número de leitos e número de médicos existentes na cidade.

    c) **Governo** – Em cada serviço, verifica-se a abrangência de sua administração, ou seja, se envolve o município, o Estado ou empresa privada e, neste último caso, qual a empresa?

    d) **Energia** – No caso particular de eletricidade verificam-se as características das linhas de distribuição e o grau de confiança que oferece o sistema, ou seja, qual a frequência de interrupções no fornecimento de energia.

    e) **Gás** – Perguntas semelhantes são feitas com relação ao sistema de abastecimento de gás, se existente.

f) **Água** – Verificam-se a capacidade dos reservatórios, do consumo médio, os picos de consumo, as tarifas etc.

g) **Segurança** – Verificam-se o número de profissionais que formam seu contingente e equipamentos e veículos.

h) **Incêndio** – Quanto ao corpo de bombeiros são verificados seu efetivo, equipamento e condições de seguro de incêndio prevalecentes na cidade.

- **Impostos**

    a) **Encargos** – Neste item, são examinadas as bases de avaliação para fixação de impostos residenciais, comerciais, industriais e territoriais, sejam municipais, sejam estaduais.

    b) **Poder público** – É examinada a situação da prefeitura, quais as receitas e despesas, bem como suas dívidas.

- **Bancos**

    Levantam-se informações sobre as agências bancárias, limites operacionais e cadastrais acertados com os gerentes e postura desses profissionais em relação à indústria local e à instalação de novas unidades operacionais na área logística.

- **Negócios existentes**

    a) **Contexto geral** – Deve-se realizar um levantamento incluindo as empresas situadas no próprio centro urbano ou em um raio de 10 a 20 quilômetros, indicando para cada indústria o nome, a operação, o tipo de produto etc.

    Devem-se relacionar outros empregadores que possam concorrer com o Centro de Distribuição a ser instalado no mercado de trabalho.

    No levantamento de indústrias existentes na cidade, observam-se as tendências, verificando-se nos últimos dez anos o número de Centros de Distribuição que aí se instalaram e o número dos que a abandonaram.

    Procuram-se ainda dados adicionais sobre associações de classes produtoras sediadas na cidade.

    b) **Relacionamento** – Havendo possibilidade de contato com empresas que tenham Centro de Distribuição na cidade, deve-se investigar sobre há quanto tempo estão estabelecidas; quais os produtos distribuídos; qual o número de operários do sexo masculino e feminino; qual o número de turnos que a empresa trabalha etc.

- **Benefícios salariais**

    Com respeito a informações na área de remuneração, deve-se verificar sobre os benefícios extrassalariais concedidos pela empresa aos funcionários, como serviços hospitalares, seguros, fornecimento de refeições e de transporte.

Deve-se investigar ainda se a empresa entrevistada situa-se acima, abaixo ou na média com relação aos demais empregadores da região.

- **Fatores microlocalizacionais**

    a) **Lotes de terreno vagos:** deve-se fazer um levantamento dos terrenos disponíveis para a instalação de novas indústrias definindo sua localização, distância do centro, proximidade de rios e de estradas de ferro, dos centros industriais e comerciais.

    Para cada terreno são verificadas as dimensões, resistência do solo, possibilidade de enchentes, facilidades de transportes para cada artéria de transporte, incluindo rodovias, ferrovias e transporte coletivo.

    b) **Prédios vagos existentes:** no caso de a indústria ter optado pela aquisição de prédio já construído.

6.7.3 Escolha da localização definitiva

Colhidas as informações relevantes para a localização do Centro de Distribuição, deve-se organizar uma tabela de dupla entrada, em que cada linha é reservada para um dos fatores capazes de influir na escolha da localização. As colunas são reservadas para as diferentes localizações alternativas, contempladas nas etapas anteriores como soluções viáveis.

Algumas observações interessantes sobre a tabela dizem respeito aos fatores localizacionais que podem ser classificados em dois grupos:

1. **Primeiro grupo** – formado por fatores quantificáveis, chamados **tangíveis**.
2. **Segundo grupo** – formado por fatores imensuráveis, chamados **intangíveis**.

Para o primeiro grupo, é possível traduzir em valores as vantagens relativas de cada local. O total dessas vantagens apuradas para cada localidade constitui um elemento bastante decisivo para a escolha da localização definitiva.

No segundo grupo, é possível quantificar cada fator intangível, adjetivando-o. Por exemplo, em cada localidade se atribui um dos três qualificativos seguintes:

a) bom

b) neutro

c) ruim

No caso de a indicação dada pelos fatores quantificáveis coincidir com a dos fatores intangíveis, cada decisão sobre a localização definitiva da empresa é fácil. O mesmo não acontece quando há divergência.

Quando a localização que conduziria ao mínimo custo se classifica mal com relação a diversos fatores intangíveis, somente o julgamento da alta administração poderá ponderar tal divergência e estabelecer a escolha final da localização.

É aconselhável, entre as colunas, reservar um espaço para a localização atual do Centro de Distribuição, o que permitirá à alta administração julgar a necessidade de mudar ou não sua localização, conforme mostra o Quadro 6.4:

QUADRO 6.4 Tabela de comparações de fatores.

FATORES TANGÍVEIS (CUSTOS)	LOCALIZAÇÕES ALTERNATIVAS				
	ATUAL	A	B	C	D
a) Matéria-prima e combustíveis FOB. – Fonte. Transporte Fonte-Centro de Distribuição					
b) Transformação Trabalho: • direto • indireto Serviços de utilidade pública: • energia • água Outras despesas de fabricação: • aluguel • impostos • outros					
c) De distribuição do produto Transporte: • Centro de Distribuição-mercado • outros					
Total					

Observemos por fim que os fatores microlocalizacionais foram classificados em uma categoria intermediária entre os tangíveis e os intangíveis, apesar de serem quantificáveis. Contudo essa quantificação pode ser muito onerosa se o número de localizações alternativas for grande, tornando-se economicamente viável quando este número tenha se reduzido.

Na primeira fase convém tratar aqueles fatores como intangíveis, apenas adjetivando-os, sendo necessário para tanto pouca informação. Na segunda fase, após a coleta de maiores informações a respeito das localizações selecionadas, é possível quantificá-las, traduzir os investimentos em custos e adicioná-los aos fatores tangíveis.

QUADRO 6.5 Tabela de exame das localizações alternativas.

OUTROS FATORES	LOCALIZAÇÕES ALTERNATIVAS				
	ATUAL	A	B	C	D
a) Microlocalizacionais (investimentos) • Terrenos • Construção • Prédio pronto					
b) Intangíveis Trabalho: • Produtividade • Disponibilidade Comunidade: • Atitude com relação à indústria • Incentivos oferecidos • Ambiente para a Administração					

6.8 ARRANJO FÍSICO NA ÁREA DE MATERIAIS

A finalidade desta seção é fornecer ao profissional um direcionamento básico, para que questões ligadas ao arranjo físico da Logística Industrial possam ser tratadas. Cada área da atividade da cadeia de Logística Industrial apresenta alguma característica peculiar, como exemplificamos no Quadro 6.6:

QUADRO 6.6 Características das áreas da Logística Industrial.

ITEM	INSTALAÇÃO	ENTRADAS	ATIVIDADE	SAÍDA
1	Fábrica	Materiais e suprimentos gerais	Conformação de materiais em componentes, montagens dos produtos	Produtos acabados e resíduos industriais
2	Armazém	Grande quantidade de mercadorias	Armazenamento seguro e disponibilização	Atendimento de solicitações de mercadorias
3	Varejo	Pedidos e recebimento de mercadorias	Exposição da mercadoria, acesso fácil e transferência de propriedade	Itens individuais em embalagem de apresentação para atendimento dos usuários
4	Residência	Alimentos, equipamentos e suprimentos em geral	Alimentação das pessoas, conforto, repouso, tranquilidade e outras atividades	Pessoas felizes

As áreas que devem merecer atenção na definição de um leiaute da Logística Industrial são as apresentadas no Quadro 6.7, mostrado a seguir:

QUADRO 6.7 Áreas críticas para definição do arranjo físico para Logística Industrial.

ITEM	ÁREA	ITEM	ÁREA	ITEM	ÁREA
1	Transporte de materiais	6	Recebimento e armazenamento das submontagens e montagens	11	Atividades auxiliares da área de Logística
2	Recebimento de mercadorias	7	Abastecimento do embalamento e retirada do produto acabado	12	Armazenamento de materiais e produtos acabados
3	Almoxarifado de matérias-primas	8	Movimentação de materiais em geral	13	Escritórios
4	Retirada da fabricação, dos semiacabados e dos componentes	9	Serviços de pessoal	14	Facilidades externas
5	Tratamento da sucata	10	Higiene e segurança	15	Condições do terreno em torno do armazém e vias de acesso dos veículos com mercadorias

O desenvolvimento do leiaute na área da Logística Industrial apresenta uma série de problemas, como relacionamos:

a) **Mudança de projeto** – Sempre resultará em mudanças na fábrica na proporção da alteração decidida.

b) **Expansão de um departamento** – A elevação da produção de determinado produto exigirá desde a abertura de local para uma nova máquina até um novo leiaute para abrigar um novo processo e novas áreas de armazenamento.

c) **Contração de um departamento** – A redução drástica e permanente da venda de um produto exigirá a mudança do processo diferente do utilizado para altas produções e redução das áreas de armazenamento.

d) **Lançamento de um produto** – Um produto que exige um novo processo exigirá revisão total do atual leiaute e mudanças no sistema de Movimentação e Armazenagem.

e) **Mudança de um departamento** – A simples mudança é uma oportunidade para reinstalar o Departamento de Logística, sem os erros acumulados no antigo local.

f) **Criação de um departamento** – O leiaute não deverá ser uma repetição dos leiautes já implantados, mas deverá refletir um novo nível tecnológico e redução dos momentos de movimentação e dos custos de armazenamento na área de Logística.

g) **Substituição de equipamentos de Logística** – A substituição de equipamentos velhos, obsoletos, com defeito grave, por máquinas modernas sempre é acompanhada de revisão geral do relacionamento desta implantação com os outros equipamentos do setor.

h) **Mudança de métodos** – O desenvolvimento de métodos de movimentação levará, com certeza, ao remanejamento de toda a área envolvida.

Um bom leiaute na área de Logística Industrial poderá ser caracterizado por vários pontos, como relacionamos no Quadro 6.8:

QUADRO 6.8 Atividades críticas para definição do arranjo físico para Logística Industrial.

ITEM	ATIVIDADES	ITEM	ATIVIDADES	ITEM	ATIVIDADES
1	Planejamento das atividades programadas	6	Últimas operações perto da entrega do produto	11	Ajustamento adequado das áreas produtivas e dos serviços para atendimento dos funcionários
2	Planejamento do modelo dos fluxos de materiais	7	Almoxarifados de processo próximo aos locais de utilização dos materiais	12	Movimentação por equipamento, associado ao processo
3	Fluxo bem direcionado para o mercado	8	Leiaute com elevado grau de flexibilidade	13	Projeto em nível elevado, dos serviços prestados aos funcionários
4	Eliminação dos fluxos de retorno, ou ortogonais ao direcionamento para o mercado	9	Leiaute planejado para possibilitar a expansão	14	Planejamento do controle ambiental, como poluição sonora, sujeira, fumos, poeira, umidade e controle biológico
5	Definição dos fluxos auxiliares	10	Redução dos estoques em processo	15	Eliminação projetada dos tempos perdidos para a máxima ocupação do tempo disponível

continua

continuação

ITEM	ATIVIDADES	ITEM	ATIVIDADES	ITEM	ATIVIDADES
16	Ilhas bem posicionadas	23	Eliminação dos almoxarifados intermediários	30	Projeto visando evitar o manuseio dos materiais
17	Eliminação do manuseio	24	Utilização dos vários níveis da fábrica	31	Eliminar a repega dos materiais
18	Planejamento dos métodos de movimentação	25	Áreas de armazenamento adequadas	32	Projeto de um fluxo desimpedido
19	Redução dos momentos de movimentação	26	Espaço adequado evitando-se posicionamento apertado dos equipamentos	33	Eliminar tempos do operador, utilizado no manuseio para abastecer a máquina
20	Movimentação das peças em conjunto com o processo	27	Construção superposta ao leiaute	34	Tratamento da sucata
21	Linha de atravessamento bem direta	28	Abastecimento e esvaziamento dos postos de trabalho, para evitar que operadores executem manuseio	35	Recebimento e despacho de produtos localizados em locais perfeitamente coordenados com o fluxo externo e coerente com as necessidades internas
22	Primeiras conformações perto do recebimento	29	Posicionamento dos operadores sem que sejam necessários deslocamentos	36	Manter sempre em nível elevado as considerações do bom senso comum

Utilizaremos inicialmente um exemplo da área de produção para facilitar a compreensão dos pontos importantes a respeito de sistemas de leiaute. Os vários sistemas de leiaute na área produtiva podem ser ilustrados considerando-se o Quadro 6.9:

QUADRO 6.9 Sequência de operações em uma atividade industrial.

SEQUÊNCIA DAS OPERAÇÕES			
COMPONENTE	OPERAÇÃO		
	1	2	3
A	Torno	Furadeira	Torno
B	Furadeira	Retífica	–
C	Torno	Retífica	Furadeira

Na Figura 6.10, retratamos um modelo do arranjo físico por processo, em que cada componente exerce o que chamamos Turismo de Materiais e, portanto, o material se desloca para cada departamento produtivo no qual necessita ser conformado para completar o processo produtivo.

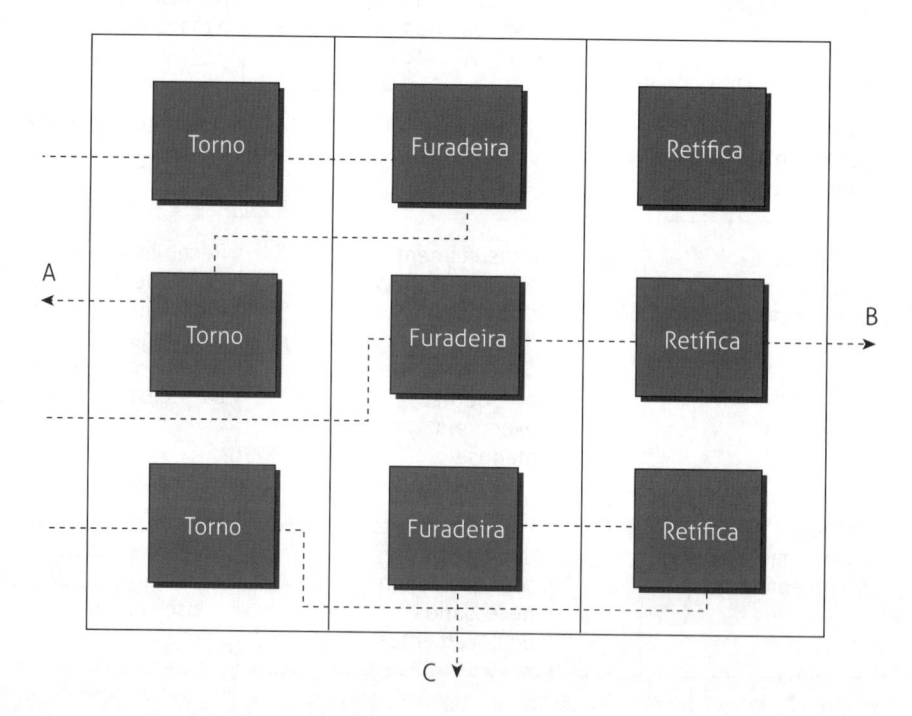

FIGURA 6.10 Arranjo físico por processo.

Na Figura 6.11, retratamos o leiaute por produto, em que os equipamentos são dispostos em linha e a distância de atravessamento do produto é muito pequena, reduzindo os custos de movimentação e estoques em processo. Entretanto, para obtermos esse benefício, temos de aceitar que, no balanceamento da linha, algumas máquinas não sejam utilizadas na sua plenitude.

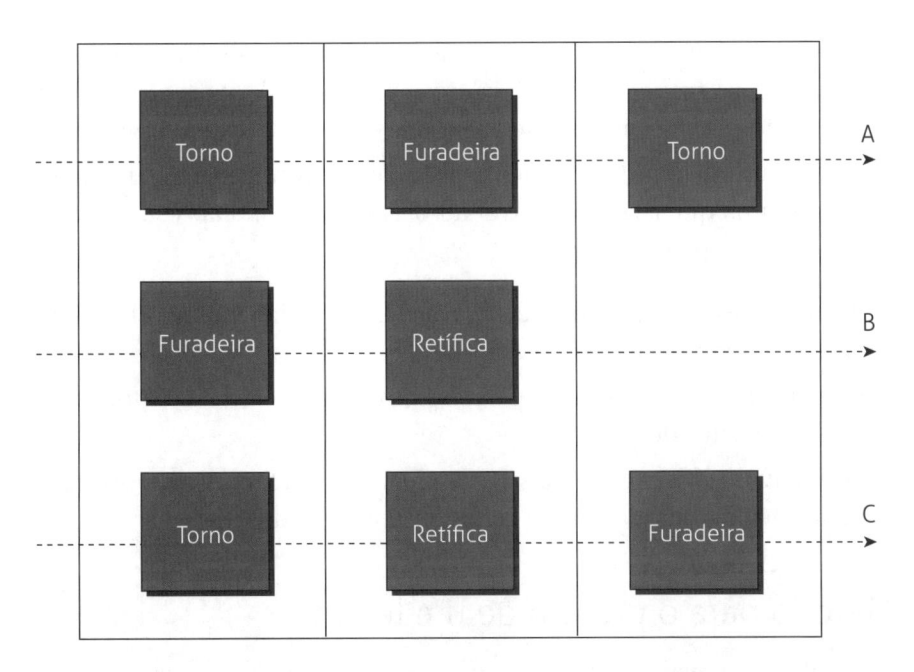

FIGURA 6.11　O arranjo físico por produto.

Uma situação intermediária entre esses dois modelos é denominada tecnologia de grupo, em que peças diferentes são agrupadas em famílias segundo um critério de semelhança da forma. Tais famílias necessitarão das mesmas máquinas para serem produzidas. Esse ponto é ilustrado na Figura 6.11a.

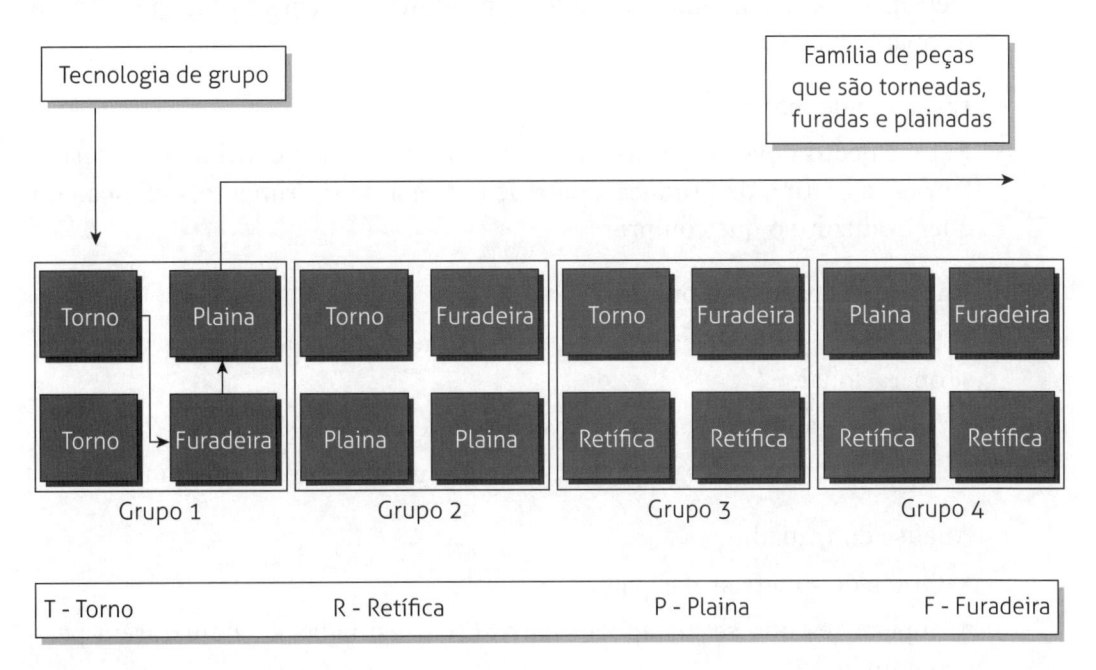

| T - Torno | R - Retífica | P - Plaina | F - Furadeira |

FIGURA 6.11A　Arranjo físico por grupo.

Outro ponto a considerar são as operações unitárias, que formam um conjunto de atividades que se transformam durante o processo. A operação unitária é uma modificação do material por meio de energia e executada repetidamente.

A operação unitária indica a modificação que deverá ser executada, não determinando a máquina que realizará o trabalho. A seguir, são apresentadas as vantagens que o processo proporciona:

- **Conformação** – A sequência de operações unitárias mostra claramente o que será feito no material para modificá-lo.
- **Informações** – Este sistema permite obter facilmente as informações detalhadas a respeito do processo.
- **Alternativas** – Torna-se mais fácil selecionar alternativas, porque as conveniências de custo poderão ser facilmente verificadas.

6.8.1 Método para o projeto de um leiaute

Os trabalhos de projeto de um leiaute podem seguir este roteiro:

a) Informações necessárias

Devem-se colher informações a respeito do produto e de seus componentes.

b) Especificações

Devem-se definir a funcionalidade do produto e os aspectos da qualidade e da aparência.

c) Listagem de materiais

Este aspecto deverá definir que materiais utilizar, quantidades a serem fabricadas, ritmo de produção, data de entrega de suprimento, definição do que produzir e o que comprar.

d) Análise das partes do produto
- Descrição geral de cada parte, configuração, complexidade e sequência operacional.
- Materiais alternativos, mudanças dos desenhos e resistência a danos.
- Desenhos, vistas desagregadas, modelos, gráficos de montagem.

e) Análise do trabalho
- Graus de simetrias das partes.
- Superfícies que se justapõem para serem usinadas e se ajustarem perfeitamente.
- Grau de relacionamento de cada superfície a ser trabalhada.
- Relação das superfícies a serem tratadas.

f) Seleção dos materiais
- Vantagens, desvantagens, custos, problemas de usinagem, suprimento, dimensões, propriedades mecânicas e outros fatores.
- Sucata a ser gerada e vendida, materiais a serem recuperados, perdas de sucatas, disposição do lixo e poluição do ambiente.
- Problemas de armazenamento.
- Economia da implantação – custos das matérias-primas, investimentos em ferramentas, dispositivos e definição dos lotes econômicos de produção.

g) Análise de dimensões
- Dimensões e geometria das peças, linhas de base e grau de acabamento.
- Variações das dimensões, montagem seletiva, tolerâncias acumuladas e gráficos de controle das tolerâncias.

h) Atividades de suporte
- Recebimento, despacho, manuseio, inspeção, embalamento e estoques de processo.
- Áreas necessárias para produção, montagem, atividades de suporte, áreas críticas.

i) Atividades complementares do processo
- Numeração das partes e dos desenhos; descrição dos detalhes.
- Tratamento térmico, recobrimento, marcação, pintura, alívio de tensões, oleação contra ferrugem e anodização.
- Endireitamento e limpeza.

j) Sequência de produção
- Precedentes mandatórios.
- Precedentes operacionais como: facilidades, manuseio, sequenciação dos equipamentos e integridade dimensional.
- Redução das perdas como: tempo perdido, materiais, carregamento e descarregamento, manuseio.

k) Equipamentos
- Especificações dos produtos e da manufatura, listas de operações, novas máquinas e troca de equipamentos.
- Ferramentas, dispositivos calibradores e instrumentos de inspeção.

l) Processo desenvolvido
- Planilhas operacionais.
- Rotinas de produção e cartas de operação.

- Relação de máquinas e seus operadores.
- Plantas definindo o arranjo da área de trabalho.
- Chegada das propostas de fornecimento e emissão de pedidos de compra.

m) Instalação

Preparação da instalação, supervisão dos trabalhos e acompanhamento das obras e outras atividades correlatas.

6.8.2 Avaliação dos fluxos de materiais

Com a determinação do arranjo da produção, pode-se derivar a estrutura do sistema logístico. Um sistema envolvendo os fluxos de materiais e de produtos, cuidadosamente planejado, apresentará muitas vantagens para que se possa atingir os objetivos pretendidos pela administração. Algumas dessas vantagens estão listadas no Quadro 6.10, mostrado a seguir:

QUADRO 6.10 Vantagens dos fluxos de materiais planejados.

	VANTAGENS DOS FLUXOS PLANEJADOS		
1	Eleva a eficiência e a produtividade da produção.	11	Reduz o congestionamento de tráfego nos corredores.
2	Possibilita uma melhor utilização da área produtiva.	12	O fluxo planejado é base para um leiaute eficiente.
3	Simplifica as atividades de movimentação dos materiais.	13	Facilita o trabalho de supervisão.
4	Permite uma redução dos tempos perdidos dos equipamentos.	14	Simplifica o controle da produção.
5	Reduz o tempo de processamento.	15	Minimiza os fluxos de retorno.
6	Reduz os estoques em processo.	16	Uniformiza os fluxos de produção.
7	Permite uma melhor utilização da mão de obra.	17	Melhora o processo de carga de máquinas.
8	Reduz os danos nos produtos.	18	Reduz as situações de congestionamento.
9	Reduz o perigo da ocorrência de acidentes.	19	Permite uma melhor ordem geral.
10	Reduz as distâncias a serem percorridas a pé.	20	Permite o desenvolvimento de uma ordem lógica para a sequência da produção.

Ao planejarmos os fluxos de materiais e produtos, necessitamos considerar alguns fatores como os relacionados nos quadros 6.11 e 6.12:

QUADRO 6.11 Fatores de movimentação para planejamento do fluxo de materiais.

FATORES NO PLANEJAMENTO DOS FLUXOS DE MATERIAIS		
MATERIAIS E PRODUTOS	**MOVIMENTOS**	**MÉTODOS DE MOVIMENTAÇÃO**
Características do recebimento e do despacho de produtos.	Frequência, velocidade e ritmo do movimento.	Unimov a ser movimentada.
Volume previsto da produção.	Volume, peso e quantidades movimentadas.	Administração da verticalização do armazenamento e recuperação da energia potencial acumulada.
Número de partes que compõem o produto.	Finalidade dos movimentos e origem do movimento.	Aplicação de técnicas de movimentação de materiais.
Número de operações para fabricar e montar o produto.	Área ocupada e distâncias percorridas pelos materiais movimentados.	Flexibilidade do sistema de movimentação e armazenamento de materiais.
Especificações a serem atendidas em relação ao armazenamento dos materiais e dos produtos.	Destino dos movimentos de materiais e movimentos a serem realizados entre as diferentes áreas de trabalho.	Seleção de equipamentos adequados.

QUADRO 6.12 Fatores de processo para planejamento do fluxo de materiais.

FATORES NO PLANEJAMENTO DOS FLUXOS DE MATERIAIS		
PROCESSO	**EDIFÍCIOS**	**LOCAL**
Modelo de processo e sequência das operações.	Dimensões de cada prédio, o seu formato e o seu posicionamento relativo.	Topografia do terreno original e localização dos cortes e aterros efetuados no terreno.
Utilização do tempo de movimentação para executar tarefas.	Tipo de construção, número de pisos e localização das portas de acesso.	Localização relativa dos prédios dentro do terreno.
Requisitos específicos de cada atividade.	Localização das colunas e sua modulação.	Portões de acesso às vias de tráfego externo.
Leiaute por produção, processo ou grupo de tecnologia.	Localização dos corredores e definição de suas larguras.	Possibilidades de expansão dos prédios industriais.
Quantidade e tipos de equipamentos necessários.	Pé-direito aproveitável.	Facilidades de acesso dos veículos de transporte pelas vias públicas.
Área necessária.	Localização desejada dos vários departamentos.	Facilidades de acesso dos funcionários.

Poderíamos adotar uma tabela de avaliação de alguma das alternativas elaboradas, conforme mostramos no Quadro 6.13:

QUADRO 6.13 Avaliação do sistema de fluxo de materiais.

	AVALIAÇÃO DO SISTEMA DE FLUXO DE MATERIAIS				
	CRITÉRIOS	ÓTIMO	BOM	MÉDIO	RUIM
1	Fluência do fluxo de materiais.				
2	Continuidade do fluxo do recebimento à expedição.				
3	Linearidade do fluxo de materiais.				
4	Distâncias curtas entre as atividades.				
5	Ajuste por processo, produto ou tecnologia de grupo.				
6	Distâncias mínimas de movimentação.				
7	Materiais pesados movendo-se em distâncias curtas.				
8	Designação de maneira segura de áreas para trânsito de pessoal.				
9	Nível de fluxos de retorno em relação à direção de saída de mercadorias da fábrica.				
10	Nível de organização das linhas de produção e montagem.				
11	Aproximação das operações para se eliminar movimentação.				
12	Grau de eliminação de manuseio, criando-se múltiplos da mesma peça.				
13	Execução do processamento durante a movimentação.				
14	Área de trabalho sem acúmulo de materiais em processo.				
15	Posicionamento dos materiais no ponto de conformação e utilização.				
16	Posicionamento da peça conformada, em posição confortável para ser pega pela próxima operação.				

continua

continuação

	AVALIAÇÃO DO SISTEMA DE FLUXO DE MATERIAIS				
	CRITÉRIOS	ÓTIMO	BOM	MÉDIO	RUIM
17	Distância mínima para os operadores abastecerem as máquinas.				
18	Compatibilidade dos prédios com o processo.				
19	Forma dos corredores, direcionamento, número e largura ótima.				
20	Posicionamento das atividades correlacionadas.				
21	Provisão para estoque de processo, remoção e localização da sucata.				
22	Flexibilidade para variar o nível de produção, adicionar novos processos, fabricar produtos e adicionar departamentos.				
23	Planejamento para aceitar planos de expansão.				
24	Boa adequação com a orientação do terreno, topografia e áreas externas.				
25	Recebimento e expedição posicionados adequadamente em relação ao fluxo interno de materiais e fluxo externo de transporte.				
26	Atividades como produção, utilidades, recursos humanos e administração, localizadas de maneira apropriada.				
27	Atendimento das necessidades de supervisão conforme tamanho, formato e localização do departamento.				
28	Atendimento fácil das necessidades de controle da produção.				
29	Exame da possibilidade de se adotar no presente e no futuro um segundo piso na forma de mezanino.				
30	Atendimento das exigências de higiene e segurança do trabalho.				

6.8.3 Arranjo físico de um armazém

Ao dimensionarmos um armazém, devemos maximizar a ocupação volumétrica, proporcionar a plena utilização dos recursos, garantir a acessibilidade de 100% dos itens, movimentar os materiais de maneira rápida e fácil, proporcionar a identificação efetiva das embalagens de comercialização e das Unimovs, proteger os materiais contra danos e manter o ambiente de armazenamento de maneira impecável.

Essas exigências são, muitas vezes, incompatíveis. Há que se negociar com relação ao nível de atendimento de cada uma das alternativas geradas. O projeto de um armazém necessita atender a uma série de fatores, que resumimos nos quadros 6.14, 6.15 e 6.16 a seguir:

QUADRO 6.14 Fatores referentes a materiais e produtos para projeto de armazém.

FATORES PARA PROJETO DE ARMAZÉM		
MATERIAIS E PRODUTOS		
CARACTERÍSTICAS	RECEBIMENTO	ARMAZENAMENTO
Material, origem, fornecedores, sucata e resíduos.	Código, tipo de abastecimento, frequência, cronograma de entrega.	Número de unidades, dimensões, formato e peso.
Dimensões, forma e pesos.	Grau de unimovização e dimensões.	Empilhamento, paletização, resistência e perecibilidade.
Empilhamento, paletização, resistência aos esforços, perecibilidade e características peculiares.	Restrições, danos na embalagem original.	Número de unidades de estoque SKU*.
Materiais	Recebimento em peças, em peso e em volume.	Política de estoque, valor investido e de reposição.
Itens classe A	Código do cliente.	Tipos de materiais.
Saída em relação aos estoques.	Pedidos/dia.	Volume de cada item.
Tendências	SKU/pedidos.	Classificação ABC.
Flutuações	Quantidades/SKU.	Características de cada item.
Frequências	Perfil dos pedidos.	Giro do estoque.
Programação	Necessidade de reembalagem.	Período de cobertura.

*Stock keeping unit.

QUADRO 6.15 Fatores referentes a espaço para projeto de armazém.

FATORES PARA PROJETO DE ARMAZÉM		
ESPAÇO		
GENERALIDADES	ARMAZENAMENTO	SERVIÇOS
Atual disponibilidade de área e necessidades futuras.	Materiais a armazenar, equipamentos a serem utilizados e fatores de interação com os edifícios.	Acesso externo e docas com niveladores.
Planejamento da expansão e necessidade de recursos financeiros.	Folga dos paletes nas estanterias e folga dos produtos na base do palete.	Detalhes do edifício como: *sheds*, direção do vento, proteção contra chuva e o frio.
Métodos de movimentação e armazenamento.	Armazenamento em bloco, convencional, para separação de pedidos, em *palet-up*, em silos e oganizados fora do armazém.	Acessórios para o descarregamento, inspeção de recebimento, distribuição, armazenamento.
Atividades inter-relacionadas e necessidade de equipamentos.	Localização do armazém em relação a seus clientes.	Expedição, localização dos equipamentos de movimentação, enfermaria, sanitários e área de manutenção.

QUADRO 6.16 Fatores referentes a características dos edifícios para projeto de armazém.

FATORES PARA PROJETO DE ARMAZÉM		
EDIFÍCIO		
Espaço disponível em relação ao projetado.	Número de pisos e condições deste piso.	Iluminação, espaçamento dos corredores e distância entre as colunas.
Dimensões, formato e pé-direito.	Tipo de elevadores e rampas de acesso.	Número de corredores, área ocupada e larguras.
Tipo de estrutura e modelo de construção.	Número de portas e dimensões destas portas.	Facilidades para carregamento e descarregamento de materiais.
Capacidade de carga do piso.	Número de docas e equipamentos niveladores.	Atendimento da planta por rodovias e vias férreas.

6.9 SEPARAÇÃO DE PEDIDOS

Quando os clientes observam constantes erros de despachos de pedidos em determinada empresa, procuram evitar a compra daquela companhia, ou montam um mecanismo para tirar proveito da desorganização percebida.

Os erros de despacho de mercadorias são, em geral, de difícil apuração, desgastam financeiramente a empresa e causam desorganização nas áreas de controle de estoque, crédito e cobrança e comercial.

Empresas com uma grande relação de produtos comercializados e um número elevado de clientes captarão pedidos com uma boa mistura de pequenas quantidades de grande parte de artigos a serem vendidos. Essa condição requer atenção especial dos administradores, para não aumentar a incidência de erros que possam comprometer a imagem da organização.

Os objetivos da separação de materiais são apresentados a seguir:

- **Redução** – A incidência de erros de aviamento de pedidos deverá ser residual.
- **Agilidade** – A velocidade de atendimento de pedidos deverá ser acelerada, para maior agilidade comercial da empresa.
- **Participação** – O atendimento rápido e correto permitirá à empresa ampliar sua participação em mercados altamente competitivos.
- **Rastreabilidade** – O sistema implantado deverá ser rastreável para facilitar a apuração das eventuais ocorrências, aumentar a firmeza no trato das reclamações dos clientes e reduzir as possibilidades de desvio dos produtos acabados.
- **Funcionalidade** – O sistema deverá permitir a diminuição da dependência dos empregados que se julgam imprescindíveis. Todos poderão ser treinados em cinco funções diferentes para alternância funcional.

Uma boa parte das dificuldades enfrentadas nas expedições das empresas é muitas vezes similar. Enumeramos algumas a seguir:

a) Perdas de volumes pela empresa de transporte.

b) Erro na colocação da etiqueta de transporte e no carregamento de caminhão.

c) Troca de produtos em virtude da semelhança física.

d) Contagem errada dos produtos.

e) Produtos que chegam da produção com contagem errada.

f) Dificuldade de manter em dia os registros das quantidades em estoques, em razão do elevado número de lançamentos e deficiência do sistema de apontamento.

g) Erros na emissão de notas fiscais.

h) Entregas equivocadas em virtude de erros na codificação do produto.

i) Preenchimento de pedidos de maneira ilegível.

j) Falta de coerência entre quantidade real de itens e os números do sistema de informações, resultando em falta do produto para determinadas notas fiscais.

A concentração dos estoques na armazenagem primária proporciona uma facilidade maior de inventário, já que será necessário apenas contar as Unimovs[1] para obter as quantidades estocadas, uma vez que a quantidade de produtos em cada Unimov é padronizada nas fichas de movimentação.

A armazenagem em Unimovs dificulta muito a atuação de indivíduos mal-intencionados que poderiam se organizar para desviar produtos dos armazéns. O armazém deverá adotar um sistema de Endereçamento para facilidade de localização e retirada das Unimovs.

Algumas empresas adotam como unidade de venda a quantidade de produtos contidos em uma Unimov. Tal procedimento elimina a necessidade do armazém secundário ou mesmo terciário.

A maioria das empresas adota a Unicom[2] como unidade de venda e raramente esta Unicom coincide com a Unimov.

Os pedidos transformam-se em notas fiscais e os produtos devem ser separados para se realizar a entrega aos clientes. Deveremos desmanchar uma Unimov para retirar os produtos para formar o pedido do cliente.

Por razões de controle e segurança, não deveremos misturar no mesmo armazém Unimov com Unicom (Figura 6.12). A separação de produtos se fará, então, em um armazém secundário, alimentado com Unimovs completas, que são desmanchadas, e as mercadorias, com produtos variados, formam o pedido do cliente.

Armazém primário Unimov → Separação de pedidos Unicom → Expedição → Atendimento a cliente com Unicom → Utilização pelo usuário de Uniap no ponto de venda

Unidade de apresentação (Uniap)

FIGURA 6.12 Armazém e embalagem.

6.9.1 Sistema de faturamento

O sistema de faturamento inicia-se com atividades na área de preparação de pedidos, como ilustrado na Figura 6.13:

---

[1] Unidade de movimentação.
[2] Unidade de comercialização.

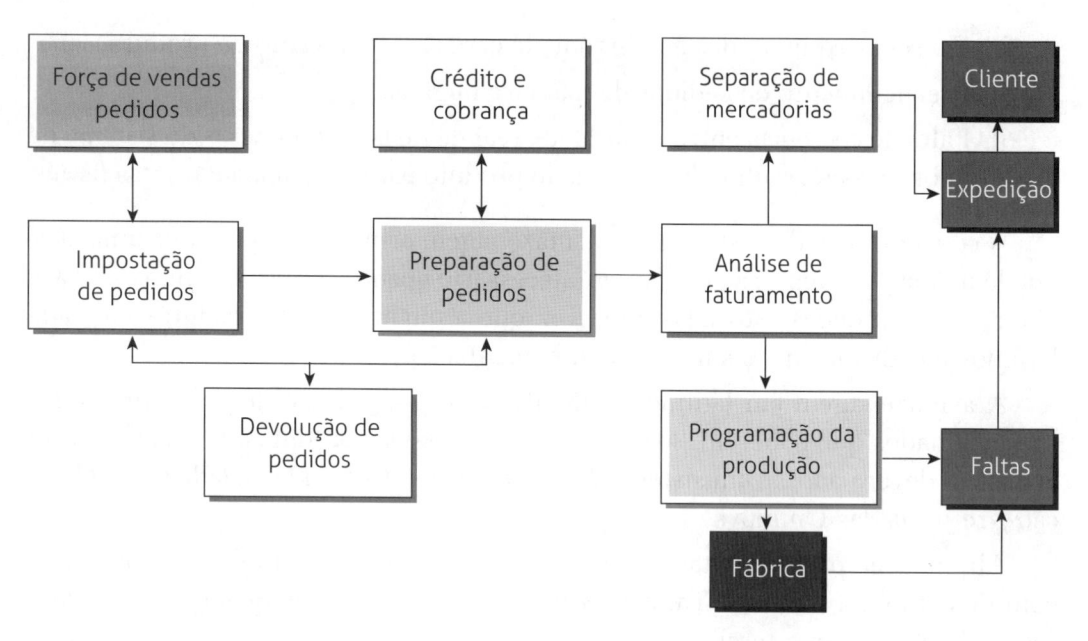

FIGURA 6.13 Sistema de faturamento.

O sistema de faturamento trabalha com vários arquivos importantes, como mostra a Figura 6.14, a seguir:

- Arquivo de pedidos de clientes.
- Arquivo de estoque de produtos acabados.
- Arquivo das várias listas de preço em utilização.
- Cadastro de produtos ativos, que formam a linha de produtos da empresa.
- Cadastro de Endereçamento das mercadorias nos armazéns.
- Cadastro de clientes.
- Cadastro de roteiro para a realização de entrega urbana.

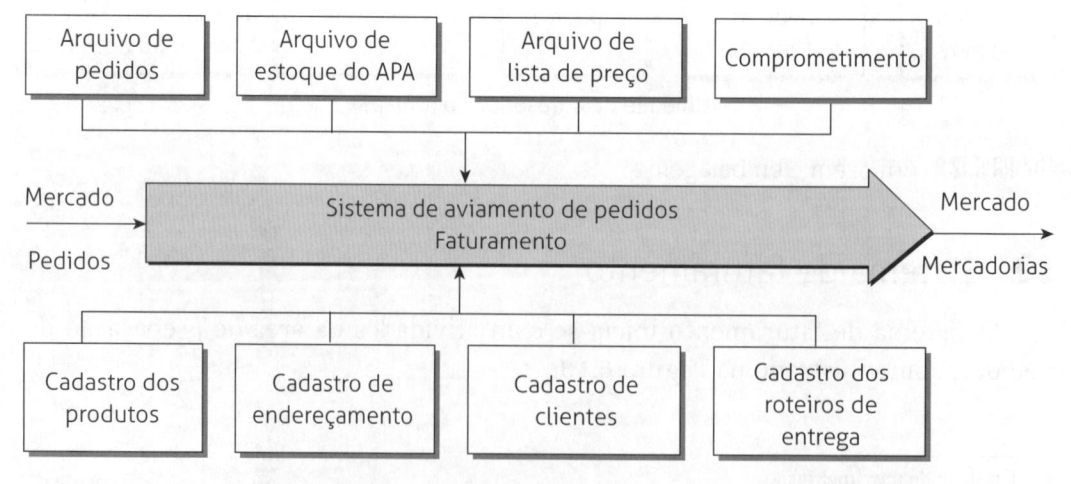

FIGURA 6.14 Sistema de aviamento de pedidos.

Considerando-se o caso mais complexo de uma empresa com muitos produtos e clientes, poderíamos ter uma situação simples, em que o estoque é bem superior à venda realizada, portanto, uma condição de 100% de aviamento de pedidos.

Nesse caso, o faturamento é feito integralmente e as notas fiscais se identificam ao pedido, sendo separadas por roteiro de entrega. O roteiro é ordenado sequencialmente às notas fiscais, de tal forma que a primeira nota da listagem será a última a ser entregue no roteiro.

O cadastro do produto fornecerá o volume ocupado no transporte pela mercadoria de cada nota fiscal, e antes de atingir a capacidade do caminhão, o sistema fecha um caminhão e abre outro.

O sistema de faturamento prepara também uma lista de separação de produtos com os respectivos endereços de armazenagem, referentes a um bloco de notas fiscais divididas em sub-blocos de roteiros. A listagem de separação não menciona o cliente e focaliza sua atenção no produto e no endereço do armazém em que a mercadoria será retirada.

6.9.2 Rotina operacional

A rotina operacional se processa conforme a Figura 6.15. O procedimento é detalhado a seguir:

1. **Cliente novo** – Cadastra-se todo cliente novo e se faz a manutenção no arquivo de clientes antigos.
2. **Pedidos** – Recebem-se os pedidos de compras, que são impostados no computador. Os pedidos poderão passar por uma triagem prévia no Departamento de Aviamentos (DAV). O ideal é impostar logo e o DAV trabalhar com as exceções e com os cálculos e verificações já processados pelo sistema de informações.
3. **Entradas** – Atualizam-se regularmente as entradas de mercadorias no estoque de produtos acabados.
4. **Análise** – Processa-se no computador um pré-faturamento e emitem-se os documentos de análise do faturamento.
5. **Critérios** – Estabelecem-se critérios de nota fiscal mínima, duplicata mínima e carga mínima de um caminhão de entrega.
6. Determina-se a política de faturamento, criando-se as prioridades e os códigos para seu acionamento, como se segue:

    a) **Código 1** – Faturamento por ordem de entrada do pedido no computador.

    b) **Código 2** – Faturamento relacionando-se os clientes de um roteiro.

    c) **Código 3** – Faturamento por cliente preferencial, fixando-se a prioridade de clientes a serem atendidos.

d) **Código 4** – Registro de clientes que exigem faturamento integral dos pedidos.

e) **Código 5** – Percentual mínimo de atendimento dos pedidos.

f) **Código 6** – Critério de reestruturação de pedidos referentes à parcela de pedidos não atendidos no faturamento anterior.

7. **Listagem** – Cria-se uma listagem de mercadorias para separação de pedidos:

   a) **Bloco** – Lista de mercadorias por bloco de notas fiscais, referentes a um roteiro.

   b) **Sequência** – Ordenação da sequência em que a mercadoria deverá ser retirada do armazém.

   c) **Localização** – Código dos endereços em que as mercadorias se encontram no armazém.

Todo o esquema é mostrado na Figura 6.15 a seguir:

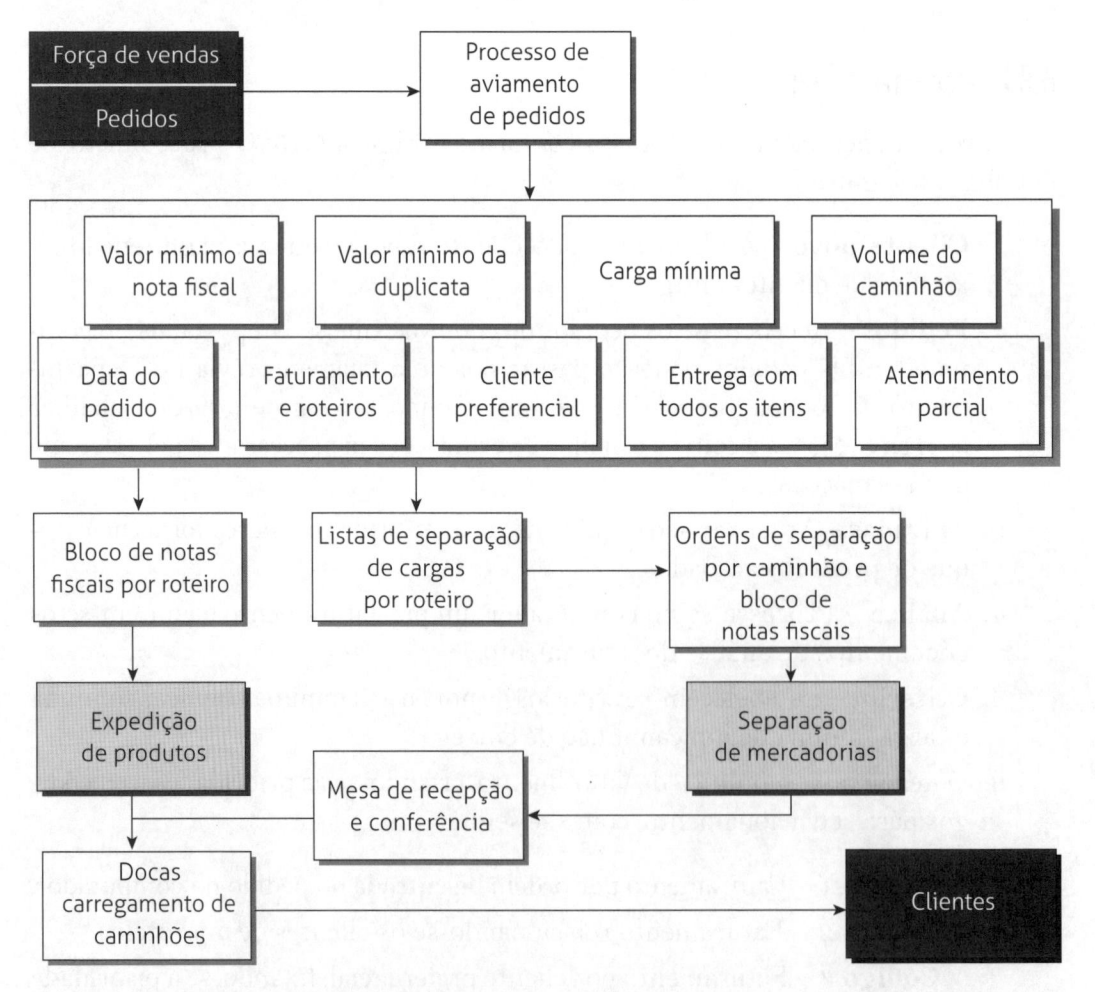

FIGURA 6.15 Aviamento de pedidos.

6.9.3 Rotina de separação de mercadorias

A separação de mercadorias em um armazém deverá se processar conforme resumido na relação a seguir:

- Lista ordenada dos blocos de notas fiscais por caminhão.
- Controle da cubagem[3] adequada para não ocupar o caminhão além da sua capacidade cúbica.
- Listagens de separação das mercadorias que serão carregadas em um determinado caminhão.
- Conferência do bloco separado.
- Ordem sequencial de entrega, para se montar o carregamento seletivo.
- Romaneio de entrega.
- Carregamento na ordem inversa.
- Recolhimento obrigatório do recibo no canhoto devidamente assinado pelo cliente.
- Inclusão, no pagamento do frete, de todos os valores resultantes de reclamações de clientes às transportadoras.

Como essa rotina se processa:

1. **Perfeição** – Devem-se separar as mercadorias que constam das notas fiscais extraídas. A separação deverá respeitar as especificações e quantidades. As mercadorias de cada pedido deverão ser embaladas e entregues ao cliente sem erros ou defeitos.
2. **Bloco** – O computador deve emitir as notas fiscais em blocos adequados ao carregamento de um caminhão. Não se pode transportar parte da mercadoria em um caminhão e parte em outro. Ao iniciar o faturamento, consta no sistema o cadastro do produto, no qual constam informações sobre peso líquido, peso bruto e volume da embalagem de comercialização.
3. **Corte** – Consta também no sistema a informação da cubagem do caminhão. Antes que esta seja atingida ou ultrapassada pela próxima nota fiscal, o faturamento para aquele caminhão é interrompido. O caminhão deverá sempre ser carregado com uma pequena folga, para absorver desarranjos na arrumação.
4. **Notas fiscais** – As mercadorias que constam em um bloco de notas fiscais referente a um caminhão serão listadas em documento de separação de

---

[3] Método para a programação da colocação de caixas com mercadorias, dentro de um baú ou contêiner, para garantir a melhor ocupação volumétrica e posicionar o centro de gravidade das cargas o mais próximo possível do centro geométrico do contentor.

pedidos, no qual constam todas as mercadorias presentes nas notas fiscais. As quantidades de cada mercadoria que constam no documento de separação referem-se à soma de todas as quantidades registradas em cada nota fiscal.

5. **Separação** – A Listagem de Separação é entregue na área de Separação de Mercadorias do armazém.
6. **Expedidor** – As notas fiscais são entregues na expedição, que aguarda a separação de cada bloco, utilizando a listagem de separação de pedidos. O bloco referente a cada listagem é separado e entregue ao expedidor pelo almoxarife. Este retém o recibo da entrega com cópia da listagem de separação.
7. **Sobras** – Cumpre ao expedidor separar o bloco de mercadorias de cada listagem nas quantidades e tipos de mercadorias constantes nas notas fiscais. Ao final, nenhuma mercadoria deverá sobrar ou faltar na área de preparo de carga.
8. **Transporte** – As mercadorias de cada nota fiscal deverão ter embalagens de transporte, para reduzir a quantidade de volumes a entregar, as perdas e extravios e facilitar a distribuição.

6.9.4 Carregamento do transporte

1. **Roteiros** – Os clientes são registrados no arquivo do serviço de processamento de dados, constando no registro seu endereço de entrega. Portanto, são registrados em um dos roteiros de entrega padronizados pela empresa. Há uma ordem sequencial de entrega de mercadorias aos clientes em cada roteiro previamente estabelecido, para racionalizar o trajeto do caminhão de entregas.
2. **Sequência** – Para cada bloco de notas fiscais, o computador emite um romaneio de entrega, relacionando-as na sequência em que serão entregues. Além de ordená-las por sequência de entrega, emite etiquetas de identificação por cliente, por volumes e por mercadorias, para evitar trocas ou entregas de mercadorias a maior ou a menor.
3. **Ordenação** – As mercadorias constantes na primeira nota fiscal do romaneio serão as primeiras a entrar no caminhão e, consequentemente, as últimas a serem entregues. A ordem do romaneio é, portanto, inversa, iniciando-se na última entrega e terminando com a primeira.
4. **Canhoto** – A nota fiscal deverá ter, se possível, o chamado canhoto discriminado, relacionando-se neste as mercadorias entregues com a nota fiscal. É importante que o cliente confira as mercadorias ao receber e assine o canhoto dando plena quitação da entrega, não mais podendo alegar, ou contestar, qualquer irregularidade.

5. **Débito** – Qualquer falta ou dano nas mercadorias deverá ser imediatamente debitado à empresa de transporte, deduzindo-se o valor no pagamento da fatura do frete.

6.10 A EMBALAGEM NA ÁREA DE MATERIAIS

A embalagem se relaciona com muitas áreas da Administração de Negócios, incluindo características dos produtos, economia da embalagem, aspectos legais, automação comercial, política comercial e mercadológica. Na Figura 6.16 resumimos todos os inter-relacionamentos:

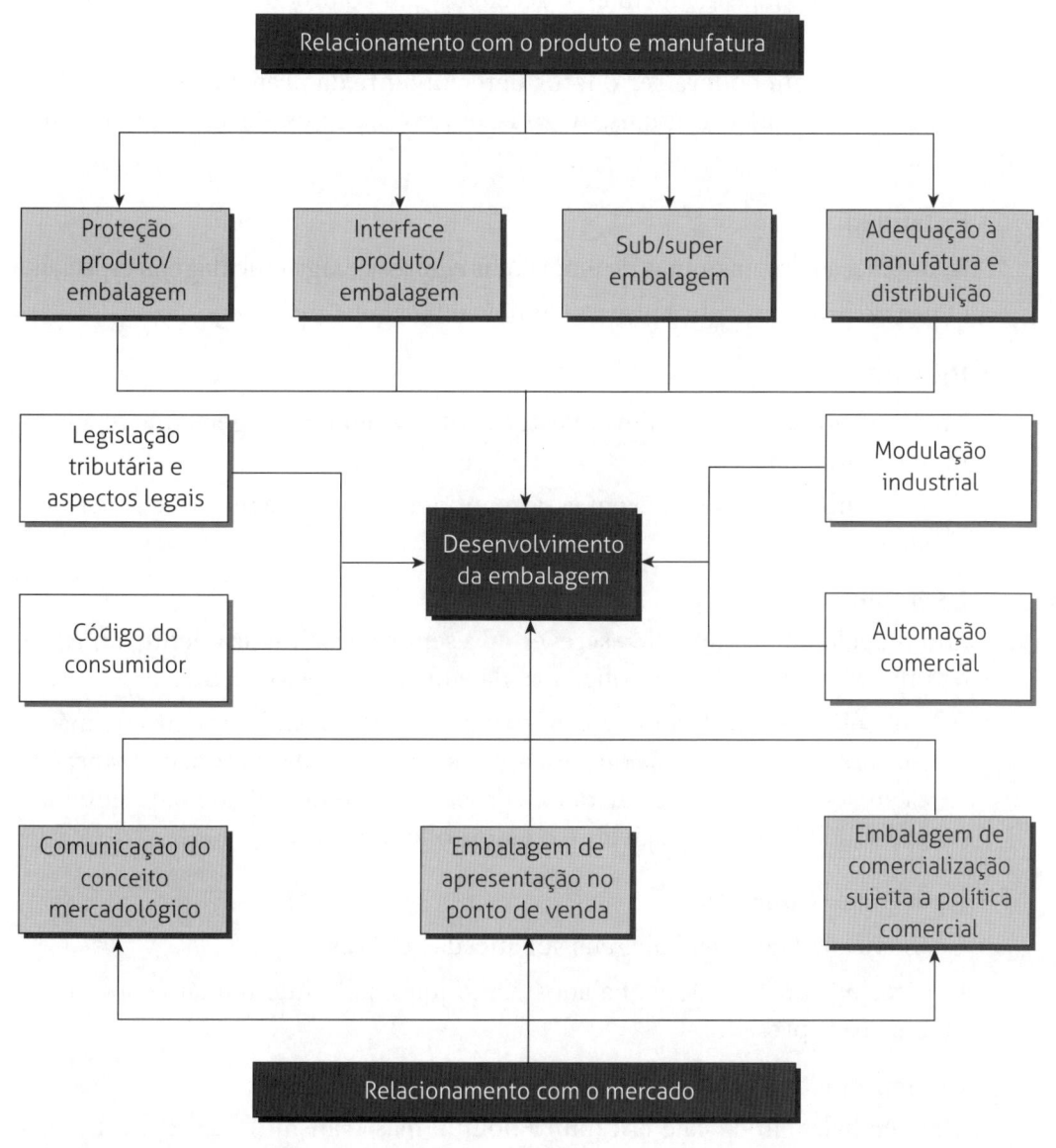

FIGURA 6.16 Desenvolvimento da embalagem.

A embalagem na Logística Industrial preenche as seguintes funções:

- **Tecnológicas** – Proteção mecânica, física e química das mercadorias.
- **Mercadológica** – Exerce importante função de comunicação do conceito mercadológico. Está relacionada com as atividades de vendas, principalmente, no que diz respeito à embalagem de comercialização.
- **Econômica** – O custo da embalagem deverá ser objeto de muita atenção, pois, muitas vezes, é superior ao próprio manufaturado.

Uma boa embalagem ajuda a vender o produto a um melhor preço e contribui ao aprimoramento da qualidade. A utilização de uma embalagem pobre poderá oferecer uma visão míope de quem está desenvolvendo o produto, pois ela deve ter sofisticação técnica e exercer as funções necessárias.

A boa embalagem poderá ser o fator determinante da preferência do usuário por produtos tecnicamente iguais. Alguns outros aspectos devem também ser considerados:

- **Finalidade**

    A automação das máquinas de empacotar cigarros exige embalagens especiais.

    O uso de produtos sobre pressão exige embalagens tipo *spray*.

- **Proteção**

    Medicamentos injetáveis devem estar contidos em embalagens que não permitem contaminação.

    Instrumentos delicados devem estar contidos em embalagens que absorvam choques.

    Exemplo:
    Um modelo de máquina de escrever apresentava sistematicamente a quebra de uma peça, constatada na abertura da embalagem pelo cliente.

    Foram colocados acelerômetros nas embalagens e medido o ponto de máxima aceleração. Verificou-se que era apenas em um ponto da rota de transporte, e este local passou a ser evitado. O produto foi redesenhado para eliminar outras solicitações indesejáveis e o assunto foi resolvido.

- **Aparência/Conceito**

    Cosméticos exigem embalagens sofisticadas e caras.

    Canetas e isqueiros são embalados como joias, para que tenham aspecto de objetos para presente.

    Exemplo:
    Uma embalagem de café era muito bonita, mas transmitia um conceito extremamente técnico. Desse modo, foi alterada, mostrando uma xícara de café

fumegante em um ambiente tradicional e rústico. A promoção obedeceu ao mesmo conceito, melhorando a posição do produto no mercado.

6.10.1 Custo das embalagens

O percentual de perdas de produtos na movimentação e no armazenamento reduz-se com a adoção de embalagem mais dispendiosa e tecnicamente sofisticada.

A elevação do custo para prover melhor proteção ao produto terá como compensação a redução do custo das perdas. Após certo nível, o percentual de perdas se estabiliza, porque a perda residual ocorre por causas diferentes do desenho da embalagem.

- **Superembalagem** – Investir mais na embalagem é criar condição de superembalagem, com custo maior sem proveito.
- **Subembalagem** – Quando as perdas são excessivas, temos uma condição de subembalagem.

Exemplo:

Uma empresa foi obrigada a suspender a comercialização de um protetor para bolos, pois 30% dos produtos chegavam quebrados no ponto de venda. Tentou-se o reforço da embalagem, mas o acréscimo de custo tirava o produto da faixa de preço do mercado.

Como o produto tinha sido líder de vendas, a Administração investiu em tecnologia: reforçou as bordas da tampa de poliestireno transparente, criou um anel de apoio na bandeja para encaixar a tampa, inseriu um separador entre a tampa e a bandeja e ajustou as dimensões internas da embalagem, eliminando assim toda a folga. O produto retornou ao mercado, sem que fossem constatadas perdas.

A embalagem poderá ter sua proteção elevada, sem acréscimo de custos, desde que utilizemos novas tecnologias, para perfeito aproveitamento dos materiais. O mesmo poderá ser dito, pela melhoria da aparência e decoração, sem acréscimos de custo, mas com reflexos no preço de venda.

6.10.2 Embalagem de comercialização

Os fatores técnicos da embalagem são condicionados pelas necessidades da amplitude da distribuição de um produto no mercado:

a) **Local** – A distribuição ao redor, na unidade produtora, pode ser feita sem maiores cuidados, com recolhimento diário, de tudo o que não é vendido.

b) **Praças diferentes** – Quando o produto for distribuído em outra cidade, a embalagem deverá aumentar o tempo de vida do produto e não prever a devolução.

c) **Autosserviço** – A ausência do balconista fará com que a venda passe a depender exclusivamente da embalagem: o vendedor silencioso.

Exemplo:

Uma fábrica de doces do interior desenvolvia bons negócios, distribuindo seus produtos nos bairros próximos. Ao tentar vender em outra cidade, a empresa passou a enfrentar problemas de contaminação do produto. Foi necessário projetar nova embalagem, própria para a "exportação".

Posteriormente, o fabricante achou importante colocar os doces em autosserviço, e a embalagem foi decorada externamente para autopromoção em ponto de venda, sem balconista.

A embalagem deverá, inicialmente, chamar a atenção do usuário pelas suas características visuais, como a legibilidade. Uma vez atraída a atenção, deverá apresentar singularidades que transformem a atenção em interesse. O usuário, ao avaliar seus desejos, deverá observar na embalagem imagens associativas, que estimulem estes desejos.

O usuário deverá abdicar da utilização futura de produtos e satisfazer seus desejos no presente. Torna-se necessário que a embalagem apresente características de ação realizadoras de vendas.

6.10.3 Adequação da embalagem à manufatura

Ao desenvolver o produto, é necessário projetar em detalhes as embalagens que o acompanharão até a casa do usuário. O projeto integrado da embalagem é uma tarefa ampla, atendendo a múltiplos aspectos, sendo um deles a facilidade de manufatura na área de montagem.

Em muitos casos, o desenvolvimento da embalagem e do processo para embalamento poderá assumir tanta importância que chega a superar até a do desenvolvimento do manufaturado. Ou seja, o embalamento poderá ser uma operação mais dispendiosa do que a própria manufatura, e mesmo condicioná-la totalmente. A embalagem deve ser considerada sob dois aspectos diferentes, quando temos de adequá-la a uma manufatura fácil e sem problemas:

- **Manuseio da embalagem** – Neste caso, a empresa não utiliza máquinas de embalamento, e todo o trabalho é feito à mão.

As embalagens são fornecidas em resmas, posicionadas nas linhas de montagem, cabendo aos operários da montagem abri-las e preparar as embalagens para receber o produto.

A operação de preparação das embalagens poderá demandar muito tempo, quando a embalagem não é especialmente desenhada para um dobramento fácil e um fechamento sem dificuldades.

A colocação do produto dentro da embalagem de contenção, bem como a colocação da embalagem de contenção dentro da embalagem de comercialização, deverá ser feita com folgas adequadas a um encaixe fácil, e não suficientemente generosas que possam prejudicar o produto na movimentação.

- **Maquinização da embalagem** – A montagem de produtos e o seu embalamento automático sem a interferência da mão humana exigem uma série de operações, como é apresentado a seguir.

6.10.4 Operações para embalamento automático

a) **Abertura** – Abertura da embalagem de contenção.

b) **Enchimento** – Colocação do produto por manipuladores na embalagem de contenção e o seu fechamento.

c) **Abertura** – Abertura e montagem da embalagem de apresentação.

d) **Carregamento** – Colocação das embalagens de apresentação dentro das embalagens de comercialização.

e) **Selagem** – Fechamento por grampeamento, cola ou fita adesiva da embalagem em máquinas de fechamento de caixas.

f) **Paletização** – Utilização de manipuladores com ventosas para arrumação das embalagens de comercialização nos paletes ou operação com paletizadores automáticos.

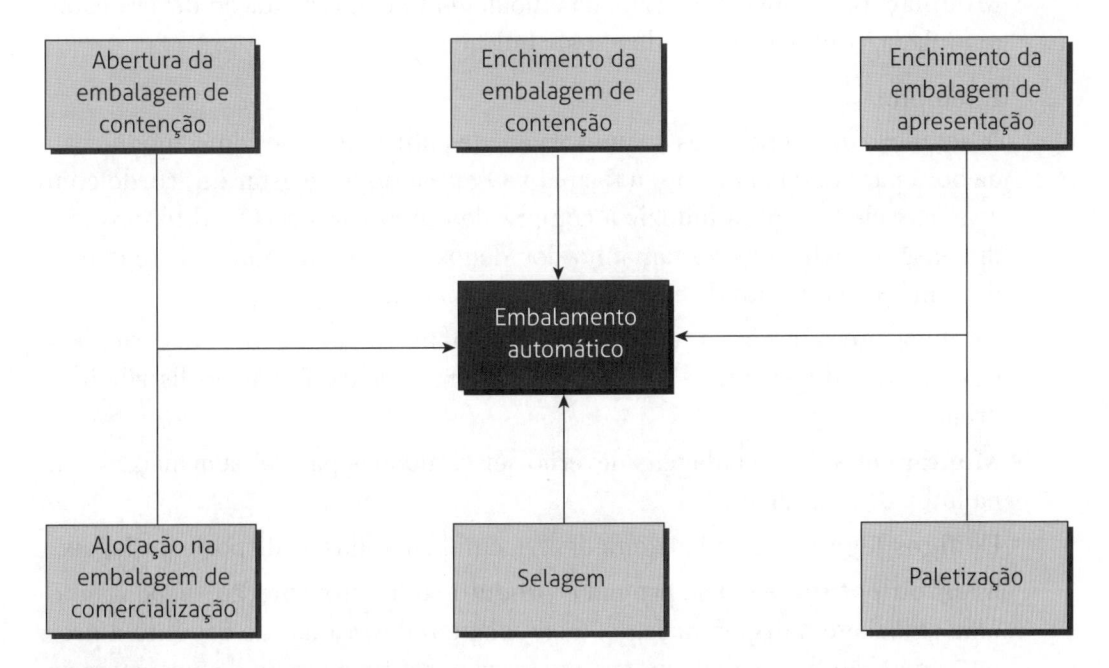

FIGURA 6.17 Embalamento automático.

O funcionamento perfeito de todas essas operações relaciona-se com a perfeita regulagem dos equipamentos, para determinadas características dos materiais de embalagens conforme relacionamos:

a) **Condicionamento** – Condicionamento de todos os materiais em câmaras, com temperatura e umidade controladas.
b) **Especificações** – Fornecimento dos materiais dentro das especificações.
c) **Umidade** – Controle de umidade no recebimento.
d) **Dimensões** – Rigor na verificação dos aspectos dimensionais.
e) **Corte e vinco** – Perfeição dos cortes e vincos, para garantir uma constância dos esforços de vincagem.
f) **Colagem** – Controle dos vernizes termoplásticos, para eliminar a colagem de uma lâmina com a outra.
g) **Porosidade** – Controle da qualidade da superfície da embalagem, verificando a porosidade ou grau de acetinamento.
h) **Superfície** – Controle do recobrimento superficial, como, por exemplo, as superfícies gessadas.
i) **Cola** – Controle do teor de cola da massa do material de embalagem.

6.10.5 Outros aspectos sobre embalagem

- **Modulação** – A forma externa da embalagem de apresentação deverá estar modulada, conforme mercado e distribuição.

   Exemplo:
   A definição das dimensões de um sorvete de palito inicia-se com a modulação da boca para determinar o seu formato. O tamanho deve estar de acordo com a semissaciedade para induzir à compra de outro sorvete. O palito deve ter dimensões adequadas ao tamanho dos dedos e o cartucho de apresentação, determinar o formato da embalagem de comercialização.

   As embalagens de comercialização determinam o formato dos refrigeradores de exposição do produto e as dimensões internas do caminhão de distribuição urbana.

- **Montagem** – As embalagens deverão ser estudadas para uma armação fácil na linha de montagem.
- **Códigos legais** – A embalagem deverá cumprir todas as disposições legais.
- ***Shelf* ou *pot life*** – Ou se projeta o produto com autoproteção, dispensando uma embalagem dispendiosa, ou a embalagem deverá dar ao produto a proteção que não lhe foi dada no projeto, para garantir o tempo de permanência no mercado, até ser utilizado.

Exemplo:

Um biscoito amolecia no ponto de venda e a melhoria das barreiras da embalagem amenizou o problema. A fórmula foi alterada e foram introduzidas substâncias de preservação do produto para que este se mantivesse crocante pelo dobro do tempo.

6.10.6 O produto e a logística

Sendo o produto e a sua embalagem um assunto muito vasto, torna-se necessária uma primeira classificação para que se possa segmentar o assunto, pois cada caso exigirá um tratamento diferenciado, como se segue:

QUADRO 6.17 Segmentação das embalagens.

CARACTERÍSTICAS MERCADOLÓGICAS	PRODUTOS "VERMELHOS"	PRODUTOS "LARANJAS"	PRODUTOS "AMARELOS"
Frequência de compra	A	M	B
Tempo de consumo	B	M	A
Tempo despendido na compra	B	M	A
Margem de comercialização	B	M	A
Possibilidades de diferenciação	B	M	A
Família de produtos	Conveniência	Seletiva	Especializada
Canal de distribuição	Longo	Normal	Curto
Tipo de promoção	Irradiada	Normal	Direto
Embalagem	Repetitiva	Decorativa	Padrão
Características	Baixo custo unitário. Muitas marcas concorrentes. O usuário delega ao fabricante sua necessidade de decisão cotidiana.	Alto custo unitário. Poucas marcas concorrentes. Distribuição em pontos de venda selecionados.	Exclusividade. O usuário entende mais do assunto do que o vendedor.

A embalagem poderá ser entendida conceitualmente como uma preocupação maternal com o produto contido em um *útero*, que deverá tudo prover para o *filhote*.

As plantas desempenham essa atividade com maestria ao acondicionarem, proverem e protegerem de maneira admirável suas sementes. A interação da embalagem com o produto se processa de múltiplas formas, como exemplificamos:

- **Acelerações** – Proteção contra o manuseio brusco, como mudanças de direção que geram acelerações.
- **Empilhamento** – Proteção contra pressões de empilhamento, que devem ser suportadas pelas embalagens de comercialização, quando o produto não puder suportar peso.
- **Choques** – Proteção contra choques, que não devem afetar internamente o produto.
- **Ambiente** – Ação do tempo, luz, ar e outros contaminantes do ambiente.
- **Meio** – Ação de odores e sabores do meio ambiente.
- **Vedação** – Proteção contra vazamentos, evaporação e, portanto, saída de características do ambiente interno do produto.
- **Venda errada** – Falta de identificação e perigo de venda errada, em razão da perda de rótulo e instruções de utilização.
- **Furto** – Proteção contra furto no ponto de venda ou no canal de distribuição.
- **Compatibilidade** – Danos causados pela embalagem de contenção em contato com o produto, por causa da incompatibilidade do invólucro com o conteúdo.

A responsabilidade da empresa não deverá terminar na expedição da fábrica, pois se deve garantir que um produto de boa qualidade mantenha suas características nos seguintes pontos:

1. Armazenamento.
2. Transporte ao cliente.
3. Permanência nos estoques dos varejistas.
4. Exposição nas prateleiras das lojas.[4]
5. Transporte até a casa do usuário.
6. Desembalamento seguro feito pelo usuário.

6.10.7 Classes de risco

A embalagem deverá proteger o produto contra danos mecânicos, físicos, influências climáticas, contaminações do meio ambiente e perda de características. Devem-se considerar no projeto integrado da embalagem cinco classes de risco:

---

[4] Fonte: Silva, Joaquim Caldeira da. *Merchandizing* no varejo de bens de consumo. São Paulo: Atlas, 1990.

1. **Riscos do meio ambiente** – O calor e o sol, o frio, a umidade, o vento, a poeira, a contaminação por fungos e bacteriológica e a chuva podem prejudicar o conteúdo. O calor poderá provocar derretimento, decomposição e descascamento do produto. O frio poderá rachar e enrugar o produto. A água poderá dissolver, descolorir, propiciar a formação de fungos e dissolver as tintas das etiquetas. A umidade poderá provocar a corrosão e o inchamento de componentes.
2. **Risco de perdas de características** – O produto poderá perder seus odores característicos, perder a água que faz parte de sua formulação, perder as essências e os gases.
3. **Riscos físicos** – A vibração poderá provocar raspamentos, deterioração ou afrouxamento da embalagem. O impacto poderá provocar rupturas, cortes, distorções e deslocamentos. A compressão poderá provocar flexões, dobramentos e amassamentos.
4. **Risco de uso** – O usuário poderá contaminar-se por produtos tóxicos ao abrir a embalagem. O meio ambiente poderá sofrer contaminação por embalagens com resíduos tóxicos. O produto poderá sofrer contaminação, quando a embalagem for aberta, se o consumo não se processar de imediato. Nesse caso, a embalagem deverá, mesmo já aberta, ser projetada para manter uma proteção parcial.
5. **Riscos diversos** – Danos causados por micro-organismos, insetos, roedores, roubo etc.

FIGURA 17.A Riscos de danos ao produto estocado por roedores e insetos.

6.10.8 Aceleração da gravidade

O fator G de um produto embalado é determinado pela capacidade máxima de suas partes de resistirem a determinada intensidade de aceleração da gravidade, gerada durante a movimentação e o transporte.

Pela instalação de acelerômetros, podemos levantar o número de Gs a que o canal de distribuição submeterá o produto e utilizar estes dados para os cálculos de engenharia, necessários para o dimensionamento dos fixadores e amortecedores. Pode-se reforçar o produto colocando na embalagem calços e absorvedores de acelerações.

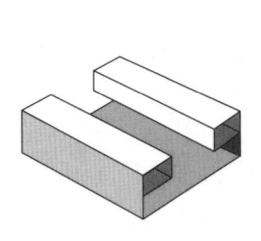

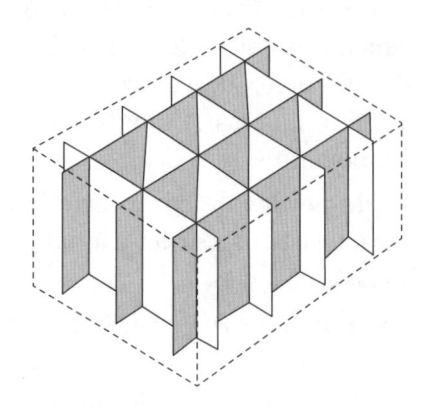

FIGURA 6.18 Amortecedores de impacto em embalagens.

Quando se encontra um canal de distribuição com valores de Gs muito elevados por causa de deficiências técnicas, talvez seja mais econômico reprojetar o canal de distribuição, eliminando os pontos que geram picos de Gs, e, com isso, proteger o produto e os equipamentos de transportes. Caso o pico de Gs seja provocado por um buraco no asfalto, nada mais econômico do que tapar esse buraco, em vez de reforçar o produto e calçar melhor a embalagem.

A seguir são fornecidos alguns números indicativos de medições com acelerômetros, em situações observadas em canais de distribuição:

Esforços em Canais de Distribuição					
Ocorrências	Aceleração da Gravidade	Ocorrências	Aceleração da Gravidade	Ocorrências	Aceleração da Gravidade
Aceleração horizontal de caminhão	0,5 G	Engate de vagões	15,0 G	Oscilação de navios	0,5 G
Defeito nas estradas	15,0 G	Vibração de vagões	2,0 G		
Vibração de caminhão	2,0 G				

FIGURA 6.19 Esforços em canais de distribuição.

6.10.9 Embalagem como fator de *shelf life*

A embalagem deverá apresentar uma barreira contra ataques externos, o que determina o *shelf life*, ou tempo de permanência na prateleira.

Poderemos projetar o produto introduzindo, em sua formulação e composição característica, ingredientes químicos, que garantem o cumprimento do *shelf life*. Outra opção seria não proteger o produto e deixar este encargo para a embalagem e trabalhar no mercado com uma distribuição mais frequente. No balanceamento técnico e de custo, poderemos também optar por uma solução intermediária.

Exemplo:

Ao embalarmos biscoitos recheados, enfrentamos o problema de proteger o recheio gorduroso da oxidação e ranço. Poderemos carregar a formulação com antioxidantes ou melhorar a barreira da embalagem, tornando-a impermeável ao oxigênio externo, e mesmo criar um ambiente de nitrogênio no interior da embalagem, que deverá proporcionar uma barreira ao vazamento do gás para o exterior.[5]

Determinado o *shelf life* objetivo, pela direção da empresa, deveremos realizar estudos sobre:

- Velocidade de contaminação por micro-organismos, ação enzimática e infestação.
- Velocidade de perdas dos valores nutritivos e características intrínsecas do produto.
- Redução da qualidade estética do produto.

As bactérias devem ser destruídas e as enzimas inativadas para garantir uma vida maior do produto. Os alimentos deverão também ser protegidos contra a oxi-

---

[5] Imagem retirada do trabalho apresentado no Curso de Extensão em Administração Industrial (Ceai), da USP, pela equipe de Edson Pinheiro.

dação, hidrólise, reversão dos óleos, desnaturação das proteínas, oxidação dos pigmentos e deterioração química.

A vida na prateleira de produtos alimentícios é afetada pelos seguintes fatores:

- Sensibilidade do produto à umidade e ao oxigênio.
- Relação do volume da embalagem e o volume do produto.
- Barreiras introduzidas na embalagem.

A permeabilidade da embalagem deverá ser dosada, pois alguns produtos exigem embalagens impermeáveis e outros necessitam de permeabilidade.

O polietileno é muito permeável a gases como oxigênio, nitrogênio e gás carbono. Os filmes de náilon são impermeáveis a esses três gases.

O conceito de impermeabilidade ou barreiras poderá ser ampliado para gases, vapores, óleos, aromas, perfumes, líquidos, luz e raios ultravioleta.

O náilon, apesar da boa resistência a gases, é muito permeável ao vapor d'água. O vidro, que poderia ser a barreira ideal, apresenta problemas em relação aos raios ultravioleta.

A combinação de materiais, como cartões revestidos de material plástico, filmes compostos, poderá resolver casos de múltiplas exigências de barreiras.

O início do projeto da embalagem deverá ser precedido do seguinte levantamento:

- **Ambiente interno** – Relacionar todas as peculiaridades do produto que devem ser preservadas e não podem se dispersar pela permeabilidade da embalagem.
- **Ambiente externo** – Relacionar todos os agentes externos, que não podem permear a embalagem.

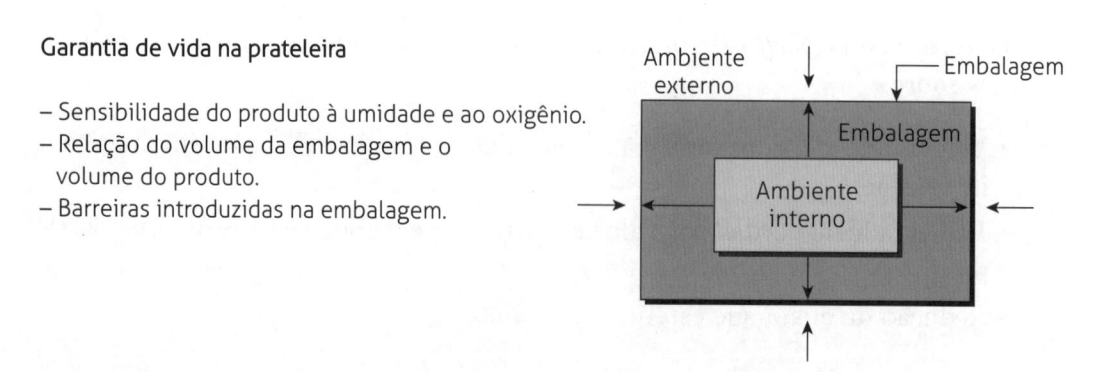

Garantia de vida na prateleira

– Sensibilidade do produto à umidade e ao oxigênio.
– Relação do volume da embalagem e o volume do produto.
– Barreiras introduzidas na embalagem.

6.10.10 A interface com o produto

O contato dos tecidos com a nossa pele provoca reações e sensações diversas, exigindo enorme compatibilidade entre o tecido e a pele, para nos sentirmos confortavelmente vestidos.

Da mesma maneira, a embalagem de contenção estabelece a interface do produto com a primeira embalagem. Quando revestimos uma camisa com um filme de polietileno, utilizamos embalagem de contenção. A bisnaga de um dentifrício é também embalagem de contenção.

O polietileno tem como objetivo proteger a camisa do pó, mas, como o plástico desenvolve cargas estáticas, poderá atrair mais poeira se não adicionarmos antiestático na massa plástica.

Se adicionarmos flúor ao dentifrício, este reagirá com o alumínio, gerando gases que estufarão a bisnaga.

Ao revestirmos um produto pintado com filmes plásticos como o PVC, o dioctilftalato poderá melar a tinta e provocar aderência do filme ao produto.

Ao embrulharmos um produto plástico com papel, poderemos riscar as superfícies polidas com os resíduos de areia encontrados na massa de alguns tipos de papel.

6.10.11 Embalagem de comercialização

A seguir algumas causas que levam a política comercial lesiva à sociedade:

1. **Tirar pedido** – Quando a área comercial adota a postura de tirar pedidos para receber comissão e os detalhes importantes, como a satisfação do cliente, não interessam.
2. **Venda a varejo** – Quando o atendimento pela empresa de venda a varejo, por exemplo, realiza venda a funcionário.
3. **Densidade econômica** – Quando a embalagem de comercialização tem um valor econômico muito elevado para o mercado a que se destina. A densidade econômica do produto é muito elevada.
4. **Rotação no ponto de venda** – As quantidades de produtos contidos na embalagem de comercialização permanecerão por muito tempo no ponto de venda, em razão da baixa rotação dos estoques.

A definição de uma embalagem de comercialização deverá considerar os seguintes fatores:

1. **Peso** – O peso final da embalagem não deverá ultrapassar 25 kg, para facilitar o manuseio no transporte e ponto de venda.
2. **Quantidade** – A quantidade de produtos em uma embalagem de comercialização depende da disposição de geralmente 6, 9,12 produtos em duas ou três camadas. O sistema decimal não se presta para este tipo de arrumação, mas sim o sistema base 12.
3. **Dupla embalagem** – O valor econômico e a quantidade em cada embalagem dependerão do mercado a ser atendido. Recomenda-se criar dois tipos

de embalagens para um mesmo produto como, por exemplo, embalagem de remédios para venda em farmácias e para venda hospitalar.

4. **Quantidade** – Por contingências históricas de indisciplina da área comercial, em geral as embalagens de comercialização são menores do que o mercado suportaria, aumentando os custos da operação.
5. **Múltiplos** – A implantação de embalagens maiores deverá ser feita com muito cuidado e baseada na estatística de faturamento, pois em certo momento a empresa terá em seus estoques os dois tipos de embalagem.
6. **Faturamento mínimo** – Nas listas de preços em poder dos vendedores deverá constar a embalagem de comercialização de cada código referente ao produto, que determinará a quantidade mínima a ser faturada.

O desenho das embalagens de comercialização deve considerar os seguintes pontos:

Carga suportada.[6]

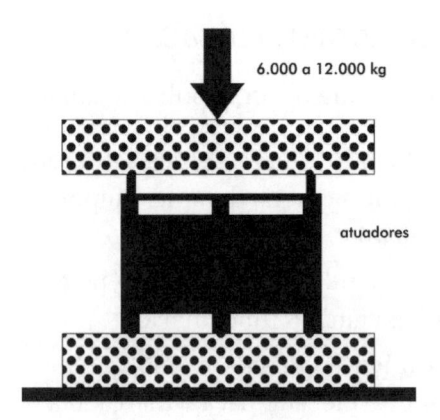

Dimensões internas.[7]

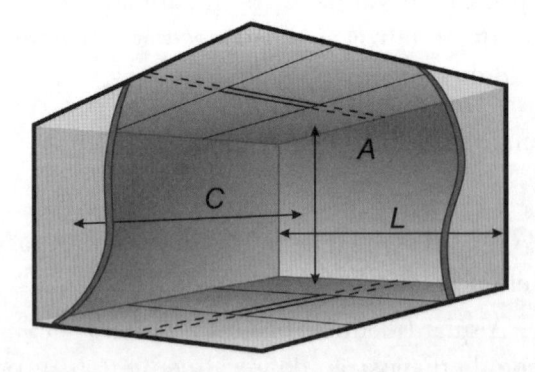

---

[6] Fonte: Associação Brasileira de Logística (Aslog) – Técnicas de unitização de cargas em paletes.
[7] Fonte: Senai – Embalagem de papelão ondulado.

Sistema de dobramento do papelão.

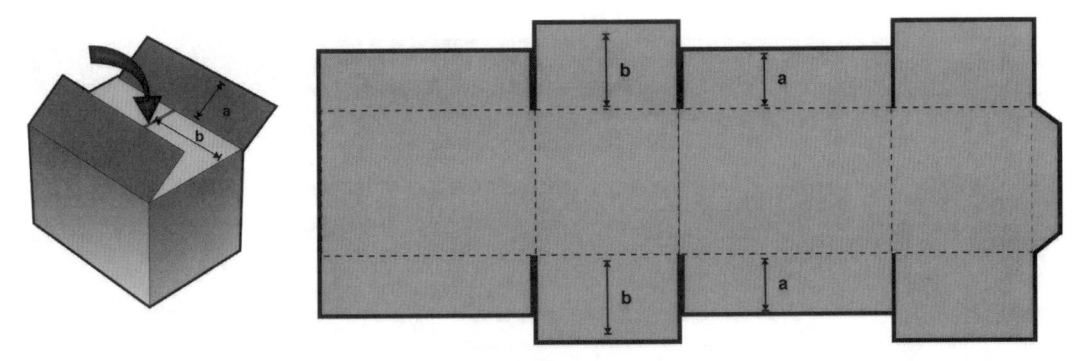

Superposição das tampas.

Sistema de fechamento com cola, fita adesiva ou grampeamento.

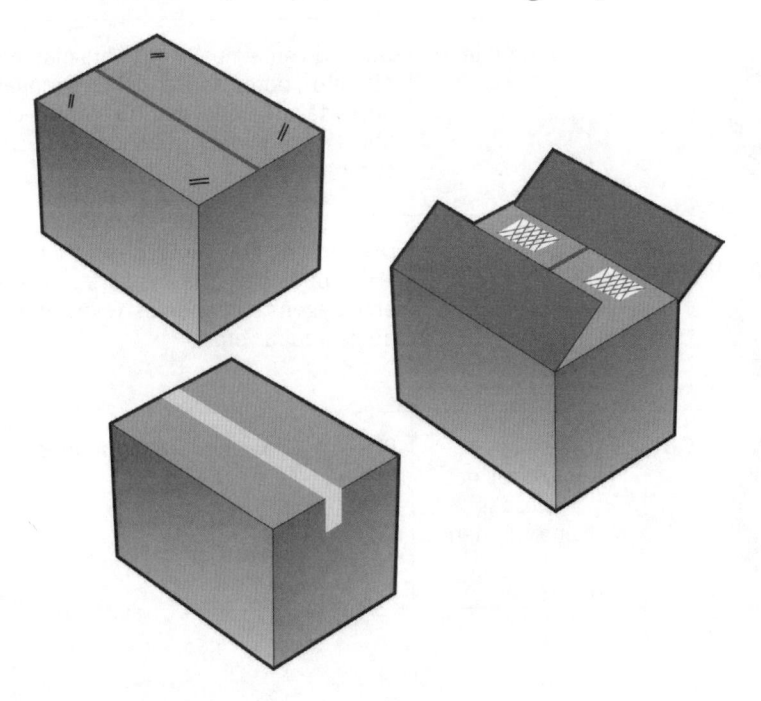

6.10.12 Marcação dos plásticos recicláveis

PLÁSTICOS RECICLÁVEIS			
SÍMBOLO	SIGLA	PLÁSTICO	APLICAÇÃO
♳ (1)	PET	Polietileno tereftalato	Utilizado em garrafas para refrigerantes, fibras sintéticas etc.
♴ (2)	PEAD	Polietileno de alta densidade	Utilizado na confecção de engradados para bebidas, baldes, garrafas para álcool, garrafas para produtos químicos domésticos, bombonas, tambores, tubos para líquidos e gás, tanque de combustível para veículos automotores, filmes etc.
♵ (3)	PVC	Cloreto de polivinila	Utilizado em tubos e conexões para água, encapamento de cabos elétricos, garrafas para água mineral e detergente líquido, lonas, calçados, esquadrias e revestimentos, equipamento médico-cirúrgico etc.
♶ (4)	PEBD	Polietileno de baixa densidade	Utilizado na embalagem de alimentos, sacos industriais, sacos para lixo, lonas agrícolas, filmes etc.
♷ (5)	PP	Polipropileno	Utilizado em embalagens para massas e biscoitos, potes de margarina, seringas descartáveis, equipamento médico-cirúrgico, fibras e fios têxteis, utilidades domésticas, autopeças etc.
♸ (6)	PS	Poliestireno	Utilizado na fabricação de aparelhos de som e TV, copos descartáveis para café e água, embalagens alimentícias, revestimento interno de geladeiras etc.
♹ (7)	OUTROS	Resinas plásticas não indicadas anteriormente	Plásticos especiais e coextrudados.

Roman Sotola/Shutterstock

EXERCÍCIOS

1. Por que a rotação permanente dos itens possibilita o controle da qualidade?
2. O que é Endereçamento aleatório de um armazém?
3. Quais os objetivos a serem atendidos com a técnica de Endereçamento aleatório?
4. Por que é utilizada a setorização do carregamento do armazém com as mercadorias da empresa?
5. Como é formado o código de um endereço em um armazém?
6. Quais os principais indicadores para se controlar a eficiência de um serviço de armazenamento?
7. Qual a importância de uma ficha de movimentação?
8. Quais as informações relevantes para constar nas fichas de movimentação?
9. O que deverá constar na etiqueta de um palete, para garantir a rastreabilidade da produção?
10. Por que se deve utilizar uma etiqueta adicional, além do DUN 14, nas embalagens de comercialização?
11. Como a embalagem deverá se relacionar com o mercado dos produtos da empresa?
12. Como a embalagem deverá interagir com o produto e a manufatura?
13. Como deveremos tratar situações em que a embalagem é cara demais ou o nível de perdas de produtos é exagerado?
14. Qual o cuidado a ser tomado com o fornecimento da embalagem para se trabalhar com máquinas de embalamento automáticas?
15. Como considerar a embalagem para cada classe de produto a ser comercializado?
16. Quais os pontos de proteção ao produto a serem considerados no projeto de uma embalagem?
17. Quais as classes de risco que podem afetar uma embalagem no ambiente de Logística Industrial?
18. Como se pode projetar e garantir a vida na prateleira de um produto embalado?
19. O que são elementos amortecedores de impacto em embalagens? Dê exemplos.
20. Quais os pontos a serem considerados no projeto de uma embalagem de comercialização?
21. Quais os itens que caracterizam o método de localização de recursos logísticos?
22. O que se entende por fatores localizacionais?
23. O que caracteriza os fatores qualitativos?
24. Quando é necessário considerar os fatores especiais?
25. Como equacionar as alternativas de localização?
26. Qual o método de avaliação das alternativas de localização de um recurso logístico?

27. Quais as peculiaridades da cadeia logística?
28. Em que ocasiões a Administração Logística terá de tratar o projeto de um novo arranjo físico?
29. Quais as características de um bom leiaute associado à Logística Industrial?
30. Quais os vários tipos de leiaute associados aos diferentes sistemas de produção?
31. Quais os objetivos da Administração nas atividades de separação dos pedidos dos clientes?
32. Quais as várias modalidades de separação de pedidos, no que diz respeito às embalagens utilizadas para a venda?
33. Quais os arquivos necessários para um bom sistema de faturamento e expedição dos produtos acabados?
34. Qual a rotina operacional do sistema de faturamento e expedição?
35. Quais as partes do método de projetar um leiaute?
36. Quais os pontos a serem avaliados no sistema de fluxo de materiais associado a um sistema de produção?
37. Quais os pontos mais importantes a serem considerados no projeto de leiaute de um armazém?
38. Qual o procedimento aconselhável para carregar os veículos de transporte para distribuição urbana?

SEGURANÇA NA ÁREA DE MATERIAIS

Seguindo a tendência de priorizar a ergonomia e a segurança nas áreas industriais, a atividade de Movimentação e Armazenagem de Materiais tem investido recursos significativos para que se enquadre nos parâmetros adequados exigidos pelas normas de referência internacionais. Tanto em relação a equipamentos quanto ao desenvolvimento das atividades exercidas pelos operadores nos armazéns, a segurança no local de trabalho assume importância monitorada pela alta direção das empresas.

7.1 SEGURANÇA NA EMPILHADEIRA

Na área de Materiais utilizam-se muito as empilhadeiras, e o conhecimento de sua seleção, operação e segurança é parte importante da Administração dos Materiais Industriais. A empilhadeira é também um vetor para a elevação do risco da operação, que deve ser neutralizado. Definimos a seguir os seguintes pontos:

- **Segurança** – Situação na qual as pessoas, materiais, edifícios e equipamentos encontram-se livres de dano, perigo ou moléstia.
- **Risco** – Possibilidade de dano, prejuízo ou perda, em razão da redução do nível de segurança.

Quando não existe risco, a condição de segurança é plena. O objetivo de eliminação do risco é um programa que depende fundamentalmente de quatro pontos:

- **Pessoas** – Correta seleção e treinamento do homem.
- **Máquina** – Correta seleção e manutenção da máquina.

- **Meio** – Correção e controle do meio empresarial.
- **Administração** – Implantação e manutenção de adequada administração da Logística Industrial.

Vamos, então, tratar de vários aspectos, visando sempre formar um conjunto de providências com a finalidade de reduzir o risco na área Logística.

7.1.1 Estabilidade da empilhadeira

A roda dianteira da empilhadeira convencional funciona como o fulcro de uma balança, tendo de um lado o contrapeso e de outro, a carga colocada nos garfos. Se o momento desenvolvido pela carga for mais elevado do que o momento de resistência da empilhadeira, a carga será arreada, encostará no chão e as rodas traseiras se elevarão, como mostra a Figura 7.1, a seguir:

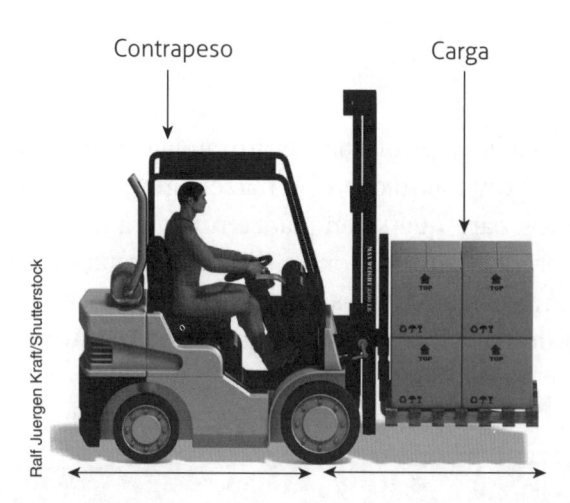

FIGURA 7.1 As rodas dianteiras da empilhadeira funcionam como fulcro de uma balança, que deverá sempre pender para o lado do contrapeso da máquina.

7.1.2 Capacidade de carga

A distância entre o centro da carga e a parte traseira dos garfos é muito importante, pois quanto maior for a dimensão, menor será a capacidade da empilhadeira de levantar cargas.

- **Define-se Capacidade de Carga como:** o peso máximo da carga que poderá ser movimentada com segurança por uma empilhadeira com um centro de carga específico.
- **Define-se Centro de Carga como:** a distância entre o centro de gravidade da carga e a parte traseira dos garfos de uma empilhadeira, como mostra a Figura 7.2.

FIGURA 7.2 A figura mostra a distância do centro de carga.

À medida que o centro de carga se eleva, a capacidade de carga deverá ser reduzida. Carregar um palete com 1 m de profundidade é bem diferente de carregar um palete com 1,20 m, pois o centro de carga passa de 50 cm para 60 cm, elevando-se em 20% e, consequentemente, a capacidade de carga deverá se reduzir em 20%.

As figuras 7.3 e 7.4 mostram dois paletes parecidos com modulação diferente, o que altera a medida do centro de carga.

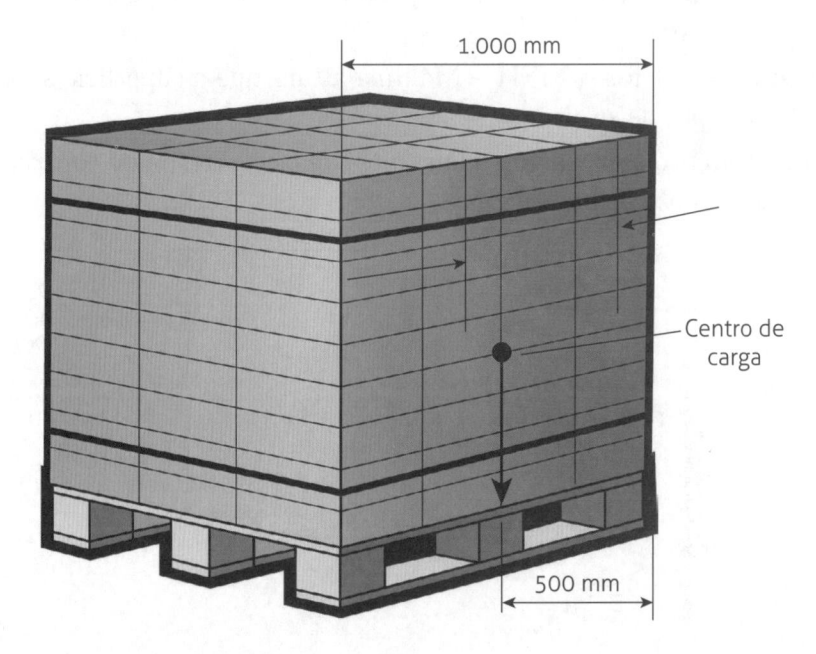

FIGURA 7.3 A figura mostra a dimensão de 500 mm como centro de carga.

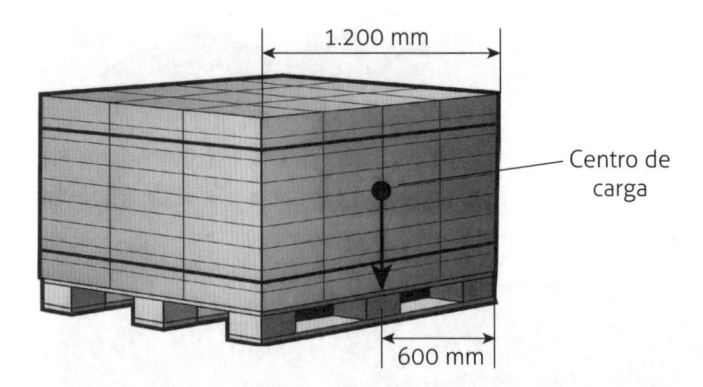

FIGURA 7. 4 A dimensão de 600 mm como centro de carga.

A capacidade de carga altera-se pelo centro de carga e também pela altura a ser elevada a carga. Esta redução da capacidade de carga com a altura pode ser explicada pela relativa instabilidade do mastro, pelo desnível do piso e pelo recalque dos pneus. Empilhadeiras com rodas pneumáticas flexíveis têm esta capacidade de carga mais reduzida quando se eleva a altura, por causa da instabilidade do prumo do mastro de elevação.

A escolha de uma empilhadeira deverá ser cuidadosa para atender alguns aspectos:

a) **Largura total** – Distância máxima entre as partes laterais da empilhadeira.

b) **Raio de giro** – Raio necessário para a empilhadeira virar tendo como fulcro a roda traseira contrária ao lado que está girando.

c) **Altura do protetor** – Altura do protetor do operador capaz de entrar em um lugar restrito.

d) **Altura dos garfos** – MFH – Máxima altura que a superfície superior dos garfos é capaz de se elevar.

e) **Comprimento sem garfos** – Distância da face externa do contrapeso até a face na qual os garfos se apoiam.

FIGURA 7. 5 A altura do protetor, o comprimento sem garfos e a altura MFH.

Os corredores necessários para se manobrar uma empilhadeira dependem dos seguintes pontos:

- **Empilhadeira de contrapeso** – Raio de giro + comprimento da carga + folga de operação.
- **Empilhadeira retrátil** – Raio de giro + comprimento da carga + folga da operação − curso do mastro.
- **Empilhadeiras laterais** – Largura da carga + folga operacional.

A folga operacional poderá ser de 200 mm para instalações normais, na qual as empilhadeiras não são ajustadas mecanicamente às estanterias. Poderemos introduzir trilhos laterais para a empilhadeira não sair do alinhamento do corredor e, neste caso, a folga operacional poderá ser reduzida.

Ao colocarmos a empilhadeira solidária a um trilho no piso e guiada por outro trilho na parte superior, como nos transelevadores, teremos folgas bem menores, porque existe um ajuste mecânico entre as empilhadeiras e os equipamentos de armazenagem.

Essa situação é semelhante a entre o ajuste dos elevadores aos prédios de escritórios ou residenciais: pode-se trabalhar com folgas mínimas.

Os mastros podem ser simplex, dúplex, triplex e quadriplex na medida em que para atingir a altura utilizam-se uma, duas, três ou quatro extensões. A vantagem das extensões é a possibilidade de menor altura com o mastro arriado.

> Considerando uma elevação de 4 m, o dúplex recolhido mede 2,6 m e o triplex recolhido mede 1,99 m.

Um quadriplex para quatro metros teria arriado uma altura de mastro de um metro; um mastro dúplex arriado teria uma altura de 2 m. O que decide o sistema do mastro é o local onde vamos entrar com a carga arriada, como, por exemplo, um baú, um vagão ou um contêiner, como mostra a Figura 7.6.

FIGURA 7.6 Ao entrar no transporte, o mastro deverá passar pelo teto.

7.1.3 Tombamento da empilhadeira

É importante reforçar as providências contra o risco de uma empilhadeira tombar, pois este acidente é, muitas vezes, fatal para o operador. O operador poderá pular para o lado em que a máquina vai cair e, provavelmente, será esmagado por ela.

Para se evitar o tombamento, o operador da empilhadeira deverá adotar as seguintes medidas de segurança:

a) **Carga** – Não transporte uma carga muito comprida ou com peso acima da capacidade da empilhadeira.

b) **Mastro** – Não incline o mastro rápido demais.

c) **Elevada** – Não movimente a empilhadeira com a carga elevada e acima da capacidade do equipamento.

d) **Ressalto** – Não passe com a empilhadeira em qualquer ressalto do piso. Quando o ressalto pegar apenas um lado da máquina, ela vai se inclinar perigosamente.

e) **Giro** – Não gire muito depressa o equipamento carregado.

f) **Centragem** – Nunca ande com uma carga nos garfos, fora do centro da empilhadeira.

7.1.4 Carregar e descarregar

Ao operar a empilhadeira, atente aos seguintes pontos:

- Incline o mastro para a frente e abaixe os garfos até o ponto de descarregamento.
- Dê marcha à ré e retire os garfos de dentro da carga, levante o garfo 15 cm a 20 cm e parta para a operação seguinte.
- Não carregue com o mastro inclinado para trás, porque a ponta do garfo baterá na carga.
- Aproxime-se devagar da carga, para que a ponta do garfo não bata nela.
- Ao movimentar a carga com a empilhadeira, mantenha-a com o garfo abaixado a 15 cm a 20 cm do piso e o mastro inclinado para trás.
- A carga poderá cair se o mastro estiver inclinado para a frente ou a carga levantada. A empilhadeira poderá também tombar.
- Suba as rampas sempre com a carga na frente.
- Não utilize empilhadeiras elétricas para subir rampas com uma inclinação maior do que 5%.
- Reduza a velocidade tirando o pé do acelerador, antes de parar com o freio.

- Não mantenha a empilhadeira tracionando e parada em subidas, sem pisar no freio. O procedimento aquecerá o conversor.
- Estacione com os garfos abaixados, com o freio acionado e nunca deixe a chave na máquina.
- Ponha a máquina em um lugar que não atrapalhe o fluxo de trânsito.
- Tenha muito cuidado com piso molhado, desnivelado ou esburacado.

7.1.5 Tempo de utilização

A empilhadeira sofre alterações de funcionamento de acordo com as condições de utilização. Cuidados devem sempre ser tomados, como exemplificamos:

a) **Ar** – Limpe as aletas do radiador e não impeça o ar de circular.

b) **Água** – Não opere a empilhadeira com vazamentos de água.

c) **Tração** – O ventilador deverá estar sempre sendo tracionado pela correia, esticada conforme padrão.

d) **Arrefecimento** – Para desligar um motor quente, deixe-o em marcha lenta para arrefecer e depois corte a ignição.

e) **Reposição** – Ao repor a água no líquido de arrefecimento, espere o motor esfriar e coloque água com o motor girando.

f) **Tanque** – O tanque de combustível deverá ser enchido até a boca, para evitar umidade em seu interior. Evite esvaziar o tanque até o final, para evitar captação de sujeira pela bomba do combustível.

g) **Vedação** – Feche a tampa do tanque para não penetrar água de chuva ou umidade.

h) **Bateria** – Mantenha elevada a densidade do líquido da bateria e, também, a mantenha bem carregada.

7.1.6 Operação com segurança

As observações a respeito da operação com segurança abrangem muitos pontos diferentes resumidos a seguir:

a) **Corrosão** – Tenha cuidado com as máquinas que operam em ambiente corrosivo, como sal, ácido ou outros produtos químicos.

b) **Atmosfera** – Não opere com vapores explosivos ou excesso de partículas suspensas no ar.

c) **Ambiente** – Tenha cuidado com ambientes muito frios, muito quentes ou em locais com altitude mais elevada.

d) **Emissão** – Não opere emitindo gases em ambiente fechado com produtos alimentícios ou sensíveis a dióxido de carbono.

e) **Tempo** – Não opere a empilhadeira com neblina, ventos fortes e temporais.

f) **Ventilação** – Não trabalhe com motor de combustão em ambiente sem ventilação.

g) **Umidade** – Não utilize empilhadeiras elétricas em ambiente úmido ou na chuva.

h) **Frio** – Utilize uma empilhadeira no máximo 30 minutos em câmara frigorífica e somente retorne à câmara depois de 30 minutos de operação a temperatura normal.

7.1.7 Acidentes de trabalho

O operador da empilhadeira tem como missão evitar acidentes. Para tanto, recomendamos os seguintes cuidados:

a) **Limpeza** – A operação deverá ocorrer em superfície limpa, ou seja, sem água, óleo ou areia.

b) **Piso** – O piso deverá ser liso, sem buracos, sem pontas e desníveis.

c) **Manutenção** – Deve-se operar com uma empilhadeira sempre em boas condições.

d) **Iluminação** – Deve-se trabalhar em ambiente claro ou com luzes próprias adequadas.

e) **Ruído** – O ambiente não deverá ter muito ruído, para que os sinais de aviso aos pedestres possam ser ouvidos. Elevar as cautelas na proporção da elevação do ruído ambiental.

f) **Acessório** – Deve-se reduzir a capacidade da empilhadeira ao engatar um acessório pesado.

g) **Habilitação** – Somente operar a empilhadeira se estiver habilitado, porque um acidente nestas circunstâncias é considerado infração.

h) **Regulagem** – Ao trocar de empilhadeira, mesmo por um modelo igual, deve-se ter cuidado com a diferença de regulagem dos comandos e o nível de desgaste da máquina.

i) **Proteção** – Utilizar cinto de segurança, capacete, sapato protetor, luvas, óculos de segurança.

j) **Cuidado** – Parar a empilhadeira sempre que necessitar de reparos, com vazamento de óleo. Não tocar no metal sem luvas.

k) **Assumir** – Ao subir na empilhadeira, deve-se pegar na alça e pisar no degrau.

l) **Pedestres** – Não acionar buzinas ou luzes para os pedestres saírem do caminho. Deve-se parar a máquina se observar alguém distraído.

m) **Curvas** – Ter cuidado ao realizar uma curva sem visibilidade.

n) **Sinalização** – Utilizar sempre as luzes de alerta e manter ligado o sinal sonoro de marcha à ré.

o) **Centralização** – Ao utilizar-se acessório para o deslocamento lateral de cargas, devem-se centralizá-las durante a movimentação e elevação.

p) **Nível** – Manter as cargas sempre abaixadas, especialmente quando for utilizado um acessório pesado.

7.1.8 Combustíveis

Os acidentes poderão ocorrer em decorrência do manejo inadequado dos líquidos inflamáveis. Cuidados deverão ser tomados, como exemplificamos:

a) **Normas** – Utilizar sempre combustíveis que atendam às normas JIS K2202 e K 2204, gasolina sem chumbo com 91 octanas e gás GLP com mais de 90% de propano e propileno.

b) **Enganos** – Operar a empilhadeira somente com o combustível correto. Esvaziar o tanque no caso de engano de abastecimento.

c) **Atenção** – Abastecer em local ventilado, longe de chamas e faíscas, com a máquina ligada ao fio terra. Manter sempre à mão equipamentos próprios para combater incêndios.

d) **Fumo** – Ao abastecer, ninguém poderá estar fumando por perto.

e) **Derrame** – Secar imediatamente qualquer combustível derramado. Levar o pano embebido para lugar seguro.

f) **Impregnação** – O GLP, por ser pesado, acumula-se no solo ou mesmo nas roupas. Desse modo, os cuidados deverão ser estendidos posteriormente ao período de abastecimento.

g) **Estacionar** – Remover a chave de ignição e desligar todas as lâmpadas durante o abastecimento.

h) **Vazamentos** – Rosquear corretamente as tampas e trocar os tambores de GLP se houver suspeita de vazamentos.

i) **Engate** – As conexões das mangueiras de GLP deverão estar em perfeita ordem para se operar uma empilhadeira.

j) **Enchimento** – O operador da empilhadeira não deverá encher os tanques de GLP. Estes deverão ser completados pelo técnico e depois que a empilhadeira for retirada do local.

7.1.9 Deslocamento da empilhadeira

Durante a operação, a empilhadeira poderá ter de mudar de local de trabalho. Cuidados deverão ser tomados para evitar acidentes:

a) **Resistente** – O piso do transporte deverá ser resistente ao peso da empilhadeira.

b) **Calço** – O transporte não deverá se mover em razão do freio de estacionamento e calço nas rodas.

c) **Suporte** – O transporte deverá ser calçado com macacos para que o veículo não baixe ao ser colocada a empilhadeira dentro dele.

d) **Rampa** – Prender bem a rampa ao veículo e verificar se ela suporta o peso da empilhadeira.

e) **Inclinações** – Entrar e sair com a empilhadeira bem devagar e controlar as inclinações perigosas, suspendendo o processo a qualquer sinal de risco.

f) **Alinhamento** – Entrar ou sair da rampa em linha reta sem alteração de direção.

g) **Centralização** – Colocar a máquina no centro do transporte, abaixar os garfos e aplicar o freio de estacionamento.

h) **Travamento** – Calçar as rodas e prendê-las aos locais resistentes com cabos de aço.

i) **Proteção** – Proteger com lonas as áreas onde os cabos serão colocados.

j) **Verificação** – Iniciar a mudança e verificar de quando em quando o esticamento dos cabos.

k) **Içamento** – Levantar a empilhadeira conforme os pontos indicados. O contrapeso é solto e impróprio para o levantamento.

l) **Cabos** – Usar cabo resistente, sem dobras, desgaste ou danos.

m) **Lado** – Deverá ser interditada a área embaixo de uma empilhadeira que esteja levantada.

n) **Alívio** – Remover primeiro o mastro para o transporte e depois o contrapeso. Montar primeiro o contrapeso e depois o mastro.

o) **Instalação** – Operar com acessórios sempre bem instalados e sem vazamentos de óleo.

p) **Energia** – Sempre utilizar as baterias adequadas à empilhadeira.

7.1.10 Assistência à empilhadeira

Ao prestar assistência a uma empilhadeira com defeito deverão ser evitados os seguintes acidentes:

- Não rebocar a empilhadeira ou empurrá-la para trás.
- Utilizar a barra de tração para desatolar ou colocar ou retirar do reboque.
- Utilizar empilhadeiras para deslocar máquinas desmontadas.

- Armazenar as empilhadeiras com os mastros estendidos e inclinados para trás. Levantar e abaixar os mastros várias vezes nas inspeções periódicas.
- Limpar o compartimento do motor e aplicar anticorrosivos.
- Calçar as empilhadeiras e soltar os freios de estacionamento.
- Trocar o fluido de freio e verificar seu nível.
- Movimentar o sistema de transmissão regularmente se a empilhadeira não estiver em operação, para evitar a corrosão das partes mecânicas.

7.1.11 Bateria

O manejo com baterias envolve sempre riscos. Cuidados especiais devem ser tomados para que não ocorra nenhum acidente:

- As baterias produzem hidrogênio, que é inflamável ou explode.
- Deve-se manusear uma bateria com luvas isolantes e sapatos com sola de borracha.
- A bateria poderá provocar choques fortes e graves.
- Os líquidos da bateria contêm ácido sulfúrico, que é altamente corrosivo.
- Não se deve limpar a parte superior da bateria com panos secos e não a cubra de plástico.
- Não colocar nenhum objeto sobre a superfície da bateria, especialmente peças metálicas.
- Não colocar baterias perto de fonte de calor, faísca ou equipamento de solda.
- Carregar a bateria com as tampas sempre abertas e afixar próximo ao local avisos do tipo "Proibido chamas expostas".
- Interromper a carga no painel do carregador e nunca por desconexão na bateria.
- Carregar em local bem ventilado.

7.1.12 Outros riscos

Sempre existem ainda outras causas que podem provocar riscos de acidentes:

- Colocar calços nas rodas na proximidade de docas, plataformas e ancoradouros.
- Trabalhar sem risco de deslizamento de terra. Em dúvida, parar a máquina e consultar a chefia.
- Considerar sempre o peso da empilhadeira, o peso da carga e o peso do acessório instalado.

- Verificar a resistência das vigas das rampas e sempre passar com a máquina centrada.
- Retirar a carga, se possível, o mastro e o contrapeso ao colocar uma empilhadeira em um elevador com capacidade previamente comprovada.
- Subir e descer uma rampa sempre em linha reta, sem virar o equipamento.
- Utilizar sempre a bateria da máquina e nunca um cabo externo.

7.2 COMBATE A INCÊNDIOS

7.2.1 Introdução

O risco da ocorrência de incêndio na área de Materiais implica aspectos peculiares:

a) **Risco** – A área de Materiais tem sob sua guarda um grande risco representado pelos produtos acabados em estoque e por outros materiais, muitas vezes, perigosos e inflamáveis.

b) **Pessoas** – Além dos equipamentos, representam risco os funcionários da empresa, pessoas das companhias de transporte e mesmo clientes que vêm retirar alguma entrega.

c) **Noturno** – A área muitas vezes opera em turnos. Durante a noite a iluminação é precária, principalmente perto das cargas, e há uma supervisão menos rigorosa nos horários em que há pouca circulação de funcionários.

d) **Valor** – A área Logística, muitas vezes, opera com produtos de alto valor comercial facilmente realizável no mercado de carga furtada e de representatividade econômica elevada.

e) **Seguro** – As condições dos armazéns, muitas vezes, condicionam taxas de seguro muito altas, onerando a empresa. Colunas de aço, excesso de telhas transparentes no fechamento lateral são bons exemplos de condições técnicas inadequadas que condicionam taxas elevadas de seguro.

f) **Vizinhança** – Localização do armazém na proximidade de bairros sedes de grupos do crime organizado.

g) **Vulnerabilidade** – Vulnerabilidade dos fechamentos das cercas do terreno, do risco armazenado e proximidade das cargas das paredes internas dos armazéns.

h) **Guarda** – Posicionamento da vigilância e treinamento inadequado para possibilitar evitar o sinistro e, se ocorrer, combatê-lo.

i) **Ambiente** – Precariedade do sistema de para-raios, do terra das estruturas e da rede elétrica, dos extintores, da rede de hidrante e da disponibilidade de água reservada para o combate ao incêndio.

Teríamos então de tratar os seguintes aspectos no sentido de eliminar o risco de incêndio na área Logística:

- Teoria geral do fogo.
- Edifícios seguros.
- Equipamento de prevenção de incêndio.
- Equipamento de combate a incêndio.
- Contratação do seguro contra furtos, roubos e incêndio.
- Regulação de sinistro.
- Aspectos policiais, processuais e responsabilidade civil e criminal.

7.2.2 A formação do incêndio

Para que um incêndio ocorra, são necessárias quatro condições:

- Existência de combustível.
- Existência de calor.
- Presença de comburente.
- Reação em cadeia.

Combustíveis – São líquidos, misturas de líquidos ou líquidos contendo sólidos, em solução ou em suspensão, capazes de produzir vapores combustíveis a temperatura acima de 60,5 °C (vaso fechado) ou 65,5 °C (vaso aberto).

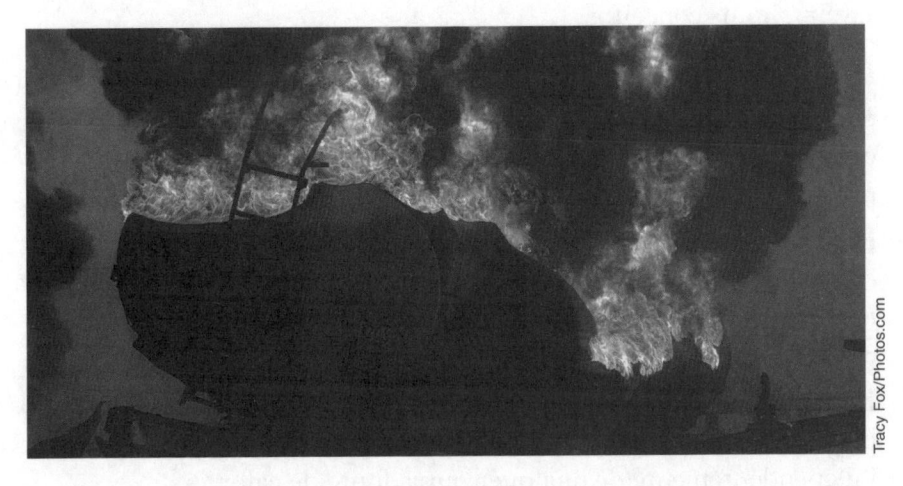

FIGURA 7.7 O fogo no combustível se esgota quando acaba a substância.

Comburentes – Substâncias que alimentam a combustão.

Cada face da pirâmide representa uma condição de incêndio provocado por combustíveis. A eliminação de somente uma condição cessa o fogo.

```
        O₂                          Combustível
     Oxigênio

         Considerando uma pirâmide
         e sendo cada face uma condição,
         podemos visualizar que as condições
         são interdependentes. A eliminação de
         somente uma condição faz cessar o fogo.

              Ignição
```

FIGURA 7.8 As condições da ocorrência do incêndio provocado por combustível.

Os incêndios podem ser separados por classe:

- **Classe A** – Fogo alimentado por materiais sólidos, como papéis, madeiras e tecidos, deixando cinzas e resíduos.
- **Classe B** – Fogo em líquidos, combustíveis, tais como gasolina, querosene, álcool, óleo, gás liquefeito etc., que não deixam resíduos após a combustão.
- **Classe C** – Fogo em equipamentos elétricos energizados.
- **Classe D** – Fogo em aparas e pós de alguns metais.

A seguir, alguns conceitos:

a) **Ponto de fulgor** – Temperatura mínima na qual os corpos combustíveis começam a desprender vapores que produzem *flashes*, quando em contato com uma fonte externa de calor. Retirada a fonte externa de calor, cessa o processo.

b) **Ponto de combustão** – Temperatura mínima na qual os vapores desprendidos dos corpos combustíveis, ao entrarem em contato com uma fonte externa de calor, entram em combustão. Retirada a fonte externa, o processo continua.

c) **Ponto de ignição** – Temperatura na qual os gases desprendidos dos combustíveis entram em combustão, apenas pelo contato com o oxigênio do ar, independentemente de qualquer outra fonte de calor.

d) **Transmissão de calor** – Realizada de molécula para molécula, por meio de um movimento vibratório, que as anima e se comunica de uma para outra. Para que exista condução, é essencial a continuidade da matéria entre a fonte calorífica e o corpo que recebe calor. Por exemplo, uma barra de ferro aquecida em uma extremidade em pouco tempo estará aquecida na extremidade oposta.

e) **Convecção** – Método de transmissão de calor característico dos fluidos (líquidos e gases). Dá-se pela formação de correntes ascendentes e descendentes no seio da massa líquida. O calor gerado em uma estufa se transmite por convecção, mediante o aquecimento do ar. O ar aquecido se expande, tendendo a subir, e a propagação por convecção ocorre naturalmente na direção de baixo para cima, embora as correntes de ar possam ser dirigidas em qualquer direção.

f) **Radiação** – Transmissão do calor por meio de raios ou ondas. Desta maneira é que é recebido o calor do sol. O calor irradiado passa livremente através do vácuo e de gases com moléculas simétricas, tais como hidrogênio, oxigênio e nitrogênio. Sendo o ar uma mistura de oxigênio e nitrogênio, não haverá a absorção alguma do calor radiado pelo ar, exceto se este contiver vapor d'água, bióxido de carbono, bióxido de enxofre, hidrocarbonetos ou outros contaminantes. Os raios de uma fonte de calor propagam-se em todas as direções. Quanto mais afastado estiver um objeto exposto à fonte de calor, mais baixa a concentração de calor que o alcança.

7.2.3 Como o incêndio se desenvolve

O incêndio poderá ser dividido em três fases:

a) **Eclosão do incêndio** – Por eclosão entende-se a causa imediata, ou seja, o evento que, atuando sobre as condições existentes, é capaz de dar origem ao incêndio. Devem-se identificar esses eventos e descrever em que condições atuam.

b) **Instalação do incêndio** – É o primeiro momento do incêndio, em que as condições se transformam em uma forma definida de combustão, decorrente da natureza do material em que se dá a instalação.

c) **Propagação do incêndio** – Caracteriza-se por todo o desenvolvimento do incêndio após a sua instalação, com certa natureza, dimensões e local de instalação. Devem-se examinar as razões da propagação do incêndio.

Para maior compreensão das definições mencionadas, segue um exemplo:

Uma instalação elétrica é utilizada em sobrecarga, resultando no aquecimento dos condutores e combustão do material isolante do forro. Algum tempo depois, o fogo envolve todo o forro, levando o incêndio para o travejamento e as mercadorias depositadas abaixo.

Responsável pela eclosão

- Utilização imprópria do equipamento elétrico e falha no sistema de proteção contra amperagem elevada.

Material em que se instala

- Isolante elétrico inadequado.

Razões da propagação

- Demora em detectar o incêndio.
- Utilização de materiais combustíveis no forro, acabamento e estrutura.
- Presença de grande quantidade de materiais comburentes.

7.2.4 Prevenção

Os incêndios são provocados por causas repetitivas, que podem ser relacionadas nas estatísticas de sinistros:

CAUSAS REPETITIVAS DE INCÊNDIOS		
%	CAUSAS REPETITIVAS	COMENTÁRIOS
19%	Eletricidade	Desenvolver um bom projeto, boa proteção, boa execução e manutenção.
14%	Atrito	Utilizar metais diferentes.
12%	Centelhas	Afastar centelhador do combustível.
8%	Cigarros	Proibir o fumo.
7%	Superfícies aquecidas	Afastar combustíveis, verificar a causa e esfriar a superfície.
6%	Partículas incandescentes	Eliminar a origem.
6%	Ignição espontânea	Dispersar vapores e reduzir temperatura.
5%	Raios, reações químicas e incêndios premeditados	Instalar para-raios, manter afastados entre si materiais reagentes e controlar cadastro das pessoas.
4%	Soldas e cortes	Realizar procedimentos somente com segurança.
3%	Materiais aquecidos	Retirar materiais inflamáveis das proximidades.
2%	Eletricidade estática	Aterrar todos os equipamentos e superfícies não condutoras.

7.2.5 Inspeção de prevenção de incêndio

A área protegida de maneira preventiva deverá ser inspecionada periodicamente, os problemas registrados e as ações corretivas implantadas sistematicamente e com o máximo rigor. Para que a inspeção se torne sistemática, procura-se utilizar um *chek-list*, como sugerimos a seguir:

FORMULÁRIO DE INSPEÇÃO SISTEMÁTICA			
ITEM	PONTOS DE VERIFICAÇÃO		
A	EXTINTORES	SIM	NÃO
1	Os acessos aos extintores estão desobstruídos?		
2	A sinalização nas paredes e no piso está visível?		
3	Os extintores estão carregados e prontos para serem usados?		
4	As cargas estão sendo renovadas nas épocas devidas?		
5	Os extintores são colocados em seus respectivos lugares?		
B	HIDRANTES	SIM	NÃO
1	Os acessos aos equipamentos estão desobstruídos?		
2	Os equipamentos dispõem de espaço acessível às manobras?		
3	As válvulas funcionam regularmente?		
4	As roscas e engates estão em ordem?		
5	As válvulas de controle são mantidas abertas?		
6	As mangueiras estão prontas para serem utilizadas?		
7	As mangueiras e seus pertences são guardados nos seus abrigos?		
8	Os abrigos estão secos e desobstruídos?		
9	Os esguichos estão acoplados às mangueiras?		
10	O reservatório destinado à rede está permanentemente cheio?		
11	O conjunto *motor-bomba de incêndio* é testado semanalmente?		
12	O restante da instalação é testado periodicamente?		
13	O sistema todo apresenta boas condições de funcionamento?		
14	O sistema todo permanece pronto para a operação?		

continua

continuação

C	CHAMAS ABERTAS	SIM	NÃO
1	É proibido chama aberta perto de inflamáveis?		
2	Os aquecedores portáteis foram colocados em local livre?		
3	Existem queimadores de resíduos nos aquecedores?		
4	As válvulas de retenção são adequadas?		
5	Existe válvula de segurança para cortar o combustível?		
6	As linhas de combustível são protegidas?		
D	ELETRICIDADE ESTÁTICA	SIM	NÃO
1	Os veículos-tanques têm conexão terra?		
2	Os equipamentos são aterrados?		
3	A ventilação dos ambientes explosivos é adequada?		
4	São utilizados calçados adequados em ambiente inflamável?		
E	PINTURA	SIM	NÃO
1	Os locais e cabines são mantidos limpos?		
2	São utilizadas ferramentas à prova de centelha?		
3	Os inflamáveis estão em recipiente de segurança?		
4	A ventilação no local é adequada?		
5	Existe o controle da concentração dos aerodispersoides?		
6	Existe o controle dos resíduos?		
7	Os trapos embebidos são recolhidos para um local seguro?		
F	ATRITO	SIM	NÃO
1	As transmissões são lubrificadas regularmente?		
2	As correias estão colocadas adequadamente?		
3	Os componentes das máquinas estão alinhados?		
4	Existe esquema de limpeza adequado?		
5	Existe sistema adequado de manutenção preventiva?		

continua

continuação

G	IGNIÇÃO ESPONTÂNEA	SIM	NÃO
1	Os resíduos de inflamáveis são colocados em local adequado?		
2	O material é empilhado em lugar seco e bem ventilado?		
3	Os recipientes de lixo são esvaziados regularmente?		
4	É evitada a umidade junto a materiais sujeitos a ignição espontânea?		
5	É verificada a temperatura da pilha de materiais?		
H	**CIGARRO E FÓSFOROS**	**SIM**	**NÃO**
1	Existe a demarcação dos locais onde é permitido fumar?		
2	A proibição de não fumar em outros locais é respeitada?		
3	É proibido fumar nos depósitos de material?		
4	Existem recipientes adequados para fósforos e cigarros?		
5	É proibido fumar próximo a inflamáveis?		
6	É proibido fumar em atmosferas perigosas?		
I	**SOLDA E CORTE**	**SIM**	**NÃO**
1	Há necessidade de permissão especial para o serviço?		
2	A área de serviço é inspecionada antes do trabalho?		
3	A área de serviço é inspecionada depois do trabalho?		
4	Os trabalhos são realizados com supervisão de segurança?		
5	É evitada a dispersão das centelhas?		
6	Todo material combustível é removido ou protegido?		
7	Os recipientes contendo inflamáveis são limpos e neutralizados?		
8	A mangueira do equipamento oxiacetileno é protegida?		
9	Os cilindros de gás de reposição são afastados do local?		

continua

continuação

J	ELETRICIDADE	SIM	NÃO
1	As instalações estão de acordo com as normas?		
2	Os fusíveis utilizados são adequados a demanda tolerável?		
3	As cabines possuem ventilação suficiente?		
4	O óleo dos transformadores e disjuntores é controlado?		
5	Os motores e ferramentas elétricas estão limpos?		
6	As ligações ao terra estão limpas e seguras?		
7	A fiação possui isolamento adequado?		
8	Os solventes de limpeza são utilizados com segurança?		
9	O dimensionamento da instalação está correto?		
K	SUPERFÍCIES QUENTES	SIM	NÃO
1	Existe espaço livre ao redor das fornalhas?		
2	As cinzas são recolhidas em vasilhame adequado?		
3	O material combustível foi afastado dos dutos aquecidos?		
4	O material combustível foi afastado dos fornos de solda?		

Depois da inspeção deverá ser apresentado um relatório:

ÁREA DE VERIFICAÇÃO	RELATÓRIO DOS ITENS COM RESPOSTA NEGATIVA INDICANDO NÃO CONFORMIDADE	
	NÃO CONFORMIDADE	PROVIDÊNCIAS
Extintores		
Hidrantes		
Chamas abertas		
Eletricidade estática		
Pintura		
Atrito		

continua

continuação

ÁREA DE VERIFICAÇÃO	RELATÓRIO DOS ITENS COM RESPOSTA NEGATIVA INDICANDO NÃO CONFORMIDADE	
	NÃO CONFORMIDADE	PROVIDÊNCIAS
Ignição espontânea		
Cigarros e fósforos		
Solda e corte		
Eletricidade		
Superfícies aquecidas		

7.2.6 Comportamento no incêndio

Ao soar o alarme de incêndio, as pessoas que estiverem no local devem proceder conforme estas primeiras recomendações:

1. **Eletricidade** – Desligar inicialmente o sistema elétrico, retirar as pessoas destreinadas e incapazes, chamar os bombeiros e tratar de combater o princípio de incêndio com extintores e água, se for o caso.
2. **Pânico** – Não gritar e não correr para não instaurar pânico. Sair pelas portas principais e de emergência, de maneira rápida, mas sem afobação.
3. **Elevadores** – Nunca utilizar nenhum elevador, pois a eletricidade será desligada e as pessoas ficarão presas.
4. **Combustível** – Retirar o combustível existente no local.
5. **Comburente** – Retirar o comburente existente no local.
6. **Refrescar** – Esfriar o local do incêndio.
7. **Interromper** – Quebrar a combustão pela utilização de extintores químicos ou de espuma.
8. **Lugar** – Ir para o andar de onde será mais fácil sair do prédio.
9. **Role** – Apagar o fogo da roupa com um tapete ou coberta e rolar no chão.
10. **Visibilidade** – Encaminhar-se para as janelas, com algo bem visível para chamar a atenção.
11. **Salvamento** – Nunca saltar da janela. Aguardar as instruções do pessoal de salvamento.
12. **Solo** – Sair rastejando e respirando bem junto ao solo e utilizar um pano molhado para respirar, resfriando os gases.

7.3 SEGURANÇA ANTI-INCÊNDIO NA ÁREA DE MATERIAIS

7.3.1 Introdução

Para criar condições da elevação no nível de segurança da área, recomenda-se que a administração da Logística Industrial estabeleça uma norma para a mais ampla divulgação e treinamento dos colaboradores. Um exemplo desta norma, apresentamos a seguir.

7.3.2 Norma

NORMA DE SEGURANÇA ANTI-INCÊNDIO

OBJETIVO

As normas de procedimento anti-incêndio têm como o objetivo primário a proteção do ser humano que trabalha na Logística Industrial, de tal maneira que este pessoal não seja ferido ou mesmo perca a vida na ocorrência de um sinistro.

As instalações e os investimentos da empresa também devem ser preservados, contra as perdas ocasionadas por um sinistro. A perda da capacidade de trabalho da empresa poderá resultar na perda do emprego de seus colaboradores e pesadas perdas financeiras e econômicas de seus sócios.

ALARME CONTRA INCÊNDIO

a) **Velocidade** – Os incêndios devem ser debelados rapidamente para não se perder o controle e, para tanto, é fundamental que o alarme seja acionado rapidamente. Em todas as áreas deverá existir um alarme, sonoro, audível e com comunicação com a organização de combate de incêndio.

b) **Comunicação** – O sistema telefônico deverá ter ramais exclusivos para a comunicação no caso de incêndios, totalmente isolados da comunicação normal, e os seus ramais devem ser amplamente divulgados a todos e cartazes indicadores dos ramais devem ser fixados em todos os locais e perto de todos os aparelhos telefônicos.

c) **Avisos** – As sirenes do alarme contra incêndio devem emitir um sinal inconfundível e o pessoal deve ser treinado a reconhecê-lo.

d) **Alarmes** – O local da instalação dos alarmes contra incêndio deve estar em áreas demarcadas e que não poderão ser obstruídas.

e) **Tampo** – As caixas lacradas, com tampo de vidro, facilmente quebrável, com os botões de alarme dentro, devem estar em todas as áreas de acesso às principais áreas de atividade da empresa.

EXTINTORES E HIDRANTES

a) **Áreas** – As áreas de segurança para a localização dos equipamentos de combate a incêndio, demarcadas no piso, não deverão ser obstruídas, inclusive a via de acesso a este local.

b) **Visão** – Os extintores de incêndio deverão ser instalados em local com boa visibilidade para todos, estarem devidamente sinalizados e os aparelhos devem ser de fácil acesso.

c) **Água** – Os hidrantes devem ser testados mensalmente em suas posições mais desfavoráveis considerando-se a pressão mínima de 15 m.c.a ou 86 libras. A capacidade mínima do reservatório de água para combate a incêndios deverá ser suficiente para garantir o suprimento de três saídas, em funcionamento simultâneo, durante o tempo de 35 minutos e o reservatório deve ser dotado de meios de assegurar uma reserva efetiva da capacidade.

d) **Utilização** – Os hidrantes somente poderão ser utilizados para o combate ao incêndio, simulações e testes e em nenhuma hipótese poderão ser utilizados para lavagem de piso ou irrigação de jardim.

SAÍDAS DE EMERGÊNCIA

a) **Abertura** – Todas as portas de saídas de emergência devem abrir para fora no sentido da saída do pessoal.

b) **Visibilidade** – As portas de emergência devem ser dispostas em locais privilegiados, bem visíveis, de fácil acesso e sem obstáculos, mesmo ocasionais.

c) **Direção** – Toda a área de risco, atendida pela porta de emergência, deverá ser profusamente sinalizada com indicação de direção a seguir para se sair da área de risco. Os corredores de acesso à porta de emergência devem ter sinalização visível da proibição de obstrução e devem estar permanentemente livres.

d) **Facilidade** – As portas de emergência devem ser abertas por dentro, sem chave, sem ferrolhos e com facilidade, não podendo ser duras para abrir.

ARMAZÉM DE MATERIAL

a) **Voláteis** – As substâncias voláteis e inflamáveis deverão ser armazenadas distantes das fontes de calor ou material comburente.

b) **Solda** – Nas operações de solda e oxicorte, os tubos de acetileno devem estar distantes uns dos outros e isolados dos tubos de oxigênio.

c) **Solventes** – O solvente armazenado nas áreas de produção deve ser suficiente para apenas um turno de trabalho. Possivelmente, o abastecimento de solventes deverá vir por tubulação enterrada até o local de utilização. Os pequenos reservatórios com solventes devem ser estanques e com abertura automática quando pressionados.

d) **Local** – O armazém de inflamáveis deverá ser isolado do restante da fábrica, sempre cobertos e com ampla ventilação lateral. Não se devem deixar tambores de solventes expostos ao sol.

e) **Cuidados** – Não se fuma na área de armazenagem de inflamáveis, não se utilizam telefones celulares, não se utilizam ferramentas motorizadas com coletor rotativo, não se utilizam pisos de metal, utilizam-se ferramentas não ferrosas e todo o conjunto deverá ter um sistema de aterramento para garantir terra em todos os recipientes e a estrutura do prédio.

f) **Tintas** – As tintas inflamáveis deverão ser segregadas e não misturadas com outros materiais, seja qual for a natureza.

g) **Seletividade** – Não se devem armazenar junto materiais que possam reagir quimicamente entre si, no seu estado natural ou na forma de vapores. Não se colocam materiais inflamáveis sobre outros sensíveis a combustão.

h) **Rotulagem** – Os materiais inflamáveis devem ser profusamente identificados com rótulos com cores diversas para cada natureza química e deve-se garantir que esta identificação permaneça durante a armazenagem, movimentação e utilização. Não deverá haver a possibilidade de perda da identificação da embalagem.

i) **Eletricidade** – As instalações elétricas devem ser executadas atendendo o rigor das normas e com distribuição das fases, neutro e terra. O sistema de aterramento deverá obedecer às normas e ser devidamente testado contra o neutro da rede. Qualquer diferença de potencial entre o neutro e o terra, acima do tolerado pelas normas, deverá resultar em ação imediata de correção.

j) **Sobrecarga** – Não utilizar extensões para ligar vários equipamentos em uma mesma tomada de energia.

k) **Luminárias** – Os locais de armazenamento de solventes deverão estar providos de luminárias e instalações elétricas à prova de explosão, apagadoras de faíscas geradas internamente aos equipamentos.

l) **Batidas** – Qualquer circunstância que possa provocar o choque de duas partes de ferro ou aço deve ser rapidamente eliminada.

m) **Cuidados** – Todos os locais devem estar permanentemente limpos, sem papéis acumulados, sem estopas sujas de graxa e solvente.

n) **Papel** – Não se deve acumular papel carbono, resultado da descarbonização de impressos contínuos dos computadores.

o) **Proximidade** – Os materiais não devem se aproximar das luminárias, mesmo que protegidas.

p) **Sinalização** – Toda a área de risco deverá estar amplamente sinalizada, com placas bem grandes, com boa programação visual e em uma linguagem compreensível para as pessoas.

q) **Treinamento** – As áreas de risco devem ser interditadas para as pessoas não treinadas e sem equipamento de segurança.

r) **Preservação** – As embalagens deverão estar sempre fechadas e rotuladas.

BRIGADA DE INCÊNDIO

a) **Equipe** – A Equipe de Bombeiros Auxiliares deve ter membros de todas as áreas da empresa.

b) **Cursos** – Todos os membros da Brigada de Incêndio devem ter curso de Formação de Bombeiros com um mínimo de dez horas-aula.

c) **Críticas** – As áreas de maior grau de risco devem ter vários representantes na Brigada de Incêndio.

d) **Temática** – O curso de Bombeiro deverá atender a seguinte temática:

- Definição de fogo e as suas classes.
- Pontos de fulgor, combustão e ignição.
- Armazenagem de materiais.
- Equipamentos de combate ao incêndio, agentes extintores.
- Planos antipânico e evacuação do pessoal da área sinistrada.
- Hidrantes, mangueiras e esguichos.
- Extintores potáveis e de carretas.
- Alarme contra incêndio.
- Proporcionador de espuma, bombas de recalque, escadas de salvamento.
- Evacuação e isolamento da área.
- Equipamentos autônomos de respiração.

e) **Prática** – Deverão ser realizados testes práticos com a Brigada de Incêndio, com conhecimento geral do pessoal, mediante aviso mensal com dizeres bem precisos.

NORMAS GERAIS

a) **Limpeza** – A fábrica deverá estar permanentemente limpa e o lixo acumulado em local adequado deverá ser sistematicamente removido.

b) **Líquido** – Não se deverá permitir a formação de poças de qualquer material, muito menos material inflamável ou combustível.

c) **Improvisação** – Não se podem alterar as instalações elétricas, improvisando reforços de fusíveis.

d) **Disciplina** – Aplicam-se severamente as punições mencionadas no regulamento, normas e procedimento, quando uma determinada pessoa não cumpre as recomendações de segurança.

e) **Imprudência** – Não se deve aquecer qualquer coisa com fogareiros.

f) **Inquérito** – Qualquer sinistro debelado deverá ser objeto de um inquérito administrativo com o apoio de laudos técnicos, para apurar responsabilidades civis e criminais.

g) **Treinamento** – Todas as pessoas que trabalham na empresa devem receber treinamento para saber como agir em situações de sinistro.

h) **Soldagem** – As soldas somente deverão ser realizadas com a participação de membros da Brigada de Incêndio.

i) **Fumo** – A seleção de pessoal deverá dar preferência para não fumantes.

j) **Condições** – A manutenção elétrica deverá manter todo o sistema na mais perfeita ordem e condições técnicas.

k) **Informações** – Todos os documentos societários e legais, discos de computação, instrumentos preciosos, documentação técnica devem ser armazenados em armários ou arquivos contra fogo.

NORMAS PARA OS COLABORADORES

a) **Alarme** – O empregado deverá dar alarme a qualquer sinal de fumaça. Avisar sempre quando perceber qualquer situação de risco.

b) **Fumo** – Não ser fumante.

c) **Ordem** – Não guardar estopa ou trapos impregnados.

d) **Fogo** – Não manter fogo de qualquer natureza.

e) **Asfixia** – Não transitar em locais tomados por fumaça, que asfixia e intoxica.

f) **Controle** – Restabelecer a calma no sinistro e ajudar as pessoas a saírem do local.

g) **Curiosidade** – Sair da área sinistrada se não tiver treinamento para o combate de incêndio.

h) **Formação** – Procurar as oportunidades de receber treinamento de segurança.

7.4 PLANO DE EMERGÊNCIA

7.4.1 Introdução

Uma vez ocorrido um sinistro na área de Logística Industrial, é aconselhável que todo o pessoal seja treinado para saber agir em uma situação de emergência, para melhor preservar a integridade dos funcionários e do patrimônio da empresa. Para tanto, deve-se editar uma norma de procedimento em emergências para ser usada em treinamento interno. A seguir é apresentado um exemplo de norma, que poderá ser adaptado a cada empresa:

7.4.2 Modelo de norma

NORMA DE PROCEDIMENTO EM EMERGÊNCIAS

OBJETIVO

Estabelecer atribuições aos diversos setores de Logística Industrial para um trabalho de ação rápida, segura e efetiva nos casos de emergência, salvaguardando a integridade física das pessoas, do meio ambiente e do patrimônio da empresa.

CAMPO DE APLICAÇÃO

- Todas as áreas de Logística Industrial.

ALCANCE

- O plano abrange emergências ocorridas durante o horário comercial e fora dele (trabalho noturno, sábados, domingos e feriados).

PESSOAL ENVOLVIDO E GRUPOS DE APOIO

Andreas/Photos.com

- Unidade atingida.
- Bombeiros.
- Brigadistas.
- Segurança Patrimonial.
- Serviço Médico.
- Manutenção.
- Segurança do Trabalho.
- Transporte.
- Telefonia.
- Diretoria de fábrica.
- Bombeiros externos

- Unidades não atingidas.
- Serviço Social.
- Comunicação Social.

ATUAÇÕES

Unidade atingida

Detecção da emergência

O funcionário que detecta a emergência deve proceder da seguinte forma:

- Acionar a botoeira de alarme manual ou comunicar-se com o setor de segurança.
- Dar início ao combate, se for habilitado para a tarefa.
- Descrever a ocorrência quando da chegada dos bombeiros e afastar-se do local.
- Informar a chefia da área.

Chefia de Área

- Aguardar a chegada dos bombeiros/brigadistas nas proximidades do local de emergência.
- Assessorar o atendimento de emergência, informando aos especialistas sobre os materiais/equipamentos da área envolvida.
- Desativar equipamentos que, porventura, foram esquecidos ligados e confirmar a inexistência de funcionários, depois de decretado o abandono do local.
- Dirigir-se ao local de encontro preestabelecido para a coordenação das ações emergenciais.

Coordenador de abandono

- Coordenar o abandono do local, após aviso do bombeiro.
- Dirigir-se ao *local de encontro*, conferindo o número de pessoas que trabalhavam na área atingida.

Bombeiros

- Ao receber a chamada via painel ou telefone, liberar as viaturas de apoio e combate.
- Informar, via rádio, todas as estações da empresa sobre o tipo e local em emergência.
- Coordenar todas as ações de combate ao sinistro.
- Analisar a necessidade de abandono do local informando o coordenador.
- Destacar bombeiros e brigadistas quanto à atividade a executar (uso de mangueira, extintores, transporte de acidentados etc.).
- Manter a Central de Bombeiros informada sobre a situação.
- Ordenar, via rádio, a Central de Bombeiros sobre o momento de acionar o Corpo de Bombeiros externo.
- Acionar, via rádio, a Manutenção Elétrico-Mecânica e informar sobre o local atingido, para possível desligamento de energia, algumas utilidades ou equipamentos, substituição de válvulas, desconexão de linhas etc.

Brigadistas

- Dirigir-se ao local em emergência.
- Aguardar instruções do líder de bombeiros.
- Quando necessário, auxiliar o pessoal no abandono de local e isolamento da área.

Serviço Médico

- Colocar o ambulatório em estado de alerta. Dispensar as pessoas que aguardam atendimento de rotina.
- Deslocar médico ou enfermeiro ao local da emergência, com a ambulância dirigida por um auxiliar ou segurança.
- Acompanhar vítima ao ambulatório.
- Determinar transporte de vítimas aos hospitais.

Manutenção

- Dirigir-se à área atingida, apresentando-se ao líder dos bombeiros.

Segurança do Trabalho e Meio Ambiente

- Dirigir-se ao local em estado de emergência.
- Auxiliar na identificação dos produtos atingidos, fornecendo informações técnicas complementares.
- Auxiliar no socorro às vitimas.

- Auxiliar no isolamento do local.
- Auxiliar com equipamentos que se façam necessários na emergência, como EPIs, bombas etc.
- Alertar sobre eventuais situações de perigo iminente.
- Prever condições de armazenamento e/ou tratamentos para os efluentes.

Segurança Patrimonial

- Receber comunicação via rádio e deslocar um vigilante para a ambulância e um para a Central de Bombeiros.
- Bloquear portarias e auxiliar no isolamento de ruas da área atingida.
- Orientar viaturas de bombeiros externos quanto ao local em emergência.

Transporte

- Permanecer em estado de alerta, colocando-se em prontidão recursos humanos (motoristas) e materiais (tratores, empilhadeiras etc.).
- Enviar motorista com um veículo ao Ambulatório Médico.
- Equipamentos em operação devem ser imediatamente estacionados de modo que não obstruam as ruas, permitindo circulação das equipes de emergência.
- Manter livres todos os ramais telefônicos dos departamentos, para atendimento a emergências.
- Manter uma pessoa de plantão no Almoxarifado Técnico, para fornecimento de materiais de apoio a emergências, como EPIs, ferramentas etc.
- Manter o setor de Tráfego e Fretes em alerta aguardando instruções dos coordenadores de emergência, quanto à necessidade de contratação de veículo.

Telefonia

- Manter a Central Telefônica exclusivamente para atendimento da área em emergência.
- Não fornecer informações externas.

Diretoria de Fábrica

- Acompanhar os acontecimentos no local. Manter os demais membros da diretoria informados da evolução dos acontecimentos.

Bombeiros externos

- Receber comunicação por telefone diretamente da Central de Bombeiros.
- Receber na portaria orientação quanto ao acesso à área em emergência.
- Auxiliar na emergência atuando em conjunto com o líder dos bombeiros.

Unidades não atingidas

- Desenvolver suas atividades normalmente até orientação em contrário.

Serviço Social

- Acompanhar atendimento hospitalar de possíveis vítimas.
- Informar familiares de todos os funcionários.

Comunicação Social

- Atender à imprensa.
- Emitir comunicação interna aos demais funcionários.

7.5 ADMINISTRAÇÃO DE PERDAS

7.5.1 Características propícias ao furto

Peculiaridades dos materiais, como densidade, peso, volume, valor, perecibilidade, periculosidade, inflamabilidade e sensibilidade, condicionam as características de determinada distribuição logística.

Produtos acabados, movimentados em canal de distribuição, apresentam níveis diversos de atração para o furto, como exemplificado a seguir:

a) **Baixa atração** – Dificuldades de repasse do produto do furto determinam um baixo nível de atração.

b) **Elevada atração** – Produtos com densidade econômica alta e de fácil repasse apresentam um nível de atração alto.

O furto de produtos apresenta dois níveis diversos:

a) **Pessoas** – Furto de produtos para uso pessoal, sempre realizado em pequenas quantidades e, em geral, inexpressivo do ponto de vista econômico.

Exemplo:

Ao observarmos um caminhão de entrega em supermercados, sempre encontramos na cabine produtos variados. O motorista, depois, confessou que em cada entrega deixava de descarregar uma caixa de produtos, levando-a para a cabine e, posteriormente, ela era distribuída a um familiar.

b) **Profissionais** – Furto planejado para repasse a receptadores ou comercialização por conta própria.

Exemplo:

O gerente do Centro de Processamento de Dados montou uma quadrilha. Em princípio criou um cliente fictício, aprovou o seu crédito, inseriu pedidos fantasmas e mandou faturar e entregar as mercadorias em um depósito alugado. Ele foi pego, porque detectou-se a falta de assinatura em um canhoto da Transportadora, que logo levou o assunto à Administração de Logística Industrial.

7.5.2 Substituição pelo concorrente

Outro aspecto que condiciona a estrutura da distribuição dos produtos e serviços é o seu nível de diferenciação, facilmente reconhecido pelo cliente. Produtos ou serviços facilmente substituíveis pela presença dos concorrentes são muito sensíveis a qualquer falha da distribuição. Uma simples falha de serviço pode colocar a venda em risco, pois o cliente rapidamente procura a concorrência. A próxima venda requererá todo um trabalho de conquista, porque aquela foi perdida para a concorrência.

O produto ou serviço que está sendo introduzido no mercado deve receber tratamento especial. Não há histórico de vendas, níveis adequados de estoque, a produção ainda é incipiente e incerta, além de haver um nível elevado de incertezas com relação ao comportamento do cliente e usuário. Quando se eleva o interesse do mercado pelo novo produto ou serviço, a atenção deverá ser redobrada, pois não se conhece, ainda, o patamar de estabilização da demanda.

7.5.3 Administração das perdas

De acordo com as observações realizadas, as perdas das mercadorias e os custos da segurança poderão representar 3% de todas as vendas realizadas. As perdas podem, portanto, significar 30% de uma rentabilidade operacional de 10%.

As perdas são medidas pela diferença entre as mercadorias que deveriam estar em estoque e as menores quantidades registradas nos inventários realizados.

Exemplo:

As mercadorias eram entregues na expedição, mediante rigorosa conferência depois da separação dos pedidos. Contudo, uma quadrilha foi montada envolvendo o separador, o conferente e o expedidor. Assim, certa quantidade de mercadorias passava todos os dias pelos controles sem documentação.

O valor das perdas significa redução do resultado. Para reverter tal situação, é necessário realizar vendas adicionais, que gerarão resultado equivalente ao perdido.

O furto de mercadorias poderá assumir vários aspectos:

- **Desfalque** – Ocorre quando uma pessoa furta mercadorias dos estoques.
- **Agente interno** – Ocorre quando o crime é cometido por um funcionário.
- **Gatunice** – Ação praticada pela colocação de mercadorias em sacolas, bolso e bolsas.

Os ladrões se concentram em mercadorias muito procuradas no mercado, que permitem serem revendidas com facilidade. Já os cleptomaníacos são doentes, que necessitam de assistência médica. Outros furtam por puro divertimento.

Para proteger os estoques dos ladrões, os seguintes pontos devem ser observados pela Administração:

- **Ocasião** – Os ladrões não desejam atenção dos funcionários e agem quando todos estão ocupados.
- **Ocultação** – Atenção a roupas largas e bolsas volumosas.
- **Atenção** – Cuidado com os ladrões que trabalham em equipe, um distraindo o funcionário e o outro furtando.
- **Detecção** – Mantenha o estoque em perfeita ordem para detectar imediatamente as faltas.
- **Alerta** – Tenha um sistema de alerta e de ação para controlar o ladrão.

Os funcionários não devem agir diretamente no combate ao ladrão, mas acionar o sistema de alerta para que o pessoal especializado cuide do assunto. Funcionários não são policiais, por essa razão não devem agir como tais.

Quanto ao tipo de furto de mercadorias por funcionários, seguem algumas variantes:

- Retirar as mercadorias diretamente dos estoques.
- Passar as mercadorias para um cúmplice.
- Montar quadrilhas com o pessoal da área de Logística.
- Dar descontos extras e não autorizados para clientes de seu relacionamento.

- Comprar em preço promocional, artificialmente concedido.
- Emitir um documento falso de venda e retirar a mercadoria na Expedição.
- Mandar mercadorias boas para o lixo ou para o setor de sucata da empresa e depois retirar como não utilizáveis.

Os furtos de funcionários também poderão ocorrer na área Financeira:

- **Registro** – Não registrar a venda no computador e embolsar o dinheiro pago pelo cliente.
- **Embolso** – Vender por um valor maior que o registrado e embolsar a diferença.
- **A crédito** – Dar entrada falsa, como venda a crédito, de venda realizada efetivamente à vista.
- **Devoluções** – Forjar falsas devoluções de mercadorias para clientes e embolsar o valor.
- **Apropriação** – Retirar numerário diretamente do caixa.

O desenvolvimento de um sentimento de lealdade e honestidade à empresa ajuda muito a prevenir esses problemas. Entretanto, tais sentimentos refletem o comportamento dos superiores e dos acionistas. Estes, ao passarem uma má imagem, certamente contribuirão para um recrudescimento destes problemas com os funcionários.

Exemplo:

Um diretor vice-presidente e encarregado de Compras começou a receber comissões dos fornecedores. Tal comportamento se infiltrou na organização. Tempos depois, todos os funcionários começaram a reproduzir o exemplo do "patrão", e a corrupção generalizada se instalou, levando a empresa à falência.

Bons funcionários não se abatem com os programas de prevenção de perdas, podendo inclusive participar ativamente das atividades. Providências relacionadas a tais iniciativas podem atender aos seguintes pontos:

- **Contratação** – Selecione com muito cuidado os novos colaboradores. Esta tarefa é a mais importante que uma empresa deverá exercer. Somente contrate pessoas com referências, que devem ser confirmadas mediante contatos pessoais.
- **Treinamento** – Informe a todos os candidatos ao emprego sobre o programa de prevenção de perdas e pergunte sobre sua disposição de se engajar.
- **Conscientização** – Estabeleça um programa de comunicação com os funcionários, informando que a desonestidade é imoral e ilegal e que, uma vez apurada, a empresa agirá dentro da lei e com todo o rigor.

- **Abertura** – Mantenha aberto um canal para que funcionários comuniquem suspeitas de furto, mesmo que de forma anônima.

A empresa deverá deixar bem claro em seu regulamento quais serão as consequências de responsabilidades apuradas:

- **Política** – Estabeleça uma política firme e determinada a respeito de procedimentos ilícitos.
- **Autoridade** – Aja com os responsáveis estritamente dentro da legalidade e em coordenação com a autoridade policial.
- **Punição** – Encerrada a relação empregatícia, prossiga com o processo punitivo do funcionário desonesto.
- **Referências** – Informe aos futuros empregadores destas pessoas a situação do processo em andamento.
- **Inquérito** – Sempre instaure um processo administrativo, à margem de qualquer inquérito policial, dando ampla oportunidade de pronunciamento e de defesa ao funcionário. Nesse período, o funcionário deverá estar afastado do trabalho, mas à disposição do inquérito. Submeta o resultado do inquérito à Diretoria e comunique ao funcionário o resultado da decisão. Se for o caso, demita-o, com base no resultado do inquérito.

EXERCÍCIOS

1. Explique: o que é segurança e risco na área da Logística Industrial?
2. Como garantir a estabilidade de uma empilhadeira carregada?
3. Quais as dimensões importantes a serem consideradas na seleção adequada de uma empilhadeira?
4. Quais os cuidados ao carregar e descarregar uma empilhadeira?
5. Quais as verificações de rotina que um operador de empilhadeira deverá realizar no equipamento?
6. Como evitar acidentes de trabalho na operação de uma empilhadeira?
7. Quais os cuidados ao se movimentar uma empilhadeira?
8. Quais os cuidados com as baterias das empilhadeiras elétricas?
9. Quais os outros riscos gerais de acidentes com um equipamento do tipo empilhadeira?
10. Quais os aspectos significativos do perigo de ocorrência de um incêndio na Logística Industrial?

11. Cite e exemplifique os tipos de incêndio que podem ocorrer em um armazém de materiais.
12. Como usualmente se forma um incêndio?
13. Quais as principais classes de incêndio e que pontos as caracterizam?
14. Quais as fases de desenvolvimento de um incêndio?
15. Quais os procedimentos para uma inspeção de prevenção de incêndios?
16. Quais as principais linhas de comportamento das pessoas depois de soar o alarme de incêndio?
17. Por que é importante redigir e aprovar norma de segurança anti-incêndio?
18. Quais os detalhes a serem implantados em um alarme contra incêndio?
19. Como se devem organizar e conservar as saídas de emergência?
20. Quais os cuidados gerais de prevenção de incêndio em uma área de armazenamento?
21. Quais os principais itens de prevenção anti-incêndio referentes às normas gerais na operação de Logística Industrial?
22. Quais os pontos a instruir um funcionário em relação a incêndios?
23. Quais as razões que a administração da Logística Industrial deverá incluir em uma norma para as emergências?
24. Quais as entidades da empresa envolvidas no tratamento da emergência?
25. Como os bombeiros internos devem agir no trato das emergências?
26. Como a área de manutenção deverá agir e colaborar nas situações de emergências?
27. Como a diretoria deverá proceder na ajuda ao atendimento de uma emergência?
28. Qual a diferença de comportamento do furto profissional para o furto amador?
29. Qual o cuidado para reduzir as perdas na área da Logística Industrial?
30. Quais as oportunidades mais singulares utilizadas pelos funcionários para desvios de dinheiro ou mercadoria?
31. Quais as atividades na área de recursos humanos para prevenir perdas na empresa?
32. Como a empresa deverá tratar os casos de desvios de mercadorias ou bens, realizados por funcionários?

SUPPLY CHAIN

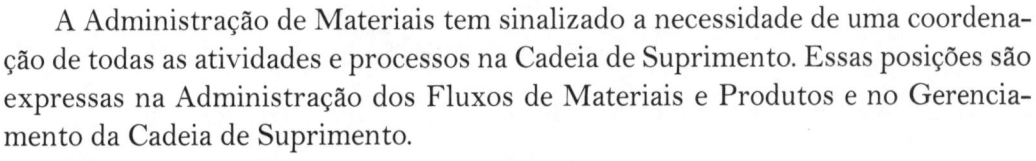

A Administração de Materiais tem sinalizado a necessidade de uma coordenação de todas as atividades e processos na Cadeia de Suprimento. Essas posições são expressas na Administração dos Fluxos de Materiais e Produtos e no Gerenciamento da Cadeia de Suprimento.

O conceito, muito antigo, vem sendo praticado por profissionais experimentados e é compatível com sua importância na administração das empresas. O conceito de *Supply Chain* (Cadeia de Suprimento) é mais amplo do que o de Logística, uma vez que envolve o planejamento e gestão de todas as atividades que abrangem o fornecimento, abastecimento e Gestão Logística. Ou seja, a Logística é uma parte do conceito de *Supply Chain*.

8.1 CONCEITO DE *SUPPLY CHAIN*

Mesmo entre profissionais que atuam na área de Suprimento de Materiais é comum a confusão entre os conceitos de *Supply Chain*, Logística, Transporte e MAM. Eles não são iguais nem equivalentes: há uma questão de amplitude de áreas de atuação em que um está subordinado ao outro. A Figura 8.1.a. pode auxiliar no entendimento dos conceitos envolvidos:

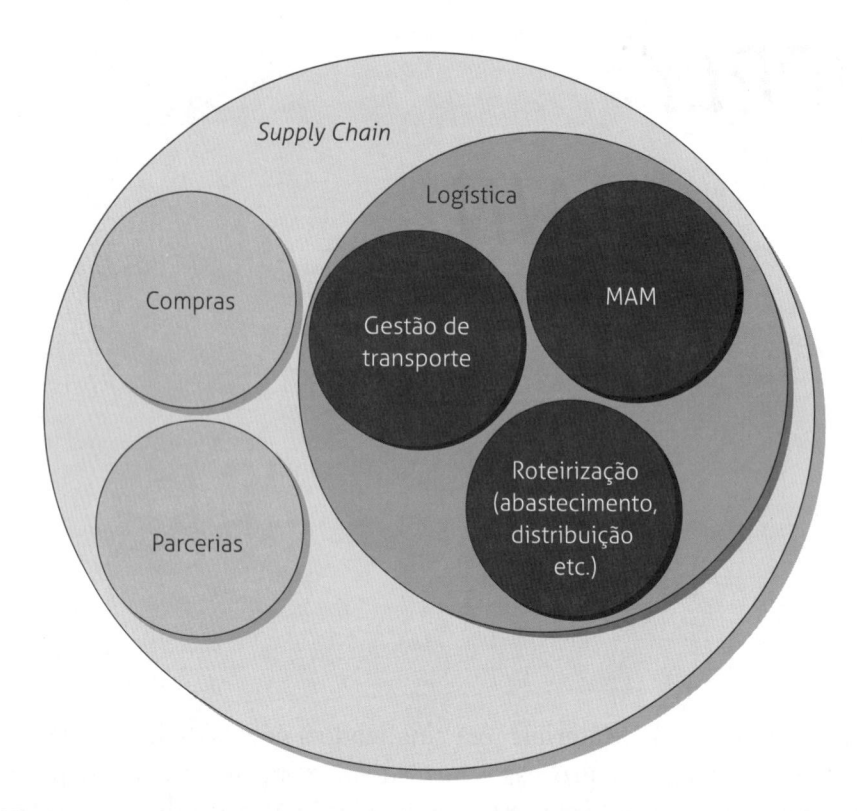

FIGURA 8.1.A Amplitude de áreas de atuação entre *Supply Chain*, Logística e MAM.

Segundo o Council of Supply Chain Management Professionals, *Supply Chain* é "o planejamento e gestão de todas as atividades envolvendo o fornecimento, abastecimento e todas as atividades da Gestão Logística. Inclui a coordenação e colaboração com parceiros, que podem ser fornecedores de produtos, de serviços terceirizados, intermediários e clientes. Em essência, *Supply Chain Management* integra gestão do suprimento e a demanda, intra e interempresas".

Já na definição de Logística, dada pelo mesmo órgão, torna-se claro que ela é uma parte da Cadeia de Suprimento: "Logística é a parcela do processo da cadeia de suprimentos que planeja, implanta e controla o fluxo direto e reverso de produtos, serviços, armazenamento e informações relacionadas, de modo eficiente e eficaz, desde o seu ponto de origem até o ponto de consumo, com o propósito de atender aos requisitos dos clientes".

Analogamente, a Movimentação e Armazenagem de Materiais é uma parte da Logística, conforme podemos verificar na seguinte definição: "MAM é a parcela do processo logístico que manuseia, movimenta, transporta, armazena, preserva e controla o fluxo eficiente e eficaz de matérias-primas, estoque em processo, produtos acabados e informações relacionadas, desde o seu ponto de recebimento, atravessando o processo produtivo, até o ponto de expedição". Conforme vimos nos capítulos anteriores, MAM também é conhecida como *Logística interna* ou *Intralogística*. A Figura 8.1.b. traz todas as definições apresentadas até aqui.

> **Supply Chain Management**
>
> É o planejamento e gestão de todas as atividades envolvendo o fornecimento, abastecimento e todas as atividades da Gestão Logística. Inclui a coordenação e colaboração com parceiros, que podem ser fornecedores de produtos, de serviços terceirizados, intermediários e clientes. Em essência, *Supply Chain Management* integra a gestão do suprimento e a demanda, intra e interempresas.
>
> **Logística**
>
> É a parcela do processo da cadeia de suprimentos que planeja, implanta e controla o fluxo direto e reverso de produtos, serviços, armazenamento e informações relacionadas, de modo eficiente e eficaz, desde o seu ponto de origem até o ponto de consumo, com o propósito de atender aos requisitos dos clientes.
>
> **Movimentação e Armazenagem de Materiais**
>
> É a parcela do processo logístico que manuseia, movimenta, transporta, armazena, preserva e controla o fluxo eficiente e eficaz de matérias-primas, estoque em processo, produtos acabados e informações relacionadas, desde o seu ponto de recebimento, atravessando o processo produtivo, até o ponto de expedição.

FIGURA 8.1.B Definições de *Supply Chain*, Logística e MAM.

Juntando os termos utilizados nas definições de Logística e MAM, podemos adicionar um corolário para definir Administração Logística:

> Processo de planejamento, implantação e controle do fluxo eficiente e eficaz de matérias-primas, estoques de produtos semiacabados, acabados e do fluxo de informações a eles relativo, desde a origem até o consumo, com o propósito de atender aos requisitos dos clientes.

A essa definição poderíamos integrar também outras áreas como:

- Fornecedores.
- Operações comerciais.
- Lançamento de produtos.

A ampliação do conceito de Administração Logística tem a finalidade de:

- **Flutuações** – Responder racional e eficazmente às variações constantes do mercado.
- **Serviço** – Manter um nível estabelecido de serviço ao cliente.
- **Investimento** – Não ultrapassar o nível de investimento permitido.
- **Qualidade** – Atender a todos os aspectos qualitativos relacionados.

Deveremos, então, sincronizar as necessidades dos clientes com a administração dos fluxos de materiais, a partir dos fornecedores, reduzindo o investimento e os custos desses serviços e gerando vantagem competitiva e valor para a Cadeia de

Suprimento. De uma maneira mais ampla, abordando os "processos de negócio" ou *business process*, poderíamos definir *Supply Chain* como:

> Integração dos processos que formam um determinado negócio, desde os fornecedores originais até o usuário final, proporcionando produtos, serviços e informações que agregam valor para o cliente.

É uma rede de organizações envolvidas nos diferentes processos e atividades anteriores que produzem valor sob a forma de produtos e serviços nas mãos do consumidor final. Trata-se de uma ferramenta estratégica utilizada para aumentar a satisfação do cliente e elevar a competitividade da empresa, bem como a sua rentabilidade. A gestão desses processos integrados é denominada Gerenciamento da Cadeia de Suprimento ou, como é mais conhecida, *Supply Chain Management* (SCM).

Os objetivos da implantação de uma Cadeia de Suprimento poderiam assim ser resumidos:

- **Parcerias** – Compartilhar todas as iniciativas com os parceiros da Cadeia.
- **Riscos** – Compartilhar os riscos de fazer negócios.
- **Resultados** – Compartilhar os resultados da racionalização das atividades.
- **Informações** – Compartilhar as informações mediante meios adequados.
- **Diferença** – Evitar que algum elo da cadeia acumule perdas.

QUADRO 8.1 Desenvolvimento da Cadeia de Suprimento.

Desenvolvimento da Cadeia de Suprimento	
Definição	Meios
Mecanismos de cooperação entre os fabricantes e distribuidores, para assegurar eficiência geradora de ganhos contínuos no processo de suprimento, desde o primeiro fornecedor até o consumidor final.	Previsões de demanda
	Geração de pedidos
	Programação da produção
	Programação da distribuição
	EDI – Comércio eletrônico
	Sistema de Informações Gerenciais (SIG)

De modo esquemático, uma parte da Cadeia de Suprimento de determinada empresa abrange desde o fornecedor do fornecedor até o cliente do cliente. Tomemos como exemplo a Cadeia de Suprimento de uma empresa de carne de frango para o consumidor final, conforme mostra a Figura 8.1.c.

```
┌──────────┐  ┌──────────┐  ┌──────────┐  ┌──────────┐  ┌──────────┐
│Fornecedor│  │          │  │          │  │          │  │ Cliente  │
│    do    │  │Fornecedor│  │   Cia    │  │ Cliente  │  │do cliente│
│fornecedor│  │          │  │          │  │          │  │          │
├──────────┤  ├──────────┤  ├──────────┤  ├──────────┤  ├──────────┤
│Fabricante│(Mat)│       │(Mat)│Processadora│(Mat)│   │(Mat)│        │   ┌──────────┐
│ de ração │──▶│ Granja │──▶│ de carne de│──▶│Atacadista│──▶│Varejista│──▶│Consumidor│
│  animal  │(Serv)│      │(Serv)│  frango  │(Serv)│     │(Serv)│       │◀──│    d     │
│          │(Info)│      │(Info)│          │(Info)│     │(Info)│       │   └──────────┘
└──────────┘  └──────────┘  └──────────┘  └──────────┘  └──────────┘
```

Efeito "chicote"
$\Delta i_4 \ggg \Delta d$

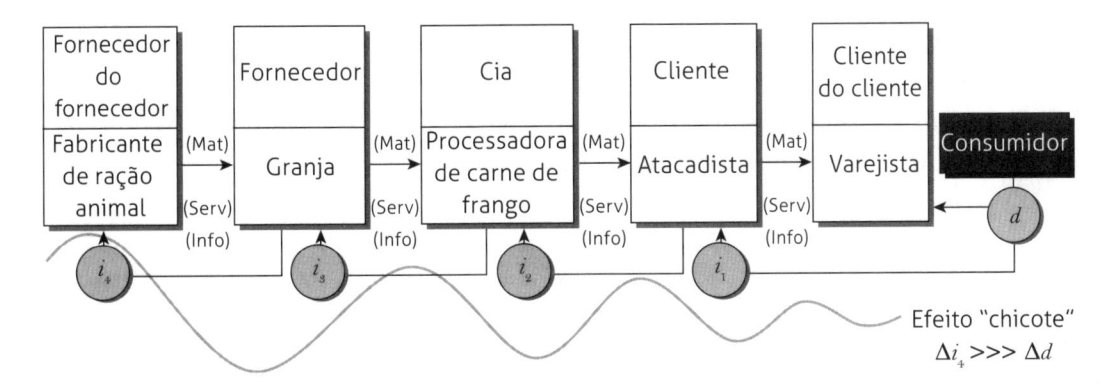

FIGURA 8.1.C Representação esquemática de Cadeia de Suprimento de uma empresa de carne de frango e o *efeito chicote*.

Neste exemplo, o conjunto de consumidores de um varejista (um pequeno supermercado) compra frangos processados gerando determinada demanda, d. O varejista, ao controlar seu estoque, verifica a necessidade de reposição e gera um pedido para o atacadista pedindo mais frangos (informação i_1). O atacadista, atendendo ao pedido do varejista, também precisa repor os estoques e fazer um pedido para as fábricas processadoras de carne de frango (informação i_2). Os processadores de carne de frango precisam de mais frangos vivos para repor os estoques e fazem pedidos para as granjas (informação i_3). As granjas, para atender aos pedidos de frangos vivos, precisam alimentar os pintinhos e, para tanto, fazem pedidos de ração aos fabricantes de ração (informação i_4).

Quando a informação de demanda entre os elos trafega pela Cadeia de Suprimento, verifica-se um efeito de ampliação da variação da demanda gerada nos elos finais da cadeia, chamado *efeito chicote*. Pelo fato de cada um dos elos ter pouca informação vinda dos elos mais à frente e mais atrás, a tentativa de suprir o cliente imediato e manter estoques de produto acabado e matéria-prima para atender aos pedidos faz que ocorra um efeito amplificador da variação. Desse modo, a variação nos pedidos gerados pela informação i_4 é muito maior do que a verificada na demanda d.

Uma forma de reduzir o *efeito chicote* é o compartilhamento da mesma informação por todos os componentes da Cadeia de Suprimento: campanhas de marketing dos varejistas que provocam picos de demanda, falta de transporte pontual entre os elos da cadeia, falta de matéria-prima disponível no mercado para fornecedores do início da cadeia etc. A troca de informação entre os membros de uma mesma cadeia é chamada *Efficient Consumer Response* (ECR). Ela promove eventos em cada uma das cadeias cadastradas com o objetivo de compartilhar as mesmas informações por todos os membros.

A seguir vemos o relacionamento entre alguns conceitos que compõem o *Supply Chain Management*:

- **Processos do negócio** – Conjunto de atividades empresariais que agregam algum valor ao produto, segundo a percepção do cliente.

- **Componentes de gestão** – Conjunto de atividades empresariais que são necessárias ao planejamento, execução e controle dos processos do negócio.
- **Estrutura de suprimento** – Componentes e posicionamento das organizações logísticas dentro da Cadeia de Suprimento.

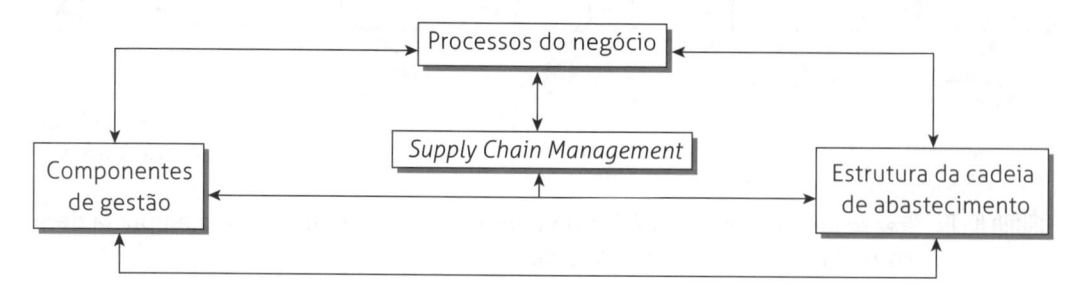

FIGURA 8.1.D Gerenciamento da Cadeia de Suprimento.

O Gerenciamento da Cadeia de Suprimento deverá ser exercido com atenção a alguns pontos importantes:

- **Integração** – Fluxo integrado de informações, materiais e recursos entre os componentes da cadeia, com o objetivo de eliminar perdas.
- **Coordenação** – Existe a necessidade de coordenação interna e externa.
- **Amplitude** – Abrange desde o trato com os fornecedores até o cliente final.
- **Fronteiras** – Demanda a administração eficaz das fronteiras entre os elos da Cadeia e o relacionamento de cada elo com uma coordenação central.
- **Investimento** – Trabalha rigidamente com a restrição do limite de investimento determinado pelo planejamento.
- **Vantagens** – Desenvolve diferenciações que possam ser transformadas em vantagens competitivas.
- **Apreciação** – A percepção do cliente é desenvolvida para avaliar e apreciar o valor mercadológico desenvolvido pelos serviços logísticos.
- **Ampliação** – A Administração Logística é ampliada e complementada pela Administração de Materiais para se tornar a Administração da Cadeia de Suprimento do Mercado (Acam).

8.2 PROCESSOS CRÍTICOS DO *SUPPLY CHAIN MANAGEMENT* (SCM)

Sendo um conceito muito amplo, é necessário definir alguns processos que podem ser considerados críticos para que o suprimento de uma Cadeia seja eficaz. Esses processos podem ser desenvolvidos internamente pela empresa ou por Operadores Logísticos que assumem parte deles ou sua totalidade. A Figura 8.2 mostra esses processos críticos.

Como vimos, definir o que seja um Operador Logístico é uma tarefa extremamente complicada, dada a combinação de processos de uma Cadeia de Suprimento que ele pode assumir. No entanto, as necessidades de uma Cadeia de Suprimento requerem soluções adequadas para alguns pontos importantes:

- **Valor** – Cada processo agrega custos, mas deverá agregar valor em muito maior intensidade.
- **Identificação** – A identificação automática dos produtos permite o seu seguimento pela Cadeia de Suprimento.
- **Identificador** – Um produto, um local ou um serviço devem ter um identificador para que os usuários possam utilizar o sistema.
- **Comunicação** – Deverá haver disponibilidade de meios de comunicação adequados.
- **Informática** – Deverá haver disponibilidade de meios de processamento de dados adequados.

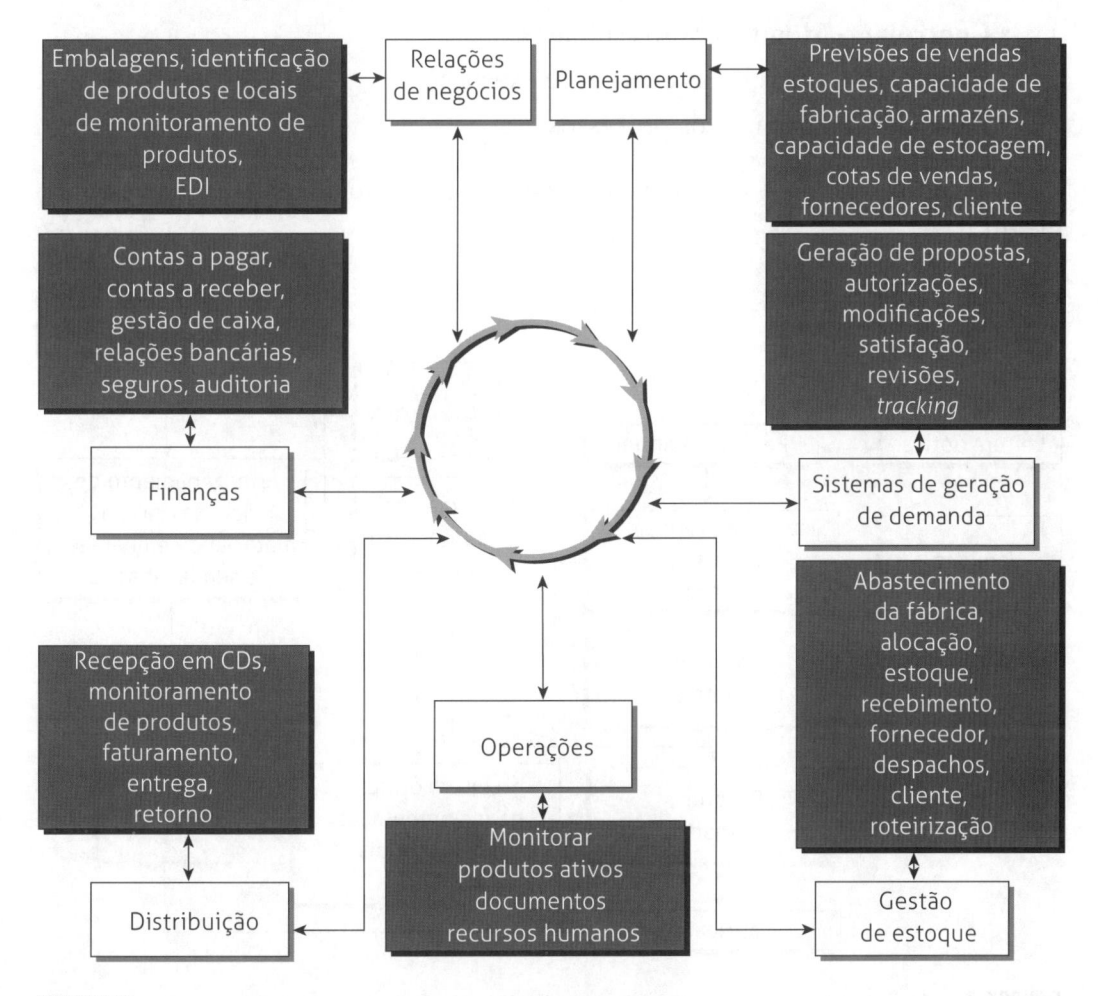

FIGURA 8.2 Processos-chave do *Supply Chain Management*.

A implantação e o gerenciamento de uma Cadeia de Suprimento são tarefas complexas. Podemos relacionar alguns desses passos:

- **Processos** – Relacionar os componentes dos processos críticos que formam a Cadeia de Suprimento.
- **Dados** – Levantar dados e informações sobre esses processos críticos.
- **Análise** – Analisar os dados para gerar informações a respeito de problemas e desvio das normas.
- **Diagnóstico** – Investigar as causas dos problemas a fim de estabelecer um diagnóstico.
- **Métrica** – Estabelecer indicadores de desempenho de cada processo crítico e da Cadeia de Suprimento total.
- **Alternativas** – Desenvolver soluções alternativas para os problemas.
- **Seleção** – Analisar as alternativas e eleger a melhor.
- **Implantação** – Planejar a implantação da alternativa selecionada.
- **Controlar** – Monitorar os resultados.
- **Correções** – Corrigir os desvios de execução.
- **Padrões** – Padronizar os processos.

Nas figuras 8.3 e 8.4 temos exemplos de implantação de uma Cadeia de Suprimento:

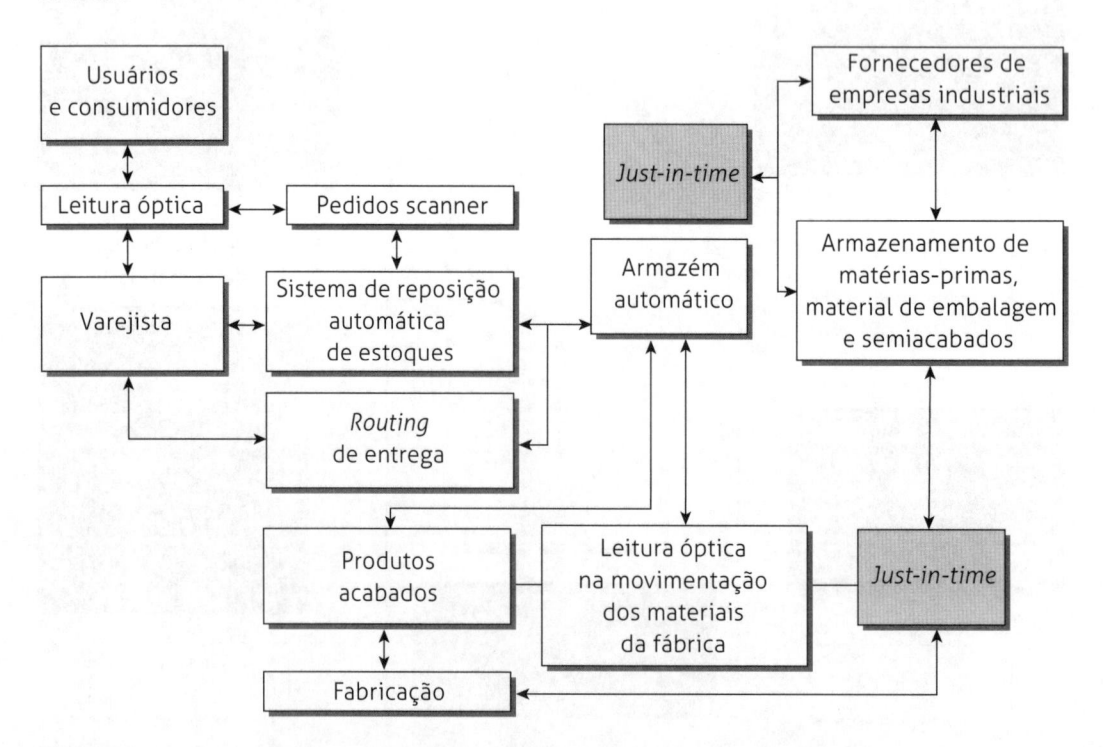

FIGURA 8.3 Exemplo de implantação de uma Cadeia de Suprimento local.

A amplitude das Cadeias de Suprimento pode variar desde sua aplicação para a integração dos fornecedores de uma empresa, de um conjunto de empresas de um segmento industrial ou de uma região até a integração em nível global, como mostra a Figura 8.4.

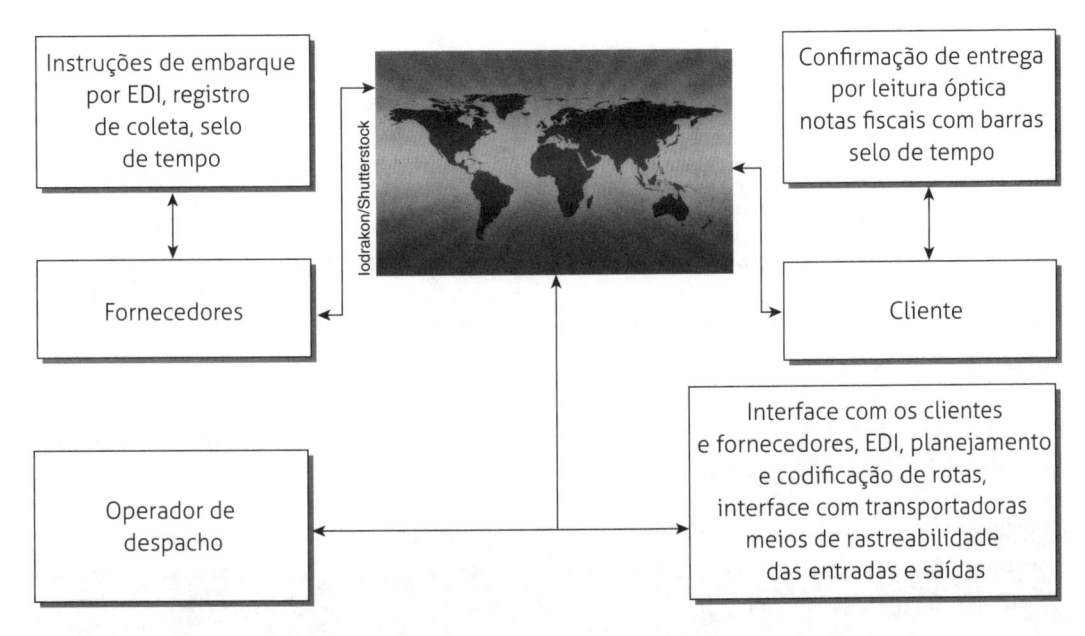

FIGURA 8.4 Exemplo de implantação de uma Cadeia de Suprimento global.

Cada um dos processos críticos também deve ter um conjunto de soluções adequadas às suas necessidades. As figuras 8.5 e 8.6 mostram exemplos de uso de tecnologia de informação.

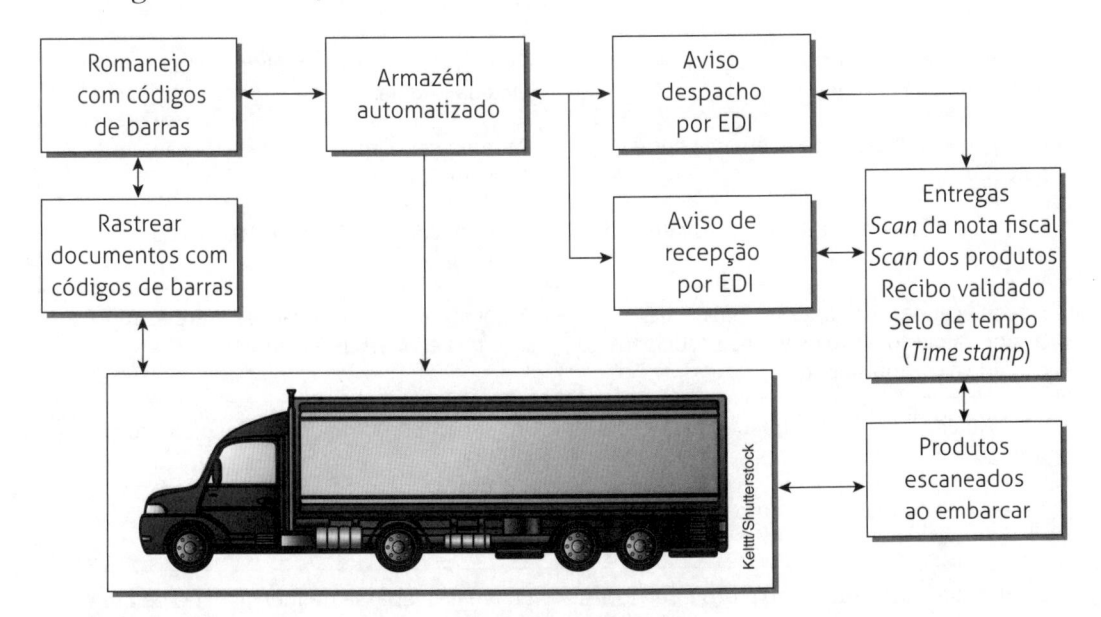

FIGURA 8.5 Exemplo de uso de tecnologia de informação em um processo crítico.

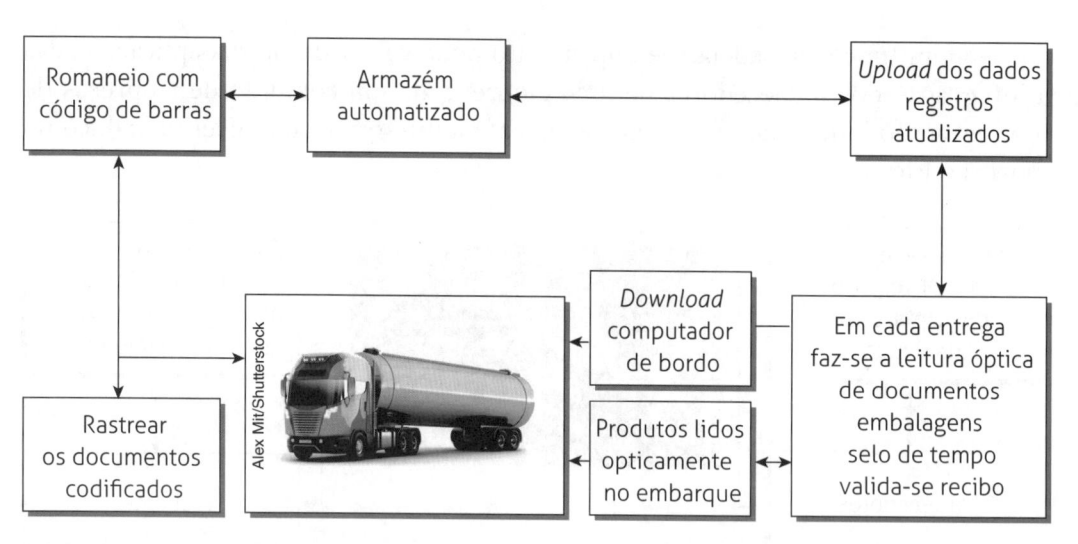

FIGURA 8.6 Exemplo de uso de tecnologia de informação em processo crítico.

Os conceitos, processos e recursos do gerenciamento de uma Cadeia de Suprimento podem ser resumidos como vemos no Quadro 8.2.

QUADRO 8.2 Requisitos e efeitos da Cadeia de Suprimento.

Cadeia de Suprimento	
Requisitos	Efeitos
Encorajar a troca de informações sobre as empresas.	Atender às necessidades de serviços dos diversos clientes da Cadeia.
Conscientizar sobre a necessidade de uma integração.	Manter esse serviço dentro do espírito da responsividade.
Construir, em conjunto, um modelo de gestão da Cadeia de Suprimento.	Controlar os custos envolvidos nos diversos elos da Cadeia.
Estabelecer um clima de confiança entre os parceiros.	Reconhecer a importância da função consumidora.
Distribuir de maneira adequada os benefícios auferidos pelo sistema.	Reconhecer a importância da função supridora.
Estabelecer padrões operacionais e de comportamento entre os vários participantes da Cadeia de Suprimento.	Atentar para as interligações entre as funções internas e externas às empresas.
Possibilitar ao cliente facilidades para a compra.	Ter sempre produtos para atendimento ao cliente.
Desenvolver linhas de produtos adequadas.	Reduzir os estoques ao longo de toda a Cadeia de Suprimento.
Garantir alta qualidade, baixo preço e serviços de alto padrão perceptíveis como valor pelo cliente.	Eliminar o repasse de ineficiências de um elo da cadeia para o elo subsequente.

A Cadeia de Suprimento deverá ser acompanhada por um Sistema de Informações Gerenciais (SIG), nos moldes dos que já foram desenvolvidos para serem aplicados na Administração Industrial. As variáveis selecionadas a ser acompanhadas pelos administradores poderiam atentar para os seguintes pontos:

- Parâmetros para medir a qualidade dos serviços.
- Critérios para avaliar a produtividade da Cadeia de Suprimento.
- Custos derivados dos níveis de serviço.
- Setores a ser controlados.

A elaboração de modelos de Cadeias de Suprimento exige tempo, atenção, dedicação e muita tecnologia. Entretanto, transformar esses modelos em uma realidade que opere bem é uma tarefa maior que a concepção teórica. A estreita colaboração entre pessoas de empresas diferentes é sempre dificultada pela discussão de como deverá ser distribuída a vantagem obtida no custo.

Essa discussão deverá se tornar irrelevante desde que os dirigentes coloquem à frente de todas essas considerações a absoluta necessidade de todos de conquistar clientes e, fundamentalmente, de mantê-los fiéis à empresa.

8.3 ABASTECIMENTO E DISTRIBUIÇÃO EM UMA CADEIA DE SUPRIMENTO

O abastecimento e a distribuição da Cadeia de Suprimento deverão atentar para alguns pontos importantes de programação:

- Coordenar todos os pedidos já colocados por EDI.
- Separar os pedidos que ainda deverão ser confirmados.
- Coordenar os materiais que foram empenhados, para serem agregados a outros materiais complementares a chegar.
- Aprimorar os sistemas de inserção de dados por leitura óptica, tanto na compra como no recebimento de materiais.
- Utilizar documentos eletrônicos nas transações comerciais.
- Procurar ater-se a métodos de EDI padrão de mercado.

Algumas outras facilidades poderão ser utilizadas no aprimoramento desses dois processos da Cadeia de Suprimento:

- **Código de barras** – Elaboração de catálogos de produtos e listas de preços complementadas com códigos de barras.
- **Virtual** – Emissão de ordem de compra virtual e identificação dos itens comprados por código de barras.

- **Facilidade** – Confirmação eletrônica das ordens de compra.
- **Ordens** – Emissão das instruções de transporte por via virtual e sua divulgação na Cadeia de Suprimento.
- **Romaneio** – Emissão do aviso de embarque das mercadorias e sua divulgação geral.
- **Confirmação** – Aviso eletrônico automático do recebimento das mercadorias pela rede de comunicações.
- **Crédito** – Pagamento eletrônico das faturas resultantes de notas fiscais liberadas pelo sistema.

FIGURA 8.7 Impressora de etiquetas de código de barras.

8.4 SUPRIMENTO NO VAREJO

No recebimento e na verificação das mercadorias, o pedido é o documento escrito no qual constam as informações sobre a natureza e a quantidade das mercadorias que são necessárias.

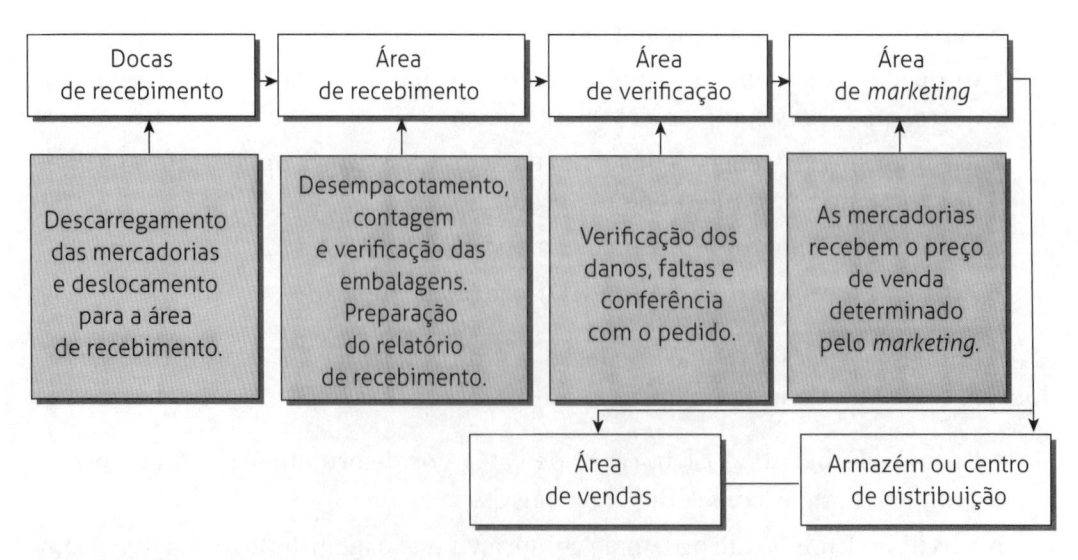

```
Docas              →  Área               →  Área              →  Área
de recebimento        de recebimento        de verificação       de marketing
   ↑                     ↑                     ↑                     ↑
Descarregamento    Desempacotamento,     Verificação dos      As mercadorias
das mercadorias    contagem              danos, faltas e      recebem o preço
e deslocamento     e verificação das     conferência          de venda
para a área        embalagens.           com o pedido.        determinado
de recebimento.    Preparação                                 pelo marketing.
                   do relatório
                   de recebimento.

                          Área              ←→   Armazém ou centro
                          de vendas              de distribuição
```

FIGURA 8.8 Recebimento e verificação de mercadorias no varejo.

O sistema de recebimento de mercadorias deve contemplar:

- A consolidação de cargas.
- O recebimento das mercadorias.
- A verificação das mercadorias.
- A preparação das mercadorias para o ponto de venda.
- A distribuição das mercadorias para as áreas de vendas apropriadas.

A consolidação de serviços coloca juntas as mercadorias provenientes de muitos fornecedores. As mercadorias consolidadas são remetidas para as lojas, conjuntamente e pelo mesmo meio de transporte.

A empresa compradora coloca pedidos pelo consolidador para muitos e diferentes fornecedores.

O consolidador recolhe ou recebe as mercadorias referentes a esses pedidos e as entrega com um único transporte na loja compradora.

Com essa atividade reduz-se o custo do transporte e do recebimento e elimina-se o tumulto gerado pela entrega realizada por muitos veículos de transporte.

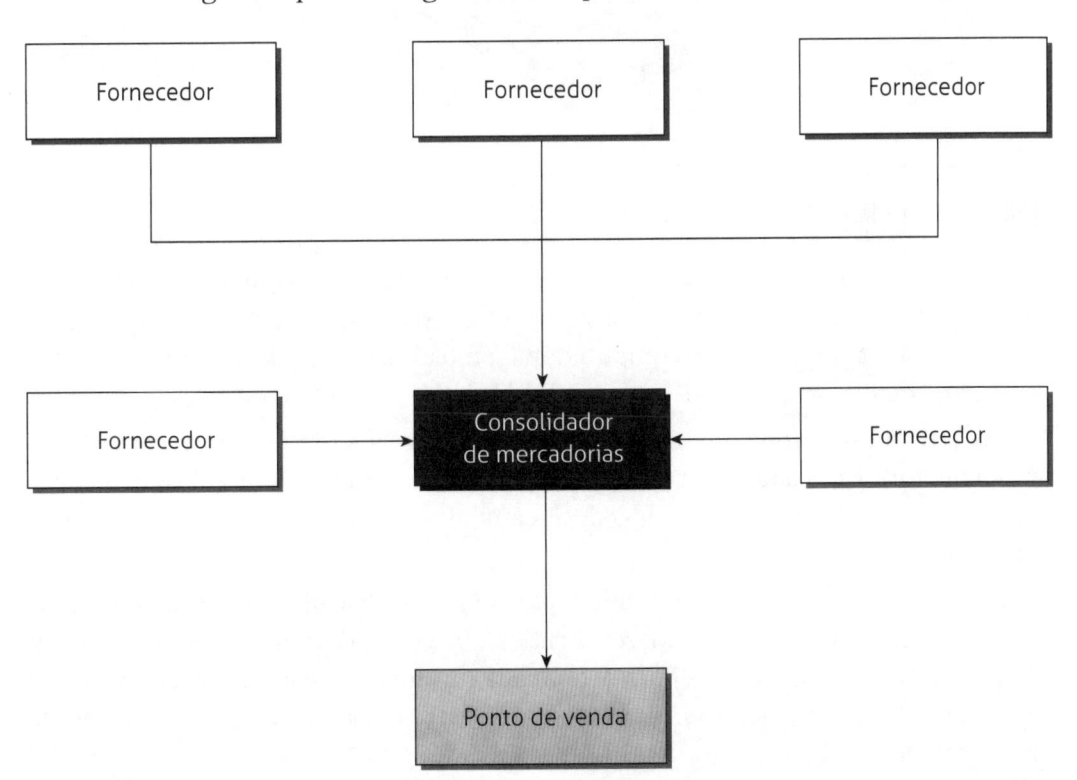

FIGURA 8.9 Consolidação de mercadorias para abastecimento no varejo.

O consolidador pode também desembalar as mercadorias recebidas dos fornecedores e colocá-las nas unidades de movimentação ajustadas ao módulo do transporte e ao sistema de movimentação e armazenagem da loja.

FIGURA 8.10   Embalagem de comercialização.

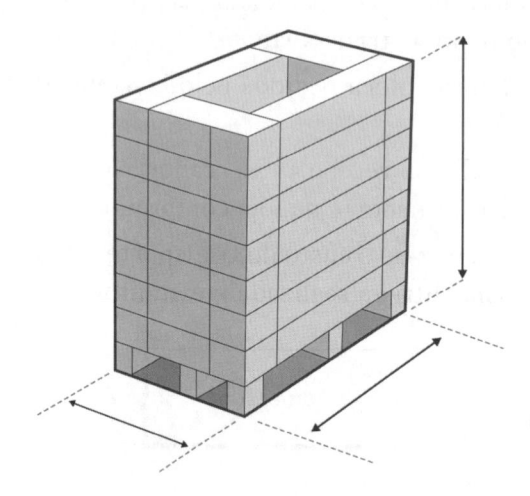

FIGURA 8.11   Unidade de movimentação.

O consolidador manda as faturas dos fornecedores para o centro de processamento de dados da loja. Podem-se preparar etiquetas magnéticas com informações que serão lidas pelo *scanner* do computador. Como alternativa, utilizam-se etiquetas de códigos de barras dentro do sistema EAN/UCC-14 ou EAN-128.

As unidades de movimentação são levadas diretamente aos endereços de armazenamento. Em cada endereço de armazenamento deve ser registrada a carga que ocupou o lugar, para permitir o deslocamento para a área de venda segundo o critério FIFO.

Os pedidos sempre devem resultar em uma nota fiscal, que tem uma data de emissão e uma data em que a mercadoria saiu do estabelecimento do fornecedor. Temos também de registrar a data de entrada das mercadorias na loja. O prazo de pagamento da fatura pode decorrer dessas três datas, dependendo de como o pedido foi negociado.

Caso tenha sido a partir da emissão, o faturamento pode ser antecipado, mesmo que a mercadoria ainda não esteja pronta. Caso tenha sido da data de saída da mercadoria, o material pode ficar parado no consolidador ou mesmo na empresa de transporte; há até casos em que vence a data de pagamento da fatura e a mercadoria ainda nem chegou à loja.

Pode acontecer também de o fornecedor tentar entregar uma mercadoria antecipadamente à data acordada, o que resultaria em uma estocagem excessiva, com a elevação dos dias de cobertura da mercadoria. Regras devem ser estabelecidas para a devolução de fornecimentos entregues antecipadamente.

Fornecimentos antecipados, muitas vezes, resultam em prorrogação do prazo de vencimento das faturas como medida compensatória, para evitar que o comprador não perca nem que o fornecedor tenha de se onerar com os custos de transportes a serem incorridos novamente.

O supervisor de tráfego poderá acompanhar quais empresas de transporte estão encarregadas de entregar determinada mercadoria, identificando o número do transporte, a identificação do fornecedor, as embalagens que compõem a carga, o peso das mercadorias, o pedido original e os dados das faturas e das notas fiscais.

O número de identificação dos pedidos, o departamento solicitante e as condições de aquisição devem ser registrados em um arquivo do computador para que se possam acompanhar as perdas de mercadorias, fornecimentos incompletos ou atrasos nas entregas e na documentação.

As embalagens de contenção vão dentro das embalagens de comercialização, que por sua vez são acomodadas nos paletes. Parte das lojas compra em embalagens de comercialização que, muitas vezes, são agrupadas em embalagens de transporte.

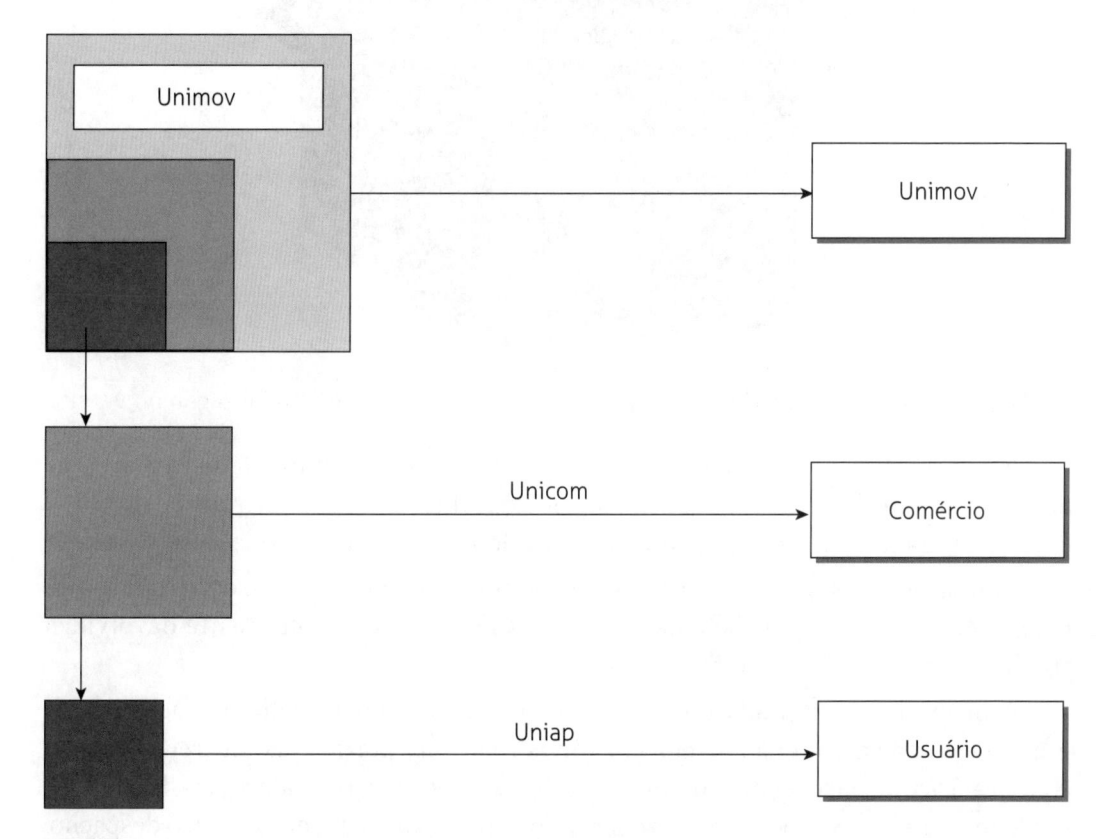

FIGURA 8.12 Embalagens para distribuição no varejo.

O número e o peso das embalagens de transporte devem constar das notas fiscais, e, portanto, a primeira coisa a conferir e acompanhar é se o número de embalagens de transporte da nota fiscal bate com a quantidade física realmente entregue.

O custo do transporte pode ser composto de uma taxa aplicada ao peso transportado e pode ficar por conta do estabelecimento comercial. As taxas de transporte devem ser previamente discutidas entre as partes, para não ter valores abusivos debitados.

O canhoto da nota fiscal somente deve ser assinado quando se tiver certeza de que o número de embalagens de transporte está correto e as mercadorias estão em boas condições. As condições de fornecimento, como preço e prazo, devem conferir com o pedido original.

O pessoal do recebimento deve ser muito cuidadoso nessa conferência, e nos casos de constatação de falta de mercadorias, ou mercadorias estragadas no transporte, deve ser lavrado um relatório de ocorrência que seja aceito pelo responsável pelo transporte e o canhoto deve ser assinado, constando as ressalvas apuradas.

FIGURA 8.13 Uniap (unidade de apresentação) – embalagem de comercialização no varejo.

A aprovação das despesas de transporte deve ser encaminhada para a área financeira, que realizará as deduções do valor das diferenças encontradas e dos produtos estragados, somente pagando a fatura depois de deduzir todas essas verbas.

Em casos mais sérios com transportadoras e fornecedores sem tradição de bons serviços, as mercadorias não conformes devem ser simplesmente devolvidas com a mesma nota fiscal do fornecedor.

A quantidade comprada pode não coincidir com a quantidade despachada. Algumas lojas não aceitam a entrega em várias remessas, porque não querem perder o controle. De outro lado, em pedidos grandes, o fornecedor deverá produzi-los ao longo do tempo e não compensa armazenar tudo para depois realizar um único despacho.

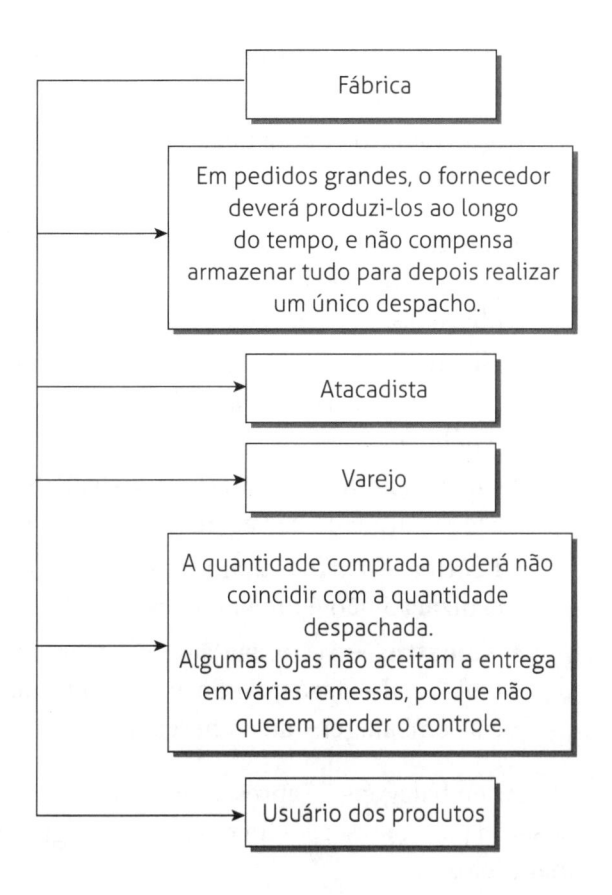

FIGURA 8.14   Controle de lotes.

Fábrica

Em pedidos grandes, o fornecedor deverá produzi-los ao longo do tempo, e não compensa armazenar tudo para depois realizar um único despacho.

Atacadista

Varejo

A quantidade comprada poderá não coincidir com a quantidade despachada.
Algumas lojas não aceitam a entrega em várias remessas, porque não querem perder o controle.

Usuário dos produtos

A *back-order* caracteriza que o fornecedor não tem estoque suficiente para o atendimento integral do pedido. É muito importante controlar as *back-orders*, registrando as quantidades e quando serão entregues. No comércio, uma entrega fora da estação, por exemplo, pode acumular nos estoques prejuízos certos.

Devemos sempre ter em mente que a recuperação dos impostos se faz pelo valor da nota fiscal. Quando a empresa comercial trabalha com a fixação de preços na gôndola, mediante um multiplicador setorizado, a base sempre é o valor da nota, que pode ser o líquido, o bruto com imposto ou o valor com os acréscimos dos custos logísticos, como, por exemplo, o transporte.

Quando a empresa se beneficia de descontos financeiros, o preço no ponto de venda é calculado sem os benefícios desses descontos, elevando a margem. O ideal é ter bons descontos financeiros e deixar o sistema fixar preços sem considerações da área financeira.

Devemos ter um registro inicial do pedido ao fornecedor, que acompanhará o fornecimento, sendo citado em todos os documentos, inclusive no momento do pagamento final do fornecimento.

Na área de vendas, as mercadorias devem ser conferidas conforme registro inicial, para verificar se houve perdas, falta de fornecimento ou mesmo furto.

O registro deve conter o pedido inicial, as notas fiscais e faturas e a documentação do recebimento comprovando a entrega correta das mercadorias.

Alguns pontos importantes devem ser considerados nas atividades de manejo com mercadorias no varejo:

- **Local** – o recebimento e a conferência das mercadorias devem ser realizados em área de recebimento, pois quando forem para o ponto de venda já estarão liberadas.
- **Horário** – a conferência no próprio ponto de venda somente pode ser realizada em horários fora do expediente, para não gerar situações de risco para o público.
- **Conferência** – torna-se impossível abrir todas as embalagens de comercialização para conferir as quantidades entregues.
- **Prática** – o armazenamento no ponto de venda sem a embalagem de comercialização não é uma boa prática.
- **Amostras** – recomenda-se realizar um controle por amostragem, e o controle final se fará quando as mercadorias forem levadas para o ponto de venda e as embalagens de comercialização forem abertas.

As embalagens de apresentação devem permanecer nos estoques o menor tempo possível para não serem furtadas ou estragarem pelo contato com o ambiente e pelo manuseio.

Essa área de entrada das mercadorias pode ser dividida em recebimento, controle, marcação e armazenagem. A área de saída pode ser dividida em separação, etiquetagem e movimentação para o ponto de venda.

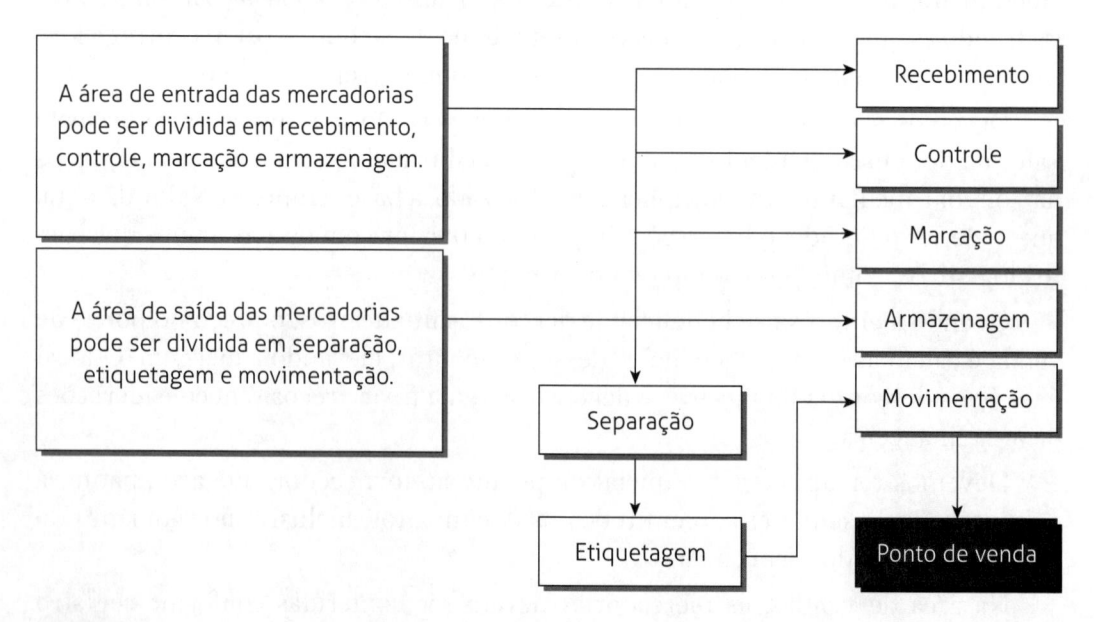

FIGURA 8.15 O controle das mercadorias no varejo.

- **Qualidade** – a verificação da qualidade assume aspectos novos em virtude do novo Código do Consumidor, pois o estabelecimento comercial é corresponsável pelos danos que as mercadorias possam causar ao consumidor.
- **Amostra** – as mercadorias podem ser verificadas pela comparação com uma amostra fornecida na ocasião da assinatura do pedido.
- **Especificação** – os pedidos podem ser emitidos com uma condição de especificação a ser cumprida, além de se fixarem as normas de ensaio.
- **Ensaios** – a loja comercial pode recorrer a laboratórios independentes para verificar se as condições foram cumpridas pelo fornecedor.

Quando o fornecedor mantém uma condição de qualidade assegurada, a atenção concentra-se na verificação das quantidades, como segue:

- **Controle direto** – verifica-se a quantidade de embalagens de transporte com os registros da nota fiscal. Abrem-se algumas embalagens de transporte para verificar as embalagens de comercialização existentes.
- **Controle indireto** – o controlador recebe um documento com os dados do fornecimento, porém sem as quantidades, que ele deve preencher ao conferir a mercadoria.
- **Controle por amostragem** – realiza-se amostragem aleatória segundo um plano de amostragem; se o resultado for insatisfatório, inspeciona-se todo o lote fornecido.

A loja deve ter muito cuidado com os casos de devolução de mercadorias para que tais processos não se arrastem de maneira interminável. Podemos caracterizar algumas situações mais significativas:

- **Diferenças** – as mercadorias chegam com muitos problemas nas quantidades e na qualidade. O ideal é devolver com o próprio transporte do fornecedor.
- **Oportunidade** – as mercadorias chegam fora de estação e na base de um *back--order*. Devolver imediatamente sem maiores exames.
- **Desacordo** – as mercadorias chegam faturadas com preços e condições de pagamento em desacordo com o pedido inicial. Devolver sem descarregar e com a mesma documentação do fornecedor.
- **Conciliação** – o fornecimento está em ordem, a não ser pelo fato de se ter verificado falta de algumas mercadorias. Nesse caso, anotam-se no canhoto as diferenças e assina-se. As faltas devem ser comunicadas ao setor de contas a pagar, para que se faça a dedução dos valores na emissão do cheque. A entrada nos estoques deve ser feita pelas quantidades reais, porém a recuperação dos impostos, pelos valores registrados na nota fiscal.
- **Diferenças de quantidade e de qualidade constatadas posteriormente ao recebimento e à assinatura do canhoto** – apuram-se as diferenças

encontradas e o seu valor e notifica-se o fornecedor, anexando uma nota de débito. Aguarda-se a constatação da sua aceitação depois das verificações que o fornecedor pode e terá interesse em realizar.

Os formulários devem indicar as quantidades de mercadorias que devem ser remetidas a cada departamento da loja e, consequentemente, qual o estoque que deverá ser mantido nos armazéns.

EXERCÍCIOS

1. Defina *Supply Chain*. Quais os benefícios que traz para a Administração Logística?
2. Como deve ser o sistema de informações entre as empresas para que o *Supply Chain* funcione adequadamente?
3. Por que a implantação de códigos de barras é tão importante para que a Cadeia de Suprimento dê uma resposta rápida ao cliente final?
4. Por que as empresas componentes da Cadeia de Suprimento devem ter flexibilidade em seu processo produtivo? Qual a relação com a quantidade de material estocado disponível para embarque?
5. O que são processos críticos para a Cadeia de Suprimento?
6. Quais são os tipos de embalagens, e sua função, utilizados na distribuição para o varejo?

9 ADMINISTRAÇÃO DO PATRIMÔNIO

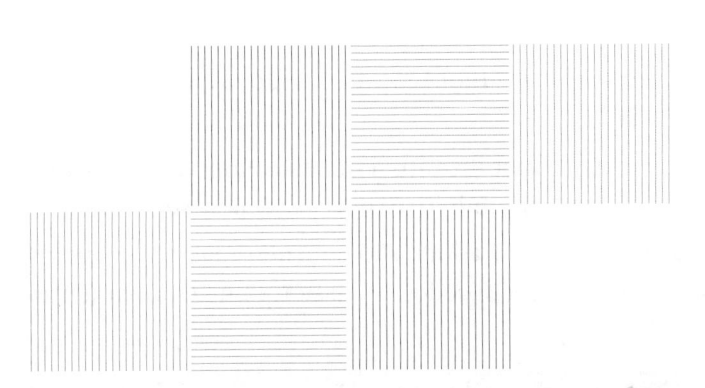

Nos capítulos anteriores discutimos os vários aspectos da Administração de Recursos Materiais. Neste capítulo, vamos analisar a administração de recursos patrimoniais e veremos que há várias características diferentes. Tanto é assim que a maioria das empresas entrega a gestão desses dois recursos a departamentos diferentes.

Como o tema é complexo, não pretendemos esgotar o assunto. Assim, recomendamos que se utilize a bibliografia recomendada para, se necessário, aprofundar algum item específico.

9.1 NATUREZA DO ATIVO IMOBILIZADO

Entende-se como ativo imobilizado todo ativo de natureza relativamente permanente, que é normalmente mantido na empresa para a utilização na produção de mercadorias ou prestação de serviços.

Três afirmações importantes devem coexistir para que possamos classificar um ativo como fixo ou imobilizado:

- Ter natureza relativamente permanente.
- Ser utilizado na operação do negócio.
- Não ser destinado à venda.

Nenhum bem tem vida ilimitada na empresa, pois todos sofrem desgaste com o tempo pelo uso e pela obsolescência. Esses desgastes são inclusive contabilizados legalmente. O edifício da fábrica atende a essas três condições mencionadas anteriormente.

Um terreno a ser utilizado futuramente para novas construções não é um ativo imobilizado, pois não está sendo usado diretamente na operação atual. Uma fábrica que foi desativada deixa de ser um ativo imobilizado.

Conforme as características do negócio, a avaliação do que é imobilizado ou não pode variar:

- Terrenos e edifícios de uma empresa imobiliária não são ativos imobilizados, pois se destinam à venda.
- Veículos são considerados ativos imobilizados em uma empresa de transporte, mas não para a indústria automobilística, pois destinam-se à venda.
- As máquinas e as prensas de uma montadora são consideradas ativo imobilizado, não o sendo, porém, para os fornecedores desse tipo de equipamento.

9.2 PRINCÍPIOS DE CONTABILIZAÇÃO DO IMOBILIZADO

Os princípios de contabilidade geralmente aceitos, referentes aos bens do ativo imobilizado, são expostos a seguir:

- As imobilizações devem, de preferência, ser registradas ao preço de custo, a menos que haja uma perda de valor permanente que deva ser refletida nas contas.
- As contas no balanço devem refletir os investimentos no imobilizado remanescente e em serviço. A fim de atingir esse objetivo, é necessário seguir um princípio de capitalização das adições e das substituições mais importantes e refletir todas as retiradas físicas, bem como todos os abandonos desses respectivos bens.
- Práticas contábeis apropriadas devem ser seguidas na capitalização do custo desse bem.
- Os registros do ativo imobilizado devem ser mantidos com detalhes suficientes para suportar as contas de controle e permitir testes da existência física de tais itens.
- A provisão para depreciação deve ser constituída anual e proporcionalmente à vida útil estimada das imobilizações depreciáveis. As estimativas sobre a vida útil devem levar em consideração as condições em que os imobilizados estão integrados, pois, de acordo com essas condições, a vida útil esperada pode aumentar ou diminuir.

OUTRAS CONSIDERAÇÕES:

ADIÇÕES - AVALIAÇÕES

Uma adição não constitui apenas a reposição de um ativo que já se tem anteriormente.

As adições compreendem as unidades inteiramente novas, bem como as ampliações e extensões do ativo imobilizado já existentes anteriormente. Assim, um edifício totalmente novo constitui uma adição, como também o é a ampliação de um edifício existente.

O desembolso para uma adição que representa uma unidade nova não apresenta maiores problemas com relação à determinação do custo de sua capitalização.

Se a adição representa uma extensão ou ampliação da unidade já existente, podemos nos deparar com alguns problemas especiais. Pode ser necessário derrubar os muros entre a antiga e a nova área, ou mesmo trocar estruturas. As partes demolidas devem ser baixadas do ativo total ou do custo da demolição, incluído como custo do novo ativo, desde que deduzida a recuperação das partes demolidas.

ADIÇÃO - CUSTOS

O custo dos bens adquiridos inclui, além do valor faturado, itens como fretes, impostos sobre produtos industrializados, gastos de transporte e instalação. Os descontos obtidos nas compras deveriam, preferencialmente, ser deduzidos do valor bruto, porém são com frequência creditados à receita quando o desconto não é significativo.

Quando os ativos forem construídos pela empresa, as importâncias capitalizadas deverão incluir, além dos custos das unidades completas adquiridas por compra, conforme mencionado anteriormente, o valor faturado referente aos materiais usados na construção, à mão de obra (incluindo custos relacionados com a folha de pagamento) e às despesas indiretas, quando aplicáveis.

Os juros, quando incluídos no valor da dívida contraída em relação à aquisição, devem ser contabilizados como despesa financeira.

RETIRADAS

Devem ser retirados das contas dos balanços o custo, a depreciação acumulada e as respectivas correções monetárias aplicáveis às unidades que tenham sido substituídas, vendidas, desmanteladas ou abandonadas. Uma vez que o valor demonstrado como total do ativo imobilizado deve representar o custo bruto dos bens em serviço, devem, de preferência, ser conservados nas contas os ativos ainda em serviço, mesmo que totalmente depreciados.

Contudo, quando não são mantidos registros detalhados dos bens ou quando não é praticável manter tais registros (como no caso de ferramentas, moldes), pode ser preferível retirar das contas o custo, a depreciação e as respectivas correções monetárias dos itens totalmente depreciados, a permitir um crescimento indefinido das importâncias brutas.

REPAROS E MANUTENÇÃO – CAPITALIZAÇÃO

Deve ser feita uma distinção cuidadosa entre os débitos capitalizáveis (como ativo imobilizado) e as despesas de manutenção, para que se tenha a demonstração correta, no ativo imobilizado, dos investimentos brutos dos bens que permanecem em serviço.

Nem sempre é fácil determinar quando um item classifica-se como capitalizável ou como despesa. Tentou-se estabelecer princípios e fixar regras; no entanto, eles nem sempre são suscetíveis de ser aplicados ou interpretados com exatidão.

Os desembolsos capitalizáveis têm sido definidos como aqueles que resultam em adições ou melhorias de caráter permanente ou de importância material, que aumentam o valor da propriedade em sua capacidade operacional.

Uma adição pode ser definida como a aquisição de uma unidade nova e distinta ou a ampliação de um ativo já existente, sem extensiva reconstrução ou alteração. Uma benfeitoria, no sentido de melhoramento, é representada por uma adição, alteração ou mudança de estrutura em um item do imobilizado, que resulta em maior produtividade ou eficiência ou ainda em durabilidade ou vida mais longa.

Uma reposição compreende a substituição de um bem retirado do serviço por outro, usualmente de tipo mais moderno e mais adequado.

Os gastos com alterações extensas ou profundas em edifícios ou equipamentos são, em geral, difíceis de ser classificados. Em tais casos, a apropriação dos custos entre capital e despesas de manutenção frequentemente baseia-se no julgamento de arquitetos e engenheiros.

Eis algumas ilustrações dos débitos capitalizáveis mencionados anteriormente:

- **Adição** – construção de um depósito nas adjacências da fábrica.
- **Benfeitoria** – instalação de um sistema de ar-condicionado onde não havia.
- **Melhoramento** – substituição do motor de uma máquina por outro de maior potência, daí provindo um aumento de capacidade ou eficiência, ou ambos.
- **Substituição** – instalação de uma caldeira nova no lugar de uma usada e gasta.
- **Alteração** – mudança do escritório da fábrica, da área central para a área perimetral do edifício, com consequente aumento de espaço.

As despesas de manutenção compreendem:

- Despesas regulares de limpeza, pintura, arranjos, reparos e outros serviços necessários para manter os bens em boas condições de funcionamento;
- O custo de renovar partes estruturais de uma unidade do imobilizado.

Os custos incidentes na substituição de determinada unidade do imobilizado, por exemplo, uma máquina, devem ser capitalizados, e os custos, provisões para depreciação da unidade substituída, devem ser reduzidos.

Por outro lado, os custos de substituição de itens menores que uma unidade do imobilizado (por exemplo, acessórios, fios, engrenagens etc.) devem ser debitados das despesas de manutenção.

Algumas empresas estabelecem a política de debitar diretamente das despesas todos os desembolsos inferiores a uma determinada importância preestabelecida e sofrem uma análise para a determinação de sua correta classificação.

IMOBILIZADO INATIVO E TOTALMENTE DEPRECIADO

Os valores correspondentes a imobilizados totalmente depreciados ainda em uso devem ser demonstrados, se forem importantes. Deve-se estudar a possibilidade de apresentar separadamente, no balanço, os ativos imobilizados inativos (não como parte dos bens imóveis, instalações e equipamentos de serviços), sobretudo quando tais imobilizados são destinados à venda. Bens inativos, quando destinados à venda, devem ser demonstrados por um valor nunca maior do que o estimado para a realização.

Se o valor dos imobilizados ainda em serviço for substancial, pode ser um indício de que houve excessiva depreciação contabilizada em anos anteriores. Deve-se considerar, em tais casos, a possibilidade de reajustar retroativamente a depreciação acumulada, com base no estudo atualizado, assim como o efeito sobre a receita do exercício resultante de reajustes da depreciação para bases mais próximas da realidade.

9.3 CONTROLE DO ATIVO IMOBILIZADO

A importância primordial do controle interno está no controle das adições e das retiradas.

As medidas tomadas para garantir a salvaguarda física e a segurança das unidades podem ser tão importantes quanto o próprio controle das quantias investidas.

Devem existir instruções escritas sobre a política que governa a distribuição dos custos atribuídos às contas do ativo imobilizado e às de manutenção e reparo. Os principais aspectos que devem ser definidos nessas instruções são os seguintes:

- Classes de unidades e bens.

- Custos a serem incluídos.
- Importâncias mínimas a serem capitalizadas.
- Métodos de depreciação e retirada.

CONTROLE DO CUSTO DAS ADIÇÕES

Os pedidos e as autorizações para construção e compra de melhoramentos para a fábrica ou unidade do ativo imobilizado são usualmente originados do pessoal responsável junto à fábrica, ou seja, superintendente, engenheiro, chefe de departamento ou outros supervisores.

A extensão da aprovação desses pedidos obviamente varia na proporção das importâncias a serem despendidas. Assim, pequenas importâncias devem requerer somente a aprovação de supervisores, ao passo que grandes dispêndios devem ser aprovados por gerentes ou diretores.

Deve-se adotar a prática de estabelecer orçamento para os desembolsos capitalizáveis. Esses orçamentos devem ser elaborados considerando necessidades em curto prazo, portanto, dentro do ano, e em longo prazo, com obras que durem vários anos.

As comparações entre os valores estimados de imobilização e os valores reais devem ser feitas mensalmente pelo supervisor da fábrica, para verificar a natureza das variações.

CONTROLE DE CUSTO DE ORDENS DE SERVIÇO

Deverá ser adotado um sistema de ordens de serviço para ser utilizado na acumulação de custos incorridos na construção ou compra de um item do ativo imobilizado. Para cada projeto aprovado pode ser designado um número de ordem de serviço, ao qual são debitados os gastos à medida que o serviço progride.

Para projetos de maior vulto, é aconselhável controlar os custos pelas maiores classes dos seus componentes, como material comprado, material requisitado, mão de obra e contratos externos de serviços, de modo a permitir comparações detalhadas com as importâncias orçadas.

Seria aconselhável que esses custos fossem mantidos em destaque nas fichas de controle do ativo imobilizado por tipo de gasto. Sem registro detalhado dos bens do ativo imobilizado não há forma de conferir se todos os bens constantes das contas ainda existem fisicamente e se ainda estão em uso.

A soma dos custos unitários, mostrados pelos registros detalhados, deve ser balanceada periodicamente (pelo menos uma vez por ano) com as várias contas de controle do ativo imobilizado.

Esses registros contábeis detalhados do ativo imobilizado devem proporcionar detalhes para saber:

- Se as inversões estão acumuladas por ano de aquisição, tipo de equipamento e localização.
- Se as despesas de depreciação estão alocadas por departamentos ou centros de custo.
- Se há lucro ou prejuízo na venda dos itens do ativo imobilizado.
- Detalhes de localização dos itens do ativo imobilizado a fim de facilitar a contratação de cobertura de seguro etc.

Geralmente, não é praticável o controle dos custos de ferramentas, matrizes, moldes etc., por meio de registros detalhados do ativo imobilizado. Nesses casos, os custos e os outros detalhes podem ser acumulados pelos totais por ano de aquisição.

BAIXAS DO ATIVO IMOBILIZADO

Devem ser adotados procedimentos uniformes para autorizar e descrever as retiradas ou baixas do ativo imobilizado. Os procedimentos para controlar as retiradas são semelhantes aos das adições. Os pedidos de autorização para substituição, venda, transferências ou abandono dos bens devem ser aprovados por pessoas responsáveis pelas adições de caráter semelhante, e devem ser usadas ordens de serviço para retiradas significativas e para projetos significativos em termos de dispêndio para a manutenção.

9.4 INVENTÁRIO FÍSICO

A existência e o uso contínuo dos bens refletidos pelo registro detalhado devem ser conferidos periodicamente por meio de um programa detalhado de inventários físicos.

As unidades do ativo imobilizado, desde que possível, devem ser numeradas quando instaladas para facilitar a sua identificação. Se porventura isso não foi feito desde o início das operações, pode ser feito à medida que os inventários físicos forem sendo programados.

O controle na área do ativo imobilizado deve abranger também os seguintes pontos:

- Existência, por escrito, de uma política de capitalização.
- Existência, por escrito, de uma política de administração do ativo imobilizado.
- Balanceamento dos registros individuais com as contas de controle da razão.
- Definição de procedimentos para a transferência e baixa de bens.

- Estabelecimento de levantamentos físicos periódicos, a fim de testar os controles individuais, bem como a sua localização.
- Existência de controles analíticos.
- Identificação dos bens pela colocação de chapas.
- Controle de localização para a distribuição de débitos referentes à depreciação.
- Existência de um sistema orçamentário.
- Adequação do sistema contábil.

Exemplo:

Uma empresa realizava inventários anuais que paravam a venda por três dias. Imediatamente após o término do inventário, realizava-se uma contagem de controle e já se encontravam diferenças. A situação inventariada era ruim, porque o sistema de inventário era mal projetado.

9.5 AUDITORIA DO ATIVO IMOBILIZADO

A auditoria do ativo imobilizado tem o objetivo de determinar se:

- As bases de avaliação das contas do ativo imobilizado são apropriadas, estão de acordo com os princípios de contabilidade geralmente aceitos e se foram aplicadas de maneira uniforme em relação aos principais itens que permanecem em serviço.
- As adições durante o período em exame são débitos apropriados ao ativo imobilizado e representam bens físicos reais instalados ou construídos, e, por outro lado, se itens significativos que deveriam ter sido imobilizados foram debitados na conta de despesas.
- Os custos e as respectivas provisões para a depreciação aplicáveis a todas as retiradas, abandonos e ativos imobilizados não mais em serviço foram apropriadamente baixados das contas.
- A depreciação debitada às contas de lucro e perdas durante o período em exame é adequada, mas não excessiva, e se foi calculada em uma base aceitável e uniforme com a usada no período anterior.
- Os saldos das provisões para depreciação são razoáveis, considerando-se a vida útil remanescente dos bens e o possível valor residual.
- Todos os ônus significativos sobre os ativos imobilizados estão devidamente considerados nas demonstrações financeiras.

PROCEDIMENTOS DE AUDITORIA

A auditoria do imobilizado e respectivas contas envolvem:

- Na primeira auditoria, uma revisão das contas dos anos anteriores.
- Exame das adições, retiradas e modificações nas contas de correção monetária e provisões para a depreciação durante o período sob análise.

Os procedimentos usuais para aplicação às contas do imobilizado são realizados na forma de testes, como das adições e retiradas.

Os testes das despesas de depreciação, exaustão, podem ser feitos em data anterior e próxima à data do balanço, e uma revisão limitada dos últimos meses do ano pode ser feita durante os trabalhos finais de auditoria.

PRIMEIRA AUDITORIA

Devemos efetuar testes suficientes em anos anteriores, a fim de determinar as bases sobre as quais os itens do ativo imobilizado estão apresentados, e satisfazermo-nos quanto aos saldos das contas do imobilizado e das contas de provisões para a depreciação. É necessário fazer isso para eliminar a necessidade de uma ressalva com relação às contas do imobilizado.

A extensão dessas revisões de anos anteriores depende da extensão e da eficiência do controle interno sobre o ativo imobilizado, dos tipos de registros e relatórios disponíveis e das auditorias de anos anteriores, se houver.

Um dos primeiros passos a ser seguidos deve ser uma inspeção da fábrica e de seu aparelhamento, a fim de observar a natureza das atividades da empresa, o tipo e as condições do edifício e equipamentos, os aparelhamentos inativos ou excessivos etc.

Antes de iniciarmos qualquer trabalho de auditoria, devemos nos certificar:

- Dos métodos e da política da empresa para autorização, controle e contabilização das despesas capitalizáveis e de manutenção.
- Dos procedimentos contábeis e medidas de controle interno com referência ao imobilizado.

Deve-se obter ou preparar um sumário demonstrativo das várias classes de bens e das respectivas contas de provisão, mostrando aquisições, adições e retiradas por ano, preferencialmente a partir do início das atividades até o início do período a ser examinado.

Devemos nos certificar da natureza das maiores adições, bem como fazer testes dos custos registrados, dos documentos comprobatórios, das faturas de fornecedores, das atas de reuniões de diretoria etc.

Deve ser dada particular atenção à base de contabilização para as unidades constituídas, adquiridas por meio de outros ou tomadas por incorporações ou fusões de empresas.

As principais unidades do imobilizado, ainda em serviço, devem ser observadas e localizadas, e os respectivos custos, confrontados com as importâncias escrituradas no registro detalhado do bem.

Devem ser comparados os totais das despesas de reparos e manutenção debitados nos demonstrativos de lucros e perdas nos últimos anos, e as variações substanciais devem ser investigadas.

Em certas circunstâncias pode ser aconselhável analisar as despesas de manutenção e de reparos durante alguns períodos para ter uma ideia da natureza dos itens gastos e revisar as transações registradas quanto à sua obediência às políticas da empresa.

As taxas de depreciação em vigor durante os anos anteriores e o total da depreciação acumulada até o começo do período corrente devem ser revisados para determinar a sua razoabilidade em base geral, por classe do imobilizado e/ou por fábrica.

AUDITORIAS SUBSEQUENTES

Nas auditorias subsequentes devemos atentar para os seguintes pontos:

a) **Adições**

Selecionar, entre as adições do ano, bens acima de um limite preestabelecido, examinando os documentos de compra:

- O pedido e a aprovação para a compra e/ou ordem de serviço ou de construção em que conste estimativa de custo para os itens que compõem o conjunto.
- As notas fiscais e faturas dos fornecedores, ou faturas de serviços, ou contratos de prestação de serviços.
- O custo de importação e o certificado de cobertura cambial, a fatura comercial do exportador e a fatura do despachante.

Além disso, devem-se inspecionar fisicamente os itens anteriores que foram examinados documentalmente. No caso de itens construídos pela empresa, verificar os critérios de alocação da mão de obra e os custos indiretos.

b) **Baixas**

Deve ser preparada ou obtida uma lista das baixas totais, testando-se as mais significativas ocorridas durante o período em exame. Deve-se também:

- Confrontar o preço de venda com a nota fiscal e examinar a aprovação para a venda.
- Comprovar a exatidão aritmética.

- Conferir o cálculo da depreciação do custo e verificar a contabilização dessa baixa.
- Determinar o lucro ou o prejuízo nessa baixa e constatar sua contabilização em lucros e perdas.

Nos casos de baixa por obsolescência ou destruição, examinar aprovação que evidencie a razão da baixa.

c) **Transferências e imobilizações**

Verificar a transferência de bens da conta Obras em Andamento para as contas definitivas do ativo imobilizado.

Deve ser feita uma distinção cuidadosa entre os débitos capitalizáveis e as despesas de manutenção, caso se queira que as contas do ativo imobilizado reflitam apropriadamente o investimento bruto nos bens que permanecem em serviço. Em geral, os débitos capitalizáveis representam gastos com adições, benfeitorias ou substituições de bens.

d) **Depreciações**

Comprove se a depreciação contabilizada no ano é razoável e proporcional ao ativo sujeito à depreciação.

Observe se as taxas usadas e a base para aplicação das taxas são semelhantes às do período anterior. Relacione também as taxas de depreciação com o número de turmas de trabalho ou com o desgaste do imobilizado (corrosão acelerada etc.).

Verifique se as provisões para depreciação não são maiores que os respectivos custos e se essas provisões são suficientes.

e) **Contas de reparo e manutenção**

Com a finalidade de determinar se as adições estão sendo indevidamente debitadas às despesas, as contas de reparos e manutenção devem ser revisadas de acordo com o trabalho do imobilizado.

Discuta com o pessoal da empresa (produção ou contabilidade) sobre qual a política para determinar quando um item é imobilizado e quando é despesa (manutenção ou reparo).

9.6 PROBLEMAS ESPECIAIS RELACIONADOS COM O IMOBILIZADO

Relacionamos a seguir alguns dos problemas mais usuais nas empresas.

ITENS TOTALMENTE DEPRECIADOS

Alguns ativos da empresa podem estar totalmente depreciados, ou seja, as contas de depreciação igualam-se às contas dos custos de aquisição e instalação.

Deve-se verificar qual a porcentagem desses valores em relação ao valor do ativo imobilizado total. Caso essa porcentagem seja elevada, o auditor deve considerar a possibilidade de que esses itens sejam mencionados nas demonstrações financeiras para que possam fornecer aos leitores interessados nos balanços uma situação mais apropriada das condições de seu ativo imobilizado.

Em certos casos, a existência de valores significativos totalmente depreciados pode resultar na conclusão de que a empresa, em um curto espaço de tempo, deve realizar novas inversões em ativo imobilizado e, consequentemente, depende em maior escala de sua capacidade financeira.

ITENS QUE NÃO PREENCHEM AS CARACTERÍSTICAS DE IMOBILIZADOS

Existem empresas que imobilizam certos itens que elas não pretendem utilizar em suas operações normais. Nesse caso, o administrador deve estar atento à existência desses itens, bem como tentar quantificá-los para que, caso tenham valores significativos, seja considerada a possibilidade de demonstrá-los separadamente nas demonstrações financeiras, uma vez que, segundo pudemos observar anteriormente, não fazem parte do imobilizado dessa sociedade.

DEPRECIAÇÃO ACELERADA

O administrador deve estar atento para a possibilidade de a empresa poder utilizar-se de depreciações aceleradas.

Essas depreciações são calculadas pela aplicação de um coeficiente multiplicador, como se segue:

1 turno	–	1,0
2 turnos	–	1,5
3 turnos	–	2,0

Outra forma de aceleração da depreciação é por incentivos fiscais em setores considerados prioritários de acordo com a evolução da economia e a programação do governo.

9.7 ALOCAÇÃO DO CAPITAL DA EMPRESA

O crescimento das empresas é um tema fascinante e de interesse muito amplo, pois envolve aspectos de atendimento da demanda gerada pelos consumidores finais, balanço de pagamento de um país, incremento do produto nacional e renda *per capita*, interesses setoriais, mercado financeiro, interesses dos acionistas e abertura de novas oportunidades de trabalho.

As empresas estão cada vez mais interessadas no aprimoramento técnico dos trabalhos de elaboração do orçamento anual, e dia a dia há mais conscientização do empresário das necessidades de elaboração de um plano plurianual.

A maior aceitação da validade de execução de um planejamento em longo prazo e o esforço de realização de orçamentos adequados à realidade da empresa têm despertado em muitos profissionais do setor o desejo de investigar melhor os modelos de crescimento de empresas e setores industriais, detalhando os fatores básicos que estimulam ou estimularam esse crescimento.

Conhecendo bem o modelo de crescimento adotado no passado pelos principais concorrentes e o modelo médio de crescimento do setor industrial ao qual a empresa pertence, o profissional pode propor um modelo de crescimento plurianual particular para a empresa objeto do planejamento.

No modelo de crescimento adotado pelo planejador, pode-se dimensionar a intensidade dos fatores básicos a serem incorporados à atividade da empresa para que os planos elaborados se transformem em realidade.

Propomo-nos, neste trabalho, a definir inicialmente os tipos básicos de modelos de crescimento, determinar as restrições ou limites estruturais que impedem o crescimento e, finalmente, relacionar medidas adequadas para incorporar à empresa os fatores básicos que removem restrições e limites estruturais, impeditivos do crescimento mais acelerado da sociedade industrial em estudo.

MODELOS BÁSICOS DE CRESCIMENTO

Para definir as características dos modelos básicos de crescimento, vamos utilizar uma imagem figurativa dos balanços patrimoniais da sociedade.

Os modelos de crescimento que descreveremos a seguir são singelos e raramente são encontradas empresas que tenham crescido exclusivamente segundo um dos modelos propostos a seguir. O que se encontra, na realidade, é o crescimento resultante da superposição simultânea de vários modelos, que se alternam ao longo dos anos na ordem de importância.

Pelo exame de demonstrativos financeiros de empresas industriais, podemos conhecer as linhas mais gerais dos seguintes modelos de crescimento:

- Crescimento do circulante.
- Crescimento comercial.
- Desenvolvimento interno.
- Incremento do resultado de remuneração.
- Crescimento do capital de giro.
- Crescimento sinergético.

Vamos examinar em maiores detalhes as características de cada um desses singelos modelos de crescimento.

a) **Crescimento do circulante**

Podemos nos deparar com uma empresa que apresente determinado patrimônio líquido e certo ativo imobilizado, ocupado parcialmente ou de maneira deficiente no que diz respeito ao nível de atividade operacional. A direção dessa sociedade pode decidir sustar os investimentos em novos imobilizados e tirar maior proveito das atividades já existentes na sociedade.

Menor preço de venda, novos prazos de pagamento, aumento da área de vendas, maior potência de vendas, melhor qualidade do produto e melhor desenho poderão resultar em uma elevação da atividade operacional. Esse incremento da atividade operacional poderá ser realizado sem que sejam necessários novos investimentos em máquinas, equipamentos e prédios.

As únicas contas que aumentarão com o tempo são, portanto, as contas circulantes, como segue:

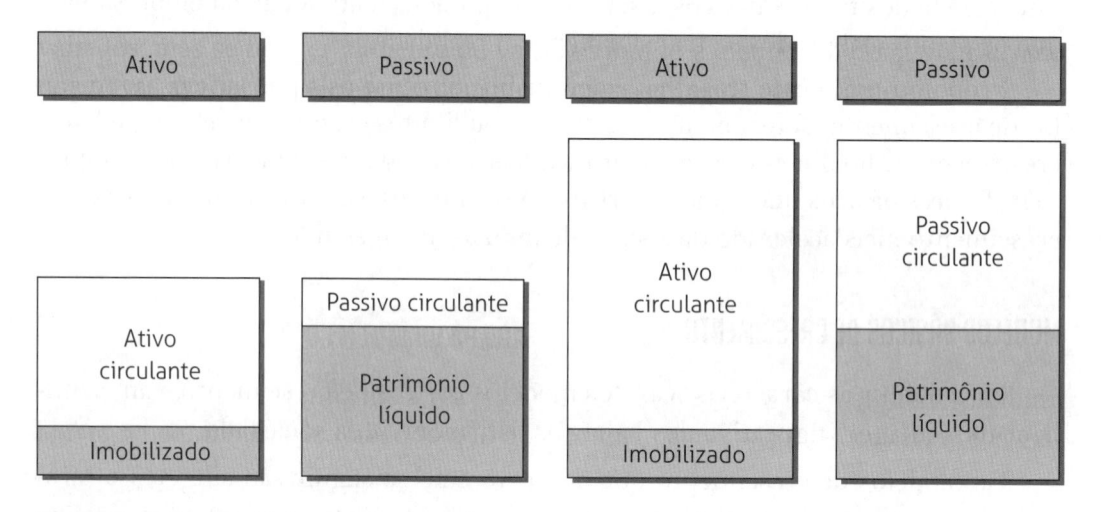

FIGURA 9.1 Crescimento do circulante.

O crescimento da receita pela melhor utilização dos recursos das contas societárias provoca uma elevação proporcional das contas circulantes.

O crescimento das contas circulantes é justificado pela necessidade de um nível mais elevado dos estoques de matérias-primas e de produto acabado e pelo acúmulo de duplicatas a receber, em virtude do crescimento da receita proveniente das vendas realizadas com prazos estimuladores, que facilitam o fechamento de pedidos.

Poderíamos nos perguntar se o crescimento do circulante pode ser feito de maneira indefinida, sem maiores consequências para a sociedade industrial. Supondo que uma empresa apresente um ativo circulante AC = 100 e um passivo circulante PC = 50 e, portanto, um capital de giro de 50, imagine que essa empresa dobre a sua atividade operacional. Na primeira situação a liquidez é igual a 2.

A elevação da atividade operacional poderá dobrar o valor do ativo circulante e elevar o passivo circulante, sem alterar o valor do capital de giro.

QUADRO 9.1

SITUAÇÃO	CONTAS	VALORES
A	AC	100
A	PC	50
A	**CG**	**50**
B	AC	200
B	PC	150
B	**CG**	**50**

$$La = \frac{AC}{PC} = \frac{100}{50} = 2,00$$

$$Lb = \frac{AC}{PC} = \frac{200}{150} = 1,33$$

Alguma coisa ocorreu nessa empresa para que a liquidez se reduza de 2,00 para 1,33. O risco da empresa aumentou e poderá ser agravado se houver uma elevação no porcentual de atraso das duplicatas a receber ou encalhe de mercadorias nos estoques de produtos acabados.

Lembramos também que no passivo circulante são registrados os contratos de financiamento do capital de giro, contratos de curto prazo que poderão ter datas de vencimento acumuladas em um futuro próximo. Caso surja um motivo qualquer que aumente os cuidados dos bancos com a análise de crédito da empresa, esses contratos podem ser renovados com alguma demora, condição mais que suficiente para a empresa não poder cumprir seus compromissos registrados em contas a pagar.

b) **Crescimento comercial**

As empresas podem ser classificadas em:

- Estritamente comerciais.
- Essencialmente industriais.
- Financeiras.
- De serviços.
- Modelos mistos.

Chamamos de estritamente comerciais as empresas que registram em seu ativo operacional unicamente estoques de mercadorias que foram adquiridas prontas para a comercialização.

Já as empresas estritamente industriais registram em seus ativos somente estoques de matérias-primas e produtos em processo. Supõe-se que essas empresas vendam o seu produto acabado no momento em que ele é finalizado pelo processo produtivo e o faturamento seja feito à vista, não havendo, portanto, financiamento ao cliente.

As empresas financeiras mostram em seus demonstrativos somente aplicações de recursos financeiros em atividades diferentes do processo de comercialização ou industrialização.

Em geral, uma empresa industrial instala-se obedecendo a um modelo essencialmente industrial, apresentando demonstrativos financeiros com um nível muito baixo de contas a receber e estoque de produtos acabados.

Quando a empresa abandona os produtos feitos sob encomenda e procura consolidar uma linha própria de produtos padronizados, surge a necessidade de estabelecer um sistema comercial, um estoque de produtos acabados e um sistema de distribuição desses produtos.

À medida que o componente comercial torna-se mais intenso, a empresa pode canalizar seus recursos para financiar a atividade comercial. Na falta de recursos para expandir os investimentos no imobilizado, ela pode optar por uma política de agregação maior de componentes fabricados externamente.

A empresa transforma-se, então, pouco a pouco, em uma indústria montadora que fabrica internamente somente os componentes que exigem uma tecnologia sofisticada não disponível em fornecedores habituais.

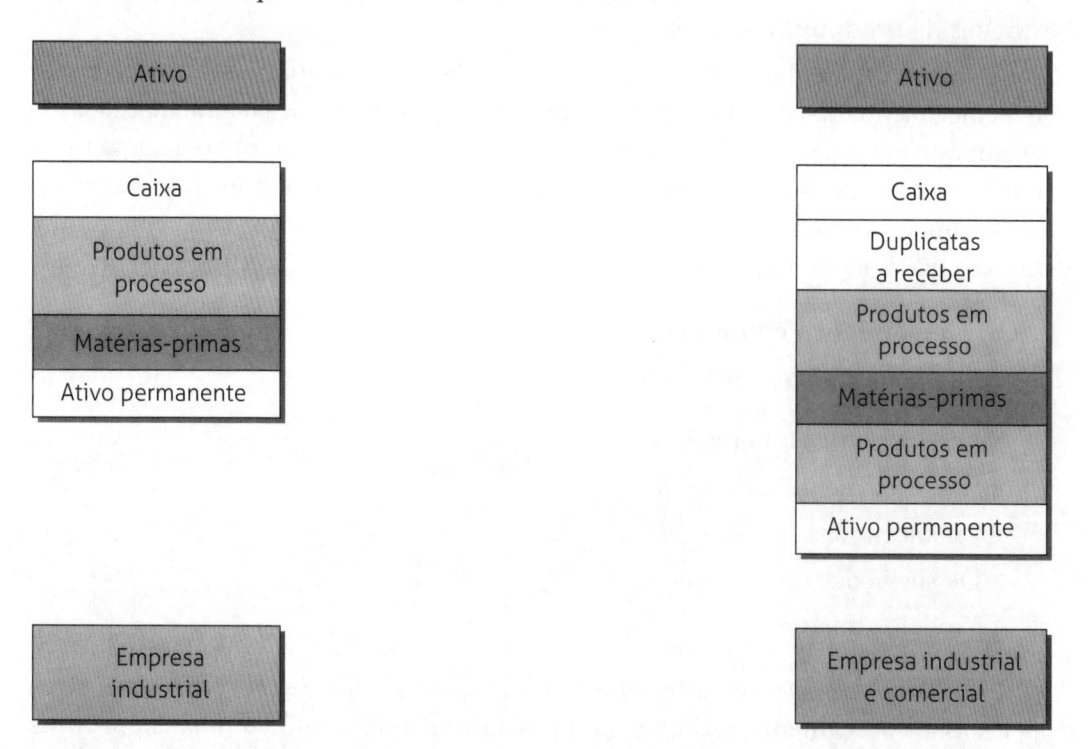

FIGURA 9.2 Modelo de comercialização da empresa industrial.

c) Desenvolvimento interno

O resultado da atividade operacional, posteriormente à taxação do fisco, constitui recursos que a empresa poderá utilizar na expansão de suas atividades.

Além dos recursos gerados internamente à sociedade, a administração pode captar recursos externos por meio da subscrição de capital pelos acionistas controladores da sociedade ou mesmo buscar esses recursos no mercado de capitais.

Quando os recursos gerados internamente e subscritos pelos acionistas forem insuficientes para atender às necessidades de investimentos para suportar o crescimento das atividades, o grau de endividamento da sociedade aumentará progressivamente, podendo atingir limites não aceitos pelas instituições financeiras.

Podemos, porém, estar diante de demonstrativos financeiros que revelam que os recursos gerados pela sociedade e captados externamente são mais do que suficientes para o financiamento dos investimentos necessários para atender ao ritmo de crescimento operacional que a empresa vem apresentando.

Nesse caso em particular, observa-se uma expansão mais acelerada do patrimônio líquido em relação à expansão do endividamento total.

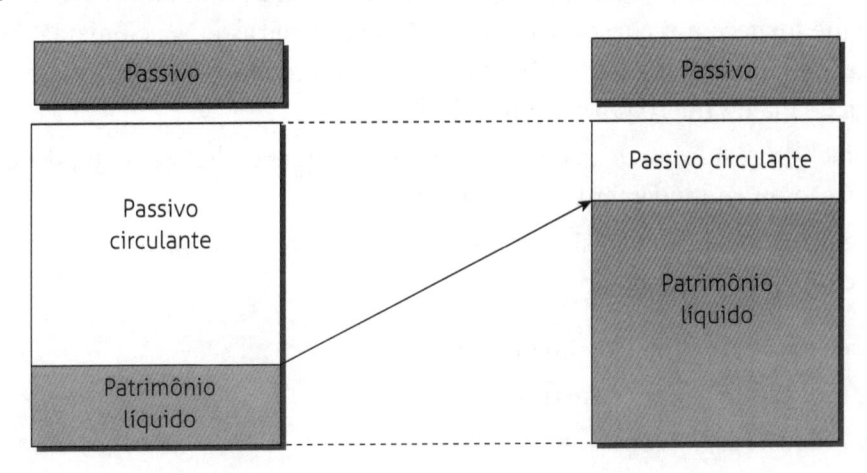

FIGURA 9.3 Modelo de desenvolvimento interno.

Nesse caso, não houve uma elevação substancial da atividade de operação, mas dia a dia a empresa torna-se mais poderosa do ponto de vista financeiro.

Esse desenvolvimento interno caracteriza-se pela paulatina substituição do papel dos bancos pelo caixa da própria empresa. Em consequência, as despesas financeiras vão se reduzindo proporcionalmente. Desde que se mantenha o resultado operacional, o lucro operacional apresentará contínua elevação, aumentando, porém, a taxação do fisco e a necessidade da distribuição de valores mais elevados na forma de dividendos ou participação no resultado.

O desenvolvimento interno, porém, é saudável sob todos os aspectos, pois constitui uma política de tendência de redução do risco, desejável por qualquer administração ou acionistas.

d) **Incremento do resultado de remuneração**

Deduzindo da receita operacional (ROL) o custo dos produtos vendidos (CPV), obtemos o lucro (LB).

Deduzindo do lucro bruto as despesas de vendas (DV), as despesas administrativas (DAM) e as despesas financeiras operacionais (DFO), obtemos o resultado de remuneração (RR).

ROL
CPV (−)
LB (=)
DV (−)
DAM (−)
DFO (−)
RR (=)

Obtido o resultado de remuneração, a empresa deve remunerar as duas entidades que lhe fornecem recursos: as instituições financeiras e os acionistas. O RR é, então, repartido para as instituições financeiras na forma de DFO e para os acionistas na forma de Lucro Operacional (LOP).

O nível do resultado de remuneração obtido independe, portanto, do grau de capitalização ou endividamento da empresa.

Esse nível depende exclusivamente da maneira como a empresa é administrada do ponto de vista estritamente operacional.

- A elevação do preço médio de vendas.
- A redução do custo industrial.
- A redução das despesas de vendas.
- A redução das despesas administrativas.

As atividades anteriormente mencionadas são tendências que se somam como objetivo básico de elevar o resultado de remuneração.

A contínua elevação do resultado de remuneração de uma sociedade é um indício muito significativo do excelente trabalho executado por uma equipe administrativa.

A elevação do resultado de remuneração somente pode ser obtida ao longo do tempo e graças a um esforço geral em muitas frentes de trabalho. Nunca é trabalho de um só administrador, mas de uma equipe bem coordenada e conhecedora das características técnicas de cada uma das frentes de trabalho.

No esforço de elevar o resultado de remuneração, eliminam-se na empresa a permissividade e a tolerância com a incapacidade. Estabelece-se um rígido programa de trabalho, com uma intransigente atuação na defesa dos interesses da sociedade.

Gradualmente, o porcentual de RR, calculado sobre ROL, vai se elevando, exigindo, porém, uma permanente atenção dos administradores. Qualquer desvio de atenção ou decisão desacertada resulta no retrocesso do porcentual. Tal fato comprova que a manutenção de um alto nível de RR exige, antes de tudo, esforço, motivação e dedicação dos administradores da sociedade.

e) **Crescimento do capital de giro**

Esse modelo de crescimento é muito similar ao modelo de crescimento interno. O desenvolvimento interno proporciona um ritmo de crescimento do PL (Patrimônio Líquido) superior ao ritmo de crescimento do ativo permanente, ocasionando uma elevação progressiva do capital de giro próprio.

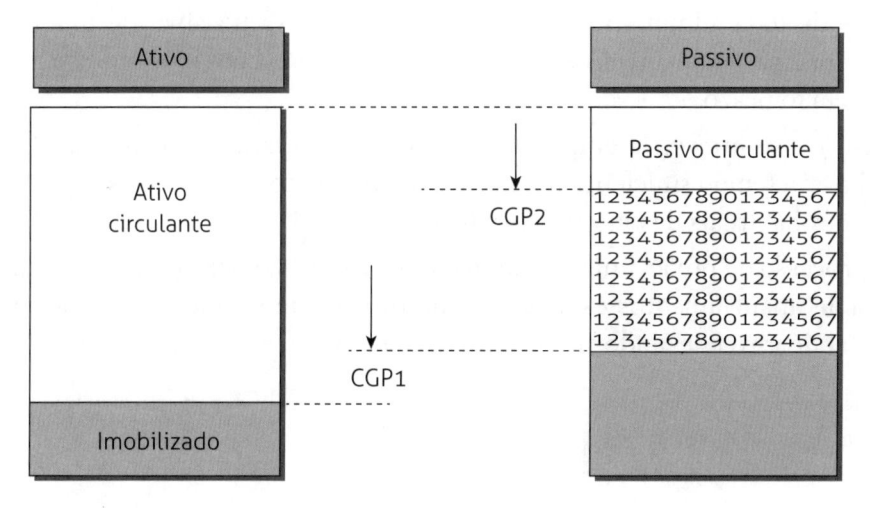

FIGURA 9.4 Modelo do crescimento do capital de giro.

Com o desenvolvimento interno, temos uma elevação progressiva do financiamento do capital de giro, feito com recursos do próprio acionista.

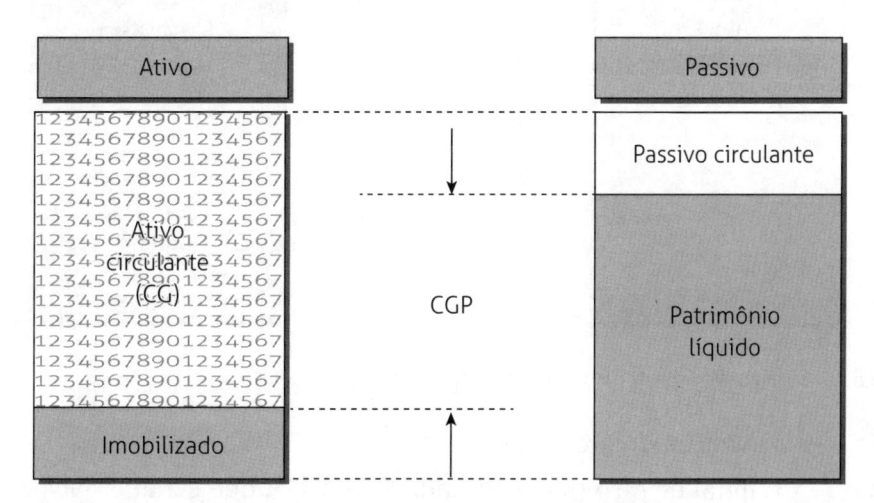

FIGURA 9.5 Modelo do capital de giro próprio.

CG — Capital de giro

CGP — Capital de giro próprio (do acionista)

O passivo circulante registra todos os compromissos assumidos pela empresa com curto prazo de liquidação (um ano).

A alta exigibilidade do passivo circulante é uma das formas de risco, pois podem ocorrer eventos que dificultem, momentaneamente, a geração do caixa necessário para a liquidação desses compromissos.

Fatos eventuais na vida de uma empresa podem levar as instituições de crédito a criarem dificuldades na renovação dos contratos dos financiamentos vincendos, colocando o administrador financeiro em sérias dificuldades. Constitui, portanto, interesse de toda administração trazer a maior massa possível de financiamento para compromissos financeiros com data de liquidação bem longínqua e não exigíveis em curto prazo.

Caso nesse ínterim a empresa sofra qualquer dissabor recuperável a médio prazo, haverá tempo suficiente para a administração tomar medidas corretivas sem as pressões habituais das instituições financeiras.

O processo de puxar financiamentos de curto prazo para longo prazo aumenta a massa de financiamentos estáveis na empresa, promovendo a elevação gradativa do capital de giro e levando tranquilidade a administradores e acionistas.

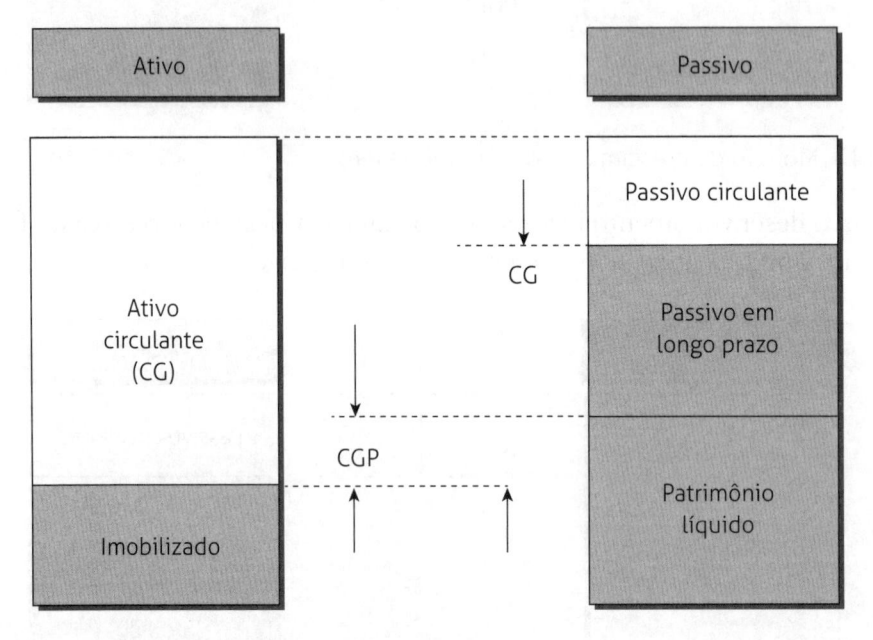

FIGURA 9.6 Modelo de financiamento de capital de giro.

LP — Dívida em longo prazo

CG — Capital de giro (não confundir com CGP, que é a diferença entre PL e IMOB)

f) Modelo de crescimento sinergético

A adequação dos investimentos no ativo operacional poderá criar uma precondição para obter o efeito sinergético em uma sociedade industrial.

A adequação do grau de endividamento leva a empresa a assumir apenas um nível de risco que não comprometerá a perenidade da sociedade.

Associando uma estrutura adequada do ativo operacional e corretamente financiada por recursos registrados no passivo teríamos uma estrutura financeira propícia à condição sinergética.

O modelo sinergético deve criar condições para a empresa atingir o estado de adequação e dar condições para mantê-lo ao longo do tempo.

9.8 REAVALIAÇÃO DE ATIVOS

Reservas de reavaliação são a somatória de bens do ativo permanente que têm um valor de mercado maior do que o custo contábil do bem.

A avaliação de bens de qualquer empresa é feita por peritos. O laudo de reavaliação é muito importante, pois é ele que vai expor as razões pelas quais o bem será levado ao valor de mercado. O laudo de reavaliação é a força de prova do lançamento contábil, que, por sua vez, faz parte do arquivo contábil e fiscal, pois mudanças de valores ou ativos de um patrimônio devem ser comprovadas.

O laudo precisa identificar os bens reavaliados pela conta em que estão escriturados e indicar o ano de aquisição, e nas possíveis mudanças no custo de origem indicar o valor de mercado do bem na nova vida útil.

O registro de reavaliação pode ser expresso pela fórmula: valor de mercado − valor contábil = reavaliação. Esse registro é feito depois de uma empresa competente reavaliar um bem de uma determinada instituição.

REAVALIAÇÃO DE RESERVAS

O aumento do valor do ativo registrado como reserva de reavaliação que elevou o patrimônio líquido não está à disposição da empresa (em forma de dinheiro), só podendo entrar como lucro depois de realizada a reavaliação.

Conforme descrito, a reavaliação não é tributada enquanto estiver mantida como reserva e não for realizada.

REALIZAÇÃO TOTAL DO ATIVO QUE VAI SER REALIZADO

Quando um bem estiver alienado, for transferido para o ativo circulante, ou ativo realizável no longo prazo, a reavaliação da reserva é total. Para ser feita essa reavaliação, precisamos seguir as seguintes normas:

- A empresa precisa discriminar na reserva de reavaliação os bens reavaliados que tenham origem nessa reserva e que possam determinar o valor em cada período-base.
- A incorporação desse capital ao da reserva de reavaliação de bens imóveis do ativo permanente e de patentes só entrará no lucro real quando for feita a efetiva realização do bem.
- Se a reavaliação não estiver de acordo com requisitos legais, será somada ao lucro líquido para ser determinado o lucro real.
- A reavaliação de bens só poderá diminuir prejuízos fiscais quando ocorrer a realização do bem.

REAVALIAÇÃO DE PARTICIPAÇÕES SOCIETÁRIAS

A lei em relação à reavaliação de bens não precisa saber a origem dos bens reavaliados, mas se houver aumento de valor atribuído a elementos do ativo, causado por novas avaliações, eles serão considerados reservas de reavaliação.

A legislação sobre imposto de renda determina que a reavaliação de participação societária que a empresa avalia pela igualdade patrimonial deve ser registrada na apuração do lucro real. As participações societárias avaliadas pelo custo de aquisição podem ser capital aberto.

AUMENTO DE INVESTIMENTO EM FUNÇÃO NA CONTROLADA OU COLIGADA

Se investirmos conforme a reavaliação de ativos, não precisa ser feito nenhum ajuste na contabilidade, sabendo que o valor das participações societárias é registrado e avaliado pelo custo de aquisição.

Se investirmos pela equivalência patrimonial, o valor do patrimônio líquido aumentará e a empresa terá de colocar esse aumento no seu ativo permanente.

REGISTRO DA RESERVA NO LUCRO REAL DA EMPRESA

A reserva de reavaliação será incluída na determinação do lucro real, no período-base em que ela liquidar o investimento ou usar a reserva para aumentar o capital social.

A reserva da investidora terá baixa quando compensar o valor do investimento e não terá registro no lucro real.

REAVALIAÇÃO DE ATIVOS USADOS NA INTEGRALIZAÇÃO DE CAPITAL SUBSCRITO PELA EMPRESA

A incorporação desse capital no caso do aumento de valor de um bem imóvel, que faz parte do ativo permanente, por causa da reavaliação, não será registrada no lucro real da empresa que a tenha feito para subscrição de aumento de capital.

Esse capital só será incorporado ao lucro real quando for liquidada a participação societária ou os valores mobiliários.

CONSTITUIÇÃO DA PROVISÃO PARA TRIBUTOS E CONTRIBUIÇÕES

Sobre reavaliação de ativos, tornou-se obrigatório para empresas abertas a constituição na futura realização dos ativos reavaliados.

O lançamento contábil deve ser feito a débito da conta retificadora da reserva de reavaliação e a crédito da conta de provisão de tributos e contribuições, a ser classificada no passivo exigível no longo prazo.

Conforme os ativos forem sendo realizados, os correspondentes valores da provisão são transferidos para o passivo circulante.

EXERCÍCIOS

1. Por que os recursos patrimoniais devem ter um tratamento diferente dos materiais? Quais os principais impactos na empresa quando ocorre a compra de um material ou equipamento errado?
2. Quando realizada uma melhoria nas instalações de uma empresa, como deve ser contabilizada? Há correspondência desse conceito nos materiais estocados?
3. Como pode ser calculada a depreciação dos equipamentos utilizados na empresa? A depreciação contábil reflete fielmente a depreciação real?
4. Quais os principais procedimentos de auditoria em recursos patrimoniais? Quais as diferenças em relação a uma auditoria em estoques?

REFERÊNCIAS BIBLIOGRÁFICAS

ARNOLD, J. R. T. *Introduction to materials management.* 7th ed. New Jersey: Pearson, 2012.

BALLOU, R. H. *Logística empresarial: transportes, administração de materiais e distribuição física.* São Paulo: Atlas, 2007.

BALLOU, R. H. *Gerenciamento da cadeia de suprimentos*: logística empresarial. 5. ed. Porto Alegre: Bookman, 2006.

CHASE, R. B.; AQUILANO, N. J.; JACOBS, F. R. *Administração da produção para a vantagem competitiva.* São Paulo: Bookman, 2006.

CHRISTOPHER, M. *Logística e gerenciamento da cadeia de suprimentos:* criando redes que agregam. 2. ed. *São Paulo*: Thomson Learning, 2007.

CONTADOR, J. C. *Gestão de operações:* a engenharia de produção a serviço da modernização da empresa, produção industrial, construção civil, competitividade, mercado. São Paulo: Fundação Vanzolini, 2010.

CORRÊA, H. L.; CORRÊA, C. A. *Administração de produção e operações: manufatura e serviços*: uma abordagem estratégica. 3. ed. São Paulo: Atlas, 2012.

CORRÊA, J. *Gerência econômica de estoques e compras.* 5. ed. Rio de Janeiro: FGV, 1979.

DIAS, M. A. P. *Administração de materiais:* princípios, conceitos e gestão. 6. ed. São Paulo: Atlas, 2010.

GONÇALVES, P. S. *Administração de materiais.* Rio de Janeiro: Elsevier, 2004.

GURGEL, F. *Auditoria nos estoques.* São Paulo: Fundação Vanzolini, 1998.

_____. *Manual de qualidade de fornecedores.* São Paulo: Fundação Vanzolini, 1996.

_____. *Administração do produto.* São Paulo: Atlas 1995. vols. 1 e 2.

_____. *Administração dos fluxos de materiais e produtos.* São Paulo: Atlas, 1996.

_____. *Embalagem, design, tecnologia e comercialização.* Mimeo. São Paulo: Fundação Vanzolini, 1997.

_____. *Reprojetando a empresa:* como salvar uma empresa em dificuldades financeiras e remodelá-la para um futuro rentável. São Paulo: All Print, 2012.

HEINRITZ, S. F.; FARRELL, P. V. *Compras:* princípios e aplicações. São Paulo: Atlas, 1983.

MARTINS, P. G.; LAUGENI, F. P. *Administração da produção.* 2. ed. São Paulo: Saraiva, 2009.

MESSIAS, Sérgio Bolsonaro. *Manual de administração de materiais.* São Paulo: Atlas,1978.

MONKS, J. G. *Administração da produção.* São Paulo: McGraw-Hill, 1987.

OSADA, T. *Housekeeping, 5S's.* São Paulo: Instituto IMAM, 1995.

POZO, H. *Administração de recursos materiais e patrimoniais:* uma abordagem logística. 3. ed. São Paulo: Atlas, 2004.

SANTOS, G. *Administração patrimonial.* Florianópolis: Papa-Livro, 1997.

SILVA, R. B. *Teoria da administração de material.* Rio de Janeiro: CEORG (Centro de Educação, Organização e Gerência), 1977.

SLACK, Nigel. *Administração da produção.* São Paulo: Atlas, 2009.

STOCKTON, R. S. *Sistemas básicos de controle de estoques.* São Paulo: Atlas, 1992.